IMPERIUM ROMANUM

Actio 2

Martin Holtermann
Irmgard Meyer-Eppler

Günter Laser
Uwe Rademacher
Stefan Rebenich
Walther Schütz
Barbara Verwiebe

Ernst Klett Schulbuchverlage
Stuttgart · Leipzig

1. Auflage 1 8 7 6 5 | 2015 14 13 12

Alle Drucke dieser Auflage sind unverändert und können im Unterricht nebeneinander verwendet werden. Die letzte Zahl bezeichnet das Jahr des Druckes.

Das Werk und seine Teile sind urheberrechtlich geschützt. Jede Nutzung in anderen als den gesetzlich zugelassenen genannten Fällen bedarf der vorherigen schriftlichen Einwilligung des Verlags. Hinweis zu § 52 a UrhG: Weder das Werk noch seine Teile dürfen ohne eine solche Einwilligung eingescannt und in ein Netzwerk eingestellt werden. Dies gilt auch für Intranets von Schulen und sonstigen Bildungseinrichtungen.

Fotomechanische Wiedergabe nur mit Genehmigung des Verlages.

© Ernst Klett Schulbuchverlag Leipzig GmbH, Leipzig 2006.
Alle Rechte vorbehalten.
Internetadresse: www.klett.de

Herausgeber: Dr. Martin Holtermann, Irmgard Meyer-Eppler
Autoren: Dr. Martin Holtermann, Dr. Günter Laser, Irmgard Meyer-Eppler, Dr. Uwe Rademacher, Prof. Dr. Stefan Rebenich, Dr. Walther Schütz, Dr. Barbara Verwiebe

Redaktion: Martin Fruhstorfer
Herstellung: Karena Klepel

Layoutkonzeption und Umschlaggestaltung: Karen Engelmann, Schröder Design, Leipzig
Titelbild: Mario Kühn, Leipzig

Zeichnungen/Illustrationen: Lutz-Erich Müller, Leipzig
Karten: Kartographisches Büro Borleis & Weis, Leipzig

Satz: Kristin Drechsler & Anne Lehmann, Leipzig
Reproduktion: Meyle + Müller, Medien-Management, Pforzheim
Druck: Firmengruppe APPL, aprinta druck, Wemding

Printed in Germany

ISBN-13: 978-3-12-623120-6
ISBN-10: 3-12-623120-9

9 783126 231206

L Auf dem Weg zu einer neuen Staatsform

Tarquinius Superbus, der letzte König der Römer, hat Roms Einfluss in Italien kräftig erweitert. In der Ausübung seiner Macht war er jedoch hochmütig und brutal – daher sein Beiname.
Ein unheilvolles Vorzeichen veranlasste den König, Rat beim Orakel von Delphi zu holen. Den Auftrag dazu gab er seinen beiden älteren Söhnen Arruns und Titus, die von ihrem Cousin L. Iunius Brutus begleitet wurden.
Nachdem sie den Rat bei dem Orakel eingeholt hatten, stellten die Königssöhne noch die Frage, wer vom Vater die Königswürde erben werde. Die Antwort des Orakels lautete: „Derjenige wird in Rom die Macht innehaben, der von euch, ihr jungen Leute, als erster die Mutter küsst." Die Brüder ließen das Los darüber entscheiden, wer von ihnen die Mutter als erster küssen dürfe.
Brutus machte sich dazu seine eigenen Gedanken:

„Arruns Titusque oraculum de rege futuro consuluerunt. Responsum, quod acceperunt, ambiguum[1] esse credo, nam oracula Pythiae ambigua[1] esse solent. Quod fratribus ignotum esse videtur. Quid ergo faciam? Iis hanc rem explicem an nihil dicam et mihi ipsi salutique rei publicae consulam? Nihil explicetur! Saluti rei publicae consulere me oportet! Nam patrem illorum crudelem superbumque esse constat. Quam multos cives, quamquam nullam iniuriam fecerant, capitis damnavit, quam multos contra ius Roma expulit! Quam duros labores viris Romanis imposuit: ut servi templa deorum manibus suis aedificare, Cloacam Maximam sub terra agere iussi sunt!

[1] ambiguus: doppeldeutig

Gemälde von Sebastiano Ricci, 1704; Padua, Galleria Nazionale

Expellatur igitur ille rex iniustus! Utinam illum diem videam, quo Romani ab illo tyranno liberati vitam liberam sine iniuriis agent!

Sed quis populo libertatem iustitiamque reddet? Num filii regis? Certe uterque eorum rex factus non minus quam[2] pater populum nobilitatemque vexabit. Quid ergo faciam? Ipse regem expellam atque libertatem populo Romano instituam? An cum aliis viris fortibus consilium de summis rebus ineam? Audendo atque agendo res Romana crevit. Itaque mihi agere necesse est! Sed quomodo rem perficiam?

Oraculo terram communem hominum matrem significari puto. Primum ergo quasi labens cadam terramque osculabor[3]. Ita summum Romae imperium mihi fore arbitror. Utinam ne veram causam cadendi suspicentur fratres!

Deinde regem expelli civitatemque Romanam converti oportebit: Sit res publica res populi! Romae comitia instituantur, quotannis[4] duo consules et alii magistratus creentur. Consules collegae rem publicam administrent, senatui populoque rationem reddant.

Postremo in re publica libera homines liberi sine metu legibus oboedientes vivent. Velim res exitum felicem habeat!“

Haec Brutus secum, tum ad comites: „Heus[5], Arruns Titeque, vos ad proficiscendum paratos esse spero. Delphis proficiscamur, navem petamus, Romam redeamus!“

His verbis proficiscens lapsus est, cecidit, os terrae admovit. Arruns Titusque eum irridentes: „Festina lente[6]! Num vulnere affectus es, Brute? Surge e terra! Te salvum Romam ducere et matrem nostram osculari[3] volumus!“

[2] nōn minus quam: nicht weniger als

[3] ōsculārī: küssen

[4] quotannīs: jährlich

[5] heus!: he!

[6] festīnā lentē!: Eile mit Weile!

Verstehen & Vertiefen

1. Was wird dem König Tarquinius vorgeworfen?
2. Brutus legt sich einen genauen Plan zurecht. Woran erkennst du das auch sprachlich?
3. Beschreibe das Verhältnis der beiden Königssöhne zu Brutus.
4. Woran erkennst du, dass die Darstellung von Sebastiano Ricci in Delphi spielen soll?

Vermutlich etruskische Porträtbüste aus Bronze, 3. Jahrhundert v. Chr.; Rom, Musei Capitolini

Staat und Verfassung in der römischen Republik

Auf Romulus folgten – so glaubten die Römer – sechs weitere Könige, die Rom größer und mächtiger machten. Tarquinius, der siebte König, war allerdings äußerst hochmütig und erhielt daher den Beinamen Superbus. Über seine Zwangsherrschaft war das Volk so empört, dass es unter Führung von L. Iunius Brutus den König und seine Sippe vertrieb. Das war das Ende der Königsherrschaft, um 500 v. Chr.

Nie wieder sollte ein einziger die Stadt beherrschen. Deshalb wurden mit der Zeit verschiedene Ämter geschaffen, für die sich drei politische Prinzipien herausbildeten: Jedes Amt sollte nur ein Jahr lang bekleidet (Annuität) und von mindestens zwei Männern ausgeübt werden (Kollegialität), keiner sollte ein Amt mehrmals hintereinander bekleiden (Iterationsverbot). Die Bürger stimmten in Volksversammlungen (comitia) darüber ab, wer Beamter (magistratus) werden sollte. Zur Wahl der wichtigsten Beamten und zur Abstimmung über Gesetze stellten sich die Bürger wie eine Armee in einzelnen Einheiten (centuriae) zu den comitia centuriata auf. Die reichsten Römer, die sich die besten Waffen leisten konnten, waren in 98 von insgesamt 193 Zenturien zusammengefasst; die meisten Römer, die kaum Eigentum besaßen (proletarii), bildeten eine einzige Zenturie. Weil die Beamten die Abstimmungen sofort abbrachen, sobald eine Mehrheit zustandegekommen war, kamen die Zenturien der Armen nur ganz selten zur Stimmabgabe. Frauen, Sklaven und Fremde durften nicht abstimmen.

Beamte mit weniger Macht wurden in den comitia tributa gewählt, die nach den 35 Stimmbezirken (tribus) gegliedert waren. Jeder Bürger gehörte zu einer von vier tribus der Stadt Rom, wo eher die Ärmeren wohnten, oder einer der 31 ländlichen tribus Italiens, wo die Reicheren ihre Landsitze hatten.

Das einflussreichste Amt im Staat übten die beiden Konsuln aus, die mindestens 43 Jahre alt sein mussten: Sie führten Kriege, leiteten die Innenpolitik und konnten anderen Beamten Weisungen erteilen. Hauptaufgabe der acht Prätoren, deren Mindestalter 40 Jahre war, war der Vorsitz in den Gerichten. Wer 37 Jahre alt war, konnte einer von vier Ädilen werden. Sie kümmerten sich um die Getreideversorgung; außerdem mussten sie Spiele für die Bürger ausrichten. 20 Quästoren, die mindestens 31 Jahre alt waren, halfen bei der Verwaltung. Wer Quästor war, wurde auf Lebenszeit Mitglied des Senats, der alle Beamten beriet. Diese Ämter gehörten zur Ämterlaufbahn (cursus honorum). Nur in Ausnahmefällen durfte man ein Amt überspringen.

Daneben gab es noch andere Ämter:

- Von der Versammlung der Plebejer, d.h. der nichtadligen Römer, wurden zehn Volkstribunen (tribuni plebis) gewählt. Ihre Aufgabe bestand darin, Leben und Eigentum der Plebejer zu schützen. Deshalb besaß jeder Volkstribun das Recht, gegen Entscheidungen anderer Beamten Einspruch einzulegen (veto).
- In Notzeiten konnte ein Diktator für maximal sechs Monate ernannt werden.
- Die beiden Zensoren, die alle fünf Jahre für 18 Monate gewählt wurden, zählten die römischen Bürger und teilten sie in Vermögensklassen ein; Senatoren, die sich nicht standesgemäß verhalten hatten, wurden von ihnen aus dem Senat ausgeschlossen.

Für ein Amt wurde kein Gehalt bezahlt, denn in Rom bekleideten nur Wohlhabende die Ämter.

Die römische Verfassung wurde niemals aufgeschrieben; die Römer versuchten alles genau so zu machen wie ihre Vorfahren (mos maiorum).

Verstehen & Vertiefen

1. Stelle die Ämterlaufbahn als Schaubild dar.
2. Nenne die lateinischen Wörter, die den Begriffen Annuität, Kollegialität, Iterationsverbot, maiores, Quästur, Konsulat und cursus honorum zugrunde liegen.

G1 Modus: Konjunktiv

Mit Verben kann man feststellen, fragen oder auffordern:

a) Tarquinius Superbus ultimus rex Romanorum fuit.
b) Quomodo Tarquinius expulsus est?
c) Brutus Romanos incitavit: „Expellite regem!"

ultimus: der letzte

Ob ein Satz Feststellungen, Fragen oder Aufforderungen ausdrückt, bestimmt der **Modus** des Prädikats.

- Du weißt bereits, dass Befehle an eine 2. Person im **Imperativ** stehen.
- Der Modus, der für Tatsachenaussagen und Fragen verwendet wird, heißt **Indikativ**; du kennst die Formen des Indikativs schon in vielen verschiedenen Tempora.
- Der dritte Modus ist der **Konjunktiv**. Er drückt im Lateinischen unter anderem überlegende Fragen, Wünsche und Aufforderungen aus. Den Modus Konjunktiv gibt es zwar auch im Deutschen, aber die genannten Verwendungsweisen des lateinischen Konjunktivs werden in der Regel nicht durch einen deutschen Konjunktiv ausgedrückt.

Modus:
Indikativ
Imperativ
Konjunktiv

indicāre: anzeigen, aussagen

1.1 Nenne die dir bisher bekannten Tempora im Indikativ.

L ≠ D!

Wie die einzelnen Funktionen des lateinischen Konjunktivs im Deutschen wiedergegeben werden können, kannst du aus dem folgenden Dialog erschließen:

Zwei Freundinnen treffen sich in der Stadt

Julia: Was sollen wir machen?
Anna: Lass uns doch ins Kino gehen!
Julia: Au ja, wir wollen uns beeilen, gleich fängt der Film an!
(im Kino)
Anna: Hoffentlich wird der Film gut!
Julia: Soll ich uns noch ein Eis holen?
Anna: Ne danke, ich bin satt, und du sollst nicht noch mal über mich drüberklettern! Außerdem soll der Film jetzt endlich anfangen! Ich kann's kaum erwarten.

1.2 Erstelle eine Übersicht: Welche Sätze drücken einen Wunsch, welche eine überlegende Frage, welche eine Aufforderung aus?

Den lateinischen Konjunktiv erkennst du an Signalen zwischen Stamm und Personalendung. Das Signal für den Konjunktiv Präsens lautet -a-; in der a-Konjugation findest du ein -e- anstelle des Stammauslautes -a-.

1.3 Erkläre die Fachbegriffe für die lateinischen Konjunktivfunktionen.

Jede Funktion des Konjunktivs hat einen eigenen Namen:

- Der **Coniunctivus deliberativus** steht in überlegenden oder zweifelnden Fragen:
  d) Quid faciam?
  e) Rem explicem an non?

dēlīberāre: überlegen

- Mit dem **Coniunctivus adhortativus** werden Aufforderungen an die eigene Gruppe, d.h. an eine 1. Person Plural, gerichtet:
  f) Navem petamus!
  g) Ne cessemus!

- Der **Coniunctivus iussivus** wird in Aufforderungen an andere, an eine 2. oder 3. Person, verwendet:
  h) Expellatur rex iniustus!
  i) Ne abeas!

optāre: wünschen

- Der **Coniunctivus optativus** steht in Wunschsätzen; diese werden durch utinam oder velim eingeleitet:
  j) Utinam ne fratres me suspicentur!
  k) Velim diem libertatis videam!

An diesen Beispielsätzen kannst du erkennen, dass es in Verbindung mit einem Konjunktiv neben non auch die Verneinung ne gibt.

G2 Konjunktiv Präsens

2.1 Welche Form des Konjunktiv Präsens gleicht einer Indikativ-Form? In welchen Konjugationen ist das der Fall?

2.2 Bilde den Konjunktiv Präsens zu punire, prohibere, proficisci und probare.

	a-Konjugation		sonstige	
	Akt.	*Pass.*	*Akt.*	*Pass.*
1. Pers. Sg.	spect-**e**-m	spect-**e**-r	capi-**a**-m	capi-**a**-r
2. Pers. Sg.	spect-**ē**-s	spect-**ē**-ris	capi-**ā**-s	capi-**ā**-ris
3. Pers. Sg.	spect-**e**-t	spect-**ē**-tur	capi-**a**-t	capi-**ā**-tur
1. Pers. Pl.	spect-**ē**-mus	spect-**ē**-mur	capi-**ā**-mus	capi-**ā**-mur
2. Pers. Pl.	spect-**ē**-tis	spect-**ē**-minī	capi-**ā**-tis	capi-**ā**-minī
3. Pers. Pl.	spect-**e**-nt	spect-**e**-ntur	capi-**a**-nt	capi-**ā**-ntur

	esse	**posse**	**ire**	**velle**
1. Pers. Sg.	si-m	pos-si-m	e-a-m	vel-i-m
2. Pers. Sg.	sī-s	pos-sī-s	e-ā-s	vel-ī-s
3. Pers. Sg.	si-t	pos-si-t	e-a-t	vel-i-t
1. Pers. Pl.	sī-mus	pos-sī-mus	e-ā-mus	vel-ī-mus
2. Pers. Pl.	sī-tis	pos-sī-tis	e-ā-tis	vel-ī-tis
3. Pers. Pl.	si-nt	pos-si-nt	e-a-nt	vel-i-nt

G3 Adverbiale: Ortsangaben

Wie du schon weißt, macht auf die Frage „wo?", „woher?" oder „wohin?" ein Adverbiale Angaben über Ort, Herkunft oder Richtung. Das Adverbiale besteht dabei aus einer Präposition mit einem Substantiv oder Pronomen.

a) <In aede Vestae> ignis fuit.
b) Pontifex <e lecto> surrexit.
c) Pontifex maximus <in aedem> non intravit.

pontifex (māximus): (Ober-) Priester

Bei Ortsnamen und Namen von kleineren Inseln (wie z. B. Seriphus) sowie bei domus steht dagegen keine Präposition; stattdessen haben sie eigene Endungen:

	Seriphus, -i *m.*	**Lavinium, -i** *n.*	**Roma, -ae** *f.*	**Carthago, -ginis** *f.*	**domus, -us** *f.*
Ort *(wo?)*	Seriphī – auf Seriphus	Lāvīnī – in Lavinium	Rōmae – in Rom	Carthāgine – in Karthago	domī – zu Hause
Herkunft *(woher?)*	Seriphō – von Seriphus	Lāvīniō – aus Lavinium	Rōmā – aus Rom	Carthāgine – aus Karthago	domō – von zu Hause
Richtung *(wohin?)*	Seriphum – nach Seriphus	Lāvīnium – nach Lavinium	Rōmam – nach Rom	Carthāginem – nach Karthago	domum – nach Hause

	Delphi, -orum *m.*	**Hierosolyma, -orum** *n.*	**Athenae, -arum** *n.*
Ort *(wo?)*	Delphīs – in Delphi	Hierosolymīs – in Jerusalem	Athēnīs – in Athen
Herkunft *(woher?)*	Delphīs – aus Delphi	Hierosolymīs – aus Jerusalem	Athēnīs – aus Athen
Richtung *(wohin?)*	Delphōs – nach Delphi	Hierosolyma – nach Jerusalem	Athēnās – nach Athen

Ortsnamen auf -us, -a, -um (z. B. Seriphus, Roma, Lavinium) haben als Adverbiale des Ortes eine alte Lokativ-Endung auf -i, die sich jedoch verändert hat: -ai zu **-ae**, -oi zu **-ī**.

Bei den Ortsnamen der 3. Deklination oder Ortsnamen, die im Plural stehen, antwortet auf die Fragen „wo?" und „woher?" dieselbe Form. Was gemeint ist, musst du aus dem Zusammenhang entscheiden.

d) Tarquinii Delphis oraculum consuluerunt.
e) Tum Delphis Romam redierunt.

3.1 Bilde die Adverbialia des Ortes, der Herkunft und der Richtung von: Troia, Cumae, Lavinium, Alba Longa, Pompei, Corinthus.

3.2 Ordne jedem Schiff die richtige Angabe zu: Seripho, Seriphum, Seriphi.

Ü1 Hin & her

Vertausche Indikativ und Konjunktiv:

consulat, dubitat, ambulamus, sequimur, decipis, hortantur, cedant, provident, abimus, caretis, decernatur, vacant, aspicitur, faveant, descendatis, irridetis, collocatur, loquaris, oritur, ineat, effugio, alantur, custodiris

Ü2 Konjunktiv Präsens?

Welche der folgenden Formen sind Konjunktiv Präsens?

defendas, calamitas, neglegam, nam, oriantur, orantur, sedes, sedeas, putes, petam, numquam, pernicies, perturbes, comes, constes, facies, fides, dem, autem, obviam, ostendam, civitas, cedas

Ü3 Tüftelei

Wie lautet die fehlende Verbform?

a) das, des, _____
b) _____, sequamur, sequemur
c) dividitur, dividatur, _____
d) defenduntur, defendantur, _____
e) facit, _____, faciet
f) venio, _____, veniam

Ü4 Hoffnungen

Während Romulus und Remus auf den Hügeln standen, hatten die Hirten unterschiedliche Hoffnungen. Bilde vollständige Sätze:

a) Utinam – urbs nova – dei – placere!
b) Utinam – nos – felix – hic – vivere!
c) Utinam ne – spes – nos – fallere!
d) Utinam – fratres – pax – facere – inter se!
e) Utinam ne – fratres – ira - commovere!
f) Utinam ne – alter – alter – occidere!

Ü5 Tarquinius denkt nach

Welche Funktion haben die Konjunktive in folgenden Sätzen?

a) Incolae huius urbis me timeant et mihi pareant!
b) Arruns Titusque oraculum consulant et Romanis responsa felicia nuntient.
c) Utinam ne Brutus mihi perniciei sit!
d) Quem alium timeam?
e) Nunc autem ministri[1] in consilium veniant!
f) „Audite, ministri[1]! De rebus futuris consulamus!“

[1] minister: Berater

Ü6 Die Reise nach Rom

So gelangte der Apostel Paulus nach Rom. – Bringe die Ortsangaben in die richtige Form.

Hierosolymis Paulus captus et capitis damnatus est. Inde milites Romani eum (Caesarea) duxerunt. (Caesarea) navem conscenderunt[1]. (Caesarea) (Sidon) navigaverunt; (Sidon) Paulus in aedibus amicorum habitavit. (Sidon) (Myra) pervenerunt. (Myra) alteram navem conscenderunt[1]. Ea Paulus militesque ad Cretam insulam perrexerunt[2]. Ibi autem navis ventis[3] malis fracta et in Melitam acta est. Qua in insula omnes hiemaverunt[4]; inde (Syracusae) navigaverunt, (Syracusae) (Rhegium), (Rhegium) tandem (Roma).

[1] cōnscendere: besteigen – [2] perrēxērunt: Perf. zu pergere – [3] ventus: Wind – [4] hiemāre: überwintern

Ü7 Memorabilia

Lauter gute Ratschläge:

Audiatur et altera pars!
Ignem igni ne addas[1]!
Actum ne agas!

[1] addere: hinzufügen

Ü8 Die Entscheidung

Als Hercules noch ein junger Mann war, überlegte er einmal, was er in seinem Leben anfangen wollte. Da kamen zwei Frauen auf ihn zu.

a) Altera dixit:
„Audi me, Hercules; mihi nomen est Voluptas[1]. Tu es homo fortis; etiam beatus sis! Sequere me! Nullum bellum tibi perniciei erit. Solum de rebus gratis cogitabis. Cibos optimos sumes. Puellae pulchrae amicae tuae erunt. Sine laboribus omnia habebis."

b) Altera locuta est:
„Noli illam sequi, Hercules; non Voluptas[1], sed Vitium nomen eius est. Ego sum Virtus; audi verba mea. Scias: Nihil dei hominibus dant sine labore. Si vis amicis placere, eis bene consulere debes. Si vis honoribus affici a re publica, leges rei publicae observa! Si vis admirationi[2] esse toti Graeciae, officio fungere! Si vis vincere pro patria tua, artem pugnandi exerce!"

c) Nunc Hercules dubitavit:
Verbis Voluptatis[1] (parere) an Virtutem (sequi)? Pugnare (neglegere) an artes belli (exercere)? Dona ab aliis (accipere) an pro aliis (laborare)?

[1] voluptās: Vergnügen – [2] admīrātiō: Bewunderung

Wortbildung

Adjektive

Das Suffix -bilis (-ilis) macht aus einem Verbstamm ein Adjektiv, ähnlich wie im Deutschen -lich, -bar oder -haft.

Vom Verb credere ist (in-)credi-bilis abgeleitet.

Was bedeutet also: credibilis, dubitabilis, audibilis, laudabilis, intellegibilis, probabilis, stabilis, agilis, facilis, fragilis?

Ü9 Wortschatzübung

Ordne die Wörter den folgenden Sachfeldern zu: Recht und Gesetz, Krieg und Frieden, Politik

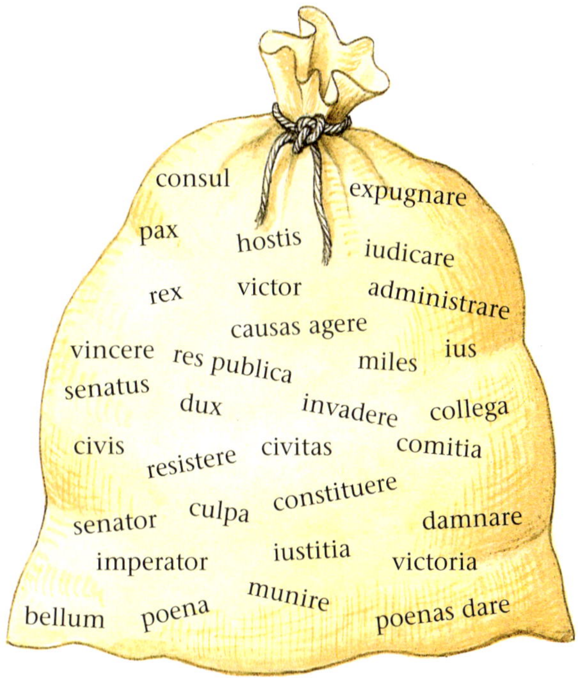

Ü10 Hic saxa loquuntur

Folgende Inschriften finden sich auf römischen Gräbern:

a) Salvi eatis, salvi redeatis, et vos, qui me coronatis[1] vel[2] flores iactatis, multis annis faciatis.
b) Hoc si legisti, vade[3], vale sisque beatus.
c) Ne quis[4] hic urinam faciat[5]!
d) Eram, quod es; eris, quod sum.
e) RIP (requiescat[6] in pace)
f) Sit tibi terra levis[7]!

[1] corōnāre: bekränzen – [2] vel: oder – [3] vādere: weiter gehen – [4] quis: irgendeiner – [5] ūrīnam facere: pinkeln – [6] requiēscere: ruhen – [7] levis: leicht

+ Überlege: Wer spricht jeweils?

Die Schlacht am Ticinus

Zu Beginn des 2. Punischen Krieges (218 v. Chr.) zog Hannibal mit einem Heer von etwa 50 000 Mann Fußvolk, 9000 Reitern und 37 Elefanten über die Pyrenäen und die Alpen nach Norditalien. Die Verluste waren riesig: Nur etwa 26 000 Mann und wenige Elefanten überlebten die Strapazen. Der römische Konsul P. Cornelius Scipio befand sich mit seinem Heer in Oberitalien, südlich des Flusses Po.

P. Cornelius Scipio per exploratores[1] Hannibalem in Italiam advenisse certior factus[2] audaciam celeritatemque Poenorum valde miratus est; nam illi iam prope Padum erant. Itaque Scipio statim hosti obviam ire decrevit. Credidit enim milites Poenorum tantis laboribus tantaque inopia omnium rerum fatigatos nondum ad pugnandum paratos esse. Militibus suis imperavit, ut castra moverent, Padum traicerent, hostem ex Italia pellerent.

Ita exercitus Romanus Padum traiectus ad Ticinum profectus est. Iam prope in conspectu erant exercitus. Priusquam in aciem educti sunt, Scipio suos in contionem vocavit. Quos hortatus est, ut maxima virtute pro salute rei publicae Romanae certarent. Monuit, ut intellegerent non de re parva pugnari, sed de Italia ipsa. Dixit quoque populo Romano alias Alpes praesidio non esse. Haec apud Romanos consul.

Hannibal autem, qui ratus est res, non verba militibus usui esse, exercitum vocavit ad hoc spectaculum: Captivos[3] montanos[4] in medio statuit et arma ante pedes eorum posuit. Quibus permisit, ut inter se decertarent[5]; victores arma equosque accepturos pollicitus est. Omnes optaverunt, ut

[1] explōrātor: Kundschafter
[2] certiōrem facere: benachrichtigen
[3] captīvus: Gefangener
[4] montānus: aus den Bergen
[5] dēcertāre: (in Zweikämpfen) auf Leben und Tod kämpfen

Innenseite einer griechischen Schale, 3. Jahrhundert v. Chr; Rom, Museo Nazionale di Villa Giulia

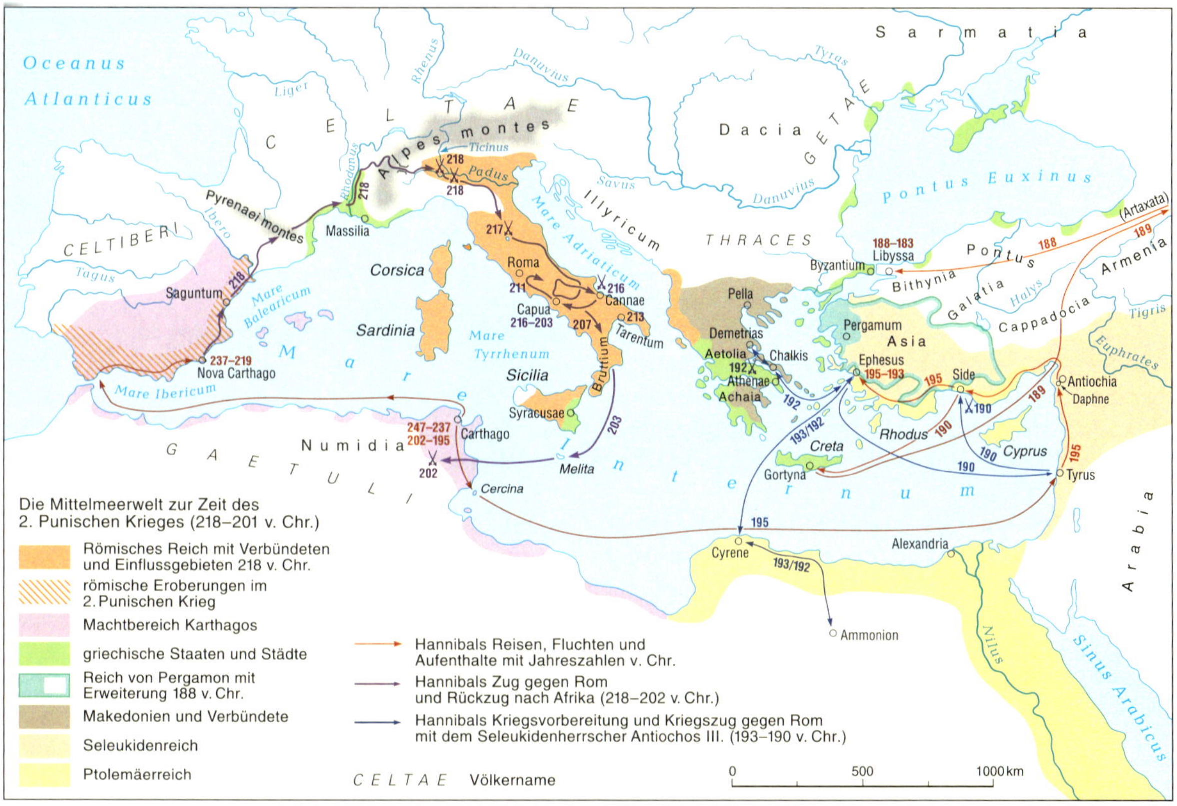

Hannibals Kriegszüge und Flucht

sibi pugnare liceret. Nemo timuit, ne occideretur. Tum Hannibal milites Poenos in contionem vocavit atque ita apud eos locutus est: „Exemplum alienum habuistis. Nunc postulo, ut et vos illo animo contra hostem pugnetis. Nam vos maximis vinculis atque maxima necessitate circumdati nullam facultatem fugiendi habebitis: dextra laevaque[6] duo maria, circum[7] Padus flumen, a tergo Alpes montes omnem viam claudunt. Itaque sola in virtute omnis spes salutis posita est. Vos hortor, ut forti animo in Italiam descendatis. Date operam maximam, ut Romanos superbos in fugam coniciatis, sed cavete, ne dissipemini[8] ab eis! Vobis aut vincere necesse est aut perire. Si hoc estis animo, iam vicistis!“

[6] laevus: links
[7] circum: ringsum
[8] dissipāre: auseinander treiben

Verstehen & Vertiefen

1. Stelle Scipios und Hannibals Verhalten einander gegenüber.
2. Wer wird wohl gesiegt haben?
3. Wie wirkt Scipio, wie wirkt Hannibal auf den Leser? – Beachte die Form der Darstellung.

Rom und Karthago

Zu Beginn des 3. Jahrhunderts v. Chr. beherrschten die Römer ganz Italien; aus dem kleinen Stadtstaat am Tiber war ein mächtiges Gemeinwesen geworden. Im westlichen Mittelmeer gab es nur eine Macht, die Rom die Stirn bieten konnte: Karthago. Die Karthager, die auch Punier genannt wurden, waren erfolgreiche Händler und erfahrene Seeleute. Zunächst hatte zwischen Rom und Karthago ein freundschaftliches Verhältnis geherrscht, man schloss Verträge und trieb Handel. Doch dann kam es zum Krieg.

Der Konflikt entbrannte um Sizilien. Die reiche Insel war eine „Brücke" zwischen Italien und Afrika. Die Karthager betrachteten Sizilien als ihren Einflussbereich, aber auch Rom wollte seine Herrschaft auf die Insel ausdehnen. Ein Streit zwischen zwei sizilischen Städten bot beiden Seiten Anlass, Truppen zu entsenden. Daraus entstand der 1. Punische Krieg (264–241 v. Chr.), in dem die Römer viele Niederlagen einstecken mussten, aber schließlich Sieger blieben. Rom gewann Sizilien und zwang wenig später die Karthager, auch Korsika und Sardinien aufzugeben.

Karthago versuchte durch Eroberungen in Spanien die Gebietsverluste auszugleichen. 218 v. Chr. kam es dort zum Ausbruch des 2. Punischen Krieges, nachdem die Karthager die mit Rom verbündete Stadt Sagunt erobert und den Fluss Ebro überschritten hatten, der die Grenze des karthagischen Herrschaftsgebiets in Spanien war. Der geniale Feldherr Hannibal führte im Spätherbst 218 ein riesiges Heer über die Alpen. Durch seine geschickte Kriegführung schlug er die Römer in mehreren verlustreichen Schlachten. Einmal hatte Rom 80 000 Mann ins Feld geschickt, 50 000 sollen gefallen sein. Nie zuvor hatten die Römer eine solche Katastrophe erlebt! Rom schien verloren.

Doch Hannibal konnte nicht genügend Verbündete gewinnen, und schließlich wendete sich das Kriegsglück. Die Römer besiegten die Karthager auf Sizilien und in Spanien und setzten dann mit einem Heer nach Nordafrika über. Dort verlor Hannibal, der so viele Schlachten gewonnen hatte, 202 v. Chr. endgültig den Krieg. Die siegreichen Römer diktierten im Jahr darauf harte Friedensbedingungen: Karthago musste an Rom seine spanischen Gebiete abtreten, 260 Tonnen Silber als Kriegsentschädigung zahlen und fast alle der 500 Kriegsschiffe ausliefern.

Rom behauptete jetzt die unumstrittene Vormacht im gesamten westlichen Mittelmeerraum. Die eroberten Gebiete außerhalb Italiens wurden zu Provinzen gemacht und Statthaltern unterstellt. Die Bewohner waren Untertanen und mussten Steuern (Geld oder Teile der Ernte) zahlen. Die erste römische Provinz war Sicilia (227 v. Chr.). Es folgten Sardinia, Corsica und Hispania.

Obwohl Karthago kein ernsthafter Gegner mehr war, nutzte Rom einen Vorwand, um es im 3. Punischen Krieg (149–146 v. Chr.) zu vernichten: Nach dreijähriger Belagerung wurde Karthago erstürmt und niedergebrannt. Die Überlebenden wurden in die Sklaverei verkauft, das Gebiet der Karthager wurde die römische Provinz Africa.

Rekonstruktion des ringförmigen Kriegshafens von Karthago mit den Schiffshallen und dem Admiralitätsgebäude im Zentrum

Wandmalerei aus Pompeji; 1. Jahrhundert n. Chr.; Neapel, Museo Archeologico Nazionale

Geschichten aus der Geschichte

Aus dem 1. Punischen Krieg

Die Karthager waren eine Seemacht, d.h. sie besaßen viele große Schiffe und konnten auch ausgezeichnet navigieren. Ihre Kriegsschiffe, die von Ruderern angetrieben wurden, hatten vorne einen eisernen Rammsporn; damit fuhren sie den gegnerischen Schiffen in die Seite. Die getroffenen Schiffe rissen auf, liefen voll Wasser und sanken innerhalb kurzer Zeit.

Die Römer hatten zu Beginn des Krieges zwar Handelskähne, doch die waren auf Wind angewiesen und zum Kämpfen viel zu schwerfällig. Zum Glück war aber ein karthagisches Kriegsschiff an der Küste Siziliens gestrandet; nach diesem Modell bauten die Römer eine ganze Flotte von ähnlichen Schiffen. Allerdings fehlten ihnen die geschickten Seeleute für die schwierigen und schnellen Manöver.

Da kamen sie auf die Idee, den Kampf zu Land, den die römischen Soldaten hervorragend beherrschten, auf die Schiffe zu übertragen, und erfanden etwas, was sie corvus (Rabe) nannten: eine eiserne Klappbrücke, die auf den Seiten des Schiffes angebracht war. Wenn ein feindliches Kriegsschiff in die Nähe kam, wurde die Brücke heruntergeklappt, die Soldaten liefen auf das andere Schiff hinüber und nahmen es ein.

Diese Erfindung war entscheidend für den römischen Sieg.

Aus dem 2. Punischen Krieg

Als Hannibal neun Jahre alt war, brach sein Vater Hamilkar nach Spanien auf, um gegen die Römer zu kämpfen. Der Junge bettelte darum, mitkommen zu dürfen. Schließlich gab sein Vater nach, aber nur unter einer Bedingung: Hannibal musste feierlich schwören, niemals mit den Römern Frieden zu schließen. Diesen Schwur hat er sein ganzes Leben lang gehalten.

Aus dem 3. Punischen Krieg

In Rom gab es einen Senator namens M. Porcius Cato. Dieser war ein erbitterter Gegner Karthagos, und obwohl die Stadt nach dem 2. Punischen Krieg viel zu schwach geworden war, um noch eine Gefahr darzustellen, wollte er sie völlig vernichten. Jahrelang hetzte er alle wichtigen Leute auf, schürte die alte Angst und gab keine Ruhe; es heißt sogar, er habe jede Rede im Senat mit den Worten beendet: „Ceterum censeo Carthaginem esse delendam (Außerdem stelle ich den Antrag, dass Karthago zerstört werden muss)."

Endlich hatte er die Römer soweit: Sie führten erneut Krieg gegen Karthago, zerstörten die Stadt und streuten Salz in den Ruinen, damit dieser Ort nie wieder fruchtbar sein sollte.

Verstehen & Vertiefen

1. Kriege sind ungerecht, so glaubten die Römer, wenn sie ohne Grund geführt werden. Ein Krieg war in ihren Augen aber dann gerecht, ein bellum iustum, wenn er geführt wurde, um erlittenes Unrecht zu rächen oder sich vor Feinden zu schützen. Findet ihr das richtig?
2. Beantworte mit Hilfe der Karte auf S. 17 folgende Fragen:
   a) Wie heißt heute das Land, in dem Hannibals Heimatstadt liegt?
   b) Auf welchem Weg gelangte Hannibal nach Italien?
   c) Wohin flüchtete Hannibal vor den Römern?
3. Stelle mit Hilfe der Karte und der Texte einen Lebenslauf Hannibals auf.

G1 Begehrsätze

In der letzten Lektion hast du gelernt, dass der Konjunktiv in Hauptsätzen unter anderem Aufforderungen und Wünsche ausdrücken kann (→ 21 G 1). Die gleiche Funktion hat er auch in Gliedsätzen, die von Verben des Aufforderns, Bittens oder Wünschens abhängen. Solche Gliedsätze heißen Begehrsätze; sie werden durch ut eingeleitet, in verneinter Form durch ne.

a) Imperator militibus imperat, ut valde laborent.
b) Milites orant, ut praeda sibi tradatur.
c) Omnes optant, ne ab hostibus vincantur.

Objekt:
(Subst./Pron. im Akk.)
(Subst./Pron. im Dat.)
(Infinitiv)
(Aci)
(Begehrsatz)

Begehrsätze antworten auf die Frage „was?" und füllen die Satzgliedstelle Objekt. Das kannst du durch eine große Objektklammer grafisch kennzeichnen:

[Omnes] [[optant]], (ne <ab hostibus> [[vincantur]]).

Begehrsätze nennen das, was erst noch erreicht werden soll. Sie können von vielen Verben und Ausdrücken abhängen, z. B.:

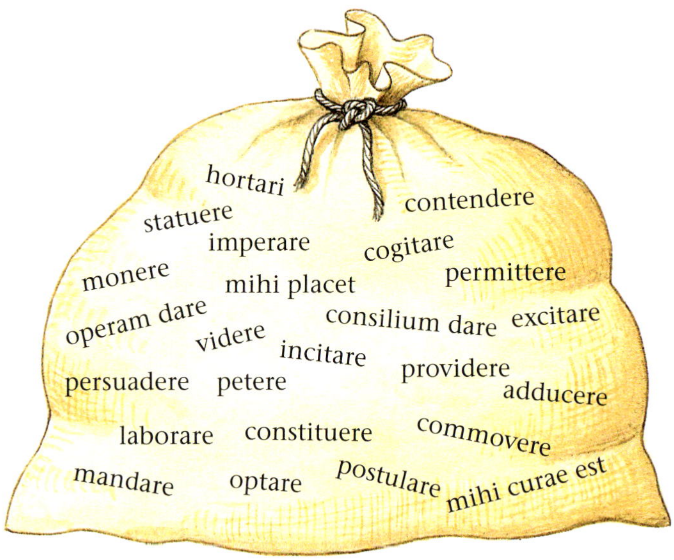

1.1 Ordne diese Ausdrücke, nach denen ein Begehrsatz stehen kann, den folgenden Gruppen zu:
1) fordern, auffordern, befehlen
2) auftragen
3) warnen
4) wünschen
5) raten, empfehlen
6) antreiben, veranlassen
7) beschließen
8) beabsichtigen, auf eine Idee kommen
9) erlauben
10) dafür sorgen
11) sich bemühen, sich anstrengen

Nachdenken über Sprache

Übersetzung von Begehrsätzen

Vos hortor, ut cito veniatis.
Ich ermahne euch, dass ihr schnell kommt.
Ich ermahne euch, schnell zu kommen.

Vergleiche die beiden Übersetzungen: Wo siehst du Vorteile, wo Nachteile? Überprüfe an den Begehrsätzen im Lektionstext, ob immer beide Übersetzungen möglich sind.

G2 Konjunktiv Imperfekt

Auch von Verben des Begehrens usw., die in einem Vergangenheitstempus stehen, hängt ein Begehrsatz im Konjunktiv ab; allerdings steht dann nicht der Konjunktiv Präsens, sondern der Konjunktiv Imperfekt. Seine Bildung ist einfach:

Infinitiv Präsens Aktiv + Personalendung = Konjunktiv Imperfekt

Also: pūgnāre-m, pūgnārē-s, pūgnāre-t usw.

Nach dieser Regel werden auch die passivischen Formen gebildet, ebenso die der unregelmäßigen Verben:

monēre-r, monērē-ris, monērē-tur usw.
sequere-r, sequerē-ris, sequerē-tur usw.
esse-m, essē-s, esse-t usw.; posse-m, possē-s, posse-t usw.
īre-m, īrē-s, īre-t usw.; velle-m, vellē-s, velle-t usw.

G3 Verben mit Aci oder Begehrsatz

Einige Verben können sowohl durch einen Aci als auch durch einen Begehrsatz im Konjunktiv als Objekt ergänzt werden. Davon hängt die Bedeutung dieser Verben ab. Generell gilt:

- Abhängige Aussagen werden im Lateinischen durch einen Aci ausgedrückt,
- abhängige Aufforderungen, Wünsche usw. durch einen Begehrsatz.

	mit Aci	mit Begehrsatz
monere	jmd. daran erinnern, dass	jmd. warnen, (dass)
persuadere	jmd. davon überzeugen, dass	jmd. dazu überreden, (dass)
videre	sehen, dass	achten auf/dafür sorgen, (dass)

3.1 Finde jeweils eine treffende Übersetzung für cogitare, providere, dicere mit
a) Aci,
b) ut-Satz.

a) Scipio cogitavit, ut exercitum Hannibalis ad Padum peteret.
b) Milites monuit Hannibalem etiam Alpes traiecisse.
c) Tamen eos monuit, ne animum demitterent.
d) Hannibalem vinci posse iis persuasit.
e) „Videbo, ut vos maxima gloria afficiamini."

glōria: Ruhm

G4 Timeo, ne; caveo, ne

Nach Verben des Fürchtens (timere, metuere, periculum est) sowie nach cavere steht ein Begehrsatz, der mit ne eingeleitet wird. Im Deutschen darf dagegen keine Verneinung stehen:

a) Scipio: „Timeo, ne Poeni in Italiam descendant." –
Scipio sagte: „Ich fürchte, dass die Karthager nach Italien ziehen."
b) „Itaque cavete, ne hostibus cedatis!" –
„Hütet euch deshalb davor, vor den Feinden zurückzuweichen!"

Ü1 Konjunktiv Imperfekt?

Welche der folgenden Formen sind Konjunktiv Imperfekt?

laborares, expellerer, administremus, labores, amorem, adessetis, neglegeremini, clamoris, imperatorem, clamaremus, mittereris, esses, maiores, amarem, daret

Ü2 Hin & her

Vertausche Indikativ und Konjunktiv.

expello, loquerer, suspicaris, vincunt, duceret, cupiamus, consulor, minuebamini, naviges, praetereant, ridet, caderem, negent, crescebant, curreres, aberamus

Ü3 Tausch

Ersetze die Formen von

a) imperare durch iubere
imperaretis, imperavistis, imperando, imperarentur, imperabo, imperaverant, imperes, imperanti
b) necare durch occidere
necandi, neca, necatum erat, necabamus, necabimur, neces, necante
c) petere durch cupere
petentibus, petiveram, petas, petivi, petivisse, petendo, petet, petitis, petentem
d) credere durch putare
credit, credidit, crediderat, ad credendum, credentis, credat, credent

Ü4 Tüftelei

Bilde jeweils Indikativ und Konjunktiv Präsens, Indikativ und Konjunktiv Imperfekt sowie Futur I zu

a) occidere – 2. Pers. Sg. Pass.
b) desperare – 3. Pers. Pl. Akt.
c) deesse – 2. Pers. Pl. Akt.
d) fungi – 3. Pers. Sg.
e) custodire – 3. Pers. Sg. Pass.
f) redire – 1. Pers. Sg. Akt.

+ Beginne mit der angegebenen Person; gehe danach jeweils eine Person weiter (nach der 3. Pl. kommt wieder die 1. Sg.).

Ü5 Ein römischer Spion

a) Timeo, ne hostes me capiant.
b) Etiam timeo, ne milites Romani me non servent.
c) Summum enim periculum est, ne Germani me necent.
d) Itaque caveo, ne me inveniant.
e) Hostes enim metuunt, ne ea, quae vidi, imperatori nostro nuntiem.
f) Timent, ne exercitui Romano resistere non possint.

Wortbildung

Verstärkung

Mit den Praefixen per- und prae- wird die Bedeutung von Wörtern bei verschiedenen Wortarten verstärkt. Übersetze entsprechend folgende Wörter:

Adjektive:
perbeatus, peramicus, perbonus, peregregius, perfacilis, perfidelis, pergratus, pergravis, perhumanus, perlaetus, perlongus, permagnus, perpulcher, persaevus, praealtus, praedurus, praefortis, praegravis

Verben:
perdolere, permovere, perplacere

Adverbien:
perdiu, persaepe, perubique

Ü6 Aus Zwei mach Eins

Wandle Hannibals Befehle in Gliedsätze um.

Beispiel:
Hannibal militibus imperavit: „Venite ad spectaculum!“
→ *Hannibal militibus imperavit, ut ad spectaculum venirent.*

a) Hannibal militibus imperavit: „Arcessite captivos[1]!“
b) Hannibal militibus imperavit: „Statuite captivos[1] in medio!“
c) Hannibal militibus imperavit: „Ponite arma ante pedes eorum!“
d) Hannibal captivis[1] imperavit: „Capite arma et gladiis decertate[2]!“
e) Hannibal militibus imperavit: „Pugnate maxima virtute contra Romanos!“

[1] captīvus: der Gefangene – [2] dēcertāre: auf Leben und Tod kämpfen

Ü7 Eine Kriegslist

In agro Falerno bina[1] castra posita erant, altera Hannibalis, altera Q. Fabii Maximi, imperatoris Romani. Fabio persuasum erat Hannibalem in castris clausum esse; se autem proximo die hostem victurum speravit. Nocte custodes nuntiaverunt ignes per agros currere. Et profecto flammae ubique in agris visae, etiam mugitus[2] incredibiles auditi sunt. Alii alia timebant: ne animae hostium mortuorum[3] surgerent, ne finis mundi sibi immineret. Deos orabant, ut se servarent; castra relinquere nemo audebat. Mane autem Hannibalis castra relicta esse, hostes effugisse invenerunt.

+ Quid factum erat? Hannibal sarmenta[4] in cornibus taurorum alligaverat[5] eaque incenderat; tum tauros per agrum miserat.

[1] bīnī: zwei – [2] mūgītus: Gebrüll – [3] mortuus: tot – [4] sarmentum: Reisigbündel – [5] alligāre: anbinden

Wortbildung

Wortfamilie

Wörter, die vom selben Stamm abgeleitet werden, bilden eine Wortfamilie.
So gehört liber zur selben Familie wie liberare, liberi, libertas.

Überlege: Was ist ein liberator? Eine liberatio? Ein libertus?

+ Nenne zu amor weitere Mitglieder derselben Wortfamilie.

Ü8 Eine Feldherrnrede

Um seine Soldaten anzufeuern, will sich der Feldherr Quintus Metellus heute besonders viel Mühe mit seiner Rede geben; er ist allerdings mit dem Ausformulieren noch nicht ganz fertig geworden.

a) Vos hortor, milites, ut bene (audire).
b) Postulo, ut omnia mea verba memoria (tenere).
c) Hostes maximam operam dederunt, ut imperium nostrum (delere), nos omnes (necare), liberis uxoribusque nostris vim (facere).
d) Senatus itaque nobis imperavit, ut rem publicam (defendere).
e) Utinam ne animum fortem (amittere)!
f) Itaque vos moneo, ut omni vi animoque forti contra hostes (pugnare).

Ü9 Memorabilia

Summum ius summa iniuria.
Fides facit fidem.
Aliud est celare[1], aliud tacere.
Vincit omnia veritas[2].

[1] cēlāre: verheimlichen – [2] vēritās: Wahrheit

Textvorerschließung II

Textvorerschließung
- über Personen:
  Um wen geht es?
- über Konnektoren:
  Was passiert wann und wo?
- über Hinweise und Textmerkmale:
  Welche Informationen geben Überschriften, Bilder oder die Textsorte?

Textvorerschließung mit Tempusrelief:
- *Was ist Hintergrundhandlung, was Handlungsfortschritt?*
- *Was ist die Vorgeschichte, was ist die gegenwärtige Handlung, was sind die zukünftigen Ereignisse?*

Das Vorerschließen von Texten hilft dir, den Inhalt eines Textes vor seiner Übersetzung zu erfassen. Du hast dazu bereits drei Strategien kennen gelernt: die Vorerschließung über Personen, über Konnektoren oder über Hinweise und Textmerkmale. Auf diesen Methodenseiten erfährst du mehr über eine weitere Strategie, das Tempusrelief.

Die Vorerschließung durch das Tempusrelief

Häufig kannst du bereits eine Vermutung über den Aufbau eines Textes entwickeln, wenn du dir die Tempora ansiehst, die in ihm verwendet werden.
Du weißt schon, dass in Texten, die Ereignisse in der Vergangenheit erzählen, Vordergrundhandlung und Hintergrundhandlung durch unterschiedliche Tempora gekennzeichnet werden: Plusquamperfekt und Imperfekt für die Hindergrundhandlung, Perfekt für den Handlungsfortschritt.

Hannibal, qui Alpes cum exercitu transierat, Romanos multis pugnis magno timore afficiebat. Denique in Africam traiecit et ibi a Scipione Africano victus est.

In Briefen, Reden und in vielen Gedichten tritt der Verfasser als Person deutlich hervor. In solchen Texten lassen sich oft drei Ebenen einer Handlung unterscheiden: Vergangenheit, Gegenwart, Zukunft.
Du erkennst sie an Adverbien wie olim, tum oder hodie und an den Tempora der Hauptsatzprädikate.

Die zeitliche Abfolge einer Handlung erkennst du an den Prädikaten der Hauptsätze. Wenn du diese nach den zeitlichen Ebenen sortierst und in eine Tabelle einträgst, ergibt sich hieraus ein Tempusrelief. Aus ihm kannst du wesentliche Informationen über die Voraussetzungen und Entwicklung einer Handlung bereits vor einer Übersetzung erfassen.

Hannibals letzte Stunde

„Olim militibus fortibus paene totam Italiam expugnavi, sed Carthaginienses, qui spe pacis commoti erant, me domum vocaverunt. Tandem in Africa ipsa victi sumus.

Tum solus ad Prusiam regem fugi. Multitudo autem Romanorum timoris plena semper me hostem maximum habebat. Itaque senatus populusque Romanus T. Flaminium legatum[1] ad Prusiam misit. Prusias, qui iam diu amicitiam[2] Romanorum petebat, me in vincula conici iussit.

Nunc a militibus custodior, ne effugiam. Solus sum, nemo amicorum mihi iam adest.

Romani me Romam trahere et per triumphum ducere in animo habent. At ego populum Romanum timore Hannibalis liberabo manu mea. Venenum bibam[3]. Tibi, Flamini, numquam victoriam de Hannibale dabo."

[1] lēgātus: Gesandter
[2] amīcitia: Freundschaft
[3] bibere: trinken

Zur Vorerschließung dieses Textes solltest du eine Tabelle mit drei Spalten anlegen. Darin trägst du die Prädikate (eventuell mit Subjekten oder Zeitadverbien) jeweils in eine neue Zeile ein.

Führe die Eintragungen in deinem Heft fort:

Vorgeschichte	gegenwärtige Handlung	zukünftige Ereignisse
Olim ... expugnavi		
...		
	Nunc ... custodior	
	...	
		At ego ... liberabo ...
		...

Dabei kannst du schon vor der Übersetzung wichtige Informationen gewinnen, z. B. zu folgenden Fragen:

Welche Personen bzw. Gruppen waren in der Vergangenheit wichtig für Hannibal?	Wie stellt sich die gegenwärtige Situation für Hannibal dar?	Was wird er in der Zukunft tun?

In vielen Texten wechseln die Tempora innerhalb eines Abschnittes häufiger als in dem Hannibaltext; das hat zur Folge, dass das Tempusrelief komplizierter ausfallen wird.

Ein raffinierter Sklave

Der athenische Kaufmann Theopropides war drei Jahre lang auf Geschäftsreise nach Ägypten. Der Sklave Tranio sollte währenddessen den Sohn seines Herrn „beaufsichtigen“. Doch der lebte in dieser Zeit in Saus und Braus und machte Schulden. Heute gibt der Sohn wieder eine wilde Party im Haus des Vaters. Tranio hat jedoch erfahren, dass Theopropides soeben von seiner Seereise zurückgekehrt ist. Deshalb versteckt er sich vor dem Haus, um seinen Herrn abzufangen.

Tr.: Hic me occultabo, hinc observabo. Ludos ego hodie dominum faciam.

Th.: Habeo, Neptune, gratiam maximam tibi, quia me vix vivum e mari domum misisti. Bene scias: numquam post hunc diem pedem in undam imponam. Sed nunc, crede mihi, nemo felicior est quam ego.

Tr.: Edepol[1], Neptune, peccavisti: tam bonam occasionem amisisti. Apparet neminem infeliciorem esse quam me! Nam erus[2] domum suam non talem inveniet, qualem reliquit.

Th.: Tribus annis ante in Aegyptum profectus nunc demum advenio domum. Credo: nemo opportunior familiaribus umquam rediit quam ego. Tantum in Aegypto emi mercium quantum numquam ante. Me omnes mercatores divitiis superaturum arbitror!

Tr.: Non tam optatus est erus[2], quam sperat. O me omnium servorum infelicissimum! Sed vide: nunc ad domum accedit.

Th.: Sed quid hoc? Clausa est ianua medio die? Pellam ianuam! Heus[3]! Nemo domi est? Quin[4] aperitis ianuam?

Tr.: Quis homo est, qui ad nostras aedes accessit?

Th.: Meus quidem servus hic est Tranio!

Tr.: O Theopropides, ere[2], salve! Salvum te advenisse gaudeo.

Th.: Quid vos? Insanine[5] estis?

Tr.: Qua de causa?

Th.: Tu, serve, foris[6] ambulas. Ubi ceteri? Nemo in aedibus esse videtur; nam nemo ianuam aperuit, nemo respondit. Pellendo paene fregi hanc ianuam.

Tr.: Num tetigisti has aedes?

Th.: Certe tetigi! Pepuli, inquam, ianuam.

Tr.: Vah[7]!

[1] edepol!: beim Pollux!
[2] erus: Herr
[3] heus!: he!
[4] quīn: warum nicht
[5] īnsānus: verrückt
[6] forīs: draußen
[7] vah!: um Himmels willen!

Verstehen & Vertiefen

1. Versieh den Text mit Regieanweisungen (auf deutsch).
2. Verfolge, wie sich Theopropides' Stimmung während der Szene ändert.
3. Welche Informationen zum täglichen Leben kannst du dem Text entnehmen? Beachte v.a. die Z. 16/17 und 23–25.

Römisches Theater in Mérida, Spanien; um 105 n. Chr.

Th.: Quid est?

Tr.: Impium facinus fecisti – facinus multo gravius, quam cogitari potest!

Th.: Quid?

Tr.: Recede[8] aedibus! Te admoneo, ut fugias neque umquam ad domum accedas.

Th.: Ita faciamus, nam tibi neminem parem esse fide comperi. Sed dic mihi: quid est factum?

Tr.: Scelus omnium scelerum atrocissimum.

Th.: Quid accidit? Non intellego.

Tr.: Hospes necavit hospitem sexaginta[9] annis ante – ille, ut ego suspicor, qui has tibi aedes vendidit. Mea sententia eo scelere atrocius nihil est.

Th.: Qua de causa suspicaris tale facinus accidisse?

Tr.: Ille mortuus in somnis venit ad filium tuum.

Th.: In somnis?

Tr.: Scilicet in somnis. Moriar, nisi verum dico! Sed audi, quae in somnis mortuus:

„Ego sum hospes. Hic habito, quod sepulcro egeo. Per fidem[10] deceptus sum. Nam hospes improbissimus me necavit, aurum ademit, me his in aedibus defodit[11]. Nunc tu hinc emigra[12]! Sacerrimae sunt aedes!“

Nonne audis clamorem in aedibus?

Th.: Quid, hercle[13], agitur?

Tr.: Monstra omnibus monstris saeviora per aedes errant ...

Th.: Guttam[14] haud habeo sanguinis. Vivum me arcessunt ad Acherontem mortui!

[8] recēdere: zurückweichen

[9] sexāgintā: sechzig

[10] per fidem: schamlos

[11] dēfodere: verscharren

[12] ēmigrāre: ausziehen

[13] hercle!: beim Herkules!

[14] gutta: Tropfen

Fünf Fragen zum römischen Theaterwesen

1. Wann wurden Theaterstücke aufgeführt?

Theaterstücke wurden im Rahmen jährlich wiederkehrender religiöser Feste oder bei Gedenkveranstaltungen zu Ehren eines Verstorbenen aufgeführt, und zwar tagsüber und unter freiem Himmel. Der Eintritt war frei, die Zuschauer konnten kommen und gehen, wann sie wollten. Manchmal fanden zur gleichen Zeit Vorführungen von Artisten oder Gladiatorenkämpfe statt. Es konnten mehrere Stücke hintereinander aufgeführt werden, die Aufführung dauerte oft mehrere Stunden. So wurde im Zuschauerraum auch gegessen und getrunken; begeisterter Applaus, Pfiffe und Zwischenrufe während der Aufführung waren nicht ungewöhnlich.

2. Was war auf der Bühne zu sehen?

Der Vorhang wurde bei Beginn des Stückes in einen Graben versenkt und gab so den Blick auf die Bühne frei. Den Hintergrund bildete eine hölzerne oder steinerne Wand; drei Türen deuteten Eingänge verschiedener Häuser an. Ab dem 1. Jahrhundert v. Chr. konnte der Bühnenhintergrund auch passend zum jeweiligen Stück bemalt sein; die Schauspieler trugen Masken, die leicht erkennbare Typen verkörperten: den alten Mann, den schlauen Sklaven, den verschwenderischen Jüngling usw. Kostüme und einzelne Requisiten wurden von einem Kostümverleiher gemietet.

3. Wie sahen die Theater aus?

Lange Zeit wurden für Aufführungen von Theaterstücken nur einfache Holzgerüste errichtet, die aus der Spielfläche für die Schauspieler und einer rückwärtigen Holzwand (scaena) bestanden. Nach der Aufführung wurden diese Gerüste wieder abgebaut. In den ersten Jahren standen die Zuschauer noch, erst später saßen sie auf Holzbänken. Im Jahre 55 v. Chr. wurde in Rom das erste dauerhafte Theatergebäude aus Stein errichtet. Die Sitzreihen waren stufenweise in einem Halbkreis angeordnet; in den vordersten Reihen durften nur Angehörige des Ritterstandes sitzen, vor ihnen saßen auf den vornehmsten Plätzen die Senatoren. Aufspannbare Stoffbahnen spendeten den Zuschauern Schatten.

4. Was für Stücke wurden gespielt?

Beliebt war seit alten Zeiten der Mimus, ein derbkomisches Improvisationstheater mit Gesang und Tanz, dessen Handlung sich meist um Ehebruch, Verführung, Essen, Trinken u. Ä. drehte; zahlreiche Obszönitäten sorgten für Stimmung. Komödien wurden zum ersten Mal 240 v. Chr. aufgeführt, und zwar Bearbeitungen griechischer Stücke. Der Schauplatz ist meist Athen, Thema ist oft die Liebe eines jungen Paares, das nach vielen Hindernissen zusammenkommt. Tragödien präsentierten griechische und römische Sagen oder Szenen aus der Geschichte. Im Pantomimus, der ähnliche Themen hatte, stellte ein Solist zu Chor- und Orchesterbegleitung die Handlung rein tänzerisch und gestisch dar.

5. Wer waren die Schauspieler?

Römische Schauspieler waren Sklaven oder Freigelassene und standen gewöhnlich in schlechtem Ruf. Jeder Schauspieler gehörte zu einer festen Gruppe. Ihr Leiter (dominus) kaufte einem Autor ein Stück ab und studierte es ein. Meist spielte der dominus selbst die Hauptrolle; jeder Schauspieler übernahm in der Regel mehrere Rollen in einem Stück. Es gab nur männliche Schauspieler, auch Frauenrollen wurden von Männern gespielt. Neben einer variablen Sprechstimme und überzeugender gestischer Darstellung mussten die Schauspieler Gesang und Tanz beherrschen. Besonders erfolgreiche Schauspieler genossen den Ruhm eines Stars.

Verstehen & Vertiefen

1. Wie viele Theatergebäude findest du auf einem Stadtplan des antiken Rom?
2. Stell dir vor, du würdest einen Römer/eine Römerin von damals in eine heutige Theatervorstellung mitnehmen. Wie würde er/sie sich verhalten, was würde ihm/ihr auffallen? Du kannst daraus auch eine Geschichte gestalten oder einen Brief darüber schreiben.

G1 Steigerung

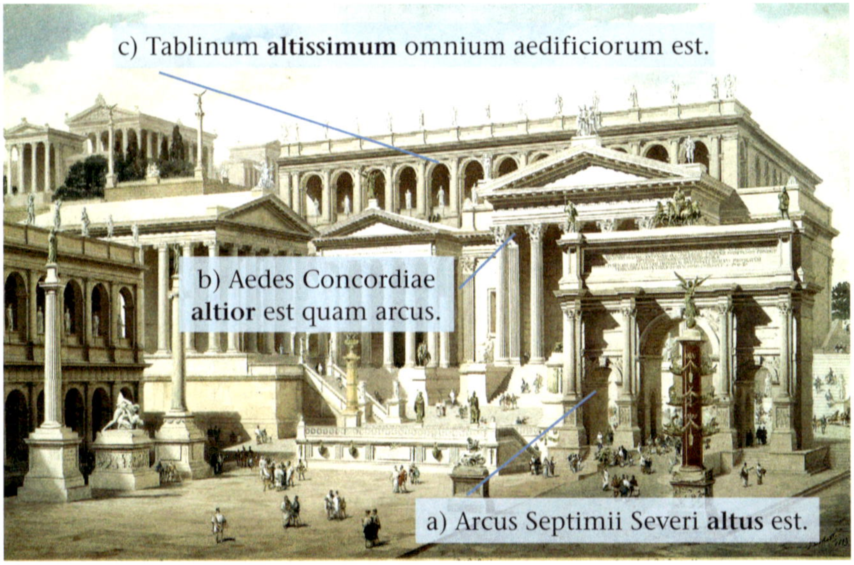

tablīnum: Staatsarchiv

Blick auf die Nordseite des Forum Romanum, 1. Hälfte des 3. Jahrhunderts n. Chr. (Rekonstruktion)

In den Sätzen, die die Gebäude beschreiben, kommt das Adjektiv altus in verschiedenen Formen vor:

- In Satz a wird festgestellt, dass der Septimiusbogen **hoch** ist: altus.
- Satz b sagt, dass der Concordiatempel im Vergleich mit dem Septimiusbogen **höher** ist: altior.
- Als das **höchste** aller Gebäude wird das Tablinum bezeichnet: altissimum.

Bei diesem Vergleich der drei Gebäude werden drei Stufen unterschieden:

- altus bildet die Grund- oder Ausgangsstufe des Vergleichs; diese Grundstufe nennen wir **Positiv,**
- altior ist die Vergleichsstufe, der **Komparativ,**
- altissimum ist die Höchststufe bzw. der **Superlativ.**

Bisher kanntest du Adjektive nur im Positiv.
Der Komparativ wird aus dem Stamm und der Endung -ior gebildet und nach der 3. Deklination dekliniert.
Aufgepasst: Im Neutrum endet der Nom./Akk. Sg. auf -ius.

	Sg.			*Pl.*		
	m.	*f.*	*n.*	*m.*	*f.*	*n.*
Nom.	alti**or**	alti**or**	alti**us**	alti**ōr**ēs	alti**ōr**ēs	alti**ōr**a
Gen.	alti**ōr**is	alti**ōr**is	alti**ōr**is	alti**ōr**um	alti**ōr**um	alti**ōr**um
Dat.	alti**ōr**ī	alti**ōr**ī	alti**ōr**ī	alti**ōr**ibus	alti**ōr**ibus	alti**ōr**ibus
Akk.	alti**ōr**em	alti**ōr**em	alti**us**	alti**ōr**ēs	alti**ōr**ēs	alti**ōr**a
Abl.	alti**ōr**e	alti**ōr**e	alti**ōr**e	alti**ōr**ibus	alti**ōr**ibus	alti**ōr**ibus

1.1 Dekliniere schriftlich:
gladiator clarior, corpus durius.

In allen Deklinationen bilden Adjektive den Komparativ auf diese Weise, egal wie der Positiv lautet.

Der Superlativ besteht aus dem Stamm und der Endung -issimus, -issima, -issimum. Er wird nach der o- bzw. a-Deklination dekliniert.

	Sg.			*Pl.*		
	m.	*f.*	*n.*	*m.*	*f.*	*n.*
Nom.	altissimus	altissima	altissimum	altissimī	altissimae	altissima
Gen.	altissimī	altissimae	altissimī	altissimōrum	altissimārum	altissimōrum
Dat.	altissimō	altissimae	altissimō	altissimīs	altissimīs	altissimīs
Akk.	altissimum	altissimam	altissimum	altissimōs	altissimās	altissima
Abl.	altissimō	altissimā	altissimō	altissimīs	altissimīs	altissimīs

Beachte:
- Adjektive auf -er (z. B. pulcher oder acer) bilden den Superlativ mit -rimus: pulcher-rimus, acer-rimus.
- Manche Adjektive auf -ilis (z. B. facilis) bilden den Superlativ mit -limus: facil-limus.

G2 Vergleichssätze

a) Theopropides stultum se praebuit.

Eine Aussage wie diese über Theopropides kann durch einen Vergleichssatz näher bestimmt werden. So kann z. B. das Ausmaß der Dummheit angegeben werden:

b) Theopropides tam stultum se praebuit, quam Tranio speraverat.

Solche Vergleiche zweier Aussagen sind im Lateinischen durch einander entsprechende Partikel oder Pronomina, so genannte **Korrelativa,** aufgebaut. Je nachdem welches Wortpaar steht, wird das Augenmerk auf verschiedene Aspekte des Vergleichs gelegt; im Deutschen verwenden wir dafür fast immer „so – wie“:

ita – ut	so – wie	Art und Weise
tam – quam	so – wie	Grad, Ausmaß
tantus – quantus	so groß – wie	Größe, Quantität
talis – qualis	so – wie	Beschaffenheit, Qualität

c) Filius Theopropidis mercatoris non talis erat, qualem pater optavit.

d) Nam filius, dum pater itinera facit, paene tantam pecuniam amisit, quantam pater fecit.

G3 Ablative bei Vergleichen

Bei Vergleichen kann der Ablativ verschiedene Funktionen erfüllen:

1) Er kann bei Komparativen oder Ausdrücken, die einen Unterschied bezeichnen, das Ausmaß des Unterschiedes angeben. Diesen Ablativ kennst du schon als **Ablativus mensurae** (→ 19 G 1). Er antwortet auf die Frage „um wieviel?“

mēnsūra: Maß

a) Tranio multo prudentior est quam ceteri servi.
b) Theopropides tribus annis ante profectus nunc domum redit.

2) Ein Ablativ kann auch den Gesichtspunkt, auf den es bei einem Vergleich ankommt, angeben. Dieser Ablativ heißt **Ablativus limitationis** und antwortet auf die Frage „in welcher Hinsicht?".
c) Theopropides se omnes mercatores divitiis atque fortuna superare arbitratur.
d) Nemo Tranioni par erat ingenio.

līmitātiō: Eingrenzung

3) Schließlich kann der Ablativ bei Komparativen auch eins von den zwei Dingen angeben, die miteinander verglichen werden. Dieser **Ablativus comparationis** drückt dasselbe wie eine Formulierung mit quam aus; in beiden Fällen übersetzen wir mit „als".
e) Nihil sole clarius est.
f) Num dominus servo suo timidior est?

comparātiō: Vergleich

3.1 Erstelle eine Übersicht aller dir bekannten Ablativfunktionen.

G4 Elativ

Superlative können Eigenschaften eines Beziehungswortes angeben, auch ohne dass andere Dinge oder Personen genannt werden, mit denen verglichen wird. In dieser Verwendung, ohne Vergleichspunkt, heißt der Superlativ **Elativ**. Den Elativ übersetzt du mit dem Positiv in Kombination mit steigernden Adverbien wie „sehr", „äußerst", „völlig" oder „höchst". Oder du wählst Adjektive, die schon von ihrer Grundbedeutung eine kaum zu übertreffende Eigenschaft angeben, z. B.:

puella pulcherrima – ein bildhübsches Mädchen
gladiator fortissimus – ein todesmutiger Gladiator

a) Tranio dicit: „Aedes Theopropidis sacerrimae sunt.
b) Ibi enim scelus atrocissimum factum est.
c) Olim hospes infelicissimus necatus est."

G5 Akkusativ des Ausrufs

Wenn eine Person überrascht ist, sich freut oder sich ärgert, so kann sie dies in einem Ausruf ausdrücken. Solche Ausrufe bestehen im Lateinischen meist aus einer Interjektion (einem Ausrufewort) wie o und einem Akkusativ, dem so genannten Akkusativ des Ausrufs. Im Deutschen musst du etwas ausführlichere Umschreibungen verwenden:

a) O me miserum! – Ach weh, ich Armer!
b) O occasionem bonam! – Was für eine tolle Gelegenheit!
c) O servum stultissimum!
d) O vim incredibilem!

Ü1 Komparativ?

Welche Form ist ein Komparativ?

timidius, facillimum, gravius, miserius, crudeliore, altius, nullius, totius, alterius, gladius, improbius, cupidius, fidelissimorum, victoris, pius, egregius

Ü2 Kettenglieder

longam ⚭ Neutr. ⚭ Komp. ⚭ Superl. ⚭ Pl. ⚭ Gen. ⚭ Mask. ⚭ Sg. ⚭ Komp. ⚭ Abl. ⚭ Pos.

Übe ebenso: tristem, miseram, crudelem

Ü3 Liebesduett

a) Quintus: „O Silvana, nulla puella est te pulchrior. Ego quidem dico tuam formam mihi auro gratiorem esse."
b) Silvana: „O Quinte, tua verba melle[1] dulciora[2] sunt. Numquam ego virum te fortiorem vidi! Omnes sciunt te Hercule fortiorem esse."
c) Quintus: „Utinam animi nostri vinculis firmissimis firmiores sint."
d) Silvana: „Felicior sum amicis, nam scio te amicum Iolao fideliorem esse!"

[1] mel, mellis: Honig – [2] dulcis: süß

Ü4 Zuordnung

Kombiniere die grammatisch zueinander passenden Substantive und Adjektive.

a) miseriores, clari, feliciori, gravioribus, gratiora, praeclarorum, stultus
b) oracula, homo, vitiis, servos, auctoris, ducum, viro

+ Bilde jeweils die anderen Steigerungsstufen.

Ü5 Memorabilia

Beatius est dare quam accipere.
Iniuriam facere facilius est quam ferre[1].
Quot homines, tot sententiae.
Qualis vir, talis oratio[2].
Qualis dominus, talis et servus.

[1] ferre: ertragen – [2] ōrātiō: Rede

Ü6 Wer ist besser dran?

Bilde von den eingeklammerten Wörtern die richtige Form.

a) Hic gladiator (felix) est quam (ille).
b) Sors illius gladiatoris (miser) est quam (hic).
c) In pugnando hic gladiator (fortis) erat quam (ille).
d) Hic gladiator (firmus) animo erat quam (ille).
e) Huic gladiatori gladius (acer) est quam (ille).
f) Arma huius gladiatoris (pulcher) sunt quam (ille).

Nachdenken über Sprache

Geschlossene Wortstellung

Ein Attribut und sein Beziehungswort stehen im Lateinischen in der Regel unmittelbar nebeneinander. Treten aber Erweiterungen hinzu, so werden diese häufig von dem Beziehungswort und seinem Attribut eingerahmt. Das nennt man eine **geschlossene Wortstellung.**

a) Tranio, **servus** non semper **fidelis**, dominum ludos fecit.
b) Theopropides Tranionem **servum** omnium **fidelissimum** habebat.

1) Gibt es im Deutschen etwas, das der geschlossenen Wortstellung vergleichbar ist?
2) Suche im Lektionstext 23 geschlossene Wortstellungen.

Ü8 Sehr besonders

Beim Übersetzen von Elativen ist dein Sprachgefühl und deine Phantasie gefragt – nichts ist schließlich langweiliger, als immer nur „sehr" vor ein Adjektiv zu setzen, um es zu verstärken.
Hier sind ein paar Beispiele; ordne die passenden Wörter einander zu:

longissimus – stultissimus – saevissimus – acerrimus – altissimus – facillimus – novissimus – infelicissimus – durissimus – fortissimus

messerscharf – turmhoch – steinhart – kinderleicht – todunglücklich – fuchsteufelswild – strohdumm – ellenlang – nagelneu – todesmutig

Ü7 Ein schönes Leben

Bestimme die Funktion der Ablative.

Dum pater in Aegypto erat, Philolaches filius cum amicis id fecit, quod a Romanis „pergraecari"[1] nominabatur: cunctis noctibus vinum[2] bibebant[3], optimos cibos, qui a villa apportati erant, edebant[4], etiam pulcherrimas amicas invitaverunt. Amica Philolachis specie mira erat; multo pulchrior erat omnibus puellis, quas umquam Philolaches conspexerat. Tranio servus Philolachem in ea vita adiuvabat, quia ipse huius vitae socius esse volebat – quamquam a domino monitus erat, ut summa cum diligentia et res et filium custodiret.

[1] pergraecāri: nach Griechenart leben – [2] vīnum: Wein – [3] bibere: trinken – [4] edere: essen

Nachdenken über Sprache

Vergleiche

Bei einem Vergleich werden zwei Personen oder Dinge miteinander verglichen. Außerdem wird angegeben, in welcher Hinsicht die beiden verglichen werden.

Theopropides timidior quam Tranio est.

Bei diesem Vergleich zwischen Theopropides und Tranio geht es um ihre Ängstlichkeit: Theopropides ist ängstlicher als Tranio.
Der Fachausdruck für den Gesichtspunkt, auf den es bei einem Vergleich ankommt, heißt **Tertium comparationis** (d.h. das dritte Element eines Vergleiches).

Stelle bei den folgenden Vergleichen fest, wer bzw. was miteinander verglichen wird und was das Tertium comparationis ist.

a) Theopropides felicissimus omnium mercatorum est.
b) Tantas merces emit quantas nemo alius.
c) The master is not as clever as his slave.
d) The son spent more money than he had.

L Ein Kampf mit Worten

Der griechische Held Jason ist nach Kolchis gefahren, weil er einen gefährlichen Auftrag erfüllen musste. Dort hat er sich in Medea, die Tochter des Königs, verliebt und sie nach Griechenland entführt. Bei König Kreon in Korinth haben sie Zuflucht gefunden, haben geheiratet und zwei Kinder bekommen. Doch dann wird Jason Medea untreu: Nun liebt er die schöne, junge Tochter des Königs Kreon, und bald soll die Hochzeit sein. Deswegen wendet sich Kreon an Medea:

Creo: Opto, Medea, ut hanc urbem et hanc terram relinquas. Duc tecum ambos[1] liberos nolique morari! Ego ipse te exire iubeo et hoc loco manebo, ut te urbem relinquere meis oculis ipse videam.

Medea: O me miseram! Creo tyrannus[2] crudelis crudeliter me in exsilium pellit, misere perire me cogit. Quid ego faciam, barbara sine ulla spe salutis? Clementiam regis implorem? Agedum[3], illum ipsum interrogabo. – Qua de causa ex urbe expellis me, o Creo? Nonne me adhuc ut filiam dilexisti et mihi liberisque favisti?

Creo: Timeo – ut libere dicam – timeo vehementer, ne tu filiam meam afficias iniuria. Nam tam gravi dolore affecta es, ut furere[4] potius quam prudenter cogitare atque sapienter agere videaris. Saevius te geris, quam ut fidem tibi habeam. Nonne etiam fratri tuo insidias paravisti, cum ille vos e Colchide fugientes sequeretur? Nonne multis aliis damno fuisti herbas tuas magicas[5] adhibens? Et nunc, cum iniuriam tibi accidisse putes, et mihi et filiae et novo marito minas[6] gravissimas iactas, ut audio. Itaque, ne novas insidias instruas, in exsilium te mittere decrevi. Nam nunc tibi odio esse praestat quam postea damnum pati miserrime.

Medea: Ah, iam saepe nocuit esse sapientem! Nam nonnullis sapientia mea odio est, multis oneri, plerisque autem timori. Sed tu, o Creo, noli me timere! Non enim sum talis, ut contra regem agam. Quid tu male fecisti? Recte matrimonio[7] iunxisti filiam tuam. Et ego, cum maritus mihi odio sit, tamen in invidiam tui filiaeque non veni. Iungite matrimonia[7] et beate vivite! Sed me hac in urbe placide vivere sinite! Iniuria acriter affecta tamen tacebo imperio tuo subiecta.

Creo: Cum placide ac modeste[8] te geras, tamen timeo, ne dolum in nos struas[9]. Ergo abi quam celerrime! Parce verbis! Decretum est! Nullo dolo efficere poteris, ut ex hac urbe non exeas!

Medea: Abibo, sed hoc tantum te oro atque obsecro[10], ut mihi unum diem manere liceat. Unum diem posco, ut de via deliberem[11] liberisque rem explicem.

Creo: Scilicet ego non tyrannus[2], sed homo sum. Licebit. Hoc uno die nullum malum facere poteris. Noli diutius manere! Aliter enim mors tibi et liberis tuis certa erit.

[1] ambō: beide
[2] tyrannus: Tyrann
[3] agedum!: los jetzt!
[4] furere: rasen
[5] magicus: magisch
[6] minae: Drohungen
[7] mātrimōnium: Ehe
[8] modestus: bescheiden
[9] struere: planen
[10] obsecrāre: beschwören
[11] dēlīberāre: überlegen

Wandmalerei aus Herkulaneum, 1. Jahrhundert n. Chr.; Neapel, Museo Archeologico Nazionale

Verstehen & Vertiefen

1. Welches Ziel verfolgt der König, welches Medea?
2. Nenne aus dem Text die Ausdrücke, mit denen Kreon Medeas Verhalten beschreibt.
3. Finde heraus: Wozu nutzte Medea den einen Tag, der ihr blieb?
4. Die Wandmalerei aus Herkulaneum ist nicht vollständig erhalten geblieben. Worauf könnte Medeas Blick gerichtet gewesen sein?

Griechisches in Rom

Statuen aus der Villa dei Papiri in Herkulaneum; römische Kopien griechischer Originale, Ende des 1. Jahrhunderts v.Chr.; Neapel, Museo Archeologico Nazionale

Mächtige Zauberin von der fernen Küste des Schwarzen Meeres, Enkelin des Sonnengottes, eine verführerische, später verlassene Frau, Mörderin ihres Bruders und ihrer eigenen Kinder: Kaum eine Frauengestalt hat die Griechen so sehr fasziniert wie Medea. Im Jahre 431 v.Chr. hatte Euripides sie auf die Bühne des Theaters in Athen gebracht und ihr die Züge verliehen, die ihre Gestalt bis heute prägen. Auch in die römische Welt fand Medea bald Eingang. Zahlreiche Fresken mit Medeadarstellungen sind erhalten, und wir wissen von vielen Dichtungen über sie in lateinischer Sprache.

Die Auseinandersetzung mit der griechischen Kultur, die sich am Beispiel der Medeagestalt zeigt, begleitete Roms Aufstieg zur beherrschenden Macht im ganzen Mittelmeerraum. Sie bewirkte eine tiefgreifende Veränderung der Lebensführung und der Denkweise und Geisteshaltung der römischen Oberschicht, die immer stärker von der Kultur und Lebensart der besiegten Griechen geprägt wurde.

Der Dichter Horaz, der in seinen Werken selbst oft griechische Dichter nachahmte, sagt, dass der Einfluss der griechischen Kultur begann, nachdem Rom im 2. Jahrhundert v. Chr. das Gebiet Griechenlands erobert und unterworfen hatte. Unter den Gefangenen und Geiseln, die nach Italien verschleppt wurden, befanden sich Dichter, Philosophen und Historiker. Sie beeinflussten die Entwicklung der lateinischen Literatur nachhaltig.

Tatsächlich hatten die Römer die griechische Kultur aber bereits im 4. Jahrhundert v.Chr. in den griechischen Städten Süditaliens kennengelernt. Man passte sich im Kleinen wie im Großen an die griechische Lebensweise an: Römische Adelige sollen erst damals begonnen haben, sich zu rasieren – nach dem Vorbild Alexanders des Großen. Private Häuser wurden jetzt so luxuriös ausgestattet wie griechische. Der Koch, früher der wertloseste und unnützeste Sklave, galt jetzt in vornehmen Kreisen als ein Künstler. Oft kam er wie der Hauslehrer, der die Kinder der Reichen unterrichtete, aus dem griechischen Osten.

Seit dem 3. Jahrhundert v.Chr. wurden ungeheure Mengen von Kunstwerken aus dem griechischen Osten nach Rom transportiert. Sie wurden in den Häusern und Gärten der reichen Römer aufgestellt und dienten römischen Künstlern als Vorbild für ihr eigenes Schaffen.

Das allmähliche Eindringen der griechischen Kultur in Rom stieß aber auch auf Widerstand. Die Lebensart aus dem Osten, so klagte M. Porcius Cato (234–149 v.Chr.) zerstöre den mos maiorum, das alte römische Wertesystem. Eine Gesandtschaft griechischer Philosophen ließ er aus Rom verbannen, und seinem Sohn riet er, nur ja keine griechischen Ärzte zu konsultieren.

Doch die Kritik war letztlich wirkungslos. Ein vornehmer Römer musste nicht nur die griechische Sprache beherrschen, sondern bei einem griechischen Redelehrer Unterricht nehmen. Die adeligen Römer wetteiferten in Ausstattung und Luxus ihrer Stadthäuser und Villen miteinander. Bibliotheken und Kunstwerke bewiesen die griechische Gelehrsamkeit ihrer Besitzer.

Verstehen & Vertiefen

1. Nenne die Lebensbereiche, in denen die Römer griechische Kultur übernommen haben. Welche Neuerungen wären auch dir wichtig, welche weniger wichtig?
2. Forsche nach: Welche Kulturleistungen verdanken wir den Römern?

G1 Adverbbildung

Du kennst schon viele Adverbien, unveränderliche Wörter, die die Satzgliedstelle <Adverbiale> ausfüllen. Sie geben z. B. Zeit, Ort, Art und Weise an: ibi, diu, ita, olim, valde.
In dieser Lektion lernst du Adverbien kennen, die von Adjektiven gebildet werden.

a) Medea Iasonem **occulte** adiuvabat.
b) Creo crudelis erat; Medeam **crudeliter** ex urbe pepulit.

Adverbien werden in der Regel auf folgende Weise aus Adjektiven gebildet:

- Adjektive der o-/a-Deklination bilden das Adverb auf -ē:
  impius → impiē
  miser → miserē

- Adjektive der 3. Deklination bilden das Adverb auf -**iter**, bei Adjektiven auf -ens enden die Adverbien auf -**er**:
  crūdēlis → crūdē**liter**
  prūdēns → prūden**ter**
  Ausnahme: facilis → facile

1.1 Vergleiche damit die Adverbbildung im Deutschen und Englischen:
a) Medea tötete hinterhältig ihren eigenen Bruder.
b) Jason treated Medea very badly.

Das Adverb gibt es auch im Komparativ und im Superlativ:
timidē – timidius – timidissimē
crūdēliter – crūdēlius – crūdēlissimē

Du erkennst den Komparativ des Adverbs also an der Endung -**ius**; der Superlativ des Adverbs endet auf -ē.

1.2 Bilde das Adverb im Positiv, Komparativ und Superlativ zu acer, cupidus, durus, felix, fortis, gravis, improbus, longus, occultus, stultus, tardus.

G2 Adverbiale: Finalsätze

a) Creo: „Ante arcem manebo. Nam Medeam urbem relinquere meis oculis videre volo."

Kreon bleibt vor der Burg stehen; er will mit eigenen Augen sehen, dass Medea die Stadt verlässt.
Diese Absicht kann im Lateinischen auch durch einen Gliedsatz im Konjunktiv mit der Subjunktion ut (verneint: ne) ausgedrückt werden; solche Gliedsätze heißen **Finalsätze.**

2.1 Von welchem lateinischen Wort leitet sich die Bezeichnung „Finalsatz" her?

Im Deutschen werden Finalsätze durch „damit" eingeleitet; oft ist auch ein Infinitiv mit „um … zu" möglich.

b) Creo: „Ante arcem manebo, ut Medeam urbem relinquere meis oculis videam."

2.2 Bilde verschiedene Finalsätze im Deutschen: Wann verwendest du „damit", wann „um … zu"?

Als Satzglied ist ein Finalsatz ein Adverbiale, das auf die Frage „wozu?" antwortet:

c) Creo ante arcem manebat,
<ut Medeam urbem relinquere suis oculis videret.>

In Finalsätzen steht entweder der Konjunktiv Präsens oder der Konjunktiv Imperfekt. Der Konjunktiv hat hier eine ähnliche Funktion wie in Hauptsätzen mit utinam (→21 G 1) oder in Gliedsätzen, die von einem Verb des Begehrens abhängen (→22 G 1). Der Konjunktiv drückt in diesen Fällen Wunsch, Aufforderung oder Absicht aus.

2.3 Vergleiche die Satzgliedfunktion der Gliedsätze in e und f.

Vergleiche:
d) Creo secum dixit: „Utinam ne Medea mihi meisque vim faciat!“
e) Creo ad Medeam: „Tibi impero, ut urbem relinquas!“
f) Creo Medeam urbem relinquere iussit, ne illa familiae suae vim faceret.

G3 Adverbiale: Konsekutivsätze

Adverbiale Gliedsätze, die eine Folge bezeichnen, nennt man **Konsekutivsätze.** Auch sie stehen im Konjunktiv und werden mit ut eingeleitet (verneint: ut non); das ut musst du mit „dass“ übersetzen. Im Hauptsatz steht meist ein Wort, das „so“ oder Ähnliches bedeutet und auf den Folgesatz vorausweist; daran kannst du konsekutive ut-Sätze leicht erkennen.
a) Medea tanto amore incensa est, ut Iasonem multum adiuvaret.
b) At postea tam crudeliter se gerebat, ut Iason eam timeret.

In manchen Sätzen steht kein vorausweisendes „so“, weil man es sich leicht ergänzen kann; dann heißt ut „sodass“:
c) Medea superbo animo erat, ut a multis timeretur.

Auch nach einem Komparativ mit quam steht ein konsekutiver ut-Satz:
d) Etiam Corinthi Medea duriorem se praebebat, quam ut incolae eam tolerarent.

G4 Die Subjunktion ut

Die Subjunktion ut kann verschiedene Gliedsätze einleiten und muss deshalb unterschiedlich ins Deutsche übersetzt werden:

ut mit Indikativ:			
• Vergleichssatz	→	„wie“	(→23 G 2)
ut mit Konjunktiv:			
• Begehrsatz	→	„dass“/„… zu …“	(→22 G 1)
• Konsekutivsatz	→	„dass“/„sodass“	(→24 G 3)
• Finalsatz	→	„damit“/„um … zu“	(→24 G 2)

Welche Übersetzung du für ut wählen musst, kannst du leicht entscheiden, wenn du nach folgendem Frage-Antwort-Schema vorgehst:

1) Welcher Modus steht im ut-Satz?
   - Indikativ → Vergleichssatz „wie"
   - Konjunktiv ↓

2) Gibt es ein Hinweiswort im Hauptsatz?
   - nein → Finalsatz „damit"/„um … zu"
   - ja ↓

3) Was für ein Hinweiswort?
   - Verb des Begehrens → Begehrsatz „dass"/„… zu …"
   - Wort wie „so" → Konsekutivsatz „dass"/„sodass"

Überprüfe deine Entscheidung immer noch einmal am Sinn.

Erprobe dieses Vorgehen an folgendem Text:

Aeetes, rex Colchidis, Iasoni magnos labores imposuit, ut vir alienus interiret: Eum tauros ingentes domare iussit. Tauri autem tam saevi erant, ut a nullo superari possent. Qua de causa Iason Medeam oravit, ut sibi adesset. Illa rem difficilem ita perfecit, ut iam alias res perfecerat: Arte magica venenum tauris paravit. Quo veneno Iason tauros sine labore superavit.

domāre: zähmen
difficilis: schwierig
magicus: Zauber-

G5 Adverbiale: cum-Sätze im Konjunktiv

Der Konjunktiv steht auch in adverbialen cum-Sätzen. Solche Sätze können die Zeit, den Grund oder den Gegengrund angeben. Wie das cum jeweils zu übersetzen ist, musst du aus dem Zusammenhang erschließen.

a) Das **cum historicum** gibt auf die Frage „wann?" die Zeit an:
   Cum Iason cum Medea e Colchide fugeret, Medea fratrem suum interfecit.

b) Das **cum causale** gibt auf die Frage „warum?" den Grund an:
   Medea, cum magna iniuria se esse affectam putaret, Iasoni Creonique insidias paravit.

c) Das **cum concessivum** gibt auf die Frage „welchem Umstand zum Trotz?" den Gegengrund an:
   Medea, cum liberos suos amaret, tamen eos interfecit.

5.1 Erstelle eine Übersicht über die dir bisher bekannten Möglichkeiten, ein temporales, ein kausales und ein konzessives gedankliches Verhältnis auszudrücken.

5.2 Gibt es bei c im Hauptsatz einen Hinweis, wie das cum zu übersetzen ist?

Ü1 Adverb?

Welche der folgenden Wörter sind Adverbien?

custodite, beate, crudeliter, consule, abesse, inter, optime, cupidissime, felicius, certe, fore, clare, duce, occulte, egregie, facie, minime, flore, mille

Ü2 Unter Experten

Nachdem in der Schule die Medeageschichte besprochen worden ist, bemühen sich die Schülerinnen und Schüler, ihre Taten näher zu beschreiben. – Füge das richtige Adverb ein.

a) Medea herbis potiones[1] magicas (occultus) paravit.
b) (Crudelis) fratrem suum interfecit.
c) In terra aliena vixit[2] (infelix).
d) Pugnabat (acer) cum omnibus, qui ei odio erant.
e) Regem durum (prudens) decepit.
f) Liberos suos (atrox) occidit.

[1]pōtiō: Trank – [2]vīxit: Perf. zu vīvere

Ü3 Adjektiv oder Adverb?

Ergänze die jeweils richtige Form, entscheide dich auch für die richtige Steigerungsstufe.

a) Aper[1] (saevus) homines (miser), qui circum (altus) Erymanthum montem vivebant, diu vexabat.
b) Hercules (celer) erat quam ceteri viri, tamen illum aprum[1] (ingens) capere diu non poterat; is enim (celer) cucurrit.
c) Eurystheus rex (laetus) erat. Gaudebat Herculem (infelix) aprum[1] (celer) sequi non posse.
d) Tum Eurystheus (laetus) cum amicis convenit et (summus) gaudio Herculem (infelix) risit.
e) Hercules autem aprum[1] (prudens) cepit: (magnus) voce monstrum ex silva egit, (celer) currendo fatigavit, vinculis (firmus) vinxit[2].

[1]aper, aprī: Eber – [2]vincīre: fesseln

Nachdenken über Sprache

Trikolon

Aufzählungen sind besonders wirkungsvoll, wenn sie aus drei Gliedern bestehen. Solche Aufzählungen werden seit der Antike **Trikolon** (griech. „Drei-Glied") genannt.

a) „Veni, vidi, vici."
b) Apud Medeam vicit amorem odium, timorem audacia, rationem amentia[1].

Häufig werden die einzelnen Glieder eines Trikolon immer länger. Dann spricht man von einem **Trikolon mit wachsenden Gliedern.**

c) Medea primum fratrem, deinde liberos, postremo novam uxorem Iasonis interfecit.

1) Welche Vorteile hat ein Trikolon gegenüber anderen Aufzählungen?
2) Im Lektionstext 24 finden sich zwei Trikola. Wo?
3) Findest du Trikola auch im Deutschen?

[1]āmentia: Wahnsinn

Ü4 Der 2. Punische Krieg

Beachte die ut-Sätze: Welcher ist ein Begehr-, welcher ein Final-, welcher ein Konsekutivsatz?

a) Hannibal olim a patre ad aram ductus est, ut iuraret[1] se semper inimicum[2] populi Romani fore.
b) Et Hannibal tanta ira commotus est, ut maximum exercitum trans Alpes in Italiam duceret.
c) Eo itinere elephanti ita fatigati sunt, ut paene omnes interirent.
d) Romani iam timuerunt, ne Hannibal Romam urbem peteret.
e) Hannibal autem militibus imperavit, ut Romam praeterirent.
f) Ita Roma servata est.

[1]iūrāre: schwören – [2]inimīcus: Feind

Ü5 Aus Zwei mach Eins

Medeas Vertraute, eine alte Amme (nutrix), bemüht sich, sie zu beruhigen. – Verwandele ihre Aufforderungen in Begehrsätze.

Beispiel:
Nutrix Medeae consilium dedit: „Tace et intellege Iasonem amissum esse."
→ *Nutrix Medeae consilium dedit, ut taceret et intellegeret Iasonem amissum esse.*

a) Nutrix Medeam hortata est: „Finem fac irae!"
b) Nutrix Medeae persuasit: „Cave arma regis!"
c) Nutrix Medeae imperavit: „Abi quam celerrime!"
d) Nutrix postulavit: „Fortunam fortiter tolera, Medea!"
e) Nutrix metuit: „Utinam ne Medea magnum malum excitet!"
f) Nutrix timuit: „Ne Medea ipsa in calamitatem veniat!"

Ü6 Schritt für Schritt

Philolaches adulescens[1] audivit: Pater advenit et iam domui appropinquat. Philolaches adulescens[1] audivit patrem advenisse et iam domui appropinquare.

Philolaches perterritus est. De salute sua desperavit et Tranionem servum imploravit: „Veni mihi auxilio!" De salute sua desperans Tranionem servum imploravit, ut sibi auxilio veniret. Philolaches ita perterritus est, ut de salute sua desperans Tranionem servum imploraret, ut sibi auxilio veniret.

Philolaches adulescens[1], ubi audivit patrem advenisse et iam domui appropinquare, ita perterritus est, ut de salute sua desperans Tranionem servum imploraret, ut sibi auxilio veniret.

[1] adulēscēns: jung

Ü7 cum, cum, cum

Wähle das richtige Prädikat aus.

a) Olim Metellus senator cum familia Athenas (petebant/petiverunt/petivit).
b) Metelli, cum nave celeri (navigat/navigarent/navigantes), tamen timuerunt, ne a piratis[1] caperentur.
c) In itinere Sextus cum Quinto fratre diu (ludebat/ludunt/lusit), cum delphini[2] (conspecti sunt/conspicietur/conspiciunt).
d) Omnes laeti fuerunt, cum in portum Athenarum (veniebat/venient/venirent).

[1] pīrāta: Seeräuber – [2] delphīnus: Delphin

Ü8 Medea auf Griechisch

Kommen dir diese Wörter irgendwie bekannt vor?

ΘΕΑΤΡΟΝ ΣΚΗΝΗ ΜΗΔΕΙΑ ΚΡΕΩΝ ΙΑΣΩΝ ΚΟΛΧΙΣ ΚΟΡΙΝΘΟΣ ΤΥΡΑΝΝΟΣ ΒΑΡΒΑΡΟΣ ΜΑΓΙΚΟΣ ΤΡΑΓΩΙΔΙΑ

Ü9 Olympiade

Wie lautet das olympische Motto?

Entstehung der romanischen Sprachen

Wie alle natürlichen Sprachen hat sich auch die lateinische mit der Zeit verändert. Sie war zunächst einer von vielen Dialekten italischer Bauern- und Hirtenvölker; mit ihren Sprechern, den Römern, stieg sie zu großer Bedeutung auf. Auch als das Lateinische mit Cicero seine Vollendung erreicht zu haben schien, entwickelte es sich immer weiter, bis schließlich ab dem 9. Jahrhundert n. Chr. neue Sprachen aus ihm entstanden: Französisch, Italienisch, Spanisch, Portugiesisch, Katalanisch, Rumänisch und einige weitere: die so genannten romanischen Sprachen.
Vor allem in der gesprochenen Umgangssprache liegen die Ursachen für Veränderungen: Nachlässigkeiten, sprachliche Moden, Fehler, Unwissenheit. Aus der Antike sind keine Tonbandaufnahmen erhalten, aber es gibt einige schriftliche Zeugnisse der Umgangssprache, an denen wir Spuren auf dem Weg von der lateinischen zu den romanischen Sprachen ablesen können.

1. Suche so viele Fehler wie möglich in den Zaubersprüchen und korrigiere sie.
2. Ordne die Fehler: Sind es Fehler in Grammatik oder Rechtschreibung? Womit genau hat der Schreiber Schwierigkeiten gehabt?
3. Fallen dir im Deutschen Beispiele ein für ähnliche sprachliche Veränderungen, die als Fehler oder Ungeschliffenheiten gelten?

Zaubersprüche

Egal, ob die Liebe einer Angebeteten herbeigezaubert oder dem konkurrierenden Wagenlenker alles Übel dieser Welt auf den Leib gehext werden sollte – die antiken Römer hatten die verschiedensten Gründe, ihre Anliegen mitsamt hilfreicher Zaubersprüche auf Bleiplättchen einzuritzen und diese dann an heiligen oder magischen Orten abzulegen. Die folgenden beiden Beispiele stammen aus dem 3. Jahrhundert n. Chr.:

1)

Adiuro te, demon, quicunque es,	Ich beschwöre dich, Dämon, wer immer du seiest,
et demando tibi	und trage dir auf
ex anc ora ex anc die ex oc momento,	von dieser Stunde, diesem Tag, diesem Moment an,
ut equos prasini et albi crucies ocidas,	dass du die Pferde des grünen und weißen [Wagenlenkers] peinigst und sie tötest;
et agitatore Clarum et Felice et	und dass du die Wagenlenker Clarus und Felix und
Primulum et Romanum ocidas collida	Primulus und Romanus tötest, sie zusammenstößt
neque spiritum illis lerinquas (...).	und ihnen keinen Atem mehr lässt ...

adiūrāre: beschwören
daemōn: Dämon
quīcumque: wer auch immer
dēmandāre: auftragen
mōmentum: Augenblick
prasinus: grün
albus: weiß
cruciāre: quälen
agitātor: Wagenlenker
collīdere: zusammenstoßen

2)

Alimbeu, Columbeu, Petalimbeu,	Alimbeu, Columbeu, Petalimbeu,
faciatis Victoria,	macht die Victoria,
quem peperit Suavulva,	die Suavulva geboren hat,
amante furente pre amore meo,	verliebt, rasend vor Liebe zu mir,
neque somnu videat,	und sie soll keinen Schlaf finden,
donec at me veniat,	bis sie zu mir kommt,
puellaru delicias.	mein Liebling unter den Mädchen.

Alimbeu, Columbeu, Petalimbeu: *Namen von Dämonen*
furere: verrückt sein
dōnec: bis
dēliciae, -ārum: Liebling

Antibarbarus

Abweichungen von der „Hochsprache" fordern immer die Sprachwächter heraus: In der folgenden Wortliste aus dem 3. oder 4. Jahrhundert stellt der Autor eine richtige Wortform einer falschen gegenüber, die er gelesen oder gehört hat. Er hat damit einen so genannten Antibarbarus verfasst, eine Schrift, die schlechten, also gewissermaßen barbarischen Sprachgebrauch brandmarkt und damit verbessern soll.

TRICLINIUM NON TRICLINU
NOBISCUM NON NOSCUM
TABULA NON TABLA
MENSA NON MESA
HERCULES NON HERCULENS
OCULUS NON OCLUS
IPSE NON IPSUS
TRISTIS NON TRISTUS
OLIM NON OLI
AUCTOR NON AUTOR
ADHUC NON ADUC
ACRE NON ACRUM

4. Vergleiche die gegenübergestellten Wörter. Stelle in jedem einzelnen Fall fest, was genau der Autor tadelt.
5. Welche Fehler sind dir auch in den Zaubersprüchen aufgefallen?
6. Welche Fehler sind hier hinzugekommen?
7. Vergleiche:

   Französisch
   auteur, table, œil, aigre, triste

   Italienisch
   occhio, tavola, triste, autore, acre

   Spanisch
   mesa, autor, triste, agrio, ojo

Wörterbuch

Wer als Deutscher ein österreichisches Buch liest, ist vielleicht froh über manch eine Erklärung, dass z. B. „picken" „kleben" bedeutet oder „Kasten" „Schrank". Ähnlich war es beim Lateinischen: Da das Verbreitungsgebiet sehr groß war, gab es regionale Unterschiede. Beispiele dafür finden sich in den folgenden so genannten Glossen. Sie wurden Ende des 8. Jahrhunderts in nordfranzösischen Klöstern verfasst. Auch die erklärenden Wörter sind lateinisch, aber die Mönche haben oft auf solche Wörter zurückgegriffen, die in ihrer Heimat gebräuchlicher waren.

8. Vergleiche:

   Französisch
   aller, beau/belle, enfant, chanter, bouche, mettre, la France, le sable, permettre, faire

   Italienisch
   bello, sabbia, Francia, bocca, permettere, cantare, mettere, fare, ire

   Spanisch
   cantar, arena, boca, hacer, permitir, poner, Francia, ir

pulchra ~ bella
arena ~ sabulo
canere ~ cantare
Gallia ~ Frantia
in ore ~ in bucca
liberos ~ infantes
agere ~ facere
non sinerent ~ non permitterent
ponatur ~ mittatur
iret ~ ambularet

Was ist Weisheit?

Porträtbüste aus Mamor, Kopie nach einem griechischen Original von etwa 385 v. Chr.; Neapel, Museo Archeologico Nazionale

Auf dem Marktplatz von Athen trifft Sokrates auf seinen Freund Chairephon.

Socrates: Salve, Chaerepho. Salvus ac fortunatus[1] semper sis! Quid agis? Num aeger fuisti? Nam te per decem dies continuos neque hic in foro neque in urbe vidi.

Chaerepho: Di te ament, Socrates. Ego valeo. Delphos profectus sum, ut illum Delphicum deum de tua sapientia ab omnibus celebrata consulerem. Nam me maxime perturbatum esse fateor, cum ceteri te omnium hominum sapientissimum esse dicant, tu ipse autem te omnino sapientem esse neges. Ego autem te divina sapientia praeditum esse semper putabam.

Socrates: Homo audacissime! De ista re deum Delphicum consuluisti! Quod responsum tibi a Pythia datum est? Certe te reprehendit dicens me sapientia omnino carere.

Chaerepho: Immo Pythia neminem te sapientiorem esse cecinit.

Socrates: Itane vero[2]? Quid deus ait, quid significat? Profecto enim non mentitur, nam id ei fas non est[3]. Ego tamen me sapientem non esse mihi conscius sum. Itaque aggrediamur unum illorum hominum, qui me sapientiores esse videntur, ut isti oraculo hoc obicere possimus: „Ille quidem est me sapientior, tu vero neminem dixisti!“

[1] fortūnātus: glücklich

[2] itane vērō?: wirklich?

[3] fās est: es ist erlaubt

Chaerepho: Ita faciamus!

Socrates: Quem virum adeamus?

Chaerepho: Videsne illum Lamachum, qui ibi apud cives loquitur? Turba audientium frequens est; multi concurrerunt, ut Lamachum audirent.

Socrates: Hunc ergo virum illustrem atque rerum civilium peritissimum adeamus, ut istud oraculum probemus! – Salvus ac fortunatus[1] semper sis, Lamache. Quibus de rebus verba fecisti apud istos cives hic versantes?

Lamachus: De bello, quod cum Lacedaemoniis geritur, disserui. Nam cum mane in forum venirem, voces clamantium id bellum iustum non esse me ita excitaverunt, ut statim orationem apud hos cives haberem.

Socrates: Dissentisne ab illis, Lamache? Dic mihi: Quod bellum tu iustum arbitraris?

Lamachus: Omne bellum, quod cum hoste improbo geritur, iustum esse censeo.

Socrates: Bellum ergo, quod cum hoste probo geritur, iniustum esse dicis?

Lamachus: Ita est.

Socrates: Quid sentis? Suntne Lacedaemonii improbi?

Lamachus: Sunt.

Socrates: Utrum tua opinione cuncti Lacedaemonii improbi sunt an sunt nonnulli honesti?

Lamachus: Sunt etiam honesti.

Socrates: Bellum autem, quod geritur contra Lacedaemonios se honestos praebentes, quo nomine appellas?

Lamachus: Isto modo interrogandi mentem mihi adeo perturbavisti, ut nihil certi dicere possim. Vale!

Socrates: Ille quidem, o Chaerepho, cum sciat nihil, scire se putat, ego vero me nescire scio.

Münze aus Katane (heute Catania auf Sizilien) mit der Darstellung eines Silens, 420–410 v. Chr.; Berlin, Antikensammlung

Verstehen & Vertiefen

1. Suche aus dem Text alle Ausdrücke heraus, die zu einem alltäglichen Gespräch gehören.
2. Forsche nach: Wann war der Krieg zwischen Athen und Sparta, und worum ging es?
3. Weiß Sokrates mehr als Lamachus oder weniger?
4. Betrachte die Abbildungen: Gibt es Ähnlichkeiten zwischen Sokrates und dem Silen? Erkennst du auch Unterschiede?
5. Viele seiner Freunde haben Sokrates mit einem Silen verglichen – er selbst sich auch. Warum wohl? Lies dazu im Eigennamenverzeichnis den Artikel über den Silen.

Sokrates: Stimmen

Ein Leben ohne Selbsterforschung ist für einen Menschen nicht lebenswert.
Sokrates, nach Platon

Ich folge nichts anderem in mir als dem Gedanken, der sich mir beim Nachdenken als der beste erweist.
Sokrates, nach Platon

Ich hasse auch den Sokrates, den Habenichts, den Schwätzer, der über vieles nachgrübelt, doch wie er was zu essen kriegt, das hat ihn nie gekümmert.
Aus einer Komödie, die zu Lebzeiten des Sokrates aufgeführt wurde

Oft sagte er auf dem Markt beim Anblick der übervielen Waren zu sich selbst: „Wie viele Dinge gibt es doch, die ich nicht brauche."
Diogenes Laërtios

Sokrates befasste sich mit den ethischen Tugenden und suchte als erster über sie allgemeine Definitionen aufzustellen.
Aristoteles

Wandgemälde aus einem Privathaus in Ephesos, 1. Jahrhundert n. Chr.; Selçuk (Türkei), Archäologisches Museum

Sokrates:
Weißt du, wozu wir die Augen brauchen? – Kritobulos: Na klar, zum Sehen. – Dann sind wohl meine Augen schöner als deine. – Wieso denn das? – Weil deine Augen nur geradeaus gucken können, meine aber auch zur Seite, da sie so weit hervorstehen. – Na schön, aber wie ist es mit unseren Nasen? Welche ist schöner, deine oder meine? – Meine, glaube ich, da die Götter uns ja Nasen zum Riechen gemacht haben. Deine Nasenlöcher sind zur Erde gerichtet, meine aber nach oben, sodass ich Gerüche von allen Seiten riechen kann. – Wie kann denn eine solche Stumpfnase schöner als eine gerade sein? – Weil sie nicht die Aussicht versperrt. Eine gerade Nase dagegen trennt die Augen und schadet ihnen dadurch. – Was den Mund betrifft, so gebe ich dir gleich recht: Wenn er nämlich zum Beißen gemacht ist, kann dein Mund viel größere Stücke abbeißen als meiner. – Und was ist mit meinen dicken Lippen? Glaubst du nicht, dass mein Mund auch viel weicher küssen kann?
Aus einem Werk des Xenophon

Sokrates hat als erster die Philosophie vom Himmel herabgeholt, in den Städten angesiedelt, sie sogar in die Häuser eingeführt und sie dazu gebracht, das Leben, die Sitten sowie das Gute und Schlechte zu untersuchen.
Cicero

Sokrates sagte, er habe durch vieles Forschen gefunden, dass er noch nichts weiß. Es gehört sehr viel dazu, seine Unwissenheit zu wissen. Die Grenzen seiner Erkenntnis, den Umfang derselben einzusehen, und dadurch zu erkennen, dass ich nichts weiß: Das ist sehr tiefe Philosophie.
Immanuel Kant, deutscher Philosoph (1724–1804)

Verstehen & Vertiefen

1. Informiere dich über die genannten Personen.
2. Was für ein Bild von Sokrates wird in den Zitaten jeweils entworfen?
3. Würdest du dich auch gerne einmal mit Sokrates unterhalten? Begründe.

G1 Demonstrativpronomina

Hier lernst du das letzte der lateinischen Demonstrativpronomina kennen: iste, ista, istud – dieser, diese, dieses (da bei dir).

	Sg.			Pl.		
	m.	f.	n.	m.	f.	n.
Nom.	iste	ista	istud	istī	istae	ista
Gen.	istīus	istīus	istīus	istōrum	istārum	istōrum
Dat.	istī	istī	istī	istīs	istīs	istīs
Akk.	istum	istam	istud	istōs	istās	ista
Abl.	istō	istā	istō	istīs	istīs	istīs

1.1 Welchem Pronomen gleicht iste, ista, istud in der Formenbildung?

1) Du kennst schon die Demonstrativpronomina hic, haec, hoc und ille, illa, illud (→ 7 G 4). Mit den verschiedenen Demonstrativpronomina wird jeweils eine unterschiedliche Entfernung zum Sprecher bezeichnet:

- hic, haec, hoc bezeichnet das, was dem Sprecher am nächsten liegt; es heißt daher auch **Demonstrativpronomen der 1. Person:**
  hic liber – dieses Buch hier vor mir
- iste, ista, istud bezeichnet das, was dem Angesprochenen am nächsten liegt; es heißt daher auch **Demonstrativpronomen der 2. Person:**
  ista tabula – deine Schreibtafel da
- ille, illa, illud bezeichnet, was vom Sprecher und vom Angesprochenen aus gesehen weiter weg liegt; es heißt auch **Demonstrativpronomen der 3. Person:**
  illi spectatores – die Zuschauer da drüben

1.2 Benennt Gegenstände in eurem Klassenzimmer und benutzt dabei lateinische Demonstrativpronomina.

sordidus: schmutzig

2) Auch in zeitlicher Hinsicht können Demonstrativpronomina die Entfernung angeben. Dabei bezieht sich
- hic, haec, hoc auf die Gegenwart:
  haec tempora – die heutige Zeit
- ille, illa, illud auf die Vergangenheit:
  illa tempora – die damalige Zeit

3) Merke dir auch noch folgende Verwendungsweisen von ille und iste:
- ille kann auf etwas Bekanntes oder Berühmtes verweisen:
  Socrates ille – der berühmte Sokrates
  illud Socratis – der berühmte Ausspruch des Sokrates
- iste drückt manchmal die Verachtung des Sprechers aus:
  iste homo – dieser Kerl

1.3 Übersetze: iste Creo, Medea illa, hic dies, illi reges.

G2 Adjektivisches Fragepronomen

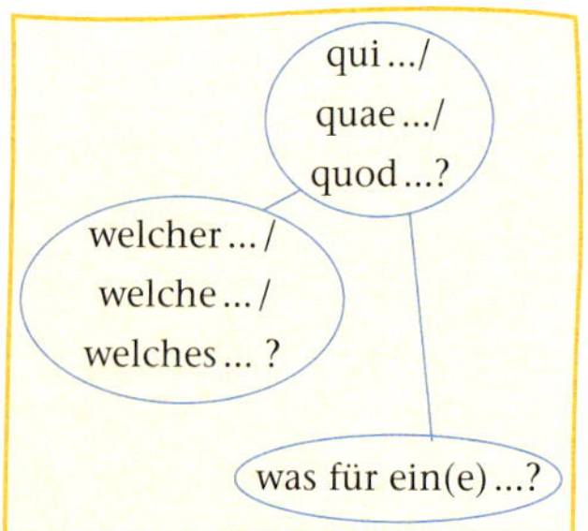

Mit dem Fragepronomen quis?/quid? (→ 18 G 3) wird nach etwas gefragt, was der Fragende überhaupt noch nicht weiß:

a) Quis te de iustitia interrogavit? – Philosophus.

Es kann aber auch sein, dass der Fragende eine Sache oder Person nennt, über die er Genaueres wissen möchte. Dann wird ein anderes Fragepronomen verwendet:

b) Qui philosophus te interrogavit? – Socrates.

Ins Deutsche übersetzt du dieses Fragepronomen mit „welcher, welche, welches" oder „was für ein/eine".

c) Qui vir sapientissimus omnium erat? – Socrates.
d) Quod oraculum Chaerephonti datum est? – Mirum.

2.1 Kannst du in jedem Satz beide Übersetzungen verwenden?

2.2 Woher kennst du die Formen des adjektivischen Fragepronomens schon?

	Sg.		
	m.	*f.*	*n.*
Nom.	quī (vir)?	quae (virtus)?	quod (vitium)?
Gen.	cuius (virī)?	cuius (virtūtis)?	cuius (vitii)?
Dat.	cui (virō)?	cui (virtūtī)?	cui (vitiō)?
Akk.	quem (virum)?	quam (virtūtem)?	quod (vitium)?
Abl.	quō (virō)?	quā (virtūte)?	quō (vitiō)?

	Pl.		
	m.	*f.*	*n.*
Nom.	quī (virī)?	quae (virtūtēs)?	quae (vitia)?
Gen.	quōrum (virōrum)?	quārum (virtūtum)?	quōrum (vitiōrum)?
Dat.	quibus (virīs)?	quibus (virtūtibus)?	quibus (vitiīs)?
Akk.	quōs (virōs)?	quās (virtūtēs)?	quae (vitia)?
Abl.	quibus (virīs)?	quibus (virtūtibus)?	quibus (vitiīs)?

Dieses Fragepronomen wird wie ein Adjektiv gebraucht; daher heißt es **adjektivisches Fragepronomen**. Als Attribut bildet es zusammen mit seinem Beziehungswort ein Satzglied:

[^Qui philosophus] (te) [[interrogavit]]? – Socrates.

Dagegen nennen wir quis?/quid? das **substantivische Fragepronomen**; es bildet ein eigenständiges Satzglied:

[Quis] (te) <de illa re> [[interrogavit]]? – Philosophus.

G3 Substantiviertes Partizip

Ein prädikatives Partizip ist als Satzglied ein Adverbiale (→ 17 G 3):

a) Cleopho <a Socrate perturbatus> Delphos profectus est.
<Weil Kleophon von Sokrates verwirrt worden war,> reiste er nach Delphi.

b) Cleopho <rediens> a Socrate laete salutatus est.
<Bei seiner Rückkehr> wurde Kleophon von Sokrates freudig begrüßt.

Ein Partizip kann aber auch wie ein Substantiv gebraucht werden:

c) Male agentes primo vitam felicem, deinde miseram agunt.
d) Ad philosophiam conversi semper alios probare volunt.

philosophia: Philosophie

Ins Deutsche übersetzt du ein solches **substantiviertes Partizip** entweder mit einem Substantiv oder mit einem Ausdruck mit Relativsatz:

c) Übeltäter führen anfänglich ein glückliches, später ein elendes Leben.
d) Die, die zur Philosophie bekehrt worden sind, wollen immer andere auf die Probe stellen.
e) Verum dicentibus facile creditur.
f) Superatis parcere prudentis imperatoris est.

3.1 Übersetze als substantivierte Partizipien:
sequentes, civitatem regentes, urbem custodiens.

G4 Attributives Partizip

Es gibt das Partizip auch als Attribut. Ein attributives Partizip kannst du in der deutschen Übersetzung durch ein Adjektiv oder einen Relativsatz wiedergeben.

a) Saepe Socrates homines nihil suspicantes interrogabat.
b) Magnus est numerus hominum nihil mirantium.
c) Socrates, ille ab omnibus celebratus philosophus, ab Atheniensibus capitis damnatus est.

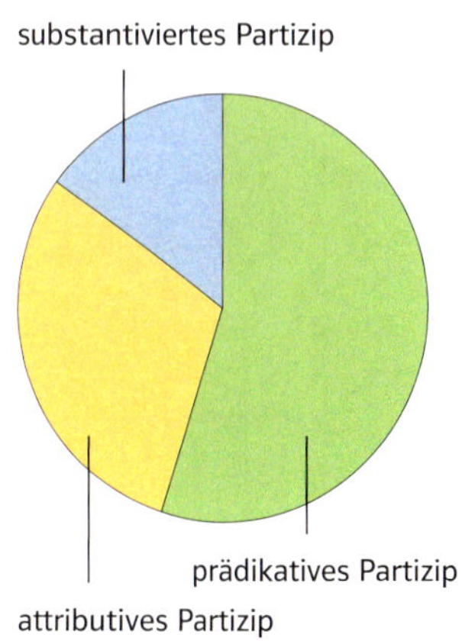

Ob ein Partizip prädikativ, substantiviert oder adjektivisch verwendet ist, kannst du meist nur aus dem Zusammenhang entscheiden. Beachte aber: Die prädikative Verwendung ist die häufigste.

Prüfe daher bei jedem Partizip zunächst, ob ein bestimmtes gedankliches Verhältnis denkbar ist und damit eine prädikative Verwendung vorliegt.

Ü1 Was passt?

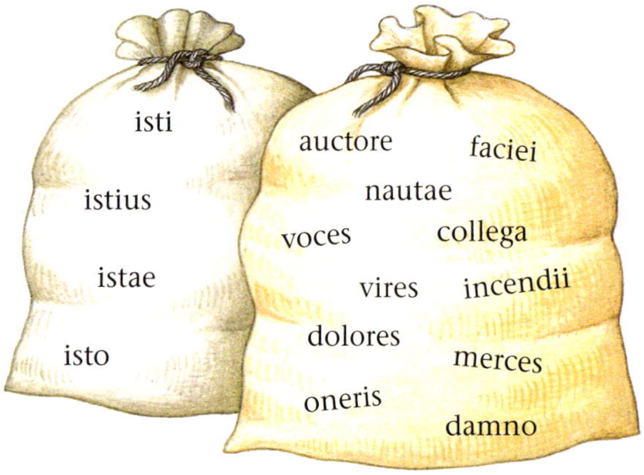

Ü2 Die 7 Zwerge (1)

Was fragte die böse Stiefmutter den Jäger? Setze die richtige Form des adjektivischen Interrogativpronomens ein.

a) ___ res factae sunt?
b) ___ in locum virginem duxisti?
c) ___ via in silvam profectus es?
d) ___ fatum passa est?
e) ___ speciem virgo mortua praebuit?
f) ___ signa mortis eius mihi monstrabis?

Ü3 Zwei Freunde in Athen

Bestimme die Satzglieder und achte dabei besonders auf die Partizipien.

A: Diu Athenis non fui. Quid accidit? Quid narrare potes?
B: Socrates damnatus est.
A: Socrates ille?
B: Socrates noster. Multos dies in carcere inclusus erat[1]. Ibi damnati in vinculis iacent. Tribus diebus ante veneno necatus est.
A: Cur nemo hominem tam amatum servavit?
B: Ipse fugere recusavit[2]. Volens venenum sumpsit; mortuus speciem dormientis praebuit.

[1] in carcere inclūdī: im Gefängnis sitzen – [2] recūsāre: sich weigern

Ü4 Gewählt wählend

Entscheide, welches Partizip passt:

a) Multi homines in foro (versantes/versatos) verba Socratis audiverunt.
b) Vir certus a Socrate (interrogans/interrogatus) virtutem definiebat[1].
c) Iterum iterumque Socrates virum stulte (loquentem/locutus) monebat, nam (dicens/dicta) non probavit.
d) Animi (audientium/auditarum) gaudio affecti sunt; nemo enim umquam sermonem tam mirum audiverat.
e) Vir autem (interrogans/interrogatus) sententiam non mutavit, sed ipse philosophum[2] semper (interrogantem/interrogatum) reprehendit.

[1] dēfinīre: definieren – [2] philosophus: Philosoph

+ Wie sind die Partizipien verwendet: prädikativ, attributiv oder substantiviert?

Ü5 Apoll und Python

Im Eifer des Kampfes sind die folgenden Sätze auseinander gerissen worden. Füge sie wieder richtig zusammen und bestimme die Verwendungsweise der Partizipien.

a) Python ille draco[1] vivebat loco praeclaro
b) Timebat autem oraculum
c) Hoc monstrum cessit de
d) Vestigia ubique conspecta
e) Monstrum tandem interfectum est
f) Magna erat laetitia incolarum

1. agris funditus[2] vastatis[3].
2. Delphis vocato.
3. sagittis[4] ab Apolline missis.
4. a periculo liberatorum.
5. Apollinem ad specum[5] duxerunt.
6. de morte suo editum.

[1] dracō: Drache – [2] funditus *Adv.*: völlig – [3] vāstāre: verwüsten – [4] sagitta: Pfeil – [5] specus: Höhle

Ü6 Bitte antworten

Finde zu jeder Frage die richtige Antwort; dann ergibt sich ein Gespräch.

a) Salve, amice! Quo nomine appellaris?
b) Recte dixisti. De qua re disputare vis?
c) Quos homines dicis?
d) Primo disputemus de regentibus. Quae virtus iis necessaria[1] est?
e) O Theages! Quae virtus firmior est sapientia?

1. Eos dico, qui regunt, et eos, qui reguntur. De quibus hominibus primo disputemus?
2. Theages; tu autem es Socrates ille praeclarus.
3. Et quis te sapientior inveniri potest, o Socrates?
4. Certe necessaria[1] est virtus defendendi cives, providendi aquam, apportandi cibum. Quam aliam virtutem praestare debent?
5. De arte regendi. Quae enim ars hominibus utilior[2] est?

[1] necessārius: notwendig – [2] ūtilis: nützlich

Wortbildung

Adjektive aus Substantiven

Aus Substantiven können mit dem Suffix -nus Adjektive werden, wie Romanus aus Roma.

Übersetze ebenso: fraternus, paternus, maternus, urbanus, insulanus, nocturnus, Christianus
Was für eine Gottheit ist Silvanus?

Ü7 Memorabilia

Beati possidentes[1]!
Dictum factum.
Fortissimi non semper prudentissimi.
Pax intrantibus, salus exeuntibus.
Vox audita perit, littera scripta manet.

[1] possīdere: besitzen

Ü8 Die Strafpredigt

Ehrbare Bürger sind nachts von einer gewalttätigen Bande angegriffen und ausgeraubt worden; nun steht der Anführer vor Gericht und muss sich Folgendes anhören:

a) In hac urbe honesta istam vitae rationem non toleramus!
b) Tu amicos tuos, barbaros istos, adduxisti, ut hanc vitam placidam perturbarent!
c) Isto tuo facinore hae gentes praeclarae iniuria atrocissima affectae sunt!
d) Istae insidiae toti urbi damno fuerunt!
e) Utinam hae leges satis durae sint!

Ü9 Wortfamilien?

Von den folgenden Wörtern haben immer zwei denselben Stamm, das dritte sieht nur zufällig ähnlich aus. Was gehört zusammen?

a) vox – vos – vocare
b) aperire – apertus – apud
c) duo – dux – ducere
d) abire – reddere – redire
e) sperare – spes – species
f) ius – iuvat – iudicare
g) caput – accipere – capere
h) venire – venenum – convenire
i) alius – altus – aliter

Ü10 Griechisch lesen

Auch diese griechischen Namen sollten dir aus dem Lektionstext bekannt sein. Diesmal siehst du sie auch in Kleinschreibung; die Wörter sollen dort betont werden, wo der Akzent steht.

ΣΩΚΡΑΤΗΣ ΧΑΙΡΕΦΩΝ ΛΑΜΑΧΟΣ ΑΘΗΝΑΙ
ΔΕΛΦΟΙ ΛΑΚΕΔΑΙΜΟΝΙΟΙ ΠΥΘΙΑ

Πυθία Σωκράτης Λακεδαιμόνιοι Λάμαχος Δελφοί
Χαιρεφῶν Ἀθῆναι

L

Der beste Staat

Der athenische Philosoph Platon reiste in den Jahren 388/387 v. Chr. nach Süditalien und Sizilien und kam auch an den Hof des Tyrannen von Syrakus, Dionysios I. 20 Jahre später übernahm dessen Sohn Dionysios II. die Herrschaft. Weil er noch jung und unerfahren war, wollte er Platon als politischen Berater engagieren. Auf den Wunsch des Herrschers antwortete dieser mit folgendem Brief:

Plato Dionysio salutem.

Accepi epistulam tuam, qua me hortaris, qua mihi instas, ut iterum Syracusas navigem. Optas, ut ego tibi in administratione[1] civitatis adsim. Magna cum voluptate haec legi et quam brevissime tibi respondebo:

Me habebis socium comitemque tuarum actionum, sententiarum, voluntatum, si modo mecum in hoc consenseris: Oportet Syracusanos liberos esse et legibus optimis uti. Firmum ac fidelem amicum me tibi iungam, si modo id curaveris et perfeceris, ne quis nobis invideat neque insidias paret.

[1] administrātiō: Leitung

Mosaik aus Pompeji, 1. Jahrhundert n. Chr.; Neapel, Museo Archeologico Nazionale

Nam mea sententia ii, qui civitatem bene constituere volunt, philosophi esse debent, philosophos autem civitatem administrare oportet. Neque enim quisquam in civitate beatus esse possit, nisi omnes, et cives et civitatem regentes, vitam honestam ac iustam constanter agant.

Si ergo tota tua vita philosophiae dedita erit, bene civitatem administrabis. Si quos amicos adhibebis, ut te adiuvent, vide, ut illi in omni genere virtutis excellant[2]; eo modo res feliciter evenient.

Dixerit aliquis aetatem tibi impedimento esse ad prudenter agendum. Itaque studebo, ut te amicosque adiuvem, si modo satis compertum habuero te non desistere cupiditatibus imperare.

Primum vos leges aequas toti civitati dare debetis. Ne destiteritis summam virtutem adhibere, utimini optimis moribus in regendo, oboedite legibus magis quam voluptatibus!

Deinde viri apti eligantur custodes civitatis (sic enim eos appellaverim). Qui non solum maxima virtute praediti, sed etiam armis exerciti esse debent. Videant, ne quis civis aliquid contra leges faciat, ne quis hostis impune[3] impetum faciat in civitatem. Custodes civitatis itemque philosophi, qui civitatem regunt, omni pecunia careant, ne corrumpantur. Nam omnia, quae ad vitam necessaria sunt, iis a mercatoribus, fabris[4], agricolis[5] parabuntur.

Ille denique tertius ordo mercatorum, fabrorum[4], agricolarum[5], quorum vita cupiditatibus aliquibus dedita est, in tali civitate res ad vivendum necessarias paret. Quarum partem tradant civitatem administrantibus, partem urbem custodientibus.

Si eo modo civitatem constitueris, ut nemo negotia aliena, sed sua tantum agat, omnes in civitate homines ab omni calamitate servati sint; beatius vixerint, quam cuiquam est credibile[6]!

Vale!

[2] excellere: hervorragen
[3] impūne: ungestraft
[4] faber: Handwerker
[5] agricola: Bauer
[6] crēdibilis: glaubhaft

Verstehen & Vertiefen

1. Platon zeigt sich sehr selbstbewusst; woran erkennst du das? – Beachte besonders Z. 5–9.
2. An welchen Stellen des Briefes wird deutlich, dass Platon Probleme vermutet, die auf das jugendliche Alter des Königs zurückgehen?
3. Platon erwähnt einen „dritten Stand". Welches sind die beiden ersten?
4. Womit beschäftigen sich die Philosophen auf dem Mosaik aus Pompeji?

Warum Platon?

Arbogast Schmitt hat Philosophie, Griechisch, Latein und Deutsch studiert, war eine Zeit lang Lehrer am Gymnasium, dann Assistent an der Universität Würzburg. 1982 wurde er Professor in Mainz, seit 1991 ist er in Marburg und lehrt griechische Literatur und Philosophie.

Herr Professor Schmitt, wieso wandte sich Dionysios gerade an Platon?
In der Antike versuchten viele Regierungen, bedeutende und berühmte Denker zu gewinnen, die die Verfassung für ihre Staaten ausarbeiten sollten. Platon war zu seiner Zeit der berühmteste Philosoph und er hatte eine Staatstheorie, die *Politeia,* geschrieben, in der er behauptete, die Philosophen müssten nicht nur die Theorie liefern, sondern sie müssten auch selbst die Regierung übernehmen. Dionysios wollte sich mit Platon schmücken und vor der Welt demonstrieren, was für einen großartigen Ratgeber und Mitregenten er für sich gewonnen habe.

Hat Platon wirklich geglaubt, Dionysios werde der von ihm erhoffte Philosophen-König?
Platon hatte als junger Mann auf einer Bildungsreise auch Syrakus besucht und Dion, den Schwager des Dionysios I., zum Freund und Anhänger gewonnen. Als Dionysios gestorben war und dessen Sohn an die Macht kam, folgte Platon dem Drängen dieses Dion, den jungen Dionysios II. für die Philosophie zu gewinnen. Grundsätzlich war Platon überzeugt, dass seine Vorstellungen über den besten Staat verwirklicht werden können, wenn auch nur unter sehr günstigen Bedingungen. Seine *Politeia* entwirft keinen utopischen Idealstaat. Platon denkt über die Fähigkeiten und Anlagen des Menschen nach und prüft, wie sie so entwickelt und ausgebildet werden können, dass die Menschen eine optimale Selbstverwirklichung erreichen. Dies kann in seiner Überzeugung der Einzelne nur in der Gemeinschaft mit vielen, weil er nur hier seine besonderen, individuellen Anlagen entfalten kann. In diesem Sinn möchte Platon ein dem Menschen mögliches Ziel vorstellen, an dem man sich orientieren kann, auch wenn es nicht oder nie vollständig erreicht wird.

Warum hat sich Platon nicht selbst politisch betätigt?
Das hat zum Teil äußere Gründe. Als Platon ein junger Mann war, gab es in Athen ein verbrecherisches Regime, an dem er sich nicht beteiligen wollte, auch in der späteren Athenischen Demokratie sah er keine Möglichkeit einer moralisch vertretbaren Mitwirkung. In seiner Staatstheorie vertrat er die Meinung, dass jeder Einzelne das, wozu er sich am besten geeignet fühlt, möglichst konzentriert zu seiner Lebensaufgabe machen und sich nicht in „Vielgeschäftigkeit" zerstreuen soll. Vielleicht hat er sich auch deshalb ganz der philosophischen Erkenntnis und ihrer Vermittlung gewidmet.

Welche Bedeutung hat Platon für uns heute?
Platons Denken ist allein deshalb immer noch lebendig, weil es bis heute keinen Philosophen von Rang gibt, der sich nicht mit Platon auseinandergesetzt hat. Das liegt daran, dass Platon einen wichtigen Unterschied entdeckt hat: Es ist etwas anderes, ob man einen Gegenstand anschaut, anfasst, hört, riecht usw., oder ob man begreift, was er ist. Wer z. B. einen Computer sieht oder anfasst, sieht Farben, Formen, fühlt etwas Glattes, Hartes, aber er weiß erst dann, dass dieses Ding ein Computer ist, wenn er begreift, was es kann und leistet. Das Begreifen ist also etwas anderes als das Wahrnehmen. Man muss erst die Möglichkeiten eines Dinges erkennen, um herauszufinden, wie man sie „realisiert". Dass man sich beim Umgang mit den Dingen unserer Welt nach solchen Möglichkeiten richtet, die man mit dem Verstand begreifen muss, das war Platons große Einsicht. Die Beschäftigung mit Platon kann uns lehren, dem Verstand wieder mehr Rechte einzuräumen.

G1 Futur II

Du kennst schon die Tempora, die in einem indikativischen Gliedsatz die Vorzeitigkeit zum Prädikat des übergeordneten Satzes anzeigen:

Ind. Plpf. —ist vorzeitig zu→ einem Prädikat in der Vergangenheit.

Ind. Perf. —ist vorzeitig zu→ einem Prädikat in der Gegenwart.

a) Plato, qui discipulus Socratis fuerat, ipse multos discipulos habebat.
b) Tu me litteris, quas modo accepi, valde laudas.

Auch zu einem Prädikat in der Zukunft kann man die Vorzeitigkeit ausdrücken. Dafür gibt es im Lateinischen das Futur II:

Futur II —ist vorzeitig zu→ einem Prädikat in der Zukunft (Futur I).

Das Futur II erkennst du an folgenden Merkmalen:

Futur II Aktiv: timu-ero
Perfekt-Stamm + -ero, -eris, ..., -erint

Futur II Passiv: territi erunt
PPP + ero, eris, ..., erunt

1.1 Welche Merkmale der Futur-II-Formen deuten auf die Zukunft, welche auf die Vorzeitigkeit?

Hier ein Beispiel:

	Aktiv		Passiv	
	Sg.	*Pl.*	*Sg.*	*Pl.*
1. Pers.	cēp-erō	cēp-erimus	captus, -a, -um erō	captī, -ae, -a erimus
2. Pers.	cēp-eris	cēp-eritis	captus, -a, -um eris	captī, -ae, -a eritis
3. Pers.	cēp-erit	cēp-erint	captus, -a, -um erit	captī, -ae, -a erunt

1.2 Bilde das Futur II von esse, posse, velle, ire, polliceri.

Das Futur II kann man zwar auch im Deutschen bilden („ich werde gelernt haben"), es wird aber kaum gebraucht. Um die Vorzeitigkeit zu einem Verb im Futur auszudrücken, verwendest du ganz einfach das Präsens oder das Perfekt.

c) Plato ad Dionysium: „Si cupiditatibus imperaveris, omni timore liberaberis.
d) Quod si effeceris, vitam beatam ages."

G2 Substantivisches Indefinitpronomen

Indefinitpronomina zeigen an, dass über etwas oder jemanden gesprochen wird, ohne dass der Sprecher Genaues darüber weiß oder sagen will:
„Da kommt wer." – „Wer denn?" – „Weiß nicht, irgendjemand halt."
Im Lateinischen lautet das entsprechende Pronomen quis, quid.

indēfīnītus: unbestimmt

	m./f.	n.
Nom.	quis	quid
Gen.	cuius	
Dat.	cui	
Akk.	quem	quid
Abl.	quō	

2.1 Woher sind dir die Formen des lateinischen Indefinitpronomens bekannt?

Innerhalb eines Satzes braucht das Indefinitpronomen quis, quid eine Stütze, an die es sich anlehnen kann. Drei Möglichkeiten gibt es, die Übersetzung ist aber immer die gleiche:

a) **Ali**quis venit.

b) **Si** quis venit, bene est.

„irgendjemand/jemand"

c) Amicus meus negat quem**quam** venisse.

2.2 Wie heißt das Neutrum zu „irgendjemand"?

An welche Stütze quis sich anlehnt, hängt von der Art des Satzes ab:

- aliquis findest du hauptsächlich in Sätzen, die eine positive Aussage ausdrücken. Der Bestandteil ali- verändert sich bei der Deklination des Pronomens nicht (ali-cuius, ali-cui usw.).
- quis steht vor allem in Gliedsätzen und lehnt sich dort an die Subjunktion (das Einleitewort) an.
- quisquam begegnet dir besonders in Sätzen mit negativer Aussage. Das angehängte -quam bleibt gleich, nur der erste Bestandteil verändert sich bei der Deklination (cuius-quam, cui-quam usw.; beachte: quic-quam ≈ quid-quam).

2.3 Mit welchen Wörtern kann man die Indefinitpronomina quis, aliquis, quisquam verwechseln? Erstellt gemeinsam eine Übersicht und nennt Hinweise, an denen ihr die einzelnen Wörter voneinander unterscheiden könnt.

G3 Adjektivisches Indefinitpronomen

Das Indefinitpronomen gibt es auch in **adjektivischer** Form mit Beziehungswort im gleichen KNG. Das Indefinitpronomen ist dann ein Attribut. Hier lauten die Formen etwas anders als beim substantivischen quis, quid:

	m.	f.	n.	m.	f.	n.
Nom.	quī	qua	quod	quī	quae	qua
Gen.	cuius	cuius	cuius	quōrum	quārum	quōrum
Dat.	cui	cui	cui	quibus	quibus	quibus
Akk.	quem	quam	quod	quōs	quās	qua
Abl.	quō	quā	quō	quibus	quibus	quibus

3.1 Kommen dir auch diese Formen bekannt vor? Alle oder nur die meisten?

Im Nom. Sg. gibt es im Maskulinum auch die Form quis, im Femininum auch die Form quae.
Auch das adjektivische Indefinitpronomen gibt es mit der „Stütze" ali- oder nach einer Gliedsatzeinleitung.
In verneinten Sätzen wird es dagegen durch das dir schon bekannte ullus, -a, -um ersetzt (Deklination wie nullus, → 9 G 4).

3.2 Dekliniere: aliqua ratio, qui vir, ullum scelus

Auch hier ist die Übersetzung wieder einfach:

a) Fortasse **ali**qui conviva **ali**quod donum apportabit.

b) Providere debemus, **ne** cui homini malo obviam eamus.

„irgendein/ein“

c) Non puto ullam rem hic inveniri posse.

G4 Konjunktiv: Potentialis

Der Konjunktiv kann im Lateinischen auch gebraucht werden, um die Möglichkeit auszudrücken. Diese Funktion des Konjunktivs heißt Potentialis.
Im Deutschen kannst du die Möglichkeit durch Umschreibung mit „könnte“, „dürfte“ oder Zusätze wie „wohl“ oder „vielleicht“ ausdrücken:

a) Si vitam honestam agas, felix sis.

Der Potentialis steht auch, wenn eine Aussage höflich oder vorsichtig klingen soll:

b) Velim tibi credere.

Den Potentialis gibt es im Konjunktiv Präsens, aber auch im Konjunktiv Perfekt, ohne Unterschied in der Bedeutung:

c) Hoc non facile intellexerim.

G5 Konjunktiv Perfekt

Den Konjunktiv Perfekt erkennst du

- im Aktiv am Perfekt-Stamm + -erim, -eris, ..., -erint,
- im Passiv am PPP + sim, sis, ..., sint.

	Aktiv		Passiv	
	Sg.	*Pl.*	*Sg.*	*Pl.*
1. Pers.	fēc-erim	fēc-erimus	factus, -a, -um sim	factī, -ae, -a sīmus
2. Pers.	fēc-eris	fēc-eritis	factus, -a, -um sīs	factī, -ae, -a sītis
3. Pers.	fēc-erit	fēc-erint	factus, -a, -um sit	factī, -ae, -a sint

5.1 Welche Formen des Konj. Perf. stimmen mit dem Futur II überein?

G6 Konjunktiv: Prohibitivus

Du weißt schon, wie man verneinte Befehle im Lateinischen ausdrücken kann, nämlich durch Umschreibung mit noli/nolite + Infinitiv (→ 3 G 3):

a) Nolite timere!

Eine andere Möglichkeit, verneinte Befehle auszusprechen, besteht aus der Verneinung ne und der 2. Person des Konjunktivs Perfekt:

b) Ne timueritis! c) Hoc ne feceris! d) Ne me secutus sis!

Diese Funktion des Konjunktivs heißt Prohibitivus.

6.1 Von welchem lateinischen Verb leitet sich die Bezeichnung Prohibitivus her?

Ü1 Konjunktiv? Futur II?

Welche Formen stehen im Konjunktiv Perfekt, welche im Futur II, welche sind mehrdeutig, welche eindeutig nichts von beidem?

accepero, duxerim, constiterit, quaerit, suspicata ero, metueritis, fuero, despero, visae erunt, dederis, potuerim, orti simus, voluerint, fatigaverim, passus ero, raperis, receperis, fungeris, ratae erunt, ierit, pepercerimus, instructa erit, rapuerimus, solveris, hortatus sit

Ü2 Nein!

Was sollte ein Herrscher, der bei seinen Untertanen beliebt sein will, nicht tun? Verneine folgende Befehle durch den Prohibitivus (ne + Konj. Perf.).

a) Malas leges adhibe!
b) Partem civium neglege!
c) Conspectum hominum fuge!
d) Magistratus malos elige!
e) Cives gladio occidi iube!

Ü3 Ich sehe was,

was du nicht siehst! – Was sieht, hört, hat Lucius?

a) L.: Audio aliquid.
   M.: Audis clamorem – avum – tectum.
b) L.: Video aliquem.
   M.: Vides dominam – praedam – cupidinem.
c) L.: Video lumen alicuius rei.
   M.: Vides lumen sermonis – mercium – facis.
d) L.: Audio vocem alicuius.
   M.: Audis vocem maiorum – damni – gladiatoris.
e) L.: Habeo aliquid in manu.
   M.: In manu habes dentem – culpam – undam.
f) L.: Aliquis me vocat.
   M.: Te vocat lacrima – casus – hospes.

Ü4 Die 7 Zwerge (2)

a) Aliquis in domo nostra fuit!
b) Vestigia alicuius pro porta domus videri possunt!
c) Aliquis in sede mea consedit!
d) Ab aliquo cibi mei sumpti sunt!
e) Puto aliquem e poculo[1] meo bibisse[2]!
f) Alicui placuit cultro[3] meo secare[4]!
g) Aliquem in lecto meo dormientem inveni!

[1] pōculum: Becher – [2] bibere: trinken – [3] culter: Messer – [4] secāre: schneiden

Ü5 Die Wächter

An einen Wächter des Staates stellt Platon hohe Anforderungen: Bestimmte Eigenschaften sollte er aufweisen, andere besser nicht. – Teile die folgenden Adjektive entsprechend ein:

fidelis, iustus, crudelis, firmus, stultus, audax, barbarus, atrox, improbus, timidus, celer, bonus, paratus, saevus, fortis

+ Erstelle eine ähnliche Sammlung mit den Eigenschaften der Philosophenkönige.

Ü6 Vorurteile? – Lieber nicht!

Ein Mensch verkündet die abenteuerlichsten „Wahrheiten". Schlüpfe in die Rolle eines besonnenen Philosophen und widersprich ihm. Verneine dazu seine Aussagen und setze sie in den Potentialis.

a) Omnes barbari stulte superbeque agunt.
b) Deis ipsis totum orbem terrarum[1] a Romanis regi placet.
c) Semper vir est caput familiae.
d) Mores iuvenum[2] hodie non satis reprehenduntur.
e) Senatores legibus male utuntur.
f) Nullus magistratus officio suo bene fungitur.

[1] orbis terrārum: Erdkreis – [2] iuvenis: Jugendlicher

Ü7 Hinter der Tür

Was geschieht im Haus, während Tranio vor der Tür die Gespenstergeschichte erzählt?

- Tacete! Audio aliquid!
- Si quid audis, interrogare debes: *(magna voce)* Quis adest?
- Tace! Aliquem clamare audio.
- Si quis clamat, cur non interrogas: *(maxima voce)* Quis venit?
- Tace, stulte! Pater adest.
- Quid dicis? Qui pater? Cuius pater?
- Pater meus. Si quid audiverit, numquam desistet ianuam pellere.
- Ego quidem patrem tuum non vocavi. Vix quisquam patrem ullum vocaverit ad convivium[1]! Iube eum rursus abire!

[1] convīvium: Party

+ Bestimme alle Wörter, in denen qu vorkommt, nach Bedeutung, Wortart und ggf. KNG.

Nachdenken über Sprache

Indefinitpronomina im Lateinischen und Englischen

Vergleiche:
1a) In libro alicuius philosophi multa praecepta legi neque ulla eorum utilia[1] esse censebam.
1b) I read many precepts in a book of some philosopher, but I didn't find any of them useful.
2a) Si quis iis pareat, vitam miserrimam agat.
2b) If anybody should follow them, he would live a most miserable life.

Vergleiche den Gebrauch der Indefinitpronomina im Lateinischen und Englischen.

[1] ūtilis: nützlich

Ü8 Griechisch lesen

Hier findest du das komplette griechische Alphabet.

Α	α	Alpha	a	Ν	ν	Ny	n
Β	β	Beta	b	Ξ	ξ	Xi	x
Γ	γ	Gamma	g	Ο	ο	Omikron	o
Δ	δ	Delta	d	Π	π	Pi	p
Ε	ε	Epsilon	e	Ρ	ρ	Rho	r(h)
Ζ	ζ	Zeta	z	Σ	σ, ς	Sigma	s
Η	η	Eta	e	Τ	τ	Tau	t
Θ	θ	Theta	th	Υ	υ	Ypsilon	y
Ι	ι	Jota	i	Φ	φ	Phi	ph
Κ	κ	Kappa	k	Χ	χ	Chi	ch
Λ	λ	Lambda	l	Ψ	ψ	Psi	ps
Μ	μ	My	m	Ω	ω	Omega	o

Und hier noch eine Übung im Lesen:
φιλόσοφος, φιλοσοφία, Συράκουσαι, Πλάτων
Ἀθῆναι, Διονύσιος, ἐπιστολή, πολιτικός

+ Was ist ein Alphatier, und was ein Flussdelta, was versteht man unter Chiasmus? – Welche Buchstaben kennst du noch, beispielsweise aus der Mathematik?

Ü9 Schlagfertig

Bilde die richtige Verbform.

Magister: Si officia tua (neglegere), numquam sapiens eris.
Discipulus: At ea, quae legi, semper memoriam meam celeriter (effugere).
Magister: Marce, semper ea omnia, quae summo studio[1] memoriae (mandare), tibi in mentem venient.
Discipulus: Ne (putare) me non diligenter[2] legere!
Magister: Olim etiam tu (comperire) te non scholae, sed vitae (discere[3]).
Discipulus: Sed apud Senecam legi plerosque non vitae, sed scholae discere[3].

[1] studium: Eifer – [2] dīligenter: genau – [3] discere: lernen

Rollentausch im Inneren der Welt

In dem 1741 erschienenen Buch *Nicolai Klimii iter subterraneum* des dänischen Dichters Ludvig Holberg erzählt Niels Klim, die Hauptfigur, von seiner Reise ins Innere der Welt. Er traf dort auf vorher noch nie gesehene, wundersame Völker. Sie bestanden aus verschiedenen Baumarten, und auch sonst kamen sie Klim sehr sonderbar vor.

culīnāria: Küchenarbeiten
indignus: unwürdig
mulier, mulieris *f.*: Frau
mīlitāris: militärisch
furere: wahnsinnig sein
nātūra: Natur
indolentia: Abgestumpftheit
iugum: Joch
īgnōminia: Schande
texere: weben
molere: (Getreide) mahlen
lāna: Wolle
verrere: fegen
vāpulāre: Prügel bekommen
lacertus: Oberarm
suscipere: auf sich nehmen
bibliothēca: Bibliothek
stilus: Stift
marītus: Ehemann
culīna: Küche
ōlla: Topf
patina: Pfanne
tergēre: abtrocknen
ūniversālis: allgemeingültig
cōnfundere: verwechseln
cōnsuētūdō: Gewohnheit
īnfirmitās: Schwäche
ēducātiō: Erziehung
dērīvāre: ableiten

In regione dicta Cocklecu soli viri ad culinaria et indignos labores damnantur; mulieribus contra maximi ponderis negotia mandantur, et civilia et sacra et militaria.

Haec gens furere mihi visa est, nam contra naturam resistunt atque pugnant. Capere quidem non poteram indolentiam virorum, qui, cum corporis viribus longe sint firmiores, tam indignum iugum sibi imponi passi sunt ac tam diu ignominiam hanc toleraverunt.

Credunt naturam ita instituisse, ut mulieres in imperio essent, virorum vero esset texere, molere, lanam facere, aedes verrere, vapulare. Rationes vero, quibus hunc usum defendere solent mulieres, hae sunt: Cum natura viros corporis viribus et lacertis magis idoneis ad suscipiendum laborem magnum affecerit, credi potest solis viris labores indignos ac duros imponi posse.

Valde miratus sum, cum domum aliquam iniens dominam viderem in bibliotheca cum stilo ac tabulis sedere, maritum vero in culina laborare ollas patinasque tergentem.

Ex ea urbe profectus nonnullis comitum meorum disserui contra naturam hic agi, cum e iure universali et sententiis omnium gentium constet ad magna summaque negotia factos esse viros.

Responderunt hi: confundere me consuetudinem cum natura, cum infirmitates istae, quae in mulieribus animadvertuntur, e sola educatione deriventur.

Bildpostkarte, um 1905

Das Recht aber, der Familie oder dem Hauswesen vorzustehen, kommt dem Haus-Vater principaliter und hauptsächlich zu, als welcher gleichsam ein König und Fürst in seinem Hause ist; Secundario aber, und weil die Frau, als Hauß-Mutter, dem Haußwesen gleichfalls mit vorstehen, und selbiges verwalten helffen soll, kann ihr einiges Recht zugeschrieben werden.

Aus dem Artikel „Familia“ in Johann Heinrich Zedlers Universal-Lexicon von 1732–54

1. Wie argumentiert Klim, wie seine Begleiter? Nenne jeweils die zentralen Begriffe.
2. Wessen Argument überzeugt dich mehr?
3. Vergleiche die Stellung der Frau im Lexikon-Artikel mit der in dieser phantastischen Geschichte.
4. Welches Rollenverständnis erkennst du in den Bildern?

Hausfrau um 1960

L Über Gott und die Welt

Der ehemalige Konsul L. Calpurnius Piso hat sich in Herkulaneum am Golf von Neapel eine prunkvolle Villa am Meer gebaut. Sie ist mit erlesenen Kunstwerken aus Griechenland geschmückt: Überall sieht man Statuen und Büsten griechischer Götter, Philosophen und Redner. Auch eine umfangreiche Bibliothek ist vorhanden. Piso liebt es, Philosophen in seine Villa einzuladen, die dort buchstäblich über Gott und die Welt diskutieren.

Epicureus: Spectate hanc pulcherrimam statuam Minervae, quam artifex[1] quidam Graecus finxit! Speciem humanam praebet, vultus illius tranquillus et placidus est. A natura – ita Epicurus noster docuit – nos habemus omnes eandem imaginem deorum, scilicet speciem humanam. Quae enim forma alia occurrit umquam aut vigilanti[2] cuiquam aut dormienti? Ratio hoc idem declarat: omnium animalium formas superat pulchritudo[3] hominis. Itaque deos quoque humana esse specie necesse est.

Idem Epicurus praecepit deos nec quicquam negotii habere ipsos nec praebere cuiquam hominum, sed summa tranquillitate[4] vitam aeternam beatamque agere. Utinam omnes homines animo comprehenderent insignem naturam deorum rebus humanis non sollicitari! Frustra deos carminibus implorant. Numquam di adiuverunt aut perdiderunt homines. Si mundus deis curae esset, neque templa sua fulminibus[5] aut motibus terrae deleri neque homines pios morbo, paupertate, aliis rebus adversis laborare paterentur. Mundus ergo non a deis creatus est, a deis non regnatur. Casus mundum finxit ex infinito[6] numero atomorum[7].

Quod si cognoscerent homines, eandem vitam iucundam ac dei agerent. Pares similesque deis omni cura omnique timore liberati sola voluptate fruerentur.

[1] artifex: Künstler
[2] vigilāre: wach sein
[3] pulchritūdō: Schönheit
[4] trānquillitās: Ruhe
[5] fulmen: Blitz
[6] īnfīnītus: unendlich
[7] atomus: Atom

J. Paul Getty Museum in Malibu (Los Angeles, Kalifornien), 1968–74 nach dem Vorbild der Villa dei Papiri erbaut

Römische Kopie einer griechischen Statue aus der Villa dei Papiri in Herkulaneum, 1. Jahrhundert v. Chr.; Neapel, Museo Archeologico Nazionale

Verstehen & Vertiefen

1. Der Epikureer behandelt in seiner Rede zwei thematische Schwerpunkte; fasse sie jeweils in einer kurzen Überschrift zusammen und ordne ihnen zentrale Begriffe aus dem lateinischen Text zu.
2. Welchen Teil der epikureischen Argumentation greift der Stoiker an und wie argumentiert er?
3. Wenn du die Wahl hättest, welche Götter wären dir lieber?

Stoicus: O si tacuisses, philosophus fuisses. Delirant[8] isti Epicurei! Utinam Epicurus in horto suo mansisset neque homines docuisset! Multum dissentio ab ista disciplina falsa. Nisi mundus a deis creatus esset, nisi a principio dei mundum ratione rexissent, vita hominum aliorumque animalium perdita esset. Vide mundum, vide solem, lunam, sidera: eorum rationem ordinemque nulla ars, nulla manus humana consequi posset imitando. Non casu, ut Epicurei putant, non necessitate aliqua caeca[9], sed divina quadam ratione ac mente omnia reguntur.

Quid commemorem alias eiusdem modi causas? Prudentiam et mentem a deis ad homines pervenisse constat. Cumque sit in nobis consilium, ratio, prudentia, necesse est deos eadem haec habere quae homines, sed insigniora; nec habere solum, sed etiam iisdem uti in maximis optimisque rebus: necesse est mundum deorum consilio vel providentia[10] administrari.

Utinam omnes homines in eo consentirent! Colendo deos secundum naturam viverent et eo modo consequi possent, ut a curis liberati mortales quasi immortalium vitam agerent.

[8] dēlīrāre: wahnsinnig sein

[9] caecus: blind

[10] prōvidentia: Vorsehung

Philosophie in Rom

Am Golf von Neapel, in unmittelbarer Nähe zur Stadt Herculaneum, erstreckt sich entlang der Meeresküste eine weit ausgedehnte römische Villa. Die italienischen Archäologen, die sie zum Teil ausgegraben haben, nennen sie Villa dei Papiri nach den zahlreichen Papyrusrollen, die in einem ihrer Räume gefunden wurden. Die Papyri enthalten fast ausschließlich philosophische Schriften. Der Besitzer dieser Villa zog sich offensichtlich hierhin zurück, um sich fernab vom Trubel Roms philosophischen Studien und Gesprächen zu widmen.

Manches spricht dafür, dass die Villa dei Papiri von L. Calpurnius Piso Caesoninus erbaut wurde, einem reichen Senator, der 58 v. Chr. Konsul war und sich sehr für Philosophie interessierte. Piso war mit dem griechischen Philosophen Philodem befreundet; dieser war gleichsam Pisos „Hausphilosoph", und von ihm stammen die meisten Schriften, die in der Villa dei Papiri gefunden wurden.

Philodem war Anhänger der Philosophie Epikurs, der lehrte, dass ein Mensch nur dann glücklich sein kann, wenn er sich von allen seelischen und körperlichen Beeinträchtigungen wie Schmerz, Hunger oder Angst freimacht. Deshalb empfahl Epikur auch ein zurückgezogenes Leben, fern von der Politik, im Kreise von Freunden. Für eine solche epikureische Lebensweise scheint sich Piso seine Villa bei Herculaneum gebaut zu haben.

Das Freisein von Sorgen und Schmerzen hatte Epikur „Lust" genannt, ein Wort, das ihm und seinen Anhängern viel Spott einbrachte. Piso z. B. wurde für sein angeblich ausschweifendes „Lust"-Leben von seinem Erzfeind Cicero verunglimpft, und das, obwohl Cicero selbst philosophisch hoch gebildet war und genau wusste, dass Epikur nicht ein Leben in Saus und Braus, sondern in Selbstgenügsamkeit propagierte.

Cicero hatte sich – wie jeder Römer aus der Oberschicht – in seiner Jugend philosophische Grundkenntnisse angeeignet und sie systematisch erweitert, indem er nach Griechenland zu den berühmtesten Philosophen seiner Zeit reiste. Auch er hatte einen „Hausphilosophen", den Stoiker Diodotos. Die Stoiker lehrten, dass der Mensch möglichst unabhängig von allen äußeren Gütern leben müsse. Gegenüber Krankheit und schweren Schicksalsschlägen solle man genauso gelassen bleiben wie gegenüber Reichtum oder besonderen Glücksfällen. Anders als die Epikureer empfahlen die Stoiker, sich politisch zu betätigen – solange das eigene Seelenheil davon nicht negativ beeinflusst werde.

Rekonstruktion der Bibliothek in der Villa dei Papiri

Auch Cicero besaß verschiedene Landgüter, auf die er sich von seiner politischen Tätigkeit zurückzog, um ungestört die Werke der großen griechischen Philosophen zu lesen und selber philosophische Schriften zu verfassen. Er tat dies, als es für ihn keine Möglichkeit mehr gab, am politischen Geschehen teilzunehmen. In dieser Zeit verfasste er insbesondere ethische und staatsphilosophische Schriften, in denen er zu zeigen versuchte, dass die Philosophie zu einem besseren Leben führe – sowohl im Privatleben wie auch im Staat.

Die Mehrzahl der Römer hielt jedoch eine solch ausführliche Beschäftigung mit Philosophie für Zeitverschwendung. Viele warnten davor, jungen Männern, die eine politische Karriere einschlagen sollten, zu viel Zeit für ein philosophisches Studium einzuräumen.

Verstehen & Vertiefen

1. Was meinen wir heute, wenn wir von einem „Epikureer" oder von „stoischer Ruhe" sprechen?
2. Gibt es bei euch an der Schule das Fach Philosophie? Worum geht es da? In welchen Fächern kommen sonst noch philosophische Themen zur Sprache?

G1 Gleich und ähnlich

Gleichheit und Ähnlichkeit lassen sich im Lateinischen auf folgende Weise ausdrücken:

A) Das Pronomen idem, eadem, idem gibt die Identität an. Das bedeutet, dass **dieselbe** Person oder Sache etwas tut bzw. ist:

a) Iuppiter mundum regit. Idem deus etiam pater multorum deorum est.

b) Apollo et Diana patris eiusdem liberi sunt.

Idem deus

in duas partes spectat.

Dieses Pronomen ist zusammengesetzt aus is, ea, id und -dem:

eius-dem

Nur dieser Bestandteil wird dekliniert. — Das -dem bleibt unverändert.

	Sg.			*Pl.*		
	m.	*f.*	*n.*	*m.*	*f.*	*n.*
Nom.	īdem	eadem	idem	īdem	eaedem	eadem
Gen.	eiusdem	eiusdem	eiusdem	eōrundem	eārundem	eōrundem
Dat.	eīdem	eīdem	eīdem	iīsdem	iīsdem	iīsdem
Akk.	eundem	eandem	idem	eōsdem	eāsdem	eadem
Abl.	eōdem	eādem	eōdem	iīsdem	iīsdem	iīsdem

1.1 Vergleiche mit den Formen von is, ea, id: Welche Veränderungen stellst du fest?

1.2 Auf welcher Silbe werden die einzelnen Formen betont? Zur Erinnerung: Dreisilbige Wörter betonen die vorletzte Silbe, wenn sie lang ist.

Dieses Pronomen kann auch zur Verstärkung eines Demonstrativpronomens auftreten: hic idem deus – eben dieser Gott.

Mit Hilfe von idem, eadem, idem können auch zwei Eigenschaften ein und derselben Person beigelegt werden; du musst das Pronomen dann mit „zugleich" oder „außerdem" übersetzen.

c) Minerva dea sapientiae est eademque rei militaris.

rēs mīlitāris: Kriegswesen

B) Adjektive, die Ähnlichkeit oder Gleichheit anzeigen, werden meist mit einem Substantiv oder Pronomen verbunden, das angibt, wem eine Person oder Sache ähnelt bzw. gleicht. Im Lateinischen kann dies durch einen Genitiv oder Dativ ausgedrückt werden.

d) Dei hominum similes sunt.

e) Homines deis pares esse non possunt.

C) Nach Ausdrücken der Ähnlichkeit oder Gleichheit kann das zweite Element des Vergleichs (im Deutschen „wie") auf zwei Arten angeschlossen werden: durch atque/ac oder durch ein Relativpronomen:

f) Epicurus docuit deos non in eodem mundo vivere atque homines.

g) Stoici nonnumquam eadem senserunt quae Epicurus.

nōnnumquam: manchmal

G2 Indefinitpronomen: quidam

Das Indefinitpronomen quidam wird verwendet, um eine ganz bestimmte Person zu bezeichnen, über die der Sprecher aber nichts Genaues sagen will oder kann. Dem entspricht im Deutschen „jemand" oder „ein", manchmal auch „ein gewisser", „ein bestimmter". Im Plural bedeutet quidam „einige" oder „manche".

Das Pronomen quidam ist zusammengesetzt aus dem Relativ- bzw. Fragepronomen und -dam:

cui-dam

Nur dieser Bestandteil wird dekliniert. — Das -dam bleibt unverändert.

2.1 Vergleiche mit der Deklination von qui, quae, quod. Welche Veränderungen stellst du fest?

	Sg.			Pl.		
	m.	f.	n.	m.	f.	n.
Nom.	quīdam	quaedam	quoddam	quīdam	quaedam	quaedam
Gen.	cuiusdam	cuiusdam	cuiusdam	quōrundam	quārundam	quōrundam
Dat.	cuidam	cuidam	cuidam	quibusdam	quibusdam	quibusdam
Akk.	quendam	quandam	quoddam	quōsdam	quāsdam	quaedam
Abl.	quōdam	quādam	quōdam	quibusdam	quibusdam	quibusdam

Das Indefinitpronomen quidam kann wie ein Substantiv oder wie ein Adjektiv verwendet werden. In substantivischer Verwendung lautet der Nom./Akk. Sg. n. quiddam.

Zu Gast bei Calpurnius Piso

Quodam die rursus in villa Calpurnii Pisonis fui. Quidam servorum, quem iam diu cognoveram, me ad portam accepit et in hortum duxit. Ibi mirabar pulcherrimas statuas cuiusdam artificis Graeci, qui mihi nomine tantum notus erat. Tum Piso me salutavit atque ad circulum quorundam philosophorum adduxit. Qui de quibusdam rebus disputabant, ego autem paene nihil intellegebam, nam oculis in quadam serva pulcherrima haerebam, quae cibos mihi praebebat.

artifex: Künstler
nōtus: bekannt
circulus: Diskussionsrunde

haerēre in: hängen an

G3 Konjunktiv Plusquamperfekt

Der Konjunktiv Plusquamperfekt wird gebildet aus dem Infinitiv Perfekt und der Personalendung.

Aktiv: tacuisse-s

Passiv: captus esse-t

	Aktiv		Passiv	
	Sg.	*Pl.*	*Sg.*	*Pl.*
1. Pers.	cēp-isse-m	cēp-issē-mus	captus, -a, -um essem	captī, -ae, -a essēmus
2. Pers.	cēp-issē-s	cēp-issē-tis	captus, -a, -um essēs	captī, -ae, -a essētis
3. Pers.	cēp-isse-t	cēp-isse-nt	captus, -a, -um esset	captī, -ae, -a essent

3.1 Bilde den Konj. Plpf. von esse, posse, velle, ire, consequi.

G4 Irrealis

Der Konjunktiv kann dazu verwendet werden, einen Gedanken auszudrücken, der nicht der Wirklichkeit entspricht. Diese Funktion des Konjunktivs heißt **Irrealis** (Konjunktiv der Nichtwirklichkeit). Im Deutschen wird er durch den Konjunktiv II oder durch Umschreibung mit „würden" ausgedrückt:

Wenn die Menschen klug wären, würden sie die Götter immer ehren.

Den Irrealis gibt es in zwei Zeitstufen. Im Lateinischen erkennst du

- den Irrealis der Gegenwart am Konjunktiv Imperfekt:
  a) Si homines deos semper colerent, felicissimi essent.
- den Irrealis der Vergangenheit am Konjunktiv Plusquamperfekt:
  b) Si tacuisses, philosophus mansisses.
  c) Nisi Epicurus homines a timore deorum liberavisset, etiam nunc deos timerent.

4.1 „Was wäre, wenn heute/gestern …": Formuliere auf Deutsch verschiedene Gedanken, die leider oder zum Glück nicht Wirklichkeit (geworden) sind.

G5 Unerfüllbare Wünsche

Mit dem Konjunktiv Imperfekt oder Plusquamperfekt werden auch Wünsche ausgedrückt, die nicht verwirklicht werden können. Eingeleitet werden sie durch utinam oder vellem. Ins Deutsche übersetzt du solche Wunschsätze mit der Einleitung „Wenn doch" und Konjunktiv II.

Unterscheide:

- Unerfüllbare Wunschsätze im Konjunktiv Imperfekt beziehen sich auf die Gegenwart.
- Unerfüllbare Wunschsätze im Konjunktiv Plusquamperfekt beziehen sich auf die Vergangenheit.

a) Utinam dei Romanorum etiam nunc viverent!
b) Vellem ne Athenienses Socratem damnavissent!

5.1 Welche Gemeinsamkeiten erkennst du zwischen unerfüllbaren Wunschsätzen und irrealen Aussagesätzen im Lateinischen?

Ü1 Konjunktiv?

Welche Form ist ein Konjunktiv Plusquamperfekt?

fuissemus, issetis, essent, egisses, hortati essent, mentita est, darem, usus esses, pollicitae estis, profecti essemus, vidisset, relicta essent, lapsa sunt, neglexissent, postulaveras

Ü2 Kettenübung

ponis ꝏ Pass. ꝏ Fut. I ꝏ Akt. ꝏ Impf. ꝏ Konj. ꝏ Pl. ꝏ Plpf. ꝏ Ind. ꝏ Fut. II ꝏ 3. Pers. ꝏ Perf.

+ Übe ebenso: superas, moves, capis

Ü3 Formenübung

a) Ergänze jeweils eine Form von idem:
celeritate, arma, arcum, paci, honoribus

b) Ergänze jeweils eine Form von quidam:
opere, legem, regum, facinus, dominus

Ü4 Verneinungen

Achte beim Übersetzen auf die verschiedenen Verneinungen; manchmal stehen sie im Deutschen an einer anderen Stelle als im Lateinischen.

Pater: In actis diurnis[1] modo legi latrones[2] hominem quendam aggressos esse neque quemquam ei auxilio venisse.

Filius: Haud multis diebus ante etiam in Marcum amicum impetus factus est a tribus viris medio in foro.

Pater: Num dicis e tot hominibus ne unum quidem ei adfuisse?

Filius: Nullo auxilio eguit; est enim magister artis pugnandi Asiaticae[3]. Latrones[2] superavit neque quicquam mali accepit.

[1] ācta diurna *(Pl.)*: Zeitung – [2] latrō: Räuber – [3] Asiāticus: asiatisch

Ü5 Epikur über die Atome

Bilde jeweils die richtige Form von idem.

a) Non omnes atomi[1] ______ speciem praebent, non omnes sunt ______ ponderis vel ______ magnitudinis[2].
b) Omnes autem ______ mira celeritate per universum[3] moventur.
c) Singulae atomi[1] in ______ via inque ______ motu manent; nisi a quo impedimento repelluntur[4], a via sua non declinunt[5].
d) Accidit etiam, ut atomi[1] quaedam casu concurrant; tum in ______ forma manent et corpora fingunt.
e) Ita omnes res, omnia animalia ex ______ atomis[1] constant.

[1] atomus *f.*: Atom – [2] māgnitūdō: Größe – [3] ūniversum: Universum – [4] repellī: abprallen – [5] dēclīnāre: abweichen

Ü6 Schelte

Was sagt der Trainer seiner Mannschaft nach dem verkorksten Spiel?

a) Si celerius cucurrissemus, vicissemus.
b) Utinam ne tam timidi fuissetis!
c) Marce, si omnibus viribus contendisses, custodem superavisses.
d) Utinam vi maiore usi essetis!
e) Si adversarios in tempore aggressi essetis, nemo vobis restitisset.
f) Utinam vobis hodie animus ad certandum aptus fuisset!

Ü7 Zwei Argumentationen

A: Certe dei sunt beati.
Sine virtute autem nullo modo quisquam beatus est.
Non est virtus sine actione.
Deus vester nihil agens igitur virtutem non habet.
Ergo beatus non est.

B: Immo vero vita deorum beatissima est, omnibus bonis plena.
Nam deus nihil agit, nulla opera vexatur, sua sapientia et virtute gaudet.
Sibi enim est conscius se in maximis et aeternis voluptatibus semper fore.
Hunc deum recte beatum dixerimus, vestrum autem laboriosissimum[1].

[1] labōriōsus: beschäftigt

+ Welche Worte stammen von einem Stoiker, welche von einem Epikureer?

Ü8 Die beste Kunst?

Sokrates unterhält sich mit Gorgias, der ein berühmter Redner ist.

S.: Dic mihi, Gorgias: Quae res est ars oratoria[1]?
G.: Optima scilicet omnium artium.
S.: Qua de causa?
G.: Exemplum tibi dicam: Frater, ut scis, medicus[2] est. Quodam die cum illo ad aegrotum quendam veni. Qui neque medicinam[3] sumere neque secari[4] voluit. Medicus[2] ei persuadere non potuit; ego autem perfeci, ut utraque pateretur, nulla alia arte quam oratoria[1].
S.: Quid autem, si non medicus[2], sed aliquis malus artem oratoriam[1] adhibens homini persuadet, ut potionem[5] sumat, ea autem ex aliquo veneno constat[6]?
G.: Certe is, qui arti oratoriae[1] se dedit, homo honestus esse debet!

[1] ars ōrātōria: Redekunst – [2] medicus: Arzt – [3] medicīna: Medizin – [4] secāre: operieren – [5] pōtiō: Trank – [6] cōnstāre *(hier)*: bestehen aus

Ü9 Sonne, Mond und Sterne

Welchen Sätzen kannst du zustimmen, mit welchen bist du nicht einverstanden?

a) Luna decem dies crescit, decem dies decrescit.[1]
b) Luna lumen, quod videmus, a sole accepit.
c) Incredibili celeritate sol circum terram volvitur.
d) Quaedam sidera lumen dant, quaedam lumen tantum alterius reddunt.
e) Unus sol est in caelo.
f) Omnia sidera circum terram volvi videntur.
g) Tota nocte sol lucet[2]; at non apud nos, sed in aliis terrae partibus videtur.
h) Et Soli et Lunae sacrificia debentur, quia dei sunt.

[1] dēcrēscere: abnehmen – [2] lūcēre: leuchten

Wortbildung

Das Suffix -io

Es gibt Wörter mit dem Suffix -io, das unserem deutschen -ung entspricht. Es wird an den Stamm des PPP angehängt.

Beispiel:
salutare: begrüßen PPP: salutatum
salutat-io: Begrüß-ung

Was heißt: sollicitatio, defensio, motio, mutatio, oppugnatio, munitio?
Nicht immer ist ein -ung in der Übersetzung: profectio, concursio, navigatio, fractio, visio, petitio, deditio, dissensio, missio, cogitatio.

Ein ungewöhnliches Leben

Athanasius Theodosio suo salutem.

Vae[1]! Est mortua Hypatia, sapientissima mulierum. Neque virum prudentiorem neque magistrum meliorem invenisses.

Pauca de vita moribusque eius mihi liceat dicere. Hypatia ex divite quadam familia nata nostris temporibus illustrissima omnium mulierum fuit. Pater eius, cui nomen erat Theon, Alexandriae praeerat veteri scholae notissimae, quae magna et vetere bibliotheca[2] ornata est. Theon filiam maximo ingenio praeditam esse arbitratus Hypatiam philosophiam et artem mathematicam[3] docuit. Filia, quamquam minor aetate erat, et patrem et plurimos magistros ingenio superabat. Discendi causa Athenas et quasdam civitates Italiae petivit. Paulo post reditum in schola patris de philosophia et mathematica[3] praecepit. Discipuli magistram[4] diligebant, cum clarissime de causis difficilibus dissereret. Plurimi viri philosophiae vel mathematicae[3] periti totius orbis terrarum cum Hypatia de rebus incertis disputabant. Et ego, cum consilio aliquo egebam, epistulas ei mittere solebam, ut ab illa docerer.

Hypatia complures libros de mathematica[3] scripsit, in quibus cursum siderum et rationem formarum[5] explicavit.

[1] vae!: ach!
[2] bibliothēca: Bibliothek
[3] (ars) mathēmatica: Mathematik
[4] magistra: Lehrerin
[5] ratiō fōrmārum: Berechnung geometrischer Figuren

Kolorierter Holzstich; 1876

Saepe in foro orationes optimas habuit de operibus veterum philosophorum Graecorum itemque nostrae aetatis. Quamquam voce minore utebatur quam viri, praestabat, cum loquebatur, ceteris philosophis facultate dicendi. Itaque multi mulierem libenter audiebant. Etiam praefectus Alexandriae plurimique viri rem publicam administrantes, cum illam esse sapientem arbitrarentur, Hypatiam in consilium adhibere solebant.
Erant in illa civitate non modo amici, sed etiam haud minimus numerus inimicorum Hypatiae. Invidebantne ei, quod maiore auctoritate apud potentes erat? Mulieremne non decere sapientem esse rati Hypatiae mortem precabantur? Haud scio. Novi autem viros pessimos a quodam incitatos esse, ut illam necarent. Hypatia domi sermonem cum veteribus amicis habebat, cum subito manus virorum intravit, eam domo eripuit, in viam traxit. Ibi multitudo membra eius crudeliter rupta igni cremavit[6]. Ita Hypatia misera caesa est.
Feminam pulchriorem fuisse constat. Sed quamquam dives erat, vestes peiores tamquam mulier pauper gessit. Ita evenit, ut homines maximum ingenium, non egregiam speciem eius admirarentur. Virum non habuit. Maestissimus sum morte amicae! Maxime doleo illud lumen sapientiae exstinctum esse!
Vale!

[6] cremāre: verbrennen

Verstehen & Vertiefen

1. Gliedere den Brief nach den Themenbereichen, über die Athanasius spricht.
2. Nenne die Voraussetzungen für Hypatias wissenschaftliche Laufbahn; welche waren förderlich, welche hinderlich?
3. Was machte Hypatia nach Athanasius' Meinung zu einer besonderen Frau?
4. a) Zu welcher Textstelle passt das Bild?
   b) Nenne die äußeren Merkmale, durch die der Künstler die einzelnen Personengruppen voneinander unterschieden hat.

Warum schauen Philosophen in die Sterne?

Lange Zeit erklärten sich die Menschen die Welt und ihr Zustandekommen durch Mythen. Von Generation zu Generation wurden diese Geschichten mündlich weitergegeben. Irgendwann reichten den Menschen diese Erklärungen nicht mehr aus. Sie wollten es genauer wissen: Wie sind Menschen, Tiere, Pflanzen, Erde, Himmel, Gestirne beschaffen? Und warum sind sie so, wie sie sind? Das waren die Fragen, die sich die ersten uns heute noch bekannten griechischen Philosophen etwa ab dem 6. Jahrhundert v. Chr. stellten. Um Antworten zu finden, untersuchten sie die Natur, beobachteten den Himmel und versuchten, die Gestalt der Erde und den Lauf der Gestirne zu berechnen. Sie taten also das, was heute Sache der Naturwissenschaftler ist. Sie selbst aber bezeichneten sich als Philosophen, als „Freunde der Weisheit". Später kamen auch Fragen auf, die das Leben der Menschen betrafen: Was ist Tugend? Was ist das Ziel unseres Lebens? Wie können Menschen gut zusammenleben? Diesen Bereich, die Ethik, hat Sokrates in die Philosophie eingeführt.

Aber ganz gleich, aus welchen Themenbereichen die Fragen kamen, die die Menschen sich stellten: Sie alle trugen dazu bei, die Welt zu durchschauen, und gehörten daher nach antikem Verständnis unter dem Dach der Philosophie eng zusammen.

Das blieb über viele Jahrhunderte so. Es bildeten sich aber verschiedene Disziplinen heraus, die man für besonders wichtig hielt. Die Römer nannten sie artes liberales, freie Künste. Mit Kunst waren nicht etwa Malerei oder Bildhauerei gemeint, sondern ein Sachgebiet oder eine Wissenschaft. Frei hießen sie, weil nur frei Geborene mit entsprechendem Vermögen sich ihnen ausgiebig widmen konnten und Kenntnisse darin von ihnen erwartet wurden.

Die Zahl der artes liberales wurde schließlich auf sieben festgelegt, und sie waren nicht nur für die Bildung junger Römer maßgeblich. Das gesamte Mittelalter hindurch beherrschten sie die Lehrpläne an den Universitäten. Die septem artes liberales waren aufgeteilt in das sprachlich-literarische Trivium, bestehend aus Grammatik, Dialektik (Logik) und Rhetorik, und das mit Zahlen befasste Quadrivium: Arithmetik, Geometrie, Astronomie und Musik (diese befasste sich mit der Berechnung von Tonverhältnissen).

Nach dem Mittelalter setzte eine Entwicklung ein, die bis heute nicht abgeschlossen ist: Die Zusammengehörigkeit der philosophischen Fächer geriet mehr und mehr aus dem Blick. Vor allem in den naturwissenschaftlichen Fächern konzentrieren sich die Wissenschaftler auf die Untersuchung einzelner Forschungsgebiete: die Biologen auf die Tiere und Pflanzen, die Astronomen auf Universum und Sterne, die Geologen und Geographen auf die Erde und so fort. Und je mehr die Forscher über ihren Gegenstand herausbekommen, desto weiter spezialisieren sich die Wissenschaften. Es gibt also heute nicht nur Astronomie, sondern Planetologie, Himmelsmechanik, Stellarstatistik, Radioastronomie und viele Spezialgebiete mehr. Eine zweite Veränderung lässt sich in den letzten Jahrhunderten beobachten. Die Fachwissenschaftler fragen fast ausschließlich nach nachprüfbaren Tatsachen, nach der beweisbaren Beschaffenheit der Natur und des Universums. Die Frage, warum alles so entstanden ist oder geschaffen wurde, überlassen sie den Philosophen. Ob sie jemals die Antwort finden werden? Das steht in den Sternen …

Verstehen & Vertiefen

1. Was verstand man in der Antike unter Philosophie? Was verstehst du heute darunter?
2. Welche der sieben freien Künste werden an eurer Schule unterrichtet?

G1 Unregelmäßige Steigerung

Einige Adjektive bilden Komparativ und Superlativ nicht vom selben Stamm wie den Positiv, sondern haben dafür eigene Wörter. Du musst sie extra lernen (einige kennst du bereits).

bonus, -a, -um	melior, melior, melius	optimus, -a, -um
gut	besser	der beste, sehr gut

malus, -a, -um	pēior, pēior, pēius	pessimus, -a, -um
schlecht	schlechter	der schlechteste, sehr schlecht

māgnus, -a, -um	māior, māior, māius	māximus, -a, -um
groß	größer	der größte, sehr groß

parvus, -a, -um	minor, minor, minus	minimus, -a, -um
klein	kleiner	der kleinste, sehr klein

multī, -ae, -a	plūres, plūres, plūra Gen. Pl.: plūrium	plūrimī, -ae, -a
viele	mehr	die meisten, sehr viele

1.1 Nenne Beispiele für unregelmäßige Steigerungen im Deutschen und Englischen.

1.2 Erkläre die folgenden Wörter: Optimist, Pessimist, Minorität, Pluralismus, Bodenmelioration, Bonität, Plural, peiorativ.

Es gibt auch Adverbien, die unregelmäßig gesteigert werden, z. B.:

Ego tibi	**multum** / **plus** quam ceteris / **plurimum**	confido.

G2 3. Deklination: Adjektive

Du kennst bereits Adjektive der 3. Deklination, die im Abl. Sg. auf -i, im Gen. Pl. auf -ium und im Nom./Akk. Pl. n. auf -ia enden (→ 16 G 1). Eine andere Gruppe von Adjektiven der 3. Deklination hat diese Besonderheiten nicht; außerdem gibt es für alle Genera immer nur eine Form (nur das Neutrum hat seine bekannten Besonderheiten).
Zu dieser Gruppe gehören die Adjektive

- vetus (Genitiv: veter-is) „alt",
- pauper (Genitiv: pauper-is) „arm" und
- dives (Genitiv: divit-is) „reich".

	Sg.			*Pl.*		
	m.	*f.*	*n.*	*m.*	*f.*	*n.*
Nom.	vetus	vetus	vetus	veterēs	veterēs	vetera
Gen.	veteris	veteris	veteris	veterum	veterum	veterum
Dat.	veterī	veterī	veterī	veteribus	veteribus	veteribus
Akk.	veterem	veterem	vetus	veterēs	veterēs	vetera
Abl.	vetere	vetere	vetere	veteribus	veteribus	veteribus

2.1 Dekliniere:
opus vetus, femina pauper, senator dives

Natürlich bilden auch diese Adjektive einen Komparativ und einen Superlativ:

vetus vetustior vetustissimus
pauper pauperior pauperrimus
dives divitior divitissimus

2.2 Welcher Deklination folgen Komparativ und Superlativ?

G3 Komparativ ohne Vergleich

3.1 Vergleiche mit dem Elativ (→ 23 G 4).

Der Komparativ gibt in Vergleichen einen Unterschied an: Ein Buch ist dicker als ein Heft. Im Lateinischen ist manchmal das, womit eine Sache oder Person verglichen wird, nicht angegeben, da es ganz allgemeiner Art ist: Jemand ist z.B. intelligenter als der Durchschnitt oder besitzt mehr Geld, als zum Leben nötig ist. Im Deutschen verwendest du in solchen Fällen den Positiv mit Zusätzen wie „ziemlich", „recht" oder „zu, zu sehr, allzu".

a) Hypatia, quamquam pulchra erat, vestibus vetustioribus uti solebat.
b) Hypatia, cum sapientior videretur, multis invidiae erat.
c) Fortasse liberius vivebat.

G4 Gleichzeitiges PPP

Das Partizip Perfekt Passiv ist, wie du schon weißt, vorzeitig zum übergeordneten Verb (→ 17 G 4). Das gilt auch für Deponentien:

a) Theon filiam hortatus, ne invidiam virorum moveret, scholae praefecit.

praeficere: mit der Leitung beauftragen

Von einigen Deponentien wird jedoch das PPP auch zum Ausdruck der Gleichzeitigkeit verwendet. Dann bezeichnet das PPP einen Zustand, der schon früher eingetreten ist, aber noch bis in die Zeit des übergeordneten Verbs andauert.

4.1 Wie drückst du die Gleichzeitigkeit im Deutschen aus?

b) Praefectus Alexandriae Hypatiam sapientissimam esse ratus illam saepe consuluit.
c) Qui consiliis illius usus civitatem prudenter administrabat.
d) Multi incolae sapientiam Hypatiae admirati orationes eius audire solebant.

G5 cum iterativum

Es gibt cum-Sätze im Indikativ, mit denen eine wiederholte Handlung bezeichnet wird. In solchen Fällen spricht man von einem **cum iterativum**; dieses cum übersetzt du mit „jedesmal wenn", „immer wenn" oder bloßem „wenn".

a) Cum Hypatia loquebatur, audientes delectabantur.

Im Lateinischen wird auch in diesen Fällen sehr genau unterschieden, ob die Handlung des Gliedsatzes zeitgleich mit der Hauptsatzhandlung abläuft oder vor dieser liegt:

b) Hypatia, cum libros sibi adhuc ignotos invenerat, eos magna diligentia legebat.
c) Cum id audivi, gaudeo.
d) Cum veneris, tibi cibos optimos parabo.

5.1 Welche anderen Arten von cum-Sätzen kennst du bereits? Nenne Beispiele aus dem Lektionstext.
5.2 Von welchem dir bekannten Wort ist die Bezeichnung cum iterativum abgeleitet?
5.3 Betrachte bei den Sätzen a bis d die Tempora in Haupt- und Gliedsatz: Wie wird das Zeitverhältnis jeweils ausgedrückt?

Nachdenken über Sprache

Metaphern

a) Boni servi oculi domus sunt.
b) Repetitio[1] est mater studiorum[2].
c) Me in portum philosophiae recepi.

Ein Haus hat keine Augen, die Studien keine leibliche Mutter und die Philosophie ist kein Hafen. Und doch lassen sich manche Wörter auf diese ungewöhnliche Weise verwenden. Wir sprechen dann von einer übertragenen Verwendung, von einer **Metapher** (von griech. *metapherein*, „übertragen"). Eine Metapher kannst du dir gut als verkürzten Vergleich vorstellen:

a) Gute Sklaven sehen, wo etwas nicht in Ordnung ist, als ob das Haus selbst Augen hätte.
b) Wiederholung bringt Lernerfolg, so wie eine Mutter Kinder hervorgebracht hat.
c) Wie ein Schiff sich vor dem Sturm in den sicheren Hafen flüchtet, so zieht sich jemand, z. B. ein Politiker, aus den Gefahren des öffentlichen Lebens in die Philosophie zurück.

Welche Vergleiche liegen folgenden Metaphern zugrunde?

d) Aeneas in pugna leo[3] fuit.
e) Imperator caput rei publicae est.
f) My home is my castle.

[1] repetītiō: Wiederholung – [2] studia *(Pl.)*: die Studien – [3] leō: Löwe

Ü1 Steigerung?

Welche Form ist Positiv, Komparativ oder Superlativ, welche nichts davon?

felicissimis, melior, videor, patior, maiorum, sacrificium, crudelius, optimos, longissimorum, multos, triumphos, miserrimos, impios, peiore, uxore, pulchriore, saepius, paratissimi, cupidius, alterius

Ü2 Immer mehr!

Steigere die folgenden Formen so, dass KNG erhalten bleiben:

multarum – bonos – parvis – magnam – mali

Ü3 Gegensätze ziehen sich an

Suche zu jedem Adjektiv sein Gegenteil.

a) alieni
b) vetere
c) tristi
d) audaces
e) salva
f) brevium
g) claro
h) divini
i) pauperum

novus – timidus – ignotus – humanus – familiaris – dives – laetus – longus – aeger

+ Bringe die Gegenteile in die genau entsprechende Form. Dabei gibt es mehrere Möglichkeiten.

Ü4 Ergänze

Bilde zu jedem der folgenden Substantive jeweils die passende Form von dives:

gladiatore, domino (2), duces, consulibus, dominae (3)

+ Bilde auch die entsprechenden Formen von pauper.

Ü5 In Alexandria

Alexandriae viri docti non solum opera maiorum scriptorum iterum iterumque describi[1] iusserunt, sed etiam contenderunt quam plurimum novi de terris alienis earumque populis comperire. Plura animalia pluresque herbas in varia genera diviserunt, etiam maiorem numerum animalium mortuorum secuerunt[2]. Acrius sidera observabant et in computando[3] arte mathematica[4] usi sunt.

[1] dēscrībere: abschreiben – [2] secāre: aufschneiden – [3] computāre: berechnen – [4] ars mathēmatica: Mathematik

Ü6 Ein ganz besonderer Tag

Um welchen Tag, der heutzutage gern gefeiert wird, geht es im folgenden Text?

Olim puer quidam aegerrimus erat. Parentes iam timuerunt, ne moreretur. Cuidam autem viro persuasum erat Deum effecturum, ut puer sanaretur[1].

Is vir in herbis floribusque maiorem sanandi[1] vim inesse[2] ratus aegroto dedit flores plurimos. Tandem puer et vi precum[3] et florum pulchritudine[4] servatus est. Qua de causa ille vir maximis honoribus afficiebatur.

Multis annis post vivebat vir Christianus, cui idem nomen erat. Is a multis hominibus orabatur, ut illos matrimonio coniungeret[5] auxilio Dei. Eum autem magistratus Romani imperatori periculo esse arbitrati capitis damnaverunt.

Memoria illorum virorum hodie eodem die celebratur. Quo die plerique homines ei, quem amant, flores dono dant.

[1] sānāre: heilen – [2] inesse: enthalten sein – [3] precēs: Bitten – [4] pulchritūdō: Schönheit – [5] mātrimōniō coniungere: verheiraten

Ü7 Wer ist wirklich reich?

Dazu hat Publilius Syrus etwas geschrieben:

a) Quis est pauper? Qui sibi videtur dives.
b) Quis plurimum habet? Is, qui minimum cupit.
c) Honesta fama[1] melior pecunia est.
d) Repente[2] dives nemo factus est bonus.

[1] fāma: (guter) Ruf – [2] repente: auf einen Schlag

Original-Latein

Ein Frauenleben

Inschrift eines Grabsteines aus dem 2. Jahrhundert v. Chr.:

Hospes, quod deico, paullum[1] est. Asta[2] ac pellege[3]:
Heic est sepulcrum hau pulcrum pulcrai feminae.
Nomen parentes nominarunt Claudiam.
Suom mareitum corde[4] deilexit souo.
Gnatos duos creavit, horunc alterum
in terra linquit, alium sub terra locat[5].
Sermone lepido[6], tum autem incessu[7] commodo[8].
Domum servavit, lanam[9] fecit. Dixi. Abei!

[1] paullum: wenig – [2] astāre: stehen bleiben – [3] pellegere (≈ perlegere): durchlesen – [4] cor, cordis *n.*: Herz – [5] locāre: hinlegen – [6] lepidus: elegant – [7] incessus, -ūs *m.*: Schritt – [8] commodus: ruhig – [9] lāna: Wolle

Diese Inschrift zeigt einige altlateinische Formen, z. B.: suom ≈ suum; souo ≈ suo; hau ≈ haud; gnatos ≈ natos
Etliche lange -ī- sind als -ei- geschrieben; z. B. deicō ≈ dīcō
Welche Formen weichen noch vom klassischen Latein ab?

- Wie sah Claudia aus?
- Was war ihr Familienstand?
- Was wird an ihr besonders gerühmt?
- Wer ist das „ich", das aus der Inschrift spricht?

Ü8 Was ist ein guter Lehrer?

Magister bonus quinque facultates habeat:

Primum habeat mentem ingenuosam[1], ut ex multis, quae doceri possunt, meliora eligere sciat nec omnia ex aliorum dictis accipiat.

Secundum, quod poscitur in eo, est honesta vita, quia haec magistro maiorem auctoritatem parat, deinde, quia longius est iter per praecepta, brevius autem et facilius per exempla.

Tertium, quod in eo poscitur, est humilis[2] scientia[3]. Scientia[3] scilicet, quia nemo docere potest, quod ipse minime novit. Haec autem scientia[3] debet humilis[2] esse, alioquin[4] non est vera sapientia. Si quis putat se aliquid scire, rectum[5] modum sciendi nondum cognovit.

Quartum est simplex[6] eloquentia[7], quia sapientia sine eloquentia[7] minimum potest. Male narrando omnia possunt depravari[8]. Simplicia[6] autem sint verba magistri, ut omnes omnia intellegant.

Postremo docendi peritia[9] nominetur. Quae enim laetitiam efficit, ut ait Quintilianus: „Optimus magister multitudine discipulorum gaudet et maiori theatro[10] se dignum[11] putat."

[1] ingenuōsus: begabt – [2] humilis: bescheiden – [3] scientia: Wissen – [4] aliōquīn: sonst – [5] rēctum: richtig – [6] simplex: einfach – [7] ēloquentia: Redekunst – [8] dēprāvāre: verschlechtern – [9] perītia: Erfahrung – [10] theātrum: Theater – [11] dignus: wert, würdig

Ü9 Ein Fremdwort

An der Universität von Alexandria wurden nicht nur Texte bedeutender Autoren herausgegeben, sondern auch so genannte Florilegien. Die Bestandteile des Wortes kennst du; finde heraus, was es damit auf sich hat.

Latein als Sprache der Wissenschaft

Galilei, Galileo, * 15. 2. 1564 in Pisa, † 8. 1. 1642 bei Florenz; wurde 1589 Professor für Mathematik an der Universität Pisa und wechselte 1592 an die Universität von Padua; ab 1610 Hofmathematiker in Florenz.
G. baute eines der ersten Fernrohre und verbesserte es kontinuierlich; bei seinen Himmelsbeobachtungen entdeckte er die Berge und Täler auf der Mondoberfläche, Fixsterne, die mit bloßem Auge gar nicht oder nur als Sternennebel zu sehen waren, den Sternenreichtum der Milchstraße und die vier größten Monde des Jupiter.
Er war wie Nikolaus Kopernikus der Ansicht, dass die Erde sich um die Sonne bewegt, und geriet ab 1616 in Konflikt mit der Kirche, die noch dem antiken Gelehrten Ptolemäus folgte und der Lehre von der Erde als Mittelpunkt des Universums anhing. 1633 wurde G. von einem Inquisitionsgericht verurteilt: Er durfte seine Thesen über das Sonnensystem nicht mehr verbreiten und erhielt lebenslänglichen Hausarrest. In seinem Florentiner Haus forschte er weiter und veröffentlichte bahnbrechende Werke über die Mechanik; auf ihn geht u. a. die Entdeckung der Fall- und Pendelgesetze zurück.

Bert Brecht war von der Figur des Galilei so fasziniert, dass er ein Drama über ihn geschrieben hat. Darin lässt er Galilei sagen:
„Ich hatte als Wissenschaftler eine einzigartige Möglichkeit. In meiner Zeit erreichte die Astronomie die Marktplätze."

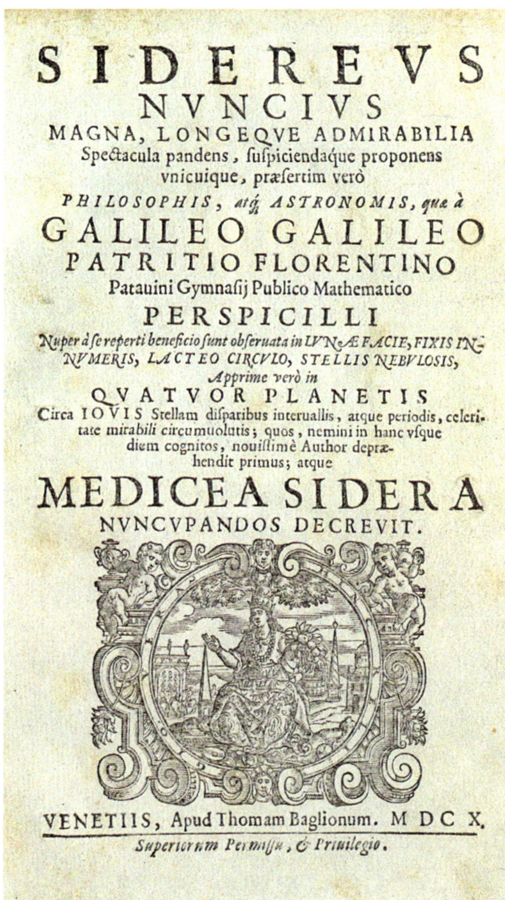
SIDEREVS
NVNCIVS
MAGNA, LONGEQVE ADMIRABILIA
Spectacula pandens, ſuſpiciendaque proponens
vnicuique, præſertim verò
PHILOSOPHIS, atq; ASTRONOMIS, quæ à
GALILEO GALILEO
PATRITIO FLORENTINO
Patauini Gymnaſij Publico Mathematico
PERSPICILLI
Nuper à ſe reperti beneficio ſunt obſeruata in LVNÆ FACIE, FIXIS INNVMERIS, LACTEO CIRCVLO, STELLIS NEBVLOSIS,
Apprime verò in
QVATVOR PLANETIS
Circa IOVIS Stellam diſparibus interuallis, atque periodis, celeritate mirabili circumuolutis; quos, nemini in hanc vſque diem cognitos, nouiſſimè Author depræhendit primus; atque
MEDICEA SIDERA
NVNCVPANDOS DECREVIT.
VENETIIS, Apud Thomam Baglionum. M DC X.
Superiorum Permiſſu, & Priuilegio.

Titelblatt von Galileis Schrift über seine Himmelsbeobachtungen

1. Wie lautet der Titel des Buches? Kannst du ihn übersetzen?
2. An welchem Ort ist das Werk erschienen?
3. Rechne nach: Wie alt war Galilei, als das Buch herauskam?

semel:	1-mal
bis:	2-mal
ter:	3-mal
quater:	4-mal
quīnquiēs:	5-mal
sexiēs:	6-mal
septiēs:	7-mal
octiēs:	8-mal
noviēs:	9-mal
deciēs:	10-mal
sexāgesiēs:	60-mal
mīliēs:	1000-mal

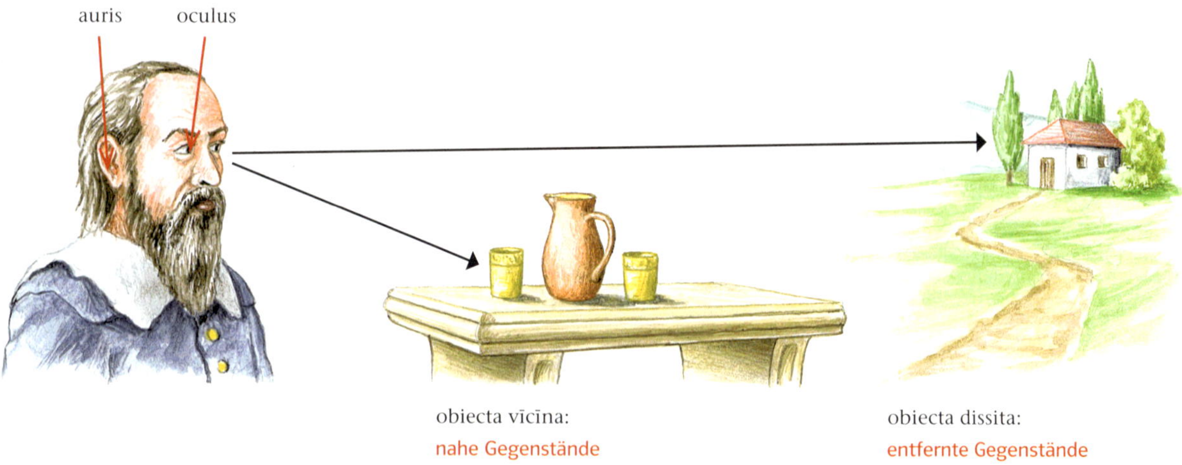

Decem mensibus ante rumor ad aures nostras pervenit, instrumentum a Belga quodam creatum esse, cuius beneficio obiecta visibilia, ab oculo spectantis longe dissita, videbantur ut proxima. Idem nonnullos post dies mihi per litteras a viro illustrissimo Iacobo Badovere ex Lutetia confirmatum est. Quod tandem effecit, ut in inventionem similis instrumenti me totum converterem.

Postquam doctrinae de refractionibus studui, ad rem aggressus sum: ac tubum primo plumbeum mihi paravi, in cuius extremitatibus vitrea duo perspicilla aptavi, quae ex altera parte plana erant, ex altera vero sphaerica; altera cavum, altera convexum habuit. Oculum deinde ad cavum admovens obiecta satis magna spectavi; ter enim viciniora, novies autem maiora apparebant, quam dum sola naturali acie spectabantur. Postea alium tubum exactiorem mihi paravi, qui obiecta sexagesies maiora praebebat. Tandem, labori nulli nullisque sumptibus parcens, instrumentum mihi perfeci adeo excellens, ut res per illud visae milies maiores appareant, quam si naturali tantum facultate spectentur.

Huius instrumenti commoda, tam in terra quam in mari, facile intelleguntur; me autem stellae caelumque delectaverunt.

mēnsis: Monat
rūmor: Gerücht
beneficium: Wirkung
vīsibilis: sichtbar
cōnfīrmāre: bestätigen
inventiō: Erfindung
doctrīna: Lehre
plumbeus: aus Blei
vitreus: aus Glas
aptāre: anpassen

nātūrālī aciē: mit bloßem Auge
exāctus: genau
sūmptus, -ūs: Kosten
excellēns: ausgezeichnet

commodum: Vorteil
stella: Stern

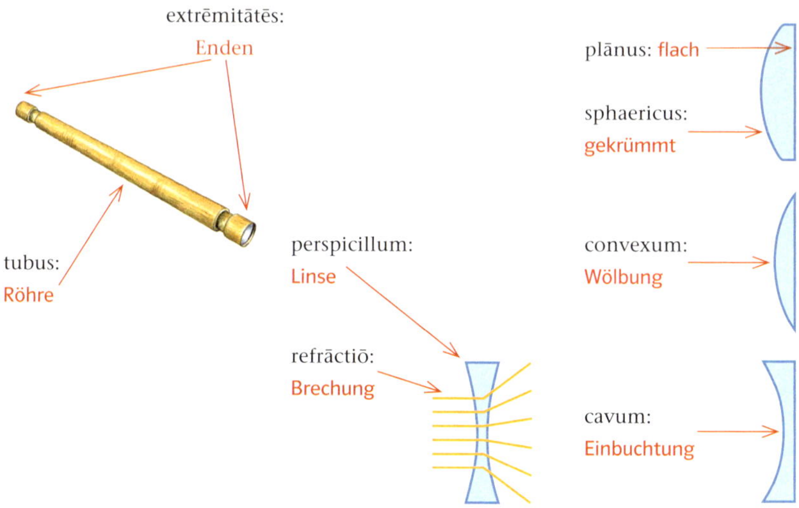

4. Wer hat denn nun das Fernrohr erfunden?
5. An welcher Textstelle kannst du sehen, dass es Galilei vor allem um die Vertiefung wissenschaftlicher Erkenntnis ging?

Entscheidung am Rubicon

Der Geschichtsschreiber Sueton berichtet in seiner Caesarbiographie:

Caesar novem annos in Gallia bellum gerebat. Bello confecto divitissimus erat, nam maximam praedam sibi legionibusque comparaverat. Praeda divisa legiones firmissimam fidem ei servabant.

Senatores metuerunt, ne Caesar studeret, ut non solum Galliae imperaret, sed etiam Romae. Liberam enim rem publicam Caesare imperante in periculo fore putaverunt.

Caesar, cum magnam senatus partem sibi obstare animadvertisset, operam dedit, ne potentia dignitasque sua minueretur. Cepit consilium amicitiam quam plurimorum adipisci: legionibus stipendium auxit; gentem suam cum gente Pompei matrimoniis[1] iungere contendit; omnes circa Pompeium magnis muneribus affecit; multos senatores pulcherrimis donis donavit. Nec minore studio reges alienos atque provincias sibi iungebat: aliis captos hostes concessit servos, aliis auxilia maxima misit auctoritate senatus populique neglecta. Omnibus iam sollicitatis alter consulum in senatu poposcit, ut Caesar exercitum dimitteret, priusquam in Italiam rediret.

His rebus cognitis Caesar ad suos dixit: „Ego sum primus civitatis. Difficilius in civitate a primo ordine in secundum pellar quam ex secundo in ultimum ordinem!"

Summa ope senatui restitit; cum autem omnia acriter agi videret, de imperio suo pactionem[2] facere conatus est. Senatu obstante Caesar bellum civile parare coepit.

[1] mātrimōnium: Ehe

[2] pactiō: Übereinkunft

Wilhelm Trübner, Dogge mit Wurstschüssel (Cäsar am Rubikon), 1878; Privatbesitz

Porträtbüste; Marmor, Ende des 1. Jahrhunderts v. Chr.; Neapel, Museo Archeologico Nazionale

Quidam putabant eum, cum iam diu regnare cuperet, occasione data dominationem[3] rapuisse. Cicero scripsit Caesarem semper in ore habuisse haec Euripidis poetae verba: „Regnandi gratia ius violare pulcherrimum facinus est. Aliis in rebus pietatem colas."

Et iniit bellum: praemissis clam cohortibus Ravennae spectaculo publico interfuit et, ut solebat, ad cenam[4] iit, ne qua suspicio moveretur. Deinde noctu mulis[5] e proximo pistrino[6] ad currum iunctis occultissimum iter cum paucis comitibus ingressus est. Consecutus cohortes ad Rubiconem flumen, quo provincia ab Italia divisa erat, paulum constitit.

Dubitanti autem ostentum[7] tale factum est: Homo ingens, quem nemo ante viderat, subito tuba[8] canens in ripa stetit; quo signo dato traiecit ad alteram ripam. Tum Caesar via incepta perrexit et „Eatur", inquit, „quo deorum ostentum[7] vocat. Iacta alea[9] est."

[3] dominātiō: Alleinherrschaft
[4] cēna: Essen
[5] mūlus: Maultier
[6] pistrīnum: Mühle
[7] ostentum: Zeichen
[8] tuba: Trompete
[9] ālea: Würfel

Verstehen & Vertiefen

1. Stelle die verschiedenen Personengruppen zusammen, die Caesar für sich einnehmen will, und nenne die Mittel, die er dazu verwendet.
2. Was verraten die wörtlich zitierten Aussprüche Caesars über seinen Charakter?
3. Welche Funktion hat die Erwähnung des ostentum?
4. Betrachte das Bild: Was hat der Hund bisher gemacht? Was wird er als nächstes machen?
5. Überlegt, welche Beziehung das Bild zum Text hat.

Biographien im Vergleich: Pompeius und Caesar

	Pompeius	Caesar	
106	29. 9.: Geburt von Gnaeus Pompeius.		
		13. 7.: Geburt von Gaius Iulius Caesar.	**100**
89–87	Pompeius dient im Heer seines Vaters, des Konsuls Cn. Pompeius Strabo.		
83	Bürgerkrieg: Pompeius unterstützt Sulla mit drei Legionen und wird von den Truppen zum Imperator ausgerufen.		
82	Pompeius kämpft weiter für Sulla in Italien und heiratet dessen Stieftochter Aemilia, nachdem er sich von seiner ersten Frau getrennt hat. Aemilia stirbt bald nach der Hochzeit	Caesar steht auf der Seite der Sullagegner. Er widersetzt sich Sullas Forderung, sich von seiner Frau scheiden zu lassen, und muss wegen Sullas Diktatur (82–79) aus Rom fliehen.	**82**
81/80	Pompeius gewinnt für Sulla mit einem außerordentlichen Kommando Sizilien und Nordafrika. Seine Soldaten nennen ihn „Magnus".		
80	Pompeius heiratet als dritte Ehefrau Mucia.	Caesar macht erste militärische Erfahrungen in der Provinz Asia.	**80**
79	Pompeius ertrotzt von Sulla seinen ersten Triumph, obwohl ihm die formalen Voraussetzungen (Alter, senatorischer Rang) fehlen.		
		Nach Sullas Tod kehrt Caesar nach Rom zurück.	**78**
77–72	Pompeius kämpft im Auftrag des Senats mit einem außerordentlichen Kommando in Spanien gegen einen abtrünnigen Feldherrn.	Caesar führt einen Prozess gegen ehemalige Anhänger Sullas.	**77**
		Caesar wird in das Priesterkollegium aufgenommen.	**73**
		Caesar ist Militärtribun.	**72**
71	Spartacus-Aufstand: Pompeius zerschlägt die letzten Gruppen aufständischer Sklaven. Zweiter Triumph.		
70	Konsul zusammen mit M. Licinius Crassus.		
		Caesar ist Quaestor in Spanien. Seine Frau Cornelia stirbt; er ehrt sie mit einer Leichenrede und aufwändigen Leichenspielen.	**69**
67/66	Seeräuberkrieg: Pompeius kämpft mit 20 Legionen und 500 Schiffen gegen die Piraten.		
66–62	Pompeius führt erfolgreich Krieg gegen Volksstämme am Schwarzen Meer. In der Folge ordnet Pompeius Kleinasien und den Nahen Osten neu.	Caesar ist Aedil. Er veranstaltet prächtige Spiele und verschuldet sich.	**65**
		Caesar wird Pontifex maximus.	**63**
62	Rückkehr des Pompeius, der seine Soldaten als Veteranen entlässt. Er trennt sich von Mucia.	Caesar ist Praetor. Der Wahlkampf mit Spielen, Festessen und Bestechungen hat seine Finanzen ruiniert.	**62**
61	Dritter Triumph. Der Senat widersetzt sich Pompeius, der fordert, seine Veteranen zu versorgen und seine Ordnung im Osten anzuerkennen.	Caesar ist Statthalter in Spanien. Er saniert seine Finanzen durch Kriegszüge und Steuern.	**61**
60	Triumvirat („Dreimännerbündnis") zwischen Pompeius, Caesar und dem reichen Crassus. Die drei Politiker verbünden sich in einer geheimen Absprache gegen den Senat: Nichts dürfe im Staat geschehen, was gegen die Interessen eines der Drei verstoße.		**60**
59	Caesar ist Konsul. Die Forderungen des Pompeius und des Crassus werden durchgesetzt: Die entlassenen Soldaten des Pompeius werden versorgt, seine Neuordnungen im Osten bestätigt. Pompeius heiratet Caesars Tochter Iulia, Caesar die adlige Calpurnia.		**59**

	Pompeius	Caesar	
		Caesar wird für fünf Jahre zum Statthalter von Gallien und Illyricum ernannt.	59
		Caesar führt in Gallien Krieg gegen verschiedene Stämme.	58–51
57	Pompeius nähert sich in Rom wieder an den Senat an.		
56	Auf mehreren Konferenzen wird das Triumvirat wieder befestigt.		56
55	Zweites Konsulat von Pompeius und Crassus. Fünfjährige Imperien für Pompeius (Spanien) und Crassus (Syrien), der 53 im Krieg gegen die Parther fällt.	Caesars Statthalterschaft wird verlängert. Caesar setzt den Gallischen Krieg fort.	55
54	Tod der Iulia, Caesars Tochter und Pompeius' Frau.		54
52	Drittes Konsulat des Pompeius (sine collega). Anarchie in Rom; Pompeius erhält diktaturähnliche Vollmachten.	Aufstand des Gallierfürsten Vercingetorix. Niederlage Caesars bei Gergovia, Sieg bei Alesia, wo Vercingetorix kapituliert.	52
		Letzte Kämpfe in Gallien.	51
50	Verhandlungen zwischen Caesar und Pompeius, um den drohenden Bürgerkrieg um die Herrschaft im römischen Reich abzuwenden. Caesar widersetzt sich den Versuchen, ihn vorzeitig von seiner Statthalterschaft in Gallien abzuberufen.		50
49	Erklärung des Notstandes in Rom. Caesar wird aufgefordert, sein Heer zu entlassen. Am 10. 1. überschreitet er den Grenzfluss Rubicon und eröffnet den Bürgerkrieg. Rasch gewinnt er Italien; Pompeius gibt Rom verloren und zieht sich nach Griechenland zurück. Caesar besiegt seine Gegner zunächst in Spanien.		49
48	Caesars zweites Konsulat. Er setzt nach Griechenland über. Nach militärischen Erfolgen des Pompeius kommt es zur Entscheidungsschlacht bei Pharsalos in Thessalien. Pompeius unterliegt und flieht nach Ägypten, wo er bei seiner Ankunft am 28. 9. ermordet wird. Seine Söhne Gnaeus und Sextus fliehen nach Nordafrika.		48
		Caesar landet in Alexandria, wo er Kleopatra kennen lernt. Es kommt zum Krieg gegen Pompeius-Anhänger.	48
		Caesar wird für ein Jahr zum Diktator ernannt. Caesar siegt am Nil und setzt Kleopatra als Herrscherin ein. Kleopatra bringt den gemeinsamen Sohn Caesarion zur Welt.	47
		Wegen Unruhen in Rom kehrt Caesar nach Italien zurück. Drittes Konsulat Caesars. Er siegt über die Anhänger des Pompeius in Nordafrika. In Spanien organisieren die Söhne des Pompeius den Widerstand. Caesar wird zum Diktator auf zehn Jahre ernannt und feiert in Rom vier Triumphe.	46
		Viertes Konsulat Caesars. Er siegt in Spanien über die Söhne des Pompeius. Nach seiner Rückkehr nach Rom wird Caesar mit zahlreichen Ehrungen und Vollmachten überhäuft. Er erhält die Diktatur auf Lebenszeit und das alleinige Kommando über alle Truppen. Fünftes Konsulat Caesars. Die angebotene Königswürde lehnt er ab.	45
		60 Senatoren bereiten eine Verschwörung vor. An den Iden des März (15. 3.) wird Caesar während einer Senatssitzung erstochen.	44

Verstehen & Vertiefen

1. Erarbeitet Unterschiede und Gemeinsamkeiten in beiden Biographien unter folgenden Gesichtspunkten: Ämterlaufbahn, militärische Erfolge, Rolle der Frauen, Verhältnis zum Senat.
2. Wer ist dir sympathischer? Begründe.

G1 Ablativus absolutus

1.1 Bestimme die Satzglieder in a und b.

a) Caesar occisus est; tum bellum civile ortum est.
b) Postquam Caesar occisus est, bellum civile ortum est.
c) Caesare occiso bellum civile ortum est.

Du siehst: Zwei ursprünglich eigenständige Sätze (a) sind zu einem Satz kombiniert worden (b). Dieser besteht aus einem Gliedsatz (postquam Caesar occisus est) und aus einem Hauptsatz (bellum civile ortum est). Wie du schon vom Participium coniunctum weißt, lässt sich ein Gliedsatz zu einer Partizipialkonstruktion verkürzen (→ 17 G 5, 19 G 3). Ähnlich auch hier:

postquam Caesar occisus est → Caesare occiso

Diese Art der Partizipialkonstruktion hat zwei Eigenschaften:

- Partizip und Beziehungswort stehen im Ablativ (Caesar**e** occis**o**).
- Partizip und Beziehungswort bilden einen Wortblock; er kann vom Restsatz losgelöst werden, ohne dass dieser grammatisch unvollständig wird. Wenn im Satz der Wortblock Caesare occiso weggelassen wird, bleibt der Restsatz immer noch verständlich: Bellum civile ortum est.

Eine solche Partizipialkonstruktion, die im Ablativ steht und vom Restsatz losgelöst werden kann, heißt **Ablativus absolutus** (Abl. abs.).

absolūtus: losgelöst

Adverbiale:
<Adverb>
<Präp. + Subst./Pron./nd-Form>
<Ablativ>
<Dat. finalis>
<Gliedsatz>
<Pc>
<Abl. abs.>

Wenn du den Ablativus absolutus mit einem Participium coniunctum vergleichst, erkennst du einen Unterschied:

d) [Caesar] <ab uxore de periculo monitus> tamen in senatum iit.
e) <Senatoribus accedentibus> Caesar nihil suspicatus est.

Im Satz d besitzt das Beziehungswort des Partizips eine Satzgliedfunktion im Rahmensatz: Caesar, das Beziehungswort von monitus, ist das Subjekt zu iit. In Satz e hat senatoribus, das Beziehungswort, für sich keine Satzgliedfunktion im Rahmensatz; insgesamt bildet der Ablativus absolutus ein Adverbiale.

G2 Abl. abs.: Übersetzung

Einen Ablativus absolutus übersetzt du genauso wie ein prädikatives Participium coniunctum. Für beide Arten von Partizipialkonstruktionen gilt:

- In der Regel ist ein PPP vorzeitig und hat passivische Bedeutung; ein PPA ist in der Regel gleichzeitig und hat aktivische Bedeutung.
- Wie ein Participium coniunctum steht auch ein Ablativus absolutus zum übergeordneten Verb in einem gedanklichen Verhältnis, das du aus dem Zusammenhang erschließen musst.
- Einen Ablativus absolutus kannst du ebenso wie ein Participium coniunctum mit Unterordnung, Einordnung oder Beiordnung übersetzen.

Es gibt also folgende Möglichkeiten:

	Unterordnung	Einordnung	Beiordnung
temporal	als, während, nachdem	während, nach	und währenddessen/danach
kausal	weil	wegen	und deshalb/daher
konzessiv	obwohl	trotz	aber trotzdem/dennoch
konditional	wenn	im Falle	und in dem Fall
modal	indem; dadurch, dass	mit	und auf diese Weise/dadurch

Wähle für die folgenden Sätze die sinnvollste Möglichkeit:

a) Morte futura signis certis nuntiata Caesar periculum tamen neglexit.
b) Amico quodam hortante in senatum profectus est.
c) Ibi autem magno tumultu facto Caesar a senatoribus occisus est.
d) Senatores enim rem publicam Caesare regnante perituram putaverant.
e) Cunctis fugientibus Caesar aliquamdiu iacuit.
f) Tandem corpus multis hominibus flentibus domum portabatur.
g) Quibus rebus auditis populus Romanus magna ira affectus est.

aliquamdiū: eine Zeit lang
flēre: weinen

G3 Logisches Subjekt

Bei einem Ablativus absolutus im Passiv wird die handelnde Person häufig nicht ausgedrückt, weil sie aus dem Zusammenhang leicht zu erschließen ist. Wenn die Person, von der die Handlung ausgeführt wird, zugleich das Subjekt des Rahmensatzes ist, spricht man von dem „logischen Subjekt". In solchen Fällen übersetzt du den Ablativus absolutus am besten mit Aktiv:

Caesare occiso senatores in omnes partes fugerunt.
Nachdem die Senatoren Caesar getötet hatten, flohen sie in alle Richtungen.

a) Sacrificiis factis Caesar senatum intravit.
b) Precibus senatorum quorundam auditis nemini concessit.

precēs: die Bitten

Nachdenken über Sprache

Absolute Partizipien

Partizipialkonstruktionen, die vom Restsatz losgelöst sind, gibt es auch in anderen Sprachen. Vergleiche:
a) Die Hände zum Himmel erhoben, erbat Romulus die Hilfe der Götter.
b) Remus' Bote kehrte unverrichteter Dinge zurück.
c) The messenger returning, Remus was furious.
d) The dispute decided, Romulus became the first king of Rome.
Welche dieser Partizipialkonstruktionen würdest du auch in gesprochener Sprache verwenden?

Ü1 Ablativ?

Welche der folgenden Partizipien können Ablativformen sein?

animadvertentibus, missis, invadentium, obiecto, desiderata, arreptis, vexatis, iussi, metuentibus, subiectis, cessantis, permisso, adeunte

Ü2 Der Trojanische Krieg

Setze vor jeden dieser Sätze den passenden Abl. abs.

a) ▬ Graeci diu frustra operam dederunt in oppugnando.
b) ▬ Graeci tandem vicerunt.
c) ▬ tamen equus ligneus[1] in urbem tractus est.
d) ▬ ceteri Graeci invadere potuerunt.
e) ▬ plurimi Troianorum dormiebant.

[1]līgneus: hölzern – [2]dissuādēre: abraten

Portis patentibus – Laocoonte dissuadente[2] – Troia muris firmis circumdata – Graecis invadentibus – Troia decem annos oppugnata

Ü3 Amici boni

Sunt in lingua Latina non solum amici falsi, sed etiam amici boni. Haec verba Latina idem significant atque Germanica:
natura, civilis, philosophus, regio, barbarus, gladiator, templum, renovare, testamentum, veteranus, adoptare, fructus, theatrum

Etiam verba Anglica tibi adesse possunt:
parentes, exemplum, admirari, alienus, difficilis, sanctus, resistere, actus, iustitia, animal, certus

Ü4 Ewig lockt der Ball

Bestimme das gedankliche Verhältnis des Abl. abs.

a) Parentibus vetantibus[1] Quintus in horto ludit.
b) Domo a patre relicta Quintus pilam[2] arripit et in hortum currit.
c) Statua frangitur sorore spectante.
d) Statua fracta Quintus maestus in horto sedet.
e) Matre dolente Quintus se numquam in horto lusurum esse pollicetur.
f) Fide matri data postero die tamen pilam[2] arripit et ...

[1]vetāre: verbieten – [2]pila: Ball

Ü5 Wie sag ich's auf Deutsch?

a) Multis verbis auditis Quintus Metellus senator curiam[1] reliquit.
b) Curia[1] relicta servos vocavit.
c) Servis vocatis lectica[2] domum portatus est.

[1]cūria: Senatsgebäude – [2]lectīca: Sänfte

Ü6 Caesars Glück

Ein Provinzfürst namens Deiotarus versucht Caesar zu ermorden.

a) Consilio capto Deiotarus Caesarem invitavit.
b) Servis armis instructis et in balneo[1] constitutis rex Caesarem familiariter salutavit.
c) Cogitabat enim Caesarem vino[2] cibisque sumptis in balneum[1] iturum, ut ventrem exoneret[3].
d) Caesar autem non multo vino[2] accepto statim cubiculum[4] suum petivit.
e) Consilio audaci usus tamen Deiotarus Caesarem interficere non potuit.

[1]balneum: Bad – [2]vīnum: Wein – [3]ventrem exonerāre: seinen Magen erleichtern – [4]cubiculum: Schlafzimmer

Ü7 Eine steile Karriere

a) Viginti[1] annos natus Caesar in Asia militavit[2].
b) Militia[3] in Asia perfecta corona civica[4] donatus est, quia civem quendam Romanum e periculis servaverat.
c) Nonnullis aliis honoribus acceptis Caesar quaestor in Hispaniam iit, paulo post Romae aedilis officio functus est.
d) Spectaculis egregiis frequentissime datis primum quaestor, deinde pontifex maximus, tum praetor creatus est.
e) Gravibus causis actis propraetor iterum in Hispaniam iit.
f) Maximis opibus comparatis Caesar consul factus est cum Bibulo collega.
g) Nullo opere a Bibulo effecto Romani illum annum „annum Iulii et Caesaris consulum“ nominaverunt.

[1] vīgintī: zwanzig – [2] mīlitāre: Kriegsdienst leisten – [3] mīlitia: Kriegsdienst – [4] cīvicus: Bürger-

Wortbildung

Komposita

Du kennst bereits die Komposita advenire, abire, concurrere, dissentire, ingredi, exire, relinquere, tradere und circumdare.
Erschließe die Grundbedeutung der Präfixe ad-, ab-, con-, dis-, in-, ex-, re-, trans-, und circum- und ordne sie den Zeichnungen zu.

+ Suche zu jedem Präfix mehr Beispiele. Beachte dabei die Assimilation.

Ü8 Memorabilia

Sprüche, aus denen man etwas „fürs Leben“ lernt.

Duobus litigantibus[1] tertius gaudet.
Malo accepto stultus sapit[2].
Nullus dies agenti longus est.

[1] lītigāre: streiten – [2] sapere: klug sein

Ü9 Eine feine Familie

Ersetze die Gliedsätze durch eine inhaltlich entsprechende Partizipialkonstruktion. – Achtung: Einige bleiben übrig!

a) Aeson, cum regnum a patre accepisset, a fratre Pelia vexatus et pulsus est.
b) Postquam Aeson pulsus est, Pelias Iasonem, filium fratris, necare voluit.
c) Quia mater multis cum lacrimis vitam filii precabatur, Iason non interfectus est, sed in vinculis custodiebatur.
d) Postquam Iason in vincula coniectus est, Pelias se securum[1] esse credidit.
e) Pelias, quamquam se securum[1] esse credidit, tamen quodam die hoc oraculo perterritus est: „Vir una solea[2] indutus[3] te interficiet.“
f) Pelias, postquam oraculum audivit, magno cum timore talem virum exspectavit.
g) Iason, cum XX annos haberet, e vinculis fugit.
h) Iason, cum feminam quandam trans flumen portaret, dextram soleam[2] in aqua ruenti amisit; deinde una solea carens itinera fecit.
i) Multis annis post Pelias Iasoni, qui regnum ab eo poposcit, laborem difficillimum imposuit, ut ille periret, ipse autem eo modo servaretur.

se securum[1] esse credens – femina trans flumen portata – unam soleam[2] gerentem – Iasone in vincula coniecto – oraculum audiens – matre multis cum lacrimis precante – regnum poscenti – una solea[2] gesta – XX annos natus – regno a patre accepto – oraculo audito – Aesone pulso – feminam quandam trans flumen portans – Aesone pellente

[1] sēcūrus: sicher – [2] solea: Sandale – [3] induere: bekleiden

Zurück zur Republik!

Nach der Ermordung Caesars am 15. März 44 v. Chr. streben einige reiche und mächtige Männer danach, die frei gewordene Machtposition auszufüllen. Vor allem Marcus Antonius wirbt Truppen an und will mit militärischen Mitteln die Macht an sich reißen. In dieser brisanten Lage sieht Cicero die Chance, dem Senat wieder größeren Einfluss zu verschaffen und so die römische Republik wiederherzustellen. In einer Rede am 20. Dezember 44 beschwört Cicero die Senatoren, im Interesse der Republik schnell und entschlossen zu handeln.

Vos interrogo, patres conscripti, cur tam sero convocati[1] simus. Nonne nos omnes videmus bellum turpissimum contra templa et domos, contra vitam fortunasque nostras non parari, sed iam geri? Num vos praeterit, qualis hostis rei publicae nostrae immineat? Quid est in Antonio praeter libidinem, crudelitatem, audaciam? Ex his totus vitiis compositus est. Num creditis illum virum bonum esse, cum sit omnibus bonis inimicus? Num illum rei publicae liberae favere putatis, cum tantum spectet, quid sibi utile sit? Hanc vero ferocem bestiam quis ferre potest aut quo modo?

Res igitur eo adducta est, ut decerni necesse sit, utrum Antonius poenas nobis solvat an nos serviamus. Quare, patres conscripti, maiorum nostrorum virtutem sequamur: aut libertatem populi Romani servemus aut mortem servituti praeferamus! Caesare imperante iam multas iniurias pertulimus, alii spe libertatem restituendi, alii vivendi nimia cupiditate. Quae autem nunc necessitas nos cogat, ut etiam Antoni crudelissimum dominatum[2] feramus, ignoro. Nam qui adhuc negavit illum impium esse, nunc eius naturam perspexit: nobis spectantibus Antonius bellum in patriam infert. Qui autem studet, ut rem publicam deleat, inter acerbissimos hostes numeretur, etiamsi est civis Romanus.

[1]convocāre: zusammenrufen

[2]dominātus, -ūs: Tyrannei

Das britische Parlament während einer Sitzung

Blick in die Kurie während einer Senatssitzung (Rekonstruktion)

Verstehen & Vertiefen

1. Stelle die Wörter und Ausdrücke zusammen, mit denen Cicero Antonius beschreibt! Was will er damit erreichen?
2. Welche Eigenschaften ordnet Cicero Octavian zu? Welche Rolle soll Octavian nach Ciceros Ansicht übernehmen?
3. Finde heraus, wie der Kampf zwischen Antonius und Octavian ausging.

Quaeritis, quomodo tantum hostem a re publica avertere possimus. Agere necesse est quam celerrime! Nonne intellexistis, qua divina mente C. Caesar Octavianus adulescens consilium cepisset rem publicam servare? Nonne vidistis, qua incredibili virtute nos adiuvaret, cum furor Antoni maxime arderet? Sua sponte – nemo nostrum arcessivit eum! – Octavianus firmissimum exercitum e militibus veteranis[3] patris sui composuit, ut populum Romanum a gravissimo periculo defenderet. Quam diu id periculum privato consilio avertetur?

Hodie, patres conscripti, primum longo intervallo[4] in possessione[5] libertatis pedem ponimus[6]. Ideo hanc occasionem oblatam tenete, per deos immortales, neque sententiam[7] distuleritis! C. Caesari Octaviano honores habete gratiasque referte! Date Octaviano imperium, ut patriam contra Antonium hostem defendat!

[3] veterānus: altgedient

[4] intervallum: Zeitraum

[5] possessiō: Besitz

[6] pedem pōnere in: einen Schritt machen in Richtung

[7] sententia *(hier)*: Abstimmung

Cicero als Politiker

Cicero, Marmorbüste, Kopie um 100 n. Chr. nach einem Original von etwa 40 v. Chr.; Rom, Musei Capitolini

Der erste Deutsche, der den Literaturnobelpreis erhielt, war Theodor Mommsen; er erhielt ihn 1902 für seine „Römische Geschichte", die zwischen 1854 und 1856 erschienen war. Darin kommt Cicero sehr schlecht weg: Er sei „als Staatsmann ohne Einsicht, Ansicht und Absicht" gewesen, schrieb Mommsen. „Eigentlich von keiner Partei oder, was ziemlich dasselbe ist, von der Partei der materiellen Interessen," sei Cicero „nie mehr gewesen als ein kurzsichtiger Egoist", „an Worten, wie er selber sagte, überreich, an Gedanken über alle Begriffe arm."

In der Tat machte Cicero viele Worte um seine tatsächlichen oder vermeintlichen Erfolge. Sein Eigenlob stößt uns heute ab; es erklärt sich aber daraus, dass Cicero ein homo novus war, ein sozialer Aufsteiger aus einer Provinzstadt, und deshalb vor der römischen Senatsaristokratie seine persönlichen Leistungen als Grundlage für die neu erworbene gesellschaftliche Stellung immer wieder herausstellen musste. Sein politischer Aufstieg bis zum Konsulat war ihm nicht in die Wiege gelegt worden. In einer Rede sagte er denn auch: Nulli populo Romano pro me maiores mei spoponderunt; mihi creditum est („Ich habe keine Vorfahren, die sich für mich vor dem römischen Volk verbürgen würden; man hat mir vertraut").

Doch Mommsens Urteil über Cicero war aus einem anderen Grund einseitig: Für ihn war Caesar der eigentliche Held. Dennoch haben sich Mommsen viele Historiker angeschlossen und Cicero als Wichtigtuer und Versager geschmäht. Erst allmählich setzt sich in der Forschung eine ausgewogenere Beurteilung durch.

Marcus Tullius Cicero hat sein Leben lang für die römische Republik gekämpft und jede Form der Alleinherrschaft verabscheut. Seine Sternstunde hatte er während seines Konsulates im Jahre 63 v. Chr., als er eine Verschwörung gegen die res publica aufdeckte, die ein gewisser Catilina angezettelt hatte.

Als Caesar 49 v. Chr. den Rubicon überschritten hatte, versuchte Cicero, den Bürgerkrieg zu vermeiden und Caesar zum Einlenken zu bewegen. Erst als er mit seinen Bemühungen gescheitert war, sozusagen in letzter Minute, folgte er Pompeius nach Griechenland. Nach Caesars Sieg hat Cicero die Ermordung des „Tyrannen" aus politischen und moralischen Gründen

Marcus Antonius, Rückseite eines Aureus, um 50 v. Chr.

Augustus, Teil einer Reiterstatue, Bronze, um 12 v. Chr.; Athen, Archäologisches Nationalmuseum

Der italienische Dichter und Gelehrte **Francesco Petrarca** schreibt 1345 in seiner *Epistola ad Marcum Tullium Ciceronem*, einem literarischen Brief an Cicero:
„Du stets Ruheloser und Besorgter, oder um deine eigenen Worten zu verwenden, du hitziger und unglücklicher alter Mann, was hast du dir von so viel Streit und so viel nutzloser Feindseligkeit versprochen? Wo hast du die Ruhe gelassen, die deinem Alter, deinem Wirken und deinen Erfolgen angemessen gewesen wäre? Welcher trügerische Glanz des Ruhms hat dich alten Mann in die Auseinandersetzung mit jungen Leuten getrieben, dich allen Schicksalsschlägen ausgesetzt und in einen Tod getrieben, der eines Philosophen unwürdig war?"

gefordert. Nach den Iden des März, dem Tag, an dem Caesar ermordet worden war, griff Cicero in vielen Reden Marcus Antonius scharf an, weil auch dieser danach trachtete, die Republik auszuschalten. Seinen Mut bezahlte er teuer: Nachdem sich die mächtigsten Politiker Antonius, Octavianus (der spätere Kaiser Augustus) und Lepidus zu dem so genannten Zweiten Triumvirat zusammengeschlossen hatten, ließ Antonius ihn auf die Proskriptionslisten setzen, mit denen politische und persönliche Feinde ausgeschaltet werden sollten. Cicero wurde geächtet und sein Vermögen beschlagnahmt. Am 7. Dezember 43 v. Chr. wurde er auf der Flucht ermordet.
Cicero besaß großes politisches Talent, sein Handeln blieb aber ohne langfristigen Erfolg. Warum? Man kann ihm nicht unterstellen, dass er opportunistisch zwischen den verschiedenen Positionen hin und her geschwankt sei. Sein Ziel war immer klar: die Verteidigung der alten aristokratischen Ordnung. Für sie stritt er in Wort und Schrift. Aber seine innenpolitischen Gegner waren zu mächtig. Von 59 bis 44 v. Chr. war Caesar die überragende Persönlichkeit. Selbst von Gallien aus kontrollierte er über viele Jahre die Entwicklungen in Rom und ließ Cicero seine Überlegenheit spüren. Und am Ende seines Lebens scheiterte Cicero an der Skrupellosigkeit von Octavian und Antonius.

Der Althistoriker **Christian Habicht** gibt über Ciceros politisches Handeln in seinem Buch *Cicero der Politiker* von 1990 folgendes Urteil ab:
„Wenn auch Ciceros Bemühungen, die Republik zu retten, am Ende scheiterten, so ist sein Kampf vielleicht doch nicht ganz ohne bleibende Wirkung geblieben. Früheres Versagen machte er damals wett, indem er, zum ersten Male in seiner Laufbahn, für die Sache, die er für die rechte ansah, sein Leben in die Schanze schlug und es im Laufe des Kampfes verlor. Ohne diesen letzten persönlichen Einsatz hätte er für die Nachwelt nicht zur Verkörperung der republikanischen Idee werden können."
Christian Habicht: Cicero der Politiker. München 1990, S. 118.

Verstehen & Vertiefen

1. Ein berühmter Ausspruch Ciceros ist: o tempora, o mores! – Finde heraus, bei welcher Gelegenheit Cicero ihn gemacht hat und ob und wann der Ausspruch noch heute verwendet wird.
2. Wie bewerten Petrarca und Habicht Leben und Tod Ciceros?

G1 ferre

Das Verb ferre „tragen“ hat den Stamm fer- und gehört zur konsonantischen Konjugation. Im Indikativ Präsens bildet es einige Formen ohne Zwischenvokal.

1.1 Vergleiche die Konjugation im Indikativ Präsens von velle (→ 16 G 2) und ferre.

Präsens	*Ind. Akt.*	*Ind. Pass.*	*Konj. Akt.*	*Konj. Pass.*
1. Sg.	ferō	feror	feram	ferar
2. Sg.	fers	ferris	ferās	ferāris
3. Sg.	fert	fertur	ferat	ferātur
1. Pl.	ferimus	ferimur	ferāmus	ferāmur
2. Pl.	fertis	feriminī	ferātis	ferāminī
3. Pl.	ferunt	feruntur	ferant	ferantur
Imperative:	fer!, ferte!			
Infinitive:	ferre, ferrī			
Partizip:	ferēns, ferentis			
Imperfekt	*Ind. Akt.*	*Ind. Pass.*	*Konj. Akt.*	*Konj. Pass.*
1. Sg.	ferēbam	ferēbar	ferrem	ferrer
2. Sg.	ferēbās	ferēbāris	ferrēs	ferrēris
3. Sg.	ferēbat	ferēbātur	ferret	ferrētur
1. Pl.	ferēbāmus	ferēbāmur	ferrēmus	ferrēmur
2. Pl.	ferēbātis	ferēbāminī	ferrētis	ferrēminī
3. Pl.	ferēbant	ferēbantur	ferrent	ferrentur
Futur	*Akt.*	*Pass.*		
1. Sg.	feram	ferar		
2. Sg.	ferēs	ferēris		
3. Sg.	feret	ferētur		
1. Pl.	ferēmus	ferēmur		
2. Pl.	ferētis	ferēminī		
3. Pl.	ferent	ferentur		

Die Formen des Perfekts werden von anderen Stämmen gebildet:
ferre, ferō, tulī, lātum

G2 Indirekte Fragesätze

2.1 Welche Signale für einen direkten Fragesatz kennst du?

Im folgenden Satz kannst du am Fragewort cur erkennen, dass der zweite Teil ein Fragesatz ist:

a) Vos interrogo, cur Antonius bellum incipiat.

Dieser Fragesatz ist von einem übergeordneten Satz abhängig; es handelt sich also nicht um eine direkte eigenständige Frage, sondern um einen **indirekten Fragesatz.**

2.2 Bilde indirekte Fragesätze im Deutschen und beachte dabei den Modus des Prädikats in den Fragesätzen.

Indirekte Fragesätze stehen im Lateinischen im Konjunktiv. Das gilt auch für abhängige Doppelfragen:

b) Senatores consuluerunt, utrum Antonio servirent an libertatem servarent.

Indirekte Fragesätze können die Satzgliedstellen [Subjekt] oder (Objekt) füllen.

G3 Gliedsätze: Zeitverhältnis

In der lateinischen Sprache wird das Zeitverhältnis in konjunktivischen Gliedsätzen ganz genau beachtet.

Bestimme in den folgenden Sätzen Tempus und Modus im Hauptsatz und im Gliedsatz:

	(Vorvergangenheit)	Vergangenheit	Gegenwart	Zukunft	
HS			Antonius hostis est,		
GS			cum bellum incipiat.		gleichzeitig
HS			Non ignoramus,		
GS		quam iniuriam ille fecerit.			vorzeitig
HS		Romani viderunt,			
GS		qua virtute Octavianus rem publicam adiuvaret.			gleichzeitig
HS		Senatus coactus est,			
GS	cum Cicero bellum parari vidisset.				vorzeitig

Formuliere nach diesem Schema die Regeln für das Zeitverhältnis in konjunktivischen Gliedsätzen. Finde auch eine ähnliche Formel wie für das Zeitverhältnis im Aci (→ 14 G 2).

3.1 Überprüfe, ob in der deutschen Sprache vergleichbare Regeln gelten.

G4 Relativsätze als Subjekt

a) Wer lügt, stiehlt auch.
b) Derjenige, der lügt, stiehlt auch.
c) Ein Lügner stiehlt auch.

4.1 Suche ähnliche Sätze im Deutschen.

In diesen inhaltlich gleichen Sätzen tritt das Subjekt in drei verschiedenen Formen auf:

- In c ist es ein Substantiv,
- in b ein Demonstrativpronomen mit Relativsatz,
- in a ein verallgemeinender Relativsatz.

Subjekt:
[Nomen/Pronomen im Nom.]
[Infinitiv]
[Aci]
[indirekter Fragesatz]
[Relativsatz]

Relativsätze als Subjekt gibt es auch im Lateinischen:

d) [Qui ultimus ridet], optime [[ridet]].
e) Qui nescit tacere, nescit loqui.
f) Qui totum vult, totum perdit.
g) Frustra legit, qui non intellegit.

4.2 Versuche verschiedene Übersetzungen.

Ü1 Formenübung

Stelle jeweils die Formen aus dem rechten und dem linken Sack zusammen, die einander genau entsprechen.

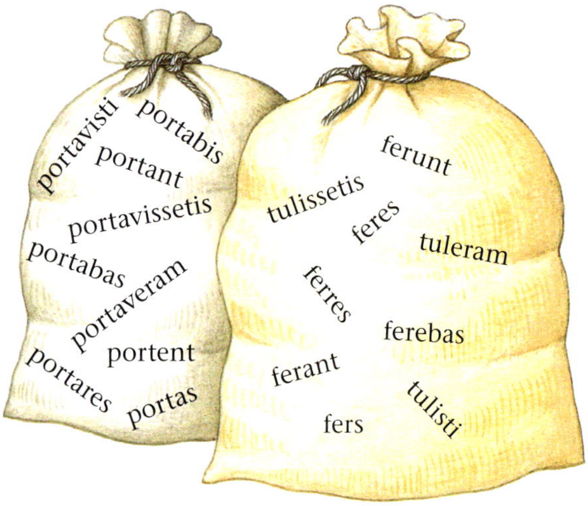

Ü2 Fremdwörter

Alle diese Fremdwörter stammen von Komposita von ferre. Von welchen? Und was bedeuten sie?

Konferenz, Differenz, Referenz, Relation, Offerte, Oblate, Transfer, Prälat

Ü3 Nomina und Verba

Vieles, wofür wir im Deutschen ein Substantiv gebrauchen, wird im Lateinischen mit einem Verb ausgedrückt; man spricht von der nominalen Ausdrucksweise des Deutschen und der verbalen des Lateinischen. Versuche die folgenden Ausdrücke mit Substantiven wiederzugeben.

Beispiel: quod tibi placuit – dein Entschluss

quae poposcerunt – quae desidero – qui servati sunt – qui Caesarem interfecerunt – quae importantur – qui vulneribus affecti sunt – quem quaesivimus

Ü4 In der Schule

Quintus und Caecilia erzählen ein merkwürdiges Erlebnis aus der Schule.

Q.: Hodie puella barbara apud Lysandrum apparuit. Dixit se machina[1] mira e tempore futuro venisse.

C.: Paene nihil noverat! Interrogavit, cur tabulis uteremur neque chartis[2].

Q.: Item mirata est, quo modo Lysander doceret. Dixit se non intellegere, cur discipuli severe[3] punirentur.

C.: Comperire voluit, cuius statua schola ornata sit. Ne Homerus quidem ei notus erat!

Q.: Etiam nesciebat, quod negotium paedagogus ageret.

C.: Semper cogito de illa puella. Scire velim, qualis schola illius sit!

[1] māchina: Maschine – [2] charta: Papier – [3] sevērus: streng

+ Formuliere die Fragen des fremden Mädchens als direkte Fragen.

Wortbildung

Partizip Perfekt – Vergangenheit und Zukunft

Das PPP drückt ja gewöhnlich aus, dass etwas geschehen ist. Zusammen mit der Verneinung in- kann es aber auch bedeuten, dass dies schon so oft nicht geschehen ist, dass es wahrscheinlich nicht wieder geschehen wird.

Beispiel:
invictus: unbesiegt ≈ unbesiegbar

Welche zweite Bedeutung fällt dir ein für invisus, indubitatus, incorruptus, infinitus, inaccessus?

Nachdenken über Sprache

Rhetorische Frage

Eine rhetorische Frage ist eigentlich eine Aussage in Frageform. Mit ihr will der Sprecher spontane Zustimmung bei seinen Zuhörern erreichen. Auf eine rhetorische Frage wird daher keine Antwort erwartet.

a) Quis nescit Antonium crudelissimum esse?
b) Num imperium Antonio dare vultis?

Ü5 Turbulente Zeiten

Stelle das richtige Zeitverhältnis her, indem du das passende Prädikat wählst.

a) Cum Caesar interficeretur/interfectus esset, tumultus magnus in senatu ortus est.
b) Cum Caesar interficeretur/interfectus esset, quidam viri principatum[1] petiverunt.
c) Octavianus, cum audiret/audivisset Caesarem interfectum esse, quam celerrime e provincia Romam rediit.
d) Cum Caesar Octavianum heredem[2] institueret/instituisset, Calpurnia, uxor Caesaris, tamen omnes mariti opes Antonio tradidit.
e) Antonius, cum opes reciperet/recepisset, omnes sibi habuit neque quicquam plebi[3] dedidit, cum id ipsum a Caesare constitueretur/constitutum esset.
f) Octavianus autem de patrimonio[4] certare constituit: Omnibus declaravit, cur divitias a Caesare plebi[3] promissas[5] nondum dederet/dedisset.
g) Octavianus, cum pecuniam debitam acciperet/accepisset, primum plebem dono promisso[5] donavit, deinde exercitum e militibus patris sui comparavit.

[1] prīncipātus: Herrschaft – [2] hērēs: der Erbe – [3] plebs: Volk – [4] patrimōnium: das Erbe – [5] prōmittere: versprechen

Ü6 Wer zuletzt lacht,

lacht am besten, so heißt ein deutsches Sprichwort. Übersetze nach diesem Muster die folgenden lateinischen Sprichwörter.

Bis[1] dat, qui cito dat.
Invitat culpam, qui peccatum praeterit.
Dimidium[2] facti, qui bene coepit, habet.
Felix, qui nihil debet.
Stultam fert mentem, qui se dicit sapientem.
Multos timere debet, quem multi timent.

[1] bis: doppelt – [2] dīmidium: die Hälfte

Original-Latein

Der Erbe

In einer Rede Ciceros gegen Antonius heißt es:

C. Caesar[1] adulescens, paene potius puer, incredibili ac divina quadam mente atque virtute, tum, cum maxime furor arderet Antoni, cumque eius a Brundisio crudelis et pestifer[2] reditus timeretur, firmissimum exercitum ex invicto[3] genere veteranorum[4] militum comparavit patrimoniumque[5] suum ecfudit[6]; quamquam[7] non sum usus eo verbo, quo debui; non enim ecfudit[6]; in rei publicae salute collocavit. Cui gratia referri tanta non potest, quanta debetur.

[1] *gemeint ist C. Iulius Caesar Octavianus, der spätere Augustus* – [2] pestifer: tödlich – [3] invictus: unbesiegbar – [4] veterānus: altgedient – [5] patrimōnium: das Erbe – [6] ecfundere: verschleudern – [7] quamquam: allerdings

- Wodurch unterscheidet sich die hier angegebene Bedeutung von quamquam von der, die du gelernt hast? Kennst du eine ähnliche Erscheinung im Deutschen?
- Das Wort collocare kanntest du bereits, aber mit der gelernten Bedeutung wird der Sinn nicht ausreichend klar. Beachte, zu welchem Wort collocare in Gegensatz steht, und versuche von daher zu einer guten Übersetzung zu kommen.

Übersetzen mit Methode II

Satzglieder:
[Subjekt]
[[Prädikat]]
(Objekt)
<Adverbiale>
^{A}Attribut

Inzwischen hast du sehr viel über die lateinische Sprache gelernt. Du weißt, dass der Bau eines lateinischen Satzes bestimmten Regeln folgt. Außerdem weißt du, dass die einzelnen Satzgliedstellen sehr unterschiedlich gefüllt werden können.
Dieses Wissen kannst du bei der Übersetzung komplizierterer lateinischer Sätze sinnvoll einsetzen. Dazu lernst du zwei weitere Methoden der Satzerschließung kennen.

1) Konstruktionsmethode

1. Welche Übersetzungsmethoden hast du bisher kennen gelernt?

Wie das Wort schon sagt, konzentrierst du dich bei dieser Methode auf die so genannte Konstruktion des Satzes. Dabei ist es wichtig, dass du deine Arbeitsschritte vorher genau überlegst.
Der folgende Satz soll auf seine Konstruktion hin untersucht werden:

Omnibus iam sollicitatis consul in senatu poposcit, ut Caesar exercitum dimitteret, priusquam in Italiam rediret.

1. Schritt: Bestimme den **Hauptsatz**. Das machst du, indem du die Gliedsätze zunächst außer Acht lässt; du erkennst sie an ihren Einleitungswörtern, achte aber auch auf die Zeichensetzung. Der Hauptsatz lautet hier:

Omnibus iam sollicitatis consul in senatu poposcit.

Prädikat:
[[Vollverb]]
[[Prädikatsnomen + esse]]

2. Schritt: Bestimme das **Prädikat** des Hauptsatzes; das Prädikat bildet die Satzaussage, so etwas wie den Kern des Satzes. In diesem Satz ist das Prädikat:

[[poposcit]]

Subjekt:
[Substantiv/Pron. im Nom.]
[Infinitiv]
[Aci]
[indirekter Fragesatz]
[Relativsatz]

3. Schritt: Als Nächstes musst du bestimmen, wer etwas tut oder etwas ist, also das **Subjekt**. Die Liste der Möglichkeiten, die Satzgliedstelle Subjekt zu füllen, ist schon recht groß – manchmal steckt das Subjekt auch im Prädikat. Hier erfordert das Prädikat [[poposcit]] nach den Kongruenzregeln das Subjekt im Singular:

[consul] — [[poposcit]]

Objekt:
(Substantiv/Pron. im Akk./Dat.)
(Infinitiv)
(Aci)
(Begehrsatz)
(indirekter Fragesatz)

4. Schritt: Die meisten Satzaussagen benötigen Ergänzungen. Du weißt, dass die Ergänzungen von **Objekten** gebildet werden. Bei dem Prädikat [[poposcit]] wirst du wissen wollen, was der Konsul gefordert hat. In diesem Fall antwortet darauf ein Objektsatz:

[consul] — [[poposcit]]
(ut Caesar exercitum dimitteret)

5. Schritt: Nun kannst du nach nichtnotwendigen Angaben zur Satzaussage fragen, den **Adverbialia**. Hier kannst du dem Satz entnehmen, unter welchen Umständen der Konsul die Forderung gestellt hat:

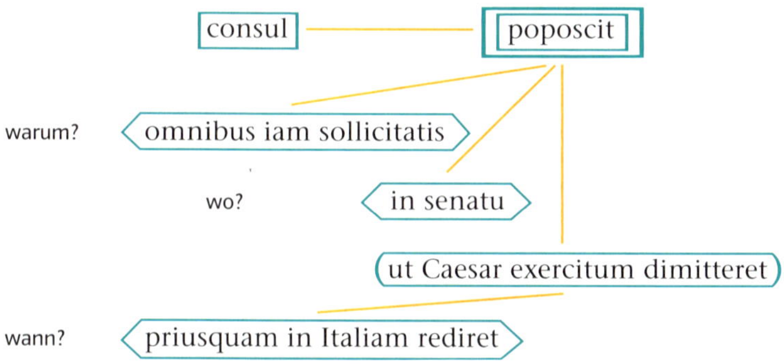

Adverbiale:
<Adverb>
<Präp. + Subst./Pron./nd-Form>
<Ablativ>
<Dat. finalis>
<Gliedsatz>
<Pc>
<Abl. abs.>

6. Schritt: In der gleichen Weise kannst du nun auch die **Gliedsätze** betrachten: Was ist Prädikat, was Subjekt, Objekt oder Adverbiale? Hierbei wirst du feststellen, dass der adverbiale Gliedsatz, der durch priusquam eingeleitet wird, eine Zeitangabe zum Prädikat des ut-Satzes ist.

Erprobe die Konstruktionsmethode an folgenden Sätzen:

a) Praemissis clam cohortibus Caesar Ravennae spectaculo publico interfuit.

b) Deinde Caesar noctu occultissimum iter cum paucis comitibus ingressus est, ut in Italiam perveniret.

2) Einrückmethode

Du hast sicherlich schon gemerkt, dass längere lateinische Sätze mit mehreren Gliedsätzen und satzwertigen Konstruktionen leicht unübersichtlich werden. Wenn du solche längeren Sätze mit der Einrückmethode aufschreibst – und das geht an einem Computer ganz bequem mit der Tabulatortaste –, dann werden solche längeren Sätze sehr viel übersichtlicher. Als Regel gilt: Jeder Satz, der von einem andern Satz abhängig ist, wird um einen Tabulatorstopp nach rechts verschoben, satzwertige Konstruktionen kommen in eine eigene Zeile:

2. Bearbeite in der Lektion 30 die folgenden Sätze mit der Einrückmethode:
Zeilen 18/19, Zeilen 23/24

Omnibus iam sollicitatis
consul in senatu poposcit,
        ut Caesar exercitum dimitteret,
                priusquam in Italiam rediret.

So wird noch einmal klar:

- Der Hauptsatz enthält eine satzwertige Konstruktion, (den Abl. abs. omnibus iam sollicitatis),
- der ut-Satz hängt vom Hauptsatz ab,
- der priusquam-Satz hängt vom vorangegangenen Gliedsatz ab.

L Ohne Kinder keine Zukunft

Im Jahre 9 n.Chr. sieht sich der Kaiser Augustus aufgrund der Bevölkerungsentwicklung in Rom dazu veranlasst, vor dem Senat für eine Neufassung der entsprechenden Gesetze einzutreten:

Antequam de re publica, patres conscripti, dicam, quae iam diu animum meum sollicitent, vobis breviter exponere volo, quae a me pro salute civitatis gesta sint.

Nam post victoriam ad Actium partam id unum mihi fuit curae, ut esset foris[1] pax, domi concordia. Antonio Cleopatraque victis Aegyptum imperio populi Romani adieci. Non multo post per totum imperium populi Romani terra marique est parta pax. Quam ob rem templum Iani, quod maiores nostri temporibus pacis claudere solebant, a me clausum est. Revocare in forum fidem, tollere e foro seditionem semper malo quam

[1] forīs: draußen

a b c d e f g h i

Ausschnitt aus dem Südfries der Ara Pacis des Augustus, 13–9 v. Chr.; Rom:
a) Livia, Frau des Augustus; **b) Tiberius,** Stiefsohn des Augustus, ∞ Iulia, Tochter des Augustus; **c) Antonia minor,** Nichte des Augustus, ∞ Drusus; **d) Germanicus**, Sohn des Drusus und der Antonia minor; **e) Drusus,** Stiefsohn des Augustus, ∞ Antonia minor; **f) Domitius,** Sohn des Domitius Ahenobarbus und der Antonia maior; **g) Antonia maior,** Nichte des Augustus, ∞ Domitius Ahenobarbus; **h) Domitia,** Tochter des Domitius Ahenobarbus und der Antonia maior; **i) Domitius Ahenobarbus,** ∞ Antonia maior

bellum suscipere. Exteras nationes, postquam imperio populi Romani subieci, conservare quam excidere[2] malui. Civibus autem recte faciendi voluntatem intuli aut imposui necessitatem. Post enim bella civilia finita multi cives contra morem maiorum vitam in luxuria agebant. Uxorem ducere liberisque operam dare nolebant. Adulterium[3] committere, flagitiis frui malebant quam honeste vivere. Itaque anno ab urbe condita septingentesimo tricesimo sexto[4] legibus Iuliis decrevi:

Civis Romanus nobili genere natus aut equestri ordine[5] ortus, si uxorem ducere non vult, magistratum ne appetat!

Itemque si quis, quamquam uxorem duxit, ista licentia vivendi frui quam liberis operam dare mavult, magistratum ne appetat, hereditatem[6] ne adeat!

Praeterea, si quis adulterii[3] crimen commiserit, in exsilium mittatur, heres ex asse[7] ne instituatur!

Vos rogo, ne earum legum obliviscamini, patres conscripti. Equidem memini istius diei recentis, quo Tiberius seditione Pannonica oppressa legiones Romam reduxit. Iis salutandi causa obviam ii. Equites quidam me implorabant, ut leges Iulias tollerem. Eorum mentes correxi[8] talem in modum: Maritos in unum locum coegi, eos autem, qui coniuges aut liberos non habuerunt, in alterum. Ad hos ita locutus sum:

„Quomodo vos appellem? Viros? Sed viri esse non vultis, quia officium viri implere non vultis. Cives? Sed cives legibus oboedire quam legibus soluti vivere malunt. Itaque vos latrones[9] aut feras bestias appellabo!"

Veritus, ne res publica intereat, patres conscripti, valde sollicitor; velim censeat senatus, ut leges et de matrimonio[10] et de adulterio[3] latae confirmentur!

[2] excīdere: vernichten

[3] adulterium: Ehebruch

[4] septingentēsimus trīcēsimus sextus: der 736.

[5] equester ōrdō: Ritterstand

[6] hērēditās: Erbschaft

[7] hērēs ex asse: Haupterbe

[8] corrigere: auf den richtigen Weg führen

[9] lātrō: Verbrecher

[10] mātrimōnium: Ehe

Verstehen & Vertiefen

1. Augustus wollte nach den Jahren der Bürgerkriege eine völlige Erneuerung (renovatio) des römischen Staates durchsetzen. Erarbeite aus dem Text, welche Vorstellungen Augustus von der neuen Ordnung hat.
2. Untersuche die Mittel, mit denen Augustus versucht, die Probleme in Rom zu steuern:
   a) An wen richtet sich die Gesetzgebung?
   b) Was lässt sich über die Lebensweise der von den Gesetzen angesprochenen Bevölkerungskreise feststellen?
3. Informiere Dich über die Familienverhältnisse des Augustus und prüfe, inwieweit er selbst seinen Ansprüchen genügte.

Wer war der erste römische Kaiser?

Augustus von Primaporta, Marmor, Höhe 2,04 m, 20/17 v. Chr.; Rom, Musei Vaticani

Auf den Trümmern der römischen Republik errichtete Augustus nach dem Ende der Bürgerkriege eine monarchische Herrschaft, die die folgenden drei Jahrhunderte überdauerte. Sie wird als Prinzipat bezeichnet, weil Augustus sich princeps, „der erste (Bürger)", nannte. Wir nennen die römischen principes „Kaiser", nach dem Namensbestandteil „Caesar", den Augustus von seinem Adoptivvater Iulius Caesar übernommen hatte.

Rücksichtslos war in der Aristokratie der Kampf um die Macht geführt worden. In dieser Zeit wurde Augustus als C. Octavius am 23. September 63 v. Chr. in Rom als Sohn einer Familie aus dem Ritterstand geboren. Er war 19 Jahre alt, als Caesar ermordet wurde. In seinem Testament adoptierte Caesar seinen Großneffen Octavius; dieser hieß fortan C. Iulius Caesar Octavianus. Er beteiligte sich an der Verfolgung der Caesarmörder. Danach ging er daran, seinen einstigen Verbündeten Marcus Antonius, der sich mit der ägyptischen Königin Kleopatra zusammengetan hatte, auszuschalten. Im Jahre 31 v. Chr. siegte Oktavian bei Actium vor der griechischen Westküste, Antonius und Kleopatra begingen Selbstmord. Von da an war Oktavian der mächtigste Mann im Römischen Reich. Seinem Befehl gehorchten die Soldaten, er verfügte über zahllose Anhänger in Italien und den Provinzen, hatte unermessliche finanzielle Mittel und war der einflussreichste Patron. Doch griff er weder nach der Königswürde noch nach dem Amt des Diktators, das seinem Adoptivvater zum Verhängnis geworden war.

Am 13. Januar 27 gab der Prinzeps in einer sorgfältig vorbereiteten Senatssitzung dem Senat und Volk von Rom die Verfügungsgewalt über die res publica zurück. Der Senat beschloss jedoch, ihm seine herausragende Stellung über das Heer zu bestätigen. Er behielt das Konsulat und bekam die Kontrolle über diejenigen Provinzen, in denen die Legionen standen; so wurde der Übergang von der Republik zur Monarchie vollzogen. Am 16. Januar verlieh ihm der Senat den Namen „Augustus" („der Erhabene"). Er hieß nun Imperator Caesar Augustus. Bis zum Ende des 3. Jahrhunderts n. Chr. sollten diese drei Namen fester Bestandteil der Kaisertitulatur sein.

Bis in das Jahr 23 v. Chr. war Augustus ununterbrochen Konsul und kontrollierte so die Politik in Rom. Als sich dagegen im Senat Widerstand formierte, gab er das Konsulat auf und nahm dafür die Amtsgewalt eines Volkstribunen, die tribunicia potestas, auf Lebenszeit an. Dadurch konnte er, wie zuvor als Konsul, Senatssitzungen und Volksversammlungen einberufen. Zugleich wurde ihm gestattet, auch die Provinzen zu beaufsichtigen, in denen kein Militär stand. Vier Jahre später ließ er sich erneut die Vollmachten eines Konsuls verleihen. Augustus versammelte so auf seine Person die Rechte und Befugnisse verschiedener republikanischer Ämter, ohne sie zu bekleiden. Gleichzeitig wurden wie bisher Konsuln, Prätoren, Ädile, Volkstribune und andere Beamte gewählt, in den Volksversammlungen Gesetze verabschiedet und im Senat Beratungen geführt.

Hinter der Fassade der wiederhergestellten republikanischen Ordnung (res publica restituta) errichtete

Augustus eine Alleinherrschaft, die seine errungene Machtfülle in rechtliche Formen kleidete. Damit hatte er eine Antwort auf die Unfähigkeit der römischen Oberschicht gefunden, die Krise der Republik zu bewältigen. Gleichwohl regte sich unter den Senatoren Widerstand, den Augustus jedoch mit diplomatischem Geschick unterlief oder mit großer Härte brach.

Außerdem gab Augustus die Losung aus, die Sitten der Vorfahren, den mos maiorum, in der Gegenwart zu erneuern, um dem moralischen Verfall der Gesellschaft Einhalt zu gebieten. Damit knüpfte er an die populäre Vorstellung an, dass die Tüchtigkeit und die Leistungen der Vorfahren Rom einst groß gemacht hätten. Doch seine Versuche, mit Hilfe von Gesetzen und Gerichtshöfen die Ehe zu schützen und die Geburtenrate zu heben, waren nur bedingt erfolgreich. Ein Teil der Bestimmungen musste nach heftigen Protesten von Senatoren und Rittern wieder aufgehoben werden.

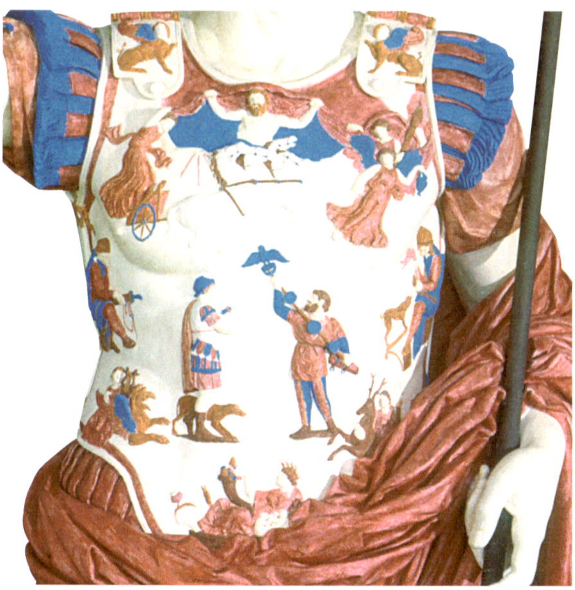

Die berühmteste Statue des Augustus wurde 1863 in der Villa bei Prima Porta vor den Toren Roms gefunden. Unter Rückgriff auf klassisch-griechische Elemente wurde hier ein Kaiserportrait geschaffen, das ideale Züge des neuen Herrschers zum Ausdruck bringt, so seine alterslose Erhabenheit und Würde. Der Panzer (hier eine farbige Kopie) zeigt in der mittleren Szene, wie ein Parther dem römischen Kriegsgott Mars eine Legionsstandarte überreicht. Angespielt ist hier auf den diplomatischen Erfolg des Augustus, dem es 20 v. Chr. gelang, dass der Partherkönig die römischen Feldzeichen, die Crassus 53 v. Chr. verloren hatte, zurückgab.

Seine Politik der inneren Erneuerung setzte Augustus im Jahr 17 v. Chr. auf grandiose Weise in Szene: Er ließ Säkularspiele (ludi saeculares) begehen, bei denen ein neues saeculum, ein neues Zeitalter, eröffnet wurde, das die Epoche des Niedergangs beenden sollte. Je 27 Jungen und Mädchen sangen das Kultlied, in dem die Rückkehr zu den alten, republikanischen Tugenden als notwendige Voraussetzung für eine glückliche Zukunft erscheint.

Augustus veränderte auch das Aussehen der Stadt Rom von Grund auf. Die Fürsorge, aber auch der Machtanspruch des Kaisers wurden überall sichtbar. Der Prinzeps nahm für sich in Anspruch, „eine Stadt aus Ziegeln übernommen und eine Stadt aus Marmor hinterlassen" zu haben. In der Tat gestaltete er fast alle öffentlichen Räume und Bauten neu. Zum repräsentativen Zentrum seiner Herrschaft wurde das nach ihm benannte, 2 v. Chr. eingeweihte Augustusforum mit einem Tempel des Mars. Hier entschied der Senat über Krieg und Frieden, von hier zogen die Statthalter in ihre Provinzen, und hier wurden auswärtige Herrscher begrüßt.

Außerdem ließ Augustus auf dem Marsfeld noch zu Lebzeiten für sich ein riesiges Mausoleum errichten, das in seinen Dimensionen alle Grabmäler römischer Adliger übertraf. Auch das Umfeld wurde neu gestaltet. Der Senat ließ zu Ehren des Augustus 13 v. Chr. einen Altar des Friedens (Ara Pacis) aufstellen, der ihn als „Friedensfürsten" und Begründer der pax Augusta verherrlichen sollte; zudem wurde als Siegesmonument eine riesige Sonnenuhr mit einem ägyptischen Obelisken als Schattenzeiger errichtet. Am 23. September, dem Geburtstag des Augustus, berührte der Schatten die Ara Pacis.

Als Augustus 14 n. Chr. starb, erwies sich die von ihm geschaffene Ordnung als zukunftsfähig. Seine Nachfolger mussten sich allerdings bemühen, nicht nur ihre überragende Macht zu demonstrieren, sondern ihre Herrschaft dadurch zu legitimieren, dass sie von ihren Untertanen anerkannt wurde.

Verstehen & Vertiefen

1. Nenne Veränderungen, die einem Bürger Roms zur Zeit des Augustus besonders aufgefallen wären.
2. Warum wollte Augustus den mos maiorum wiederbeleben?

G1 velle, nolle, malle

1.1 In welcher Verwendung kennst du die Imperativformen noli und nolite schon?

Die Konjugation von velle „wollen“ hast du schon kennen gelernt. Von velle werden zwei weitere Verben abgeleitet, nämlich malle „lieber wollen“ (zusammengezogen aus magis velle) und nolle „nicht wollen“ (zusammengezogen aus non velle).
Beachte: Bei nolle bestehen einige Formen aus zwei Wörtern.

		velle		nōlle		mālle	
		Ind.	*Konj.*	*Ind.*	*Konj.*	*Ind.*	*Konj.*
Präsens	*1. Sg.*	volō	velim	nōlō	nōlim	mālō	mālim
	2. Sg.	vīs	velīs	nōn vīs	nōlīs	māvīs	mālīs
	3. Sg.	vult	velit	nōn vult	nōlit	māvult	mālit
	1. Pl.	volumus	velīmus	nōlumus	nōlīmus	mālumus	mālīmus
	2. Pl.	vultis	velītis	nōn vultis	nōlītis	māvultis	mālītis
	3. Pl.	volunt	velint	nōlunt	nōlint	mālunt	mālint
Imperfekt	*1. Sg.*	volēbam	vellem	nōlēbam	nōllem	mālēbam	māllem
	2. Sg.	volēbās	vellēs	nōlēbās	nōllēs	mālēbās	māllēs
	3. Sg.	volēbat	vellet	nōlēbat	nōllet	mālēbat	māllet
	1. Pl.	volēbāmus	vellēmus	nōlēbāmus	nōllēmus	mālēbāmus	māllēmus
	2. Pl.	volēbātis	vellētis	nōlēbātis	nōllētis	mālēbātis	māllētis
	3. Pl.	volēbant	vellent	nōlēbant	nōllent	mālēbant	māllent
Futur I	*1. Sg.*	volam		nōlam		mālam	
	2. Sg.	volēs		nōlēs		mālēs	
	3. Sg.	volet		nōlet		mālet	
	1. Pl.	volēmus		nōlēmus		mālēmus	
	2. Pl.	volētis		nōlētis		mālētis	
	3. Pl.	volent		nōlent		mālent	
Imperativ	*Sg.*	–		nōlī		–	
	Pl.			nōlīte			
Infinitiv		velle		nōlle		mālle	
Perfekt		voluī, voluistī usw.		nōluī, nōluistī usw.		māluī, māluistī usw.	

G2 Dominantes Partizip

Hin und wieder findest du in lateinischen Texten ein Partizip, das inhaltlich wichtiger ist als das Beziehungswort.

a) Post reges expulsos civitas Romana a magistratibus administrabatur.

Du erfährst nicht nur, dass das römische Gemeinwesen nach der Königszeit von Beamten geleitet wurde; du erfährst außerdem die nicht unwichtige Tatsache, dass die Könige vertrieben worden waren.

dominārī: beherrschen

Wegen seiner beherrschenden Stellung heißt ein solches Partizip **dominant**. Du übersetzt es am besten mit einem Verbalsubstantiv, von dem das Beziehungswort als Genitiv abhängt:

post reges expulsos – nach der Vertreibung der Könige

b) Post bellum finitum templum Iani clausum est.

c) Tempora mutata mutant mores.

Dominante Partizipien findest du auch im Zusammenhang mit Jahreszahlen:

d) Anno ab urbe condita septingentesimo tricesimo sexto a senatu leges Iuliae datae sunt.

e) Anno ante Christum natum decimo octavo leges Iuliae a senatu datae sunt.

septingentēsimus trīcēsimus sextus: der 736.
decimus octāvus: der achtzehnte

Nachdenken über Sprache

Dominante Partizipien

Auch im Deutschen werden Partizipien manchmal in dominanter Form verwendet:

a) **Nach getaner Arbeit** kehrte er nach Hause zurück =
Nach Beendigung der Arbeit kehrte er nach Hause zurück.

b) Der Trainer kritisierte **den fehlenden Einsatz** der Mannschaft.

c) Die Fans beweinten **die verlorene Meisterschaft**.

d) **Sinkende Benzinpreise** erfreuen die Autofahrer.

Überlege, welches Wort jeweils wichtiger ist.

G3 Stützendes Partizip

Manche Partizipien dienen nur dazu, ein Adverbiale an ein Substantiv anzuschließen; in der deutschen Übersetzung können sie fortfallen.

Victoria ad Actium parta Augustus bellum finivit.
Nach dem Sieg bei Actium beendete Augustus den Krieg.

Solche Stützpartizipien werden auch von Verben gebildet, die Emotionen beschreiben:

Oratione imperatoris permoti milites non iam postulaverunt, ut leges tollerentur.
Aufgrund der Rede des Kaisers forderten die Soldaten nicht mehr, die Gesetze aufzuheben.

a) Post cladem acceptam hostes pacem petiverunt.

b) Timore perterriti milites imperatori statim oboediverunt.

c) Senatores in aedem in foro aedificatam convenerunt.

clādēs: Niederlage

Ü1 nolle? malle?

Welche Formen stammen von nolle oder malle, welche nicht?

non vis, novis, nobilis, nolumus, nocet, non vult, nolentem, noctu, nolim, novo, nolo, nonne; malint, mali, malui, malunt, malum, malim, mavis, magis, maluerint, mane, malos

Ü2 Austausch

Ersetze die Formen von negare und praeferre durch die entsprechenden Formen von nolle und malle.

a) negat, negaverat, nego, negabo, negamus, negavimus, negas, negabas, negatis, negetis, negant, negaverunt
b) praetulissent, praeferimus, praefers, praeferas, praefero, praetulimus, praefert, praeferunt, praeferretis, praetuleram

Ü3 Allerlei Vorzeichen

Nachdem Octavian, Antonius und Lepidus ihr Triumvirat gebildet hatten, geschahen merkwürdige Dinge. – Suche für jede Lücke das passende Prädikat.

a) Lupi[1] per forum vagabantur[2], qui in urbe videri non ____.
b) Canes[3] ____ et uiulaverunt[4] pariter cum lupis[1].
c) Taurus voces humanas ____.
d) Infans[5] modo natus clare ____.
e) Deorum simulacra[6] sudaverunt[7], nonnulla etiam sanguinem ____.

[1]lupus: Wolf – [2]vagārī: umherstreifen – [3]canis: Hund – [4]ululāre: heulen – [5]īnfāns: Säugling – [6]simulācrum: Standbild – [7]sūdāre: schwitzen

locutus est – edidit – concurrerunt – solent – ediderunt

+ Wie würdest du diese Vorzeichen deuten?

Ü4 Was Augustus wollte

Hier stehen einige Äußerungen, die gut von Augustus stammen könnten. – Formuliere sie so um, wie sie in einem Geschichtsbuch stehen müssten.

a) Triumphum agere nolo.
b) Propter[1] auctoritatem honoribus affici malo quam propter[1] potestatem[2] timeri.
c) Munere pontificis maximi[3] fungi nolo.
d) Nolo honoribus divinis coli.
e) Divitibus paulo plus tributorum[4] imponere malo quam pauperibus quicquam detrahere[5].

[1]propter: wegen – [2]potestās: Macht – [3]pontifex māximus: (Ober-)Priester – [4]tribūtum: Steuer – [5]dētrāhere: wegnehmen

Ü5 Entdeckung in Ankara

Ogier Ghiselin de Busbecq, der kaiserliche Botschafter bei Süleiman dem Prächtigen, entdeckte im Jahre 1555 in Ankara eine bemerkenswerte Inschrift. Den Interessierten in aller Welt teilt er seine Entdeckung mit:

Hic videmus pulcherrimam inscriptionem[1] et exemplum tabularum illarum, quibus Augustus indicem[2] rerum a se gestarum complexus est[3]. Id – quatenus[4] legi potuit – per nostros homines transcribi[5] iussimus. Inscriptio[1] incisa est[6] in aedificium, quod olim fortasse praetorium[7] fuerat, dirutum[8] et tecto carens, ita, ut una pars intrantibus ad dextram, altera ad sinistram[9] occurrat. Suprema[10] capita[11] paene integra[12] sunt. Media lacunis[13] laborare incipiunt. Infima[14] vero ita diruta sunt[8], ut legi non iam possint. Quod damnum viri docti valde dolebunt.

[1]īnscrīptiō: Inschrift – [2]index: Verzeichnis – [3]complectī: zusammenfassen – [4]quātenus: so weit – [5]trānscrībere: abschreiben, übertragen – [6]incīdere: einmeißeln – [7]praetōrium: Sitz des Statthalters – [8]dīruere: zerstören – [9]sinister: links – [10]suprēmus: der oberste – [11]caput (hier): Abschnitt – [12]integer: unbeschädigt – [13]lacūna: Lücke – [14]īnfimus: der unterste

Ü6 Meilensteine

Verbinde die Satzanfänge mit den richtigen Enden.

a) Post urbem conditam
b) Post Troiam captam
c) Post Carthaginem deletam
d) Post Americam inventam
e) Post Caesarem interfectum

1. herbae ignotae in Europam importatae sunt.
2. bellum civile iterum ortum est.
3. opes Poenorum fractae sunt.
4. Romani primum cum gentibus vicinis[1] bella gerebant, tum totam fere[2] Italiam sibi subiecerunt.
5. pauci incolae fugerunt et in Italiam pervenerunt.

[1]vīcīnus: benachbart – [2]ferē: fast

+ Bringe die Ereignisse in die richtige zeitliche Reihenfolge.

Ü7 Allerlei Fragen

Der Historiker Livius hat zur Zeit des Augustus ein großes Werk über die Geschichte Roms geschrieben. Darin heißt es am Anfang:

Scribere volo,
quae vita, qui mores post urbem conditam fuerint,
per quos viros quibusque artibus partum et auctum imperium sit,
quomodo disciplina labi coeperit,
cur mores peiores facti sint,
qualia sint vitia nostrae aetatis,
quis nobis remedium[1] ferre possit.

[1]remedium: Heilmittel

+ Ist Livius Optimist oder Pessimist?

Original-Latein

Die Taten des Augustus

Den Rechenschaftsbericht des Augustus über seine Regierung kennen wir heute unter der Bezeichnung „Monumentum Ancyranum". Darin berichtet Augustus unter anderem, dass er den Bürgerkrieg beendet hat. Danach schreibt er, wie er dafür geehrt worden ist:

Pro merito[1] meo senatus consulto[2] Augustus appellatus sum et clupeus[3] aureus[4] in curia Iulia[5] positus; quem mihi senatum populumque Romanum dare virtutis clementiaeque et iustitiae et pietatis causa testatum est[6] per eius clupei[3] inscriptionem[7].

[1]meritum: Verdienst – [2]cōnsultum: Beschluss – [3]clupeus: Schild – [4]aureus: golden – [5]cūria Iūlia: Senatsgebäude – [6]testāre: bezeugen – [7]īnscrīptiō: Inschrift

Marmorkopie des goldenen Ehrenschildes, 26 v. Chr.; Arles, Musée Lapidaire – dīvus: göttlich – ergā: gegenüber

+ Schreibe die Inschrift des clupeus ab und vergleiche sie mit Augustus' eigener Darstellung.

Eine bemerkenswerte Frau

Ein vornehmer Römer hat nach langer Ehe seine Frau verloren. Am Tage der Beisetzung – so will es der Brauch – wird der Leichnam auf dem Forum aufgebahrt, bevor er verbrannt wird. Von der Rednerbühne aus hält der Ehemann die Laudatio funebris, die Totenrede:

Vitam virtutesque tuas commemorans non modo dolore acerbissimo, sed etiam gratia gaudioque compleor. Contigit enim nobis, ut plures quam quadraginta[1] annos communi vita frueremur salva dignitate.
Sponsalia[2] fecimus illis temporibus, cum res publica libera fuit. Tum factum est, ut Pompei iussu in Macedoniam provinciam irem. Eo tempore utrumque parentem amisisti ante nuptiarum[3] diem: Mater paterque in itinere crudeliter interfecti sunt. Tu sola tibi et virtuti tuae confisa parentum mortem ulta es. Tanta cum industria munere pietatis functa es vindicando et accusando, ut ego non amplius potuissem.
Quae dum agitabas, ex patria domo cedere ausa non es; sumpto de nocentibus supplicio sine mora in domum matris meae te contulisti, ubi adventum meum exspectavisti. Postquam in Italiam reverti, matrimonio[4] iuncti valde gavisi sumus.

[1] quadrāgintā: vierzig
[2] spōnsālia *(Pl.)*: Verlobung
[3] nūptiae *(Pl.)*: Hochzeit
[4] mātrimōnium: Ehe

Grabstein aus Rom, 1. Jahrhundert v. Chr.; London, British Museum

Verstehen & Vertiefen

1. Gib ein Charakterbild der verstorbenen Frau. Was ist deiner Meinung nach ungewöhnlich?
2. Welche Vorstellung verbindet sich mit dem im letzten Satz geäußerten Wunsch?
3. Informiere dich – z. B. im Internet – über die Vorstellungen der Römer über den Tod und die Zeit nach dem Tod.
4. Beschreibe die Figuren auf dem Grabstein: Wie sind sie gekleidet? Wie stehen sie da? Wie ist wohl das Verhältnis zwischen ihnen?

At tum, cum bellum civile Caesare auctore commotum est, animi nostri spe et metu pependerunt. Quod Pompei partes[5] eram secutus, civitate mihi adempta discessi et ruri[6] me occultavi. Te reliqui, fieri non potuit aliter. Tu vero fugae meae varia et ampla subsidia praestare ausa es: Me servis, fructibus, pecunia, etiam ornamentis tuis instruxisti deceptis nostrorum adversariorum custodibus. Me absente impetus complures in domum nostram fiebant, sed tu eam defendisti mira virtute usa.

C. Iulio Caesare mortuo civitatem rursus assecutus sum per beneficium et iudicium absentis Octaviani, invito tamen M. Lepido, eius collega. Ille in urbe praesens te, quamquam ante pedes illius supplex iacuisti, indignum[7] in modum tractavit. Vulnera turpissima excepisti; tamen – quod in talibus rebus non saepe fit – magna cum voce de iniuria es questa, ut auctor meorum periculorum nosceretur.

Pacato[8] orbe terrarum, restituta re publica nobis quieta et felicia tempora contigerunt. Fuerunt optati liberi, quos fortuna nobis inviderat. Fecunditati[9] tuae non confidens et orbitate[10] mea dolens de devortio[11] locuta es, ne spem habendi liberos amitterem. Etiam coniugium[12] alterius suasisti! Num tanta mihi fuit cupiditas aut necessitas habendi liberos, ut fidem solitam laederem?

Matrimonium[4] nostrum nihil nisi mors solvere poterat. Di manes[13] ut te quietam patiantur atque ita tueantur, opto. Sit tibi terra levis!

[5] partes *(Pl., hier)*: Partei
[6] rūrī: auf dem Land
[7] indignus: unwürdig
[8] pācāre: befrieden
[9] fēcunditās: Fruchtbarkeit
[10] orbitās: Kinderlosigkeit
[11] dēvortium: Scheidung
[12] coniugium: Heirat
[13] dī mānēs: Totengeister

Wie lebten die Frauen im römischen Reich?

In den antiken Gesellschaften war die Welt der Frauen weitgehend von der Welt der Männer getrennt. Diese Trennung ergab sich durch die unterschiedlichen Rollenerwartungen an Mann und Frau. Man ging davon aus, dass Frauen von Natur aus nicht nur körperlich, sondern auch geistig und seelisch anders als Männer seien. Männern waren der öffentliche Raum und die Tätigkeit im Freien vorbehalten, während Frauen für die Führung des Haushaltes verantwortlich waren. Diese Arbeitsteilung kennzeichnete den Alltag zumal der bäuerlichen Familien und prägte besondere „weibliche" Tugenden wie Häuslichkeit und Sparsamkeit.

Frauenarbeit umfasste vor allem die Herstellung der Kleidung durch Spinnen und Weben, darüber hinaus die Kindererziehung, die Nahrungszubereitung sowie die Kontrolle über das Haus. Der Bereich der Politik und der Kriegführung gehörte dem Mann; Frauen waren daher grundsätzlich von der direkten politischen Betätigung, etwa der Teilnahme an Wahlen, ausgeschlossen. Auch rechtlich waren die Frauen gegenüber den Männern benachteiligt. Vor Gericht mussten Frauen durch einen männlichen Verwandten vertreten werden. In Rom standen die Frauen ihr gesamtes Leben in Abhängigkeit von einem Vormund: Zunächst war dies der Vater, nach dessen Tod der älteste Bruder oder ein anderes männliches Familienmitglied, der für sie Rechtsgeschäfte tätigte und häufig auch die Wahl des Ehemanns bestimmte. Bei der Heirat gingen die Vormundschaftsrechte in der Regel auf den Ehemann über, die Frau konnte aber auch unter der Hausgewalt ihres Vaters (patria potestas) verbleiben.

Die Ausgestaltung der jeweiligen Lebensräume einer Frau war sehr unterschiedlich. Maßgeblichen Einfluss auf die individuelle Situation hatte zudem der soziale Stand. Vor allem Frauen der Unterschicht waren gezwungen, mit für den Lebensunterhalt der Familie zu arbeiten, z.B. als Bäckerin oder Wirtin. Die römische Aristokratin war die Herrin im Haus, sie konnte lesen und schreiben, organisierte die Erziehung der Kinder, beaufsichtigte das Personal und die Sklaven. Sie durfte außerdem an Gastmählern und der Aufwartung von Klienten

Ausschnitt aus einem Wandgemälde in der Villa dei Misteri bei Pompeji, 1. Jahrhundert v. Chr.

teilnehmen, die Thermen besuchen und zu Theater- und Zirkusveranstaltungen gehen. Einen Wagen zu benutzen, öffentlich Schmuck zu tragen und sich von zahlreichen Dienerinnen begleiten zu lassen, war Ausdruck ihres gesellschaftlichen Ranges. Als matrona, d.h. Ehefrau des Hausherren und Mutter der Kinder, genoss sie innerhalb der aristokratischen Familie und im gesellschaftlichen Leben besonderes Ansehen. Politischen Einfluss konnte sie aber nur indirekt, über ihren Ehemann oder über männliche Verwandte, ausüben.

Die Kindheit eines römischen Mädchens endete in der Regel mit 12 oder 14 Jahren. Dann wurde sie mit einem wesentlich älteren Mann verheiratet. Die von den Eltern gestifteten Ehen nahmen auf die Gefühle der Brautleute selten Rücksicht; sie dienten den gesellschaftlichen, wirtschaftlichen oder politischen Interessen der Familien. Die Ehefrau hatte für den Fortbestand der Familie Sorge zu tragen, indem sie legitime Nachkommen gebar. Dazu musste eine rechtlich gültige Ehe zwischen Mann und Frau geschlossen werden.

Die Sexualmoral orientierte sich an der Funktion der Ehe. Um die Zeugung rechtmäßiger Erben zu garantieren, wurde von Frauen unbedingte Treue verlangt. Ehebruch wurde daher hart bestraft. Außereheliche Kontakte der Ehemänner zu nicht verheirateten Frauen wurden jedoch toleriert.

Ausschnitt aus einem Wandgemälde aus der Kneipe des Salvius in Pompeji, 1. Jahrhundert n.Chr.

Verstehen & Vertiefen

1. Vergleiche die Rechte, Aufgaben und Pflichten römischer Frauen aus verschiedenen Schichten mit denen von Frauen unserer Zeit. Benenne Unterschiede und Gemeinsamkeiten.
2. Die römische Gesellschaft bezeichnet man als patriarchalisch („vom Vater beherrscht"). Überlege, welche Gründe für diese Benennung sprechen.
3. Was kannst du über die soziale Stellung der Frauen auf den Abbildungen sagen?

G1 Semideponentien

1.1 Woher haben Deponentien ihre Bezeichnung erhalten?

1.2 Nenne einige dir bekannte Deponentien und deren Stammformen.

sēmi-: halb-

In Lektion 20 hast du die Deponentien kennen gelernt: Verben, die zwar passive Formen haben, aber im Deutschen aktivisch übersetzt werden.
Neben diesen „reinen" Deponentien gibt es einige Verben, die sich scheinbar nicht entscheiden können, ob sie Deponens sein wollen oder nicht. Sie haben aktive Formen im Präsensstamm, aber passive Formen im Perfektstamm; ein Verb hat passive Formen im Präsensstamm und aktive Formen im Perfektstamm. Weil sie also nur „zur Hälfte" Deponentien sind, nennt man sie auch **Semideponentien**. Die meisten kennst du schon; neu sind nur die passiven Formen im Perfekt:

audere:	audeo, audes usw.
	ausus/-a sum, ausus/-a es usw.
gaudere:	gaudeo, gaudes usw.
	gavisus/-a sum, gavisus/-a es usw.
solere:	soleo, soles usw.
	solitus/-a sum, solitus/-a es usw.
confidere:	confido, confidis usw.
	confisus/-a sum, confisus/-a es usw.

aber:

reverti	revertor, reverteris usw.
	reverti, revertisti usw.

Die Semideponentien bilden Partizipien und nd-Formen wie alle anderen Verben auch. Und wie bei den Deponentien hat auch bei den Semideponentien das Partizip Perfekt aktive Bedeutung.

G2 fieri

Das Verb fieri „werden", „geschehen" hat einen passiven Infinitiv Präsens, sonst aber aktive Formen im Präsensstamm.

		fieri	
		Ind.	*Konj.*
Präsens	*1. Sg.*	fīō	fīam
	2. Sg.	fīs	fīās
	3. Sg.	fit	fīat
	1. Pl.	fīmus	fīāmus
	2. Pl.	fītis	fīātis
	3. Pl.	fīunt	fīant
Imperfekt	*1. Sg.*	fīēbam	fierem
	2. Sg.	fīēbās	fierēs
	3. Sg.	fīēbat	fieret
	1. Pl.	fīēbāmus	fierēmus
	2. Pl.	fīēbātis	fierētis
	3. Pl.	fīēbant	fierent
Infinitiv Präsens		fierī	

Futur	*1. Sg.*	fīam
	2. Sg.	fīēs
	3. Sg.	fīet
	1. Pl.	fīēmus
	2. Pl.	fīētis
	3. Pl.	fīent

Im Präsensstamm ersetzt fieri die passiven Formen von facere, so dass fieri auch die Bedeutung „gemacht werden" haben kann. Dementsprechend werden die Perfektformen von fieri von facere gebildet:

Perfekt: factus sum, factus es usw.
Plusquamperfekt: factus eram, factus eras usw.

a) Fiat iustitia!
b) Fiat lux et factum est lux.
c) Fiat voluntas tua.

lūx: Licht

G3 Ablativobjekt

Du hast den Ablativ bisher vor allem als Adverbiale kennengelernt. Er kann nach bestimmten Verben aber auch die Objektstelle füllen.

a) Per multos annos communi vita fruebamur.
b) Post mortem parentum mulier mea munere pietatis functa est.

Dass der Ablativ hier ein Objekt ist, kannst du erkennen, wenn du die beiden folgenden Sätze vergleichst:

c) Mulier mea, cum defenderet domum, incredibili virtute usa est.
d) Mulier mea, cum defenderet domum, incredibilem virtutem adhibuit.

Objekt:
(Subst./Pron. im Akk.)
(Subst./Pron. im Dat.)
(Subst./Pron. im Abl.)
(Infinitiv)
(Aci)
(Begehrsatz)
(indirekter Fragesatz)

G4 Nominaler Ablativus absolutus

Beim Ablativus absolutus kann in manchen Fällen auch ein Nomen, d.h. ein Substantiv oder ein Adjektiv, die Stelle des Partizips einnehmen. Deshalb heißt er dann **nominaler Ablativus absolutus**. Es sieht so aus, als ob eine Form von esse weggefallen wäre. Merke dir besonders folgende Verbindungen:

Caesare auctore	–	auf Caesars Veranlassung
Caesare mortuo	–	nach Caesars Tod
me invito	–	gegen meinen Willen
Tarquinio rege	–	als Tarquinus König war
Octaviano duce	–	unter Oktavians Führung
Ti. Nerone Cn. Pisone consulibus	–	als Tiberius Nero und Gnaeus Piso Konsuln waren

G5 cum temporale

Du hast gelernt, dass cum mit Konjunktiv unter anderem temporale Adverbialsätze einleitet (→ 24 G 5). Wenn durch den Adverbialsatz jedoch ein ganz bestimmter Zeitpunkt angegeben wird – häufig durch Wörter wie tum, eo die, nunc gekennzeichnet –, dann steht im Adverbialsatz der Indikativ.

a) Tum urbem relinquere coactus sum, cum Caesar imperavit.
b) Eo tempore, cum ego in provincia fui, parentes amisisti.

5.1 Erstelle eine Übersicht: Was kann cum als Einleitung von Gliedsätzen im Indikativ oder im Konjunktiv alles bedeuten?

Ü1 Ablativus absolutus

Bilde möglichst viele grammatisch korrekte und inhaltlich sinnvolle Ablativi absoluti.

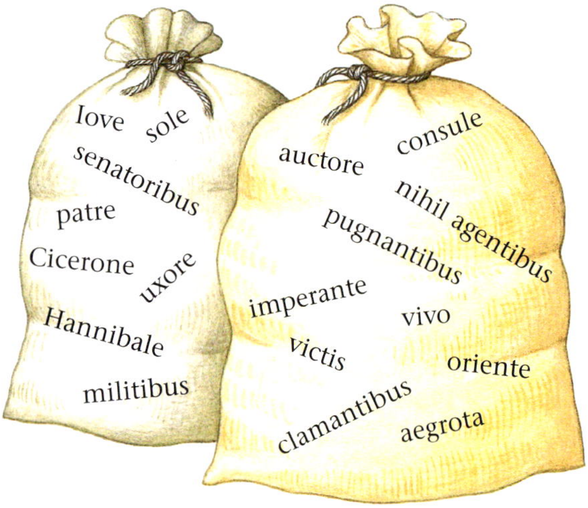

Ü2 Fit für fieri!

Setze die folgenden Formen von facere ins Passiv:

facio, faciebant, facientem, facit, facitis, faciamus, faciunt, facies, fecit, fecisse, feceras, fecerint (2)

Ü3 Mehr Meilensteine

Verbinde die Satzanfänge mit den richtigen Enden.

a) Traiano imperatore
b) Augusto auctore
c) Caesare duce
d) Cicerone consule
e) Hannibale duce

1. Carthaginienses ad portas urbis steterunt.
2. Catilina operam dedit, ut rem publicam liberam deleret.
3. urbs Roma multis et pulchris aedificiis ornata est.
4. milites Romani victorias praeclaras pepererunt.
5. templum Iani clausum est.

Ü4 Hin & her

Vertausche Präsens und Perfekt.

audent, confisi sumus, gavisus es, soliti estis, revertit, confidit, gaudemus, revertuntur, ausa est, soles

Ü5 Benutzen & genießen

Welche der folgenden Wörter könntest du mit uti oder frui gebrauchen, welche nicht? – Achte auf Form und Bedeutung.

frumento, crudelitatis, gaudio, perniciei, libido, quiete, arcum, agro, undae, dentis, seditio, herbis, amicitia, vinculorum, suo, arbores, curru, conspectu, potentia, terrori

Ü6 Das Rätsel der Sphinx

Quid est hoc? Sole oriente quattuor pedes ei sunt, meridie[1] duo, sole autem occidente[2] tres?

[1] merīdiēs: Mittag – [2] occidere: untergehen

Ü7 Die Pflichten der Frauen

In einem Buch über den Ackerbau lesen wir, was eine Gutsverwalterin (vilica) zu tun hat.

Vilica ...
a) ne luxuriosa[1] sit,
b) alias mulieres quam minime adeat neve[2] in domum accipiat,
c) ne aliam in domum ad cenam[3] eat,
d) ne ambulet,
e) munda[4] sit,
f) villam munde[4] habeat,
g) cibum curet toti familiae,
h) gallinas[5] multas habeat,
i) fructus omni genere bene conditos habeat,
j) farinam[6] bonam sciat facere.

[1] lūxuriōsus: verwöhnt – [2] nēve: und nicht – [3] cēna: Gastmahl – [4] mundus: sauber – [5] gallīna: Huhn – [6] farīna: Mehl

Ü8 Der Bürgerkrieg

Welche der folgenden Sätze stimmen mit dem Inhalt des Lektionstextes überein, welche nicht?

a) Bellum civile maximo cum gaudio ab omnibus civibus exspectatum est.
b) Nonnulli, qui Pompeium secuti sunt, civitatem amiserunt.
c) Caesare mortuo urbs pace non fruebatur.
d) Octavianus in urbe moratus est, Lepidus autem urbem reliquerat.
e) Octavianus tandem bellum civile finivit urbique pacem dedit.

Ü9 Memorabilia

Semper vincit, qui utitur clementia.
Quid tibi pecunia opus est, si ea uti non potes?
Pecunia, si uti scis, ancilla[1] est, si nescis, domina.
Cito fit, quod di volunt.
Factum infectum[2] fieri non potest.

[1] ancilla: Dienerin – [2] infectus: ungeschehen

Ü10 Ein kaiserlicher Scherz

In der Kaiserzeit war es üblich, dass ein Kaiser nach seinem Tod als Gott verehrt wurde. Als Kaiser Vespasian spürte, dass sein Ende nahte, soll er gesagt haben:

„Vae[1], puto, deus fio."

[1] vae!: ach je!

Original-Latein

Ein „liebevolles" Ehepaar

Der stinkreiche Trimalchio und seine Frau Fortunata haben Gäste zum Abendessen eingeladen. Zu vorgerückter Stunde beginnt der Herr des Hauses eine heftige Knutscherei mit einem hübschen Sklaven.

Itaque Fortunata male dicere Trimalchioni coepit et „purgamentum[1] dedecusque[2]" praedicare[3], qui non contineret[4] libidinem suam. Ultimo etiam adiecit: „Canis[5]". Trimalchio contra offensus[6] convicio[7] calicem[8] in faciem Fortunatae immisit[9]. Illa, tamquam oculum perdidisset, exclamavit[10] manusque trementes[11] ad faciem suam admovit. Contra Trimalchio „Quid enim?" inquit, „ambubaia[12] non meminit? De machina[13] illam sustuli, hominem inter homines feci. At inflat[14] se tamquam rana[15], codex[16], non mulier."

[1] pūrgāmentum: Dreckskerl – [2] dēdecus: schamloser Sack – [3] praedicāre: bezeichnen – [4] continēre: beherrschen – [5] canis: Hund – [6] offendere: beleidigen – [7] convīcium: Beschimpfung – [8] calix: Becher – [9] immittere: hineinwerfen – [10] exclāmāre: aufschreien – [11] tremere: zittern – [12] ambūbāia: Schlampe – [13] machina *(hier)*: Sklavenmarkt – [14] inflāre: aufblasen – [15] rāna: Frosch – [16] cōdex: Holzklotz

- Mit welchen Schimpfwörtern bewerfen sich die Eheleute?
- Womit sonst noch?
- Ist einer von beiden Eheleuten schlimmer als der andere, oder sind sie einander ebenbürtig?
- Aus welcher Gesellschaftsschicht stammen sie?
- Wie haben sich wohl die Gäste bei dieser Szene gefühlt?

L

Aufruhr der Soldaten

Wir schreiben das Jahr 14 n.Chr.: Augustus, seit 45 Jahren der Herrscher des römischen Reiches, ist gestorben. Die in Germanien zur Sicherung der römischen Reichsgrenzen stationierten Legionen nutzen die Umbruchphase des Regierungswechsels, um eine Verbesserung ihrer Lebensbedingungen zu erzwingen. Die Truppen stehen unter dem Kommando des Germanicus, des Enkels des Augustus.

Tiberio novo imperatore instituto apud Germanicas legiones, quae prope Aram Ubiorum[1] castra habebant, seditio orta est. Milites quidam, qui nuper ex urbe deducti et rei militaris periti nondum erant, in oppugnandis oppidis castrisque muniendis labores militiae non sustinebant. Itaque commilitonibus[2] persuadebant, ut modum miseriarum poscerent atque asperos durosque centuriones[3] ulciscerentur: „Commilitones[2], tempus adest, quo veteranis[4] militibus finis militiae constituatur, iuvenibus stipendia augeantur. Iniuria centurionum[3] punienda nobis est, arma capienda sunt contra istos! Cogitate in nostra manu rem Romanam sitam esse, nostras victorias ad augendam rem publicam conferre!" Statim milites irati gladiis strictis[5] in centuriones[3] invaserunt, eos aut vulneratos aut mortuos ante vallum vel in amnem Rhenum iecerunt.

[1] Āra Ubiōrum: *Hauptort der Ubier, später Colonia Claudia Ara Agrippinensium*
[2] commīlitō: Kamerad
[3] centuriō: Zenturio
[4] veterānus: altgedient
[5] gladiīs strictīs: mit gezogenen Schwertern

Eodem tempore Germanicus in Gallicis provinciis administrandis occupatus erat. Audito fine Augusti ad legiones suas revertit. Multae enim res Germanico agendae erant: milites in verba Tiberii adigendi[6] erant, providendum erat, ne milites munitiones neglegerent.

Sed cum castris appropinquaret, frequentes milites undique ei obviam venerunt. Postquam vallum iniit, audivit voces militum: „Militiae onus nimis durum levandum est! Augenda sunt angustissima stipendia!"

Germanicus seditionem statim sibi coercendam esse intellexit; milites in manipulos[7] discedere iussit; tarde oboediverunt. Se pecuniam a divo Augusto militibus legatam[8] soluturum promisit. Tunc a nonnullis militibus oratus, ut ipse principatu[9] potiretur, Germanicus clamavit: „Moriar potius, quam fidem in principem prodam!" Cum amicis in tabernaculum[10] se rettulit. Ibi de coercenda seditione consuluerunt. Placuit, ut epistula principis fingeretur, qua omnia concederentur, quae milites postulavissent.

At senserunt milites epistulam fictam esse. Rursus orta est seditio et ea quidem multo vehementior. Quo in tumultu praefectus, tribuni militum, legati Germanicum diu orando commovebant, ut cum coniuge gravida[11] et parvo filio et aliis feminis liberisque ad Treveros pergeret. Sed Germanicus sibi cedendum non esse statuit, suos autem dimisit. Tabernaculis[10] progressae sunt feminae cum liberis, pudor invasit milites, sed eos nihil aeque flexit quam invidia in Treveros. Flentes orabant, ut redirent, manerent. Seditio composita est.

[6] in verba alicuius adigere: auf jmd. vereidigen

[7] manipulus: Einheit

[8] lēgāre: testamentarisch vermachen

[9] prīncipātus: Kaiserwürde

[10] tabernāculum: Feldherrnzelt

[11] gravidus: schwanger

Gipsabgüsse des Reliefs der Anfang des 2. Jahrhunderts n. Chr. errichteten Trajanssäule in Rom; Rom, Museo della Civiltà Romana

Verstehen & Vertiefen

1. Was möchten die Soldaten geändert haben? Suche die entsprechenden Angaben aus dem Text heraus.
2. Beschreibe und beurteile das Verhalten des Germanicus.
3. Die Meuterei der Soldaten bricht schließlich in sich zusammen. Suche aus dem Text die Gründe, die dafür genannt werden.

Sechs Fragen zum römischen Militär

1. Wie war das römische Heer aufgebaut?

In der Republik waren noch die Bürger zu den Waffen gerufen worden. Seit Augustus unterhielt Rom ein stehendes Heer mit Berufssoldaten. In den Provinzen waren etwa 25 Legionen (legiones) zu je 5000 Mann stationiert, die das Rückgrat des Heeres bildeten. Jede Legion war in zehn Kohorten (cohortes) unterteilt; jede Kohorte zerfiel in sechs Zenturien (centuriae), die wieder zu drei Manipeln (manipuli) zusammengefasst werden konnten.

In den Manipeln und anderen taktischen Einheiten gab es signiferi, die das Feldzeichen (signum) trugen, aber auch die Ersparnisse der Soldaten (depositum) verwalteten. Das Zeichen der gesamten Legion war der Adler, der vom aquilifer getragen wurde.

Hinzu kamen etwa 125 000 Soldaten der Verbündeten (socii), die zu Fuß oder zu Pferde als „Hilfstruppen" (auxilia) zu 500 oder 1000 Mann dienten. Zum Heer gehörten auch Techniker und Handwerker, die z.B. für den Bau von Brücken und Belagerungsgeräten zuständig waren.

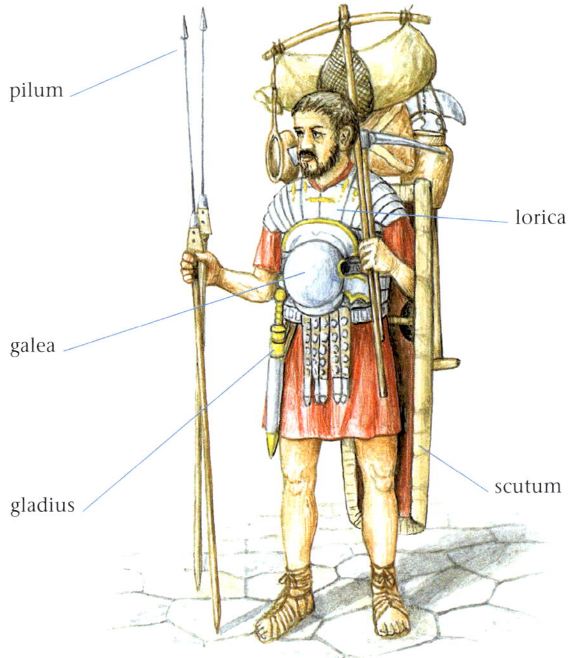

2. Wie war ein römischer Soldat ausgerüstet?

Die Legionäre waren mit einem Helm (galea), einem rechteckigen Langschild (scutum), einem Brustpanzer (lorica), einem Schwert (gladius) sowie einem Wurfspeer (pilum) oder einer Lanze (hasta) ausgerüstet. Auf dem Marsch trugen sie in ihrem Gepäck Lebensmittel für bis zu 17 Tage sowie einen Topf, Axt, Spaten und mehrere Schanzpfähle mit sich. Insgesamt mussten sie bis zu 50 kg schultern! Da sie so beladen nicht mehr als 15 km täglich zurücklegen konnten, wurden die Männer auf Kriegszügen manchmal von ihrer Last befreit, um schneller größere Distanzen zurücklegen zu können.

3. Was mussten die Legionäre alles tun?

Die Aufgaben eines römischen Soldaten waren vielfältig. Langeweile kam auch in Friedenszeiten nicht auf. Ebenso wichtig wie die Ausbildung im Kampf und die Verbesserung der körperlichen Tüchtigkeit war die Schulung handwerklicher Fähigkeiten. Die Legionäre waren so in der Lage, Unterkünfte und Befestigungen selbst zu errichten, aber auch Straßen, Brücken und Wasserleitungen zu bauen. Auf Feldzügen legten die Legionäre Marschlager an, in denen sie in Zeltgemeinschaften zu je acht Personen untergebracht waren.

Zum täglichen Dienst gehörten Exerzieren und Wachestehen ebenso wie die Reinigung der Latrinen. Zahlreiche Soldaten wurden auch für längere Zeit außerhalb des Lagers eingesetzt, um Kleidung, Vieh und Nahrungsmittel zu beschaffen oder um Bauern, Kaufleute und Beamte zu beschützen.

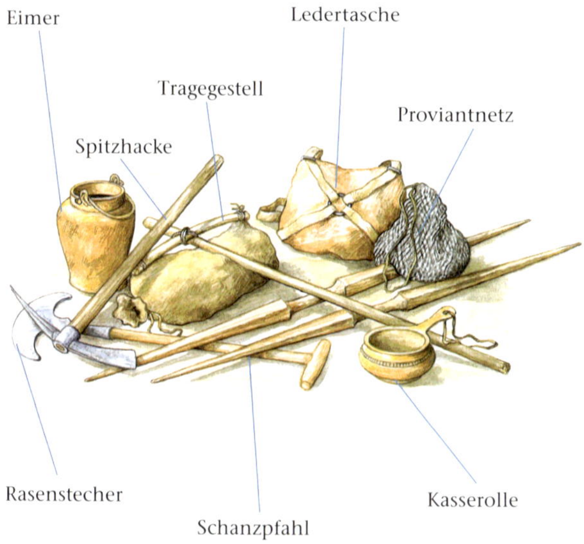

4. Wie sah eine militärische Laufbahn aus?

Die Karrieren im römischen Heer waren sehr unterschiedlich. Die hohen Offiziersstellen wurden von römischen Aristokraten besetzt, die ihre Laufbahn als Militärtribune begonnen hatten. Die Befehlshaber der Truppen wurden von den Kaisern eingesetzt. Häufig wechselten sie zwischen hohen Ämtern im Heerwesen und in der zivilen Verwaltung.

Der einfache Soldat (miles legionarius), der oft aus wirtschaftlicher Not zum Heer ging oder zwangsrekrutiert wurde, musste 20 Jahre dienen und wurde, wenn er die zahlreichen Kriege unversehrt überlebte, im Alter von 40–50 Jahren entlassen. Er erhielt dann eine Entlassungsprämie von bis zu 13 Jahresgehältern oder ein Stück Land.

Langgediente Soldaten konnten zum Zenturio (centurio) befördert werden, der eine Zenturie von ca. 80 Mann befehligte und einen sehr hohen Sold erhielt.

5. Was verdiente ein römischer Soldat?

Ein Legionär verdiente unter Augustus 225 Denare im Jahr. Der Sold (stipendium) wurde Ende des 1. Jahrhunderts n. Chr. auf 300 Denare erhöht und belief sich um 200 n. Chr. bereits auf 600 Denare. Ein Zenturio verdiente mindestens das Fünfzehnfache, während die einfachen Soldaten der Hilfstruppen etwa ein Sechstel weniger verdienten als die Legionäre. Hinzu kamen regelmäßige Zahlungen, so genannte Donative (donativa, Sg. donativum), zu besonderen Anlässen wie dem Regierungsantritt oder dem Geburtstag eines Kaisers oder zu bedeutenden Siegen. Zum Vergleich: Das Existenzminimum in den Städten des römischen Reiches lag im 1. Jahrhundert n. Chr. bei etwa 100 Denaren, Angestellte der städtischen Verwaltung verdienten damals zwischen 75 und 300 Denaren, während die höchsten Reichsbeamte ein Jahresgehalt von 15 000 bis 50 000 Denaren, manche sogar von 250 000 Denaren bezogen.

6. Welche Bedeutung hatten die Hilfstruppen?

Soldaten der Hilfstruppen aus den römischen Provinzen, die keine römischen Bürger waren, kämpften unter römischem Oberbefehl zu Fuß oder zu Pferd im Verband mit einer Legion. Sie halfen, die Herrschaft Roms zu sichern. Der Dienst in der römischen Armee prägte sie: Während ihrer 25jährigen Dienstzeit lernten sie nicht nur die lateinische Sprache, sondern auch die römische Lebensweise kennen. Nach Ende der Dienstzeit, aber auch als besondere Anerkennung für Tapferkeit, verlieh der Kaiser den Soldaten und ihren Familien das römische Bürgerrecht. Diese Auszeichnung garantierte den sozialen Aufstieg der ehemaligen Soldaten in ihrer Heimat; sie verbreiteten dort die römische Sprache und römische Gewohnheiten. Diese besonders von der Armee geförderte Verbreitung der römischen Kultur in den Provinzen wird als „Romanisierung“ bezeichnet.

Verstehen & Vertiefen

1. Welche der genannten Tätigkeiten müssen auch Asterix und Obelix in *Asterix als Legionär* erlernen?
2. In Deutschland sind zahlreiche Militärlager aus der Römerzeit erhalten. Informiere dich über ein Lager in deiner Nähe.
3. Wozu dienten die einzelnen Gegenstände aus dem Gepäck eines Legionärs?

G1 nd-Formen mit Objekten

Du hast gelernt, dass nd-Formen durch weitere Angaben ergänzt werden können, z. B. durch ein Akkusativ-Objekt:

a) Multi milites in oppugnando arcem vitam amiserunt.

Häufiger jedoch treten die nd-Formen und das Objekt in KNG-Kongruenz zueinander:

in oppugnando arcem

Die nd-Form übernimmt Numerus und Genus vom Substantiv.

Das Substantiv übernimmt den Kasus der nd-Form.

in oppugnanda arce

b) Multi milites in oppugnanda arce vitam amiserunt.

Zur Übersetzung der nd-Form ist oft ein Verbalsubstantiv auf -ung geeignet.
ad arcem oppugnandam – zur Belagerung der Burg
Als Formel für die Übersetzung der meisten nd-Formen mit Objekten kannst du dir merken:

- Die nd-Form wird durch ein Substantiv auf -ung,
- das Substantiv im Genitiv wiedergegeben:

Formel:
die „x-ung des y"

x-**ung des** y

in ^{x}oppugnanda ^{y}arce

bei der Bestürm**ung der** Burg

prōferre ad: beitragen zu

c) Milites Romani multum ad augendam rem Romanam protulerunt.
d) In oppugnandis urbibus milites fortes se praestabant.

In Verbindung mit ad und causa übersetzt du eine nd-Form am besten mit „um ... zu":

e) Consilii capiendi causa Germanicus amicos convocavit.

G2 nd-Form + esse

Als Prädikatsnomen, d.h. in Verbindung mit einer Form von esse, bezeichnet die nd-Form eine Notwendigkeit. Du übersetzt sie mit „müssen" oder „sollen", verneint mit „nicht dürfen"; die nd-Form hat dabei immer passive Bedeutung.

a) Milites: „Germanicus princeps instituendus est!"
b) Germanicus autem fidem in principem prodendam non esse statuit.
c) Germanicus uxorem liberosque e castris deducendos putavit.

nd + esse:
müssen + Passiv
verneint:
nicht dürfen + Passiv

2.1 Was fehlt in Satz c?

Nachdenken über Sprache

Müssen – nicht dürfen

Vergleiche:
a) Hic liber tibi legendus est.
b) You must read this book.
c) Ille liber tibi legendus non est.
d) You must not read that book.

G3 Dativus auctoris

Der Urheber der Handlung einer nd-Form mit esse wird meist im Dativ angegeben. Dieser Dativ antwortet auf die Frage „von wem?" und heißt daher **Dativus auctoris**.

a) <Militibus> arma contra hostes capienda sunt.

Achtung: Nicht jeder Dativ bei einer nd-Form mit esse muss ein Dativus auctoris sein: Du musst also immer am Textzusammenhang überprüfen, ob es sich bei einem Dativ um ein Objekt oder den Dativus auctoris handelt. In manchen Sätzen findest du beide Dative nebeneinander.
Entscheide, ob es sich in den folgenden Sätzen bei dem Dativ um ein Objekt oder einen Dativus auctoris handelt:

b) Germanicus: „Seditio mihi statim coercenda est."
c) „Militibus mihi cedendum non est!"
d) Germanicus sibi saluti militum providendum esse statuit.
e) A Germanico militibus cedendum non fuit.

3.1 Übersetze alle Sätze auch im Aktiv.

Ü1 Auswahl

Übersetze die Ausdrücke, die nd-Formen enthalten.

iucundae res, ad comprehendenda vincula, in undis, secundum flumen, impedimenti tollendi causa, in re publica administranda, de industria ingenti, servos vindico, ad expellendos hostes.

Ü2 Wem?

Bilde den Dativ Sg. bzw. Pl. zu folgenden Wörtern:

philosophus, servitus, sidus, amica, servi, matres, vir, animal, cives, ego, nos, haec, ille, quod

Ü3 Austausch

Verkehre die Formen von memoria tenere durch oblivisci in ihr Gegenteil.

memoria tenes, memoria tenete, memoria tenui, memoria tenebant, memoria tenuisse, memoria tenueramus, memoria tenebit, memoria tenuero, memoria teneo, memoria tenentes

Ü4 8-mal „-ung" (1)

Die folgenden nd-Formen kannst du im Deutschen durch Wörter mit -ung wiedergeben. Beachte, dass sie alle im Ablativ stehen.

admirando, componendo, augendo, imitando, corrumpendo, numerando, conservando, vulnerando

Ü5 8-mal „-ung" (2)

Beachte: Auch diese Kombinationen aus Substantiv und nd-Form stehen alle im Ablativ.

amico admirando, urbe oppugnanda, militibus dimittendis, inopia tollenda, equis coercendis, magistratibus corrumpendis, potentia augenda, feminis male tractandis

+ Findest du auch eine Übersetzung ohne -ung?

Ü6 0-mal „-ung"

Hier geht in der Regel die Übersetzung mit -ung nicht, aber sicher findest du passende Substantive.

dono promittendo, statuis importandis, divitiis amittendis, prudentia demonstranda, prudenter rogando, arce aggredienda, igni iterum incendendo

Ü7 Der Aufstand

Übersetze die nd-Konstruktionen nach Möglichkeit mit Gliedsatz oder „um … zu".

a) Milites militiae nimis durae avertendae causa seditionem fecerunt.
b) Plurimi Germanico obviam venerunt querendi causa.
c) Germanicus milites discedere iussit ad seditionem finiendam.
d) Tum cogitavit, quid facere posset ad iniurias levandas.
e) Litteris principis praebendis iram militum placare[1] conatus est.

[1] plācāre: besänftigen

Ü8 Militärische Regeln

a) In pugnando militibus imperatores sequendi sunt.
b) Nam imperatoribus militibus eodem modo consulendum est quo patronis clientibus[1].
c) Numquam autem seditiones permittendae sunt.
d) Pecunia militibus danda non est praeter stipendium.
e) Corruptio[2] non modo imperatoribus, sed etiam omnibus hominibus fugienda est.

[1] cliēns: Klient – [2] corruptiō: Bestechung

+ An welchen Stellen findest du einen Dativus auctoris? Welche Funktion haben die übrigen Dative?

Ü9 Bei den Soldaten

Stelle sinnvolle Sätze zusammen.

MILITIBVS
custodia castrorum – tumultus – castra – labores duri
sustinendi erant – vallo circumdanda erant – neglegenda non erat – faciendus non erat

GERMANICO
feminae – fides principis – stipendia maiora – seditio militum
componenda erat – prodenda non erat – concedenda erant – e castris removendae erant

Ü10 Memorabilia

De gustibus[1] non est disputandum.
In amicis eligendis summa est adhibenda diligentia.
Ceterum[2] censeo Carthaginem esse delendam.
Vitium uxoris aut tollendum aut ferendum est.

[1] gūstus: Geschmack – [2] cēterum: im übrigen

Ü11 Viel zu tun

Zwischenfall auf einem Feldzug Caesars: Während seine Soldaten noch dabei sind, das Lager zu bauen, werden sie bereits von den Feinden angegriffen.

Caesari omnia uno tempore erant agenda: vexillum[1] erat statuendum, signum tuba[2] dandum, ab opere revocandi milites, ii arcessendi, qui paulo longius aggeris[3] petendi causa abierant, acies instruenda, milites hortandi. Caesar necessariis rebus imperatis ad hortandos milites cucurrit et ad legionem decimam[4] venit. Milites oratione brevi hortatus pugnae committendae signum dedit. Tum in alteram partem militum incitandorum causa profectus pugnantibus occurrit. Hostes erant tam parati ad pugnandum, ut ad gladios stringendos[5] tempus paene defuerit.

[1] vēxillum: Signalfahne – [2] tuba: Trompete – [3] agger: Erde – [4] decimus: der zehnte – [5] stringere: ziehen

+ Wodurch gelingt es dem Autor dieses Textes, Caesar als rasch und entschlossen handelnden Feldherrn darzustellen?

Ü12 Der Brief eines Helden

Suche die richtigen Verbformen heraus.

C. Maximus Cornelio suo
Quaeris, quid fecerim. Mihi adulescenti multa (legenti/legendi) placuit facta praeclara facere. Itaque putavi mihi (euntem/eundum) esse in terras alienas. In Aegypto conveni feminam veterem; quae me monuit, ut monstrum quoddam mihi (necandum/necatum) esset. His verbis (auditis/audientibus) rursus aliorum virorum (facta/facienda) legere malui quam ipse res magnas gerere. Gloria[1] aeterna alios viros consequatur; ego vita frui, libros legere malo.
Vale!

[1] glōria: Ruhm

Die Römer in Germanien

1. Viele Städte in Deutschland wurden von den Römern angelegt: Koblenz, Köln, Trier, Baden-Baden, Neuss, Regensburg, Bonn, Mainz, Bingen, Augsburg. Wie hießen sie in der römischen Zeit? Suche den passenden Namen: NOVAESIVM, COLONIA CLAVDIA ARA AGRIPPINENSIVM, BONNA, CONFLVENTES, MOGONTIACVM, BINGIVM, AQVAE, CASTRA REGINA, AVGVSTA VINDELICVM, AVGVSTA TREVERORVM.

Vor der Ankunft der Römer waren die Germanen in viele Stammesgruppen untergliedert und lebten in kleineren, zum Teil auch stadtartigen Siedlungen. Die Römer aber gründeten auch nördlich der Alpen Städte, um dort so wohnen und leben zu können wie in ihrer Heimat.
Worauf bei der Anlage von Städten zu achten war, erläuterte Vitruv in einem Buch über Architektur:

„Das Errichten von Gebäuden besteht aus zwei Bereichen: der eine hiervon ist der Bau von Stadtmauern und öffentlichen Bauten an öffentlichen Plätzen, der andere die Errichtung von privaten Gebäuden. Öffentliche Gebäude lassen sich in drei Arten aufteilen: Gebäude, die der Verteidigung dienen, der religiösen Verehrung oder dem allgemeinen Nutzen.
Der Verteidigung dient die vernünftig geplante Anlage von Mauern, Türmen und Toren, die so ausgeklügelt ist, dass Angriffe von Feinden ohne Unterbrechung abgewehrt werden können; der Verehrung der unsterblichen Götter dient die Anlage der Heiligtümer und Tempel; dem allgemeinen Nutzen dient die Anordnung von Orten zum öffentlichen Gebrauch, also von Häfen, Marktplätzen, Säulengängen, Bädern, Theatern, Wandelgängen und von allem übrigen, was an öffentlichen Plätzen aus eben diesen Erwägungen angelegt wird."

2. Sieh dir den antiken Stadtplan von Köln genau an: Welches Prinzip liegt der Anlage des Straßennetzes zugrunde? Welche Bauwerke, von denen Vitruv spricht, kannst du erkennen?
3. Informiere dich im Internet, welche römischen Gebäude noch heute in Köln zu sehen sind.
4. Benenne die römischen Einflüsse, die der abgebildete Stadtplan Kölns noch zeigt.

Köln im 4. Jahrhundert n. Chr. (Rekonstruktion) und Stadtplan von etwa 1579 (Kupferstich)

Dass in den germanischen Provinzen Latein gesprochen und geschrieben wurde, siehst du an diesem Grabstein aus Mainz:

L: Abkürzung für libertus: Freigelassener

pecuārius: Viehzüchter
quīcumque: wer auch immer

viātor: Wanderer – indignē: schmählich
inānē: nutzlos

-rup- ≈ -rip-
-vos ≈ -vus

praeceps, praecipitis: kopfüber – sesse ≈ sē
dēicere: stürzen – apstulit (≈ abstulit): Perf. zu auferre: entreißen

5. Welche Personen kommen in der Inschrift vor, welche davon werden mit ihrem Namen genannt?
6. Wer war dort begraben?
7. Was auf dem Grabstein deutet auf den Beruf des Verstorbenen?
8. Schreibe den Text der Inschrift auf (natürlich mit Worttrennung) und versieh ihn mit Satzzeichen.
9. Von welchen dramatischen Ereignissen berichtet der Text?
10. Hat der Steinmetz seine Arbeit gut gemacht?

L Die Zerstörung des Tempels

Im Jahre 67 wurde der Feldherr Vespasian mit der Niederwerfung eines Aufstandes der Bevölkerung von Judäa beauftragt. Bis Mitte des Jahres 69 hatte er die Lage wieder unter Kontrolle, nur Jerusalem wurde noch von Aufständischen gehalten. Noch während der Belagerung der Stadt musste Vespasian nach Rom abreisen, weil er zum Kaiser ausgerufen worden war. Seinen Sohn Titus ließ er mit dem Auftrag zurück, Jerusalem zu erobern.

Titus ad expugnanda Hierosolyma a patre delectus paratissimum se in armis ostendebat: plerumque militibus legionariis[1] se miscuit, sive in opere sive in agmine.

Caesare Tito duce milites brevi tempore maximam partem urbis antiquae expugnaverant. Iudaei se in templum receperant, cuius singula aedificia moenibus firmis munita erant.

Frustra Romani arietibus[2] ad moenia admovendis murum frangere conabantur. Tandem ligna[3] ad portas collata accenderunt. Illud profuit. Vi ventorum crebrae flammae excitantur, celeriter moenia aedificiaque finitima igne comprehenduntur. Sed nunc Iudaei ira incensi tanta vi, tanta constantia adversus Romanos undique invadentes nituntur, ut primum Romanorum impetum repellerent[4]. Milites Romani contra tendunt, hostibus resistunt, hastis[5] gladiisque rem gerunt. Fit magna caedes. Fit diu proelium anceps. Prima nocte Iudaei se recipiunt; Titus copias in castra reducit sperans quietem post eius diei contentionem militibus profuturam.

Postero die universum exercitum ad hostes admovit. Ante pugnam consuetudine sua milites oratione brevi hortatus est, ut virtutis et gloriae Romanorum memores fortiter pugnarent, haec verba addens: „Cavete, ne sanctissimam aedem Iudaeorum incendatis. Nam aedes deleta non modo nobis non proderit, sed fortasse etiam nocebit."

Signo dato milites fortiter procedere, tela in hostes conicere, impetus Iudaeorum non modo sustinere, sed etiam vi ferroque eos caedere. Quo in tumultu unus e numero militum – sive verba Titi non audiverat, sive repentino animi motu adductus erat – lignum[3] flammis incensum manu cepit et in aedificium aedi sanctissimae propinquum coniecit. Deinde Iudaei clamorem acerrimum tollere, undique ad flammas exstinguendas concurrere, neque viribus neque vitae suae parcere, ut aedem incolumem servarent.

Miles quidam ad Titum currit, rem nuntiat. Qui aedem sanctissimam pulcherrimamque etiam nunc servari posse ratus imperavit, ut flammae exstinguerentur. Sed milites tanto furore incensi tamque avidi[6] praedae erant, ut retineri non iam possent. Imperata Caesaris nihil profuerunt.

Milites in templum invadunt et cuncta, quae manibus capere possunt, diripiunt; longissimum agmen militum magnam copiam praedae auferentium ab aede in castra descendit.

[1] mīles legiōnārius: einfacher Soldat
[2] ariēs, ariētis: Rammbock
[3] līgnum: Holz
[4] repellere: zurückschlagen
[5] hasta: Speer
[6] avidus: gierig

Rekonstruktion Jerusalems mit dem um 20 v. Chr. erbauten zweiten Tempel

Verstehen & Vertiefen

1. Welche Mittel setzen die Römer ein, um den Tempel einzunehmen?
2. Was waren Titus' Ziele? Hat er sie erreicht?
3. Forsche nach: Welche Bedeutung hat der Tempel für die Juden?

Relief vom 81 n. Chr. errichteten Titusbogen in Rom

Rom und die Juden

Seit dem Jahr 6 n.Chr. stand Judäa unter römischer Verwaltung. Aber die Provinz blieb unruhig; immer wieder wurde das Land von heftigen Aufständen erschüttert, die die römischen Besatzer blutig niederschlugen. Die jüdische Erhebung des Jahres 66 endete vier Jahre später mit der Zerstörung des Tempels in Jerusalem. Seitdem mussten alle Juden eine Sondersteuer (fiscus Iudaicus) an Rom entrichten. 73/74 fiel die Bergfestung Massada am Toten Meer, auf die sich mehrere Hundert Aufständische geflüchtet hatten. Sie wurde zum Inbegriff jüdischen Widerstands, da sich die Aufständischen nicht ergaben, sondern sich das Leben nahmen. Trotz einer straffen Besatzungspolitik kehrte in Judäa keine Ruhe ein. Zum letzten Mal ergriffen die Juden 132 n.Chr. unter ihrem Führer Bar-Kochba, dem „Sternensohn", die Waffen und boten dem römischen Kaiser die Stirn. Der Kampf war von vornherein aussichtslos; nach drei Jahren folgte die harte Bestrafung durch die Sieger. Die Stadt Jerusalem wurde in eine römische Kolonie verwandelt, den Juden wurde der Zutritt verboten. Aus Judäa wurde jetzt Palästina, das „Land der Philister". Die Juden waren zu Fremden im eigenen Land geworden.

Wie kam es zu diesen blutigen Auseinandersetzungen? Ursachen und Anlässe waren vielfältig. Zu politischen Konflikten traten religiöse Gegensätze. Schon seit Beginn der römischen Verwaltung wehrten sich Teile der jüdischen Bevölkerung erbittert gegen die Fremdherrschaft, während andere Gruppen die Zusammenarbeit mit den Machthabern suchten. Übergriffe der römischen Statthalter stießen aber auch römerfreundliche Juden vor den Kopf und nährten Hoffnungen auf die Ankunft eines politischen Erlösers („Messias").

Massada am Toten Meer

Die Klagemauer, die westliche Stützmauer des Geländes, auf dem der Tempel stand, ist der einzige sichtbare Überrest des Tempelbezirks.

Ein ständiger Streitpunkt war das jüdische Bilderverbot, das sich mit dem römischen Kaiserkult nicht vertrug. Als Kaiser Caligula forderte, in Jerusalem als Gott verehrt zu werden, leisteten die Juden heftigen Widerstand. Am Beginn des jüdisch-römischen Krieges von 66 bis 70 n. Chr. stand die Weigerung der Priesterschaft, im Tempel weiterhin von Nichtjuden Opfer anzunehmen. Der Aufstand des Bar-Kochba wurde möglicherweise durch die Entscheidung des Kaisers Hadrian 130 n. Chr. ausgelöst, Jerusalem als römische Stadt Aelia Capitolina neu zu gründen.

Der Monotheismus der Juden, d. h. ihr Glaube an nur einen Gott, und Bestandteile des Kultes wie die Speisevorschriften, die Beschneidung der Männer und die Sabbatruhe stießen in der römischen Umwelt auf Unverständnis. Als Minderheit wurden sie ausgegrenzt und bisweilen sogar aus den Städten vertrieben. Zahlreiche Vorurteile waren im Umlauf. Die Juden galten als faul, schmutzig, hässlich und starrsinnig. Viele Römer warfen ihnen vor, die Götter, das Vaterland und die Familie, also die höchsten Werte Roms, zu verachten.

Aber wegen seines hohen Alters genoss das jüdische Volk auch ein gewisses Ansehen und wurde vom römischen Gesetzgeber nicht nur geduldet, sondern auch mit bestimmten Rechten ausgestattet. So erlaubten die Römer den jüdischen Gemeinden – auch noch nach den Aufständen in Judäa – die Ausübung ihres Kultes in nichtjüdischer Umgebung, der so genannten Diaspora (griech. „Zerstreuung“).

Verstehen & Vertiefen

1. Wie kam es zu den Vorwürfen der Faulheit und des Starrsinns?
2. Welche Bedeutung hat Massada für das heutige Israel?

G1 prodesse

1.1 Vergleiche:
prosum – prodest
possum – potest

1.2 Bilde die Formen von prodesse im Konjunktiv Präsens, Imperfekt und Plusquamperfekt.

Das Verb prodesse „nützen“ ist zusammengesetzt aus pro/prod + esse; das -d fällt vor Konsonanten weg.

		Sg.	*Pl.*
Präsens	*1. Pers.*	prōsum	prōsumus
	2. Pers.	prōdes	prōdestis
	3. Pers.	prōdest	prōsunt

Infinitiv: prōdesse
Imperfekt: prōderam, prōderās usw.
Perfekt: prōfuī, prōfuistī usw.

G2 Praesens historicum

Beachte in diesem Textstück genau die Abfolge der Tempora:

ariēs, ariētis: Rammbock

Complures dies Romani in oppugnando oppido muros frangere conabantur. Tandem arietes ad muros admoverunt. Quod profuit. Per murum fractum Romani in urbem invadunt. Hostes frustra se obiciunt. Res ferro geritur. Fit magna caedes.

2.1 Übersetze die Präsens-Formen einmal im Präsens und einmal im Präteritum.
Welcher Bericht wirkt lebendiger?

Der Text berichtet von der Belagerung einer Stadt, von dem mühsamen Anrennen gegen die stark befestigten Mauern und von dem Entschluss, mit Hilfe von mauerbrechenden „Maschinen“ die Entscheidung herbeizuführen.
In dem Augenblick, da die Mauern gebrochen sind und die Römer in die Stadt eindringen, wechselt das Tempus: Der Bericht schwenkt in das Präsens. Ein solches Präsens, das in einem historischen Bericht verwendet wird, nennt man **Praesens historicum**.
Du kannst weiterhin im Präteritum übersetzen, denn es handelt sich ja um einen Bericht aus der Vergangenheit.

G3 Infinitivus historicus

Prädikat:
[[Vollverb]]
[[Prädikatsnomen + esse]]
[[Infinitivus historicus]]

Wenn die Handlung sehr dramatisch wird, dann versucht der Verfasser eines Textes, den Leser noch dichter an die Handlung heranzuholen. Das Tempus spielt plötzlich gar keine Rolle mehr; Infinitive deuten an, dass es jetzt um Aktionen geht, die ganz schnell nacheinander ablaufen.

Milites clamorem acerrimum tollere, hostes sequi, vulnerare, capere.

Ein solcher Infinitiv, der ein Verb in der Vergangenheit ersetzt, heißt **Infinitivus historicus**, da er vorwiegend in historischen Erzählungen vorkommt.

Nachdenken über Sprache

Tempus und Tempo

Wenn jemand eine Geschichte erzählt, dann versucht er, mit Worten Bilder zu schaffen, die es dem Leser ermöglichen, sich das, was erzählt wird, vorzustellen. Es entstehen also auch beim Leser Bilder, die Geschichte wird für ihn anschaulich. Und je anschaulicher jemand seine Worte gestalten kann, desto gespannter verfolgt der Leser die Geschichte.
Ein wesentliches sprachliches Mittel ist für den Autor die Wahl der Tempora, mit denen er seine Geschichte gestaltet. Das Tempus ist für den Autor in etwa das, was beim Film die Kameraeinstellung ist: stehende oder bewegte Kamera, Weitwinkel oder Supertele, dauerhaft auf ein Objekt gerichtet oder Schwenk, und natürlich, wie schnell der Film geschnitten ist.
Zur Erzählung einer Hintergrundhandlung wird im Lateinischen das Imperfekt verwendet; ein Perfekt hingegen berichtet vom Beginn oder vom Fortschritt einer Handlung in der Vergangenheit, oft auch von einer Handlung, die das Geschehen der Hintergrundhandlung unterbricht und den Beginn einer neuen Handlung anzeigt. Beide Tempora erzählen aus einer gewissen Distanz.

Kameraeinstellung: Weitwinkel
Imperfekt: Die Kamera wird nicht bewegt oder vollzieht nur einen ganz langsamen Schwenk.
Perfekt: Die Kamera wird auf ein Objekt gerichtet und verfolgt es in seinen Bewegungen aus größerer Entfernung.

Wenn der Text jedoch besonders lebendig werden soll, wenn der Leser sich das Geschehen vergegenwärtigen soll, dann wechselt die Erzählung häufig in das Praesens historicum.

Die Kamera zoomt das Geschehen heran und verfolgt es aus der Nähe.

Bei dramatischen Steigerungen vermittelt der Infinitivus historicus dem Leser die Vorstellung, er sei mitten im Geschehen.

In einem Film würden die einzelnen Szenen schnell hintereinander geschnitten.

Schreibe für den Lektionstext 34 ein Drehbuch, in dem auch die Kameraeinstellungen mitgeteilt werden.

Ü1 Können bringt Nutzen

Bilde zu den folgenden Formen von esse jeweils die gleichen Formen von posse und prodesse.

estis, simus, fuero, eras, fuit, sunt, fuerant, es, fuisses, essent, fueris, erunt

Ü2 Achtung

Welche Form ist ein Infinitiv?

ferre, onere, fieri, fatere, meminisse, capi, disseruisse, quaerere, quaere, quare, agi, interesse, novisse, suspicari, vetere, versare, ulcisci, amici, itinere, eripi

Ü3 Historisches

Ersetze alle Formen, die Perfektformen sein können, durch den Infinitivus historicus.

veritus est, processit, invasit, vendit, tollit, aluit, lapsus est, appetit, versatus est, addit, fassus est, arripuit, pependit, occurrit, effugit, afuit, discedit, promittit

Ü4 Formenübung

Nenne zu den folgenden Deponentien den Infinitiv und die 1. Sg. Präsens.

fruitur – ingressi sunt – loquere – adepta est – utuntur – veriti estis – factum sit – hortabitur – versarentur – suspicor – obliviscebatur – moriar – morabatur – nati sunt – fungitur – orta est – aggredimur – conor – labuntur

Ü5 Infinitive sine fine

In welcher Satzgliedfunktion werden in diesen Sätzen die Infinitive verwendet?

a) Titus Caesar omnium civium amicus esse volebat.
b) Multi senatores eum monebant, ne plura polliceretur, quam praestare posset.
c) Non oportere ait quemquam a sermone principis tristem discedere.
d) Auctor quidam tradidit Titum quodam die, quo nihil cuiquam profuisset, hoc dixisse: „Amici, diem perdidi."
e) Tito multa et magna munera dare placuit.
f) Titus pollicitus est periturum se potius quam quemquam perditurum esse.
g) Pontifex[1] maximus factus semper fidem praestare studuit.

[1] pontifex: Priester

Ü6 Jerusalem wird erobert

In folgender Darstellung fehlen noch einige Partizipien:

a) Titus ad bellum contra Iudaeos ___ primum eos promissis[1] quibusdam sibi subicere cupivit.
b) Verbis multis gravibusque ___ eis tamen persuadere non potuit; deinde rem armis gerendam esse statuit.
c) Postquam pugnis primis Marte ___ pugnavit, Hierosolyma oppugnavit.
d) Multis Romanis in urbe oppugnanda ___ Titus ipse vulnere affectus est.
e) Iudaei se in templum muris ___ recipiunt et plurimos Romanorum per vim ___ interficiunt.
f) Flammis autem templum ___ Romani aedificium invaserunt.
g) Iudaeis ___ Titus nomen imperatoris accepit.

[1] prōmissa *(Pl.)*: Versprechungen

circumdatum – usus – favente – victis – missus – aut caesis aut vulneratis – delentibus – invadentium

Ü7 Spannung pur

Zur Zeit des Titus ereignete sich eine Naturkatastrophe in Süditalien.

Apud Neapolim circum Vesuvium montem solum[1] uberrimum[2] erat. Id multa per saecula[3] colebatur, fructus optimos maximosque ferebat.
Quodam autem die subito graves terrae motus facti sunt. Deinde mare moveri, caelum clamorem tollere, ingens clamor terrae motae audiri. Tum volare maxima saxa. Deinde ingens multitudo ignis fumique[4]. Timent omnes paene homines, ne totus orbis terrarum flammis deleretur. Itaque alii e mari in terram, alii e terra in mare se recipiunt. Dum haec fiunt, maxima multitudo cineris[5] Herculaneum et Pompeios implet. Postremo tantus fuit cinis[5], ut pars etiam in Africam perveniret. Oppidis pulcherrimis deletis Titus duos magistratus ad restituendam regionem misit.
Hodie Vesuvius mons – si licet parva cum magnis conferre – formam amphitheatri[6] habet.

[1] solum: Ackerboden – [2] ūber: fruchtbar – [3] saeculum: Jahrhundert – [4] fūmus: Rauch – [5] cinis: Asche – [6] amphitheātrum: Amphitheater

+ Untersuche die verwendeten Tempora: An welchen Stellen findest du historisches Präsens, historische Infinitive – oder gar kein Prädikat?

Ü8 Memorabilia

Was nützt wirklich?

Amicitia semper prodest, amor et nocet.
Nihil prodest didicisse, si cessas bene facere.
Prodesse qui vult nec potest, aeque est miser.
Plurimum prodest gratia.

Ü9 Die Belagerung

Schon mehr als 100 Jahre vor Titus wollte Pompeius Jerusalem einnehmen. Dazu begann er, die Schlucht vor dem Zugang zum Tempel zuzuschütten. – Fülle die Lücken des Textes mit den passenden abstrakten Substantiven.

a) Templum Iudaeorum fuit aedificium summae _____ idemque insignis _____.
b) Pompeius autem viderat templum facile expugnari non posse propter[1] _____ faucium[2] aedisque _____.
c) Quod ingens _____ Iudaeorum magna _____ defendebat lapidibus[3] aliisque rebus demittendis.
d) In faucibus[2] implendis profuit Pompeio _____ Iudaeorum, qui religione[4] sua commoti certis diebus laborare non solent.
e) Iis diebus milites aggerem[5] apportabant sine _____.

[1] propter *m. Akk.*: wegen – [2] faucēs *(Pl.)*: Schlucht – [3] lapis: Stein – [4] religiō: Religion – [5] agger: Erde

pulchritudinis – multitudo – magnitudinis – sollicitudine – altitudinem – consuetudo – amplitudinem – fortitudine

Ü10 Latein im Alltag

Im 18. Jahrhundert kam der Brauch auf, sich beim gemeinsamen Konsum von Alkohol Wünsche – vor allem nach Gesundheit – zuzusprechen. Diese Wünsche fasste man mit einem lateinischen Wort zusammen, das noch heute gerne verwendet wird. Man merkt der konjunktivischen Form den lateinischen Ursprung oft nicht an, weil meist ein Vokal ausgelassen wird. Na dann, zum Wohle!

Widerstand gegen die Eroberer

Zur Regierungszeit des Kaisers Domitian drang Agricola, der Statthalter der Provinz Britannien, mit 5000 Mann weit in den Norden der Insel vor. Der Stammesführer Calgacus organisierte den Widerstand gegen die römischen Besatzer. Davon berichtet Agricolas Schwiegersohn, der Historiker Tacitus:

Initio aestatis Agricola praemissa classe cum expedito[1] exercitu ad montem Graupium accedebat. Interim Britanni illum montem occupaverant et legationes ad omnes insulae civitates miserant. Quas foederibus iunxerant, ut pro communi libertate pugnarent. Iam super triginta milia militum conspiciebantur et adhuc adveniebat omnis iuventus; sunt, qui dicant etiam plurimos senes adfuisse.

Etiam apud barbaros mos est, ut dux ante pugnam orationem habeat. Ita Calgacus inter plures duces virtute praestans apud milites in hunc modum locutus est:

„Quotiens de necessitate nostra cogito, magna mihi spes est hodie initium libertatis toti Britanniae fore. Hodie enim fieri potest, ut Romanos e Britanniae finibus pellamus: Nam nulla iam ultra[2] gens, nihil nisi fluctus et saxa. Non habemus, quo nos recipiamus; non habemus quemquam, qui auxilium ferat.

Romani, qui adhuc totum fere orbem terrarum imperio suo subiecerunt, nunc etiam extremas gentes quaerunt superbia impulsi. Reliquum tantum est, ut nos terrarum ac libertatis ultimos servitute afficiant. Raptores[3] orbis, postquam cuncta vastaverunt, avaritia adducti etiam mare explorant. Auferre, caedere, rapere falsis nominibus imperium vocant, atque ubi solitudinem[4] faciunt, pacem appellant.

Sed omnis victoriae spes pro nobis est: nullae coniuges Romanos accendent, nulli parentes fugam reprehendent. Huc accedit, ut plerisque istorum nulla aut aliena patria sit, quia exercitus Romanus ex diversis populis compositus est.

[1] expedītus: kampfbereit

[2] ultrā: jenseits

[3] raptor: Räuber

[4] sōlitūdō, -inis: Wüste

Verstehen & Vertiefen

1. Calgacus malt ein schlimmes Bild von den Römern.
   a) Was wirft er ihnen im Einzelnen vor?
   b) Was stellt er dem auf Seite der Britannier entgegen?
2. Finde heraus, was die Worte „Imperialismus" und „imperialistisch" bedeuten. Lassen sie sich auf das Vorgehen der Römer anwenden?
3. Untersuche im ersten und letzten Absatz des Textes den Tempusgebrauch und erläutere ihn.

Hadrianswall in Nordengland

Clausos quodam modo ac vinctos di vobis Romanos tradiderunt. Videte arma eorum: ne terreat vos auri fulgor[5] aut argenti, quod neque tegit neque vulnerat! Non ii sumus, qui periculo mortis terreamur. Itaque in proelio et maiores et posteros cogitemus!“

Exceperunt Britanni orationem pugnandi cupidi. Statim ad arma curritur. Primo impetu equitatus Romanorum primam aciem Britannorum fundit. Verum tamen Britanni, qui adhuc summos colles occupaverant, descendere paulatim[6] in campum et circumvenire terga Romanorum coeperant. Sed id ipsum veritus Agricola quattuor equitum alas[7] eis obviam mittit. Ita accidit, ut consilium Britannorum in ipsos versum esset. Tum vero patentibus locis grande et atrox spectaculum: sequi, vulnerare, capere. Iam Britanni terga vertere, quidam sine armis ultro ruere ac praecipites se morti offerre. Finis caedendi nox fuit.

[5] fulgor *m.*: Glanz

[6] paulātim: allmählich

[7] āla: Abteilung

Die Eroberung Britanniens

Angeblich stritten sich römische Gelehrte noch im 1. Jahrhundert v. Chr. darüber, ob Britannien wirklich existiere. Doch eigentlich war die Insel schon lange bekannt. Südengland wurde zunächst von Griechen, Etruskern und Karthagern auf dem Seeweg aus wirtschaftlichen Interessen erkundet. Sie suchten nach Erzen und anderen wichtigen Rohstoffen.

Caesar setzte in den Jahren 55 und 54 v. Chr. aus militärischen Gründen zweimal von Gallien aus nach Britannien über. Zunächst wollte er das Land erkunden, dann erobern. Sein Unternehmen scheiterte. Aber die britischen Inseln gerieten damit ins Blickfeld Roms. Der Ärmelkanal war nicht breit genug, um die Insel und ihre Bewohner vor der römischen Eroberung zu schützen: 43 n. Chr. eroberte Kaiser Claudius Britannien und machte es zur Provinz.

Den Süden der Insel hatten die Römer rasch erobert. Im Westen dauerten die Kämpfe allerdings an, und das Bergland des Nordens, wo die einheimische Bevölkerung hartnäckigen Widerstand leistete, war militärisch nur schwer zu kontrollieren. Die weitere Ausdehnung und Sicherung der römischen Herrschaft gelang unter Kaiser Domitian dem römischen Statthalter Agricola in den Jahren 77–84 n. Chr.

Kaiser Hadrian ließ dann zwischen der Mündung des Flusses Tyne und der Atlantikbucht Solway Firth einen Steinwall mit davorliegendem Graben errichten, den 118 km langen Hadrianswall. Er war durch Kastelle und Wachttürme gesichert. Unter Hadrians Nachfolger Antoninus Pius begann man mit der Anlage eines Steinwalls in Schottland, der jedoch bereits 168 n. Chr. wieder aufgegeben wurde. Britannien blieb unter römischer Herrschaft bis 410 n. Chr.

Drei Legionen sicherten die Provinz. Die Verwaltung ruhte einerseits auf neu gegründeten Städten wie Eboracum (York) und Londinium (London), andererseits auf Gemeinden der einheimischen Bevölkerung wie Venta Belgarum (Winchester) und Durovernum Cantiacorum (Canterbury). Besonders im Süden des Landes drang die römische Kultur und Sprache rasch vor. Tacitus bezeugt, dass Agricola nicht nur half, Tempel, Märkte und Häuser zu errichten, sondern die Söhne der Vornehmen an der römischen Bildung teilhaben ließ. So sei es gekommen, dass die Menschen, die eben noch die römische Sprache abgelehnt hätten, nun in der römischen Redekunst unterrichtet werden wollten. Von da an habe auch die römische Kleidung Verbreitung gefunden, und die Britannier hätten die Toga getragen. Allmählich habe man sich aber den Reizen des Lasters hingegeben, die Badeanlagen und erlesene Speisen geschätzt. Tacitus kommentierte diesen Vorgang mit den Worten: Idque apud imperitos humanitas vocabatur, cum pars servitutis esset. – „Und so etwas hieß bei den Ahnungslosen Lebenskultur, während es doch nur Teil der Knechtschaft ist."

Das große Becken der römischen Bäder von Bath, England

Verstehen & Vertiefen

1. Stelle zusammen, welche Folgen die Eroberung Britanniens für die Bewohner der Insel hatte, und überlege, wie sich diese Veränderungen auf ihr Leben auswirkten.
2. Forsche im Internet nach weiteren Überresten der Römer in Großbritannien.

G1 Erläuterungssätze

Es gibt Sätze, deren wesentlicher Inhalt nicht im Hauptsatz, sondern im Gliedsatz steht. So werden z. B. Ausdrücke wie accidit („es geschieht") oder fieri potest („es ist möglich") von einem ut-Satz im Konjunktiv erläutert.

a) In proelio fit, ut milites verba imperatoris non audiant.
b) Tum fieri potest, ut miles contra voluntatem imperatoris agat.
c) Mos est, ut milites hostibus victis oppida eorum diripiant.

1.1 Welchen Modus wählst du im Deutschen für die erläuternden ut-Sätze?

G2 Erläuternde Relativsätze

Nach Ausdrücken des Vorhandenseins oder Fehlens kann ein Relativatz im Konjunktiv stehen; häufig sind formelhafte Verbindungen mit esse als Vollverb in der Bedeutung „es gibt". Auch diese Relativsätze bilden erst den eigentlichen Inhalt des übergeordneten Satzes.

sunt, qui ...	es gibt welche, die ...	→	manche
non est, qui ...	es gibt niemanden, der ...	→	niemand

a) Sunt, qui negent ullum bellum iustum esse.
b) Nemo est, qui omnia bella probet.

2.1 Welchen Modus wählst du im Deutschen für die erläuternden Relativsätze?

G3 Konsekutive Relativsätze

Jemand, der groß ist, kann leicht über andere hinwegsehen. Dass er das kann, ergibt sich aus seiner Körpergröße, ist also eine Folge davon. Im Lateinischen wird eine solche Folge häufig durch einen Relativsatz ausgedrückt; man spricht dann von einem **konsekutiven Nebensinn** des Relativsatzes.
Solche Relativsätze mit konsekutivem Nebensinn erkennst du am Konjunktiv und an vorausweisenden Wörtern im übergeordneten Satz wie is oder talis.
In solchen Fällen ist eine Übersetzung mit einem deutschen Relativsatz möglich, einfacher ist es jedoch meist, wenn du is, qui oder talis, qui mit „von der Art, dass" übersetzt.

a) Agricola non is erat, qui incolas provinciarum aut hostes contemneret.
b) Clementia est virtus talis, quae etiam hosti parcat.

3.1 Welchen Modus wählst du für die Übersetzung der Relativsätze in a und b?

contemnere: verachten

G4 Genitivus partitivus

Der Genitiv als Kasus des Bereichs (→ 6 G1) kann auch die Zugehörigkeit zu einer Menge angeben: unus Romanorum – einer (≈ Teil) der Römer (≈ Menge). Wegen dieses Teil-Menge-Verhältnisses heißt dieser Genitiv **Genitivus partitivus.** Es gibt ihn auch bei Mengenangaben, z. B. multum aquae – viel Wasser, aliquid mali – etwas Böses.

4.1 Suche aus dem Lektionstext 35 die partitiven Genitive heraus und veranschauliche bei zwei von ihnen das Teil-Menge-Verhältnis durch eine Zeichnung.

Ü1 Formenübung

Welche der folgenden Formen stehen im Konjunktiv?

accidat, accidit, accidet, fiet, fit, fiat, it, ibit, eat, est, sit, sint, sunt, erat, erit, eo, eam, eram, possem, possim, possum

Ü2 Naturerscheinungen

Ergänze im folgenden Text die fehlenden Pronomina aus der Auswahl.

a) Sunt, _____ scripserint in Britannia insula hieme[1] triginta dies continuos esse noctem.
b) Dolendum est _____ nihil de ea re repperisse.
c) _____ autem contendunt noctes breviores esse quam in Italia.
d) Constat _____ dixisse se ipsos in ultimo septentrione[2] vidisse solem aestate numquam occidere[3], hieme[1] autem numquam videri.

[1]hiems: Winter – [2]septentriō: Norden – [3]occidere: untergehen

quidam – nos – qui – aliquos

Ü3 Stimmt das?

Welche Sätze stimmen mit dem Inhalt des Lektionstextes überein, welche nicht?

a) Arma Britannorum auro argentoque ornata sunt.
b) Britanni mortis periculo non terrentur.
c) Primo impetu acies Britannorum a Romanorum equitatu fusa est.
d) Romani a coniugibus parentibusque ad fortiter pugnandum accensi sunt.
e) Agricola Britannos de collibus descendentes quattuor equitum alis[1] circumvenit.
f) Ita consilium diligenter[2] adhibitum tamen Britannis perniciei fuit.

[1]āla: Abteilung – [2]dīligēns: sorgfältig

Ü4 Argumente

Kaum ein Römer hätte wohl Calgacus zugestimmt. – Hier findest du einige Gegenargumente von römischer Seite.

a) Plurimae nationes, si duce carent, res suas bene constituere non possunt.
b) Omnes nationes gaudent populum Romanum pacem ferre.
c) Etiam auxilium nobis ferunt milites suos mittentes.
d) Tributa[1], quae gentibus imponimus, modica[2] sunt vixque sufficiunt[3] ad aedificia publica erigenda[4].
e) Populis subiectis parcimus; bella gerimus contra superbos.

[1]tribūtum: Steuer – [2]modicus: maßvoll – [3]sufficere: ausreichen – [4]ērigere: errichten

\+ Ordne die römischen Argumente den entsprechenden Stellen aus Calgacus' Rede zu.

Ü5 Die Arroganz der Macht

Der Historiker Sueton schildert einige Beispiele für die Überheblichkeit des Kaisers Domitian.

a) Domitianus imperium adeptus in senatu se iactavit[1] se et patri et fratri imperium dedisse, illos sibi reddidisse. Sunt autem, qui dicant illos imperium ei reddere coactos esse.
b) Clamari a populo libenter audivit: „Domino et dominae feliciter!“
c) Superbo animo, cum litteras scribebat, sic coepit: „Dominus et deus hoc fieri iubet: …“ Inde ab eo tempore institutum est, ut Domitianus ne scripto quidem ac sermone cuiusquam nominaretur aliter.
d) Statuas sibi non nisi ex auro et argento factas ac certi ponderis poni permisit.

[1]sē iactāre: prahlen

Ü6 Domitian und die Stoiker

Bestimme die Satzgliedfunktion der grün markierten Wörter.

a) Domitianus imperator „dominus et deus“ appellari volebat.
b) Id nomen Stoici docti reprehenderunt.
c) Tranquilli dixerunt hominem deum appellari numquam debere.
d) Domitianus iratus Stoicos non solum ex urbe, sed etiam ex Italia tota pepulit.
e) Quorum nonnulli in exsilio mortui sunt.
f) Feliciores autem post Domitianum mortuum incolumes Romam reverterunt.

Ü7 Der Teil und das Ganze

Verbinde die folgenden Wörter mit den darunter stehenden Genitiven. Es gibt verschiedene Möglichkeiten.

pars, unus, quicquam, pauperrimi, levissimum, nihil, una, quisquam, recentissimum, aliquid

telorum, digitorum, ornamentorum, opinionum, lunae, subsidii, superbiae, poetarum, legatorum, flagitiorum

Ü8 Sitten

Kaiser Marcus Aurelius war mit den Verhaltensweisen seiner kaiserlichen Vorgänger durchaus nicht immer einverstanden. Um nicht ebenso zu werden, befasste er sich mit Philosophie und schrieb auch eine Art Tagebuch, das Anweisungen an ihn selbst enthielt.

Cave, ne nimis imperatoris modo te geras. Saepe enim id accidit. Vide, ut sis homo simplex[1], sine fraude[2], dignitatis plenus, artem nimiam non adhibens, iustus, pius, amoris familiarum plenus, officiis fungens.

[1] simplex: einfach – [2] fraus: Hinterlist

Ü9 Unsitten

Über das Fehlverhalten einiger Kaiser wurde schon in der Antike geklagt.

a) Tiberius talis erat, qui multos annos Capreis in insula viveret vino[1] et amoribus deditus.
b) Caligula is erat, qui posceret, ut populus se vereretur ut deum.
c) Idem homines divites criminis maiestatis[2] accusavit damnarique iussit.
d) Sunt, qui dicant eum divitiis illorum opes suas auxisse.
e) Nero tam crudelis erat, ut non solum uxores duas, sed etiam matrem interficeret.
f) Saepe fiebat, ut etiam in scaenam prodiret[3] carmina a se ipso ficta canens.

[1] vīnum: Wein – [2] crīminis māiestātis: wegen Majestätsbeleidigung – [3] in scaenam prōdīre: auf der Bühne auftreten

+ Welchen Forderungen von Marcus Aurelius haben die hier genannten Kaiser nicht entsprochen?

Original-Latein

Cicero über Krieg und Frieden

Atque in re publica maxime conservanda sunt iura belli. Quare suscipienda quidem bella sunt ob eam causam, ut sine iniuria in pace vivatur, parta autem victoria conservandi ii, qui non crudeles in bello, non immanes[1] fuerunt. Mea quidem sententia paci semper est consulendum. In quo si mihi esset obtemperatum[2], si non optimam, at aliquam rem publicam, quae nunc nulla est, haberemus.

[1] immānis: unmäßig – [2] obtemperāre: gehorchen

- Wie wichtig ist die Beachtung der Vorschriften des Kriegsrechts?
- Was ist das Ziel eines Krieges?
- Welche Worte benutzt Cicero, um die Zeit nach dem Krieg zu bezeichnen?
- Was ist Cicero lieber, Krieg oder Frieden?
- Wie ist Ciceros Einstellung zu dem Staat seiner Zeit?

Arbeit mit dem Lexikon

Videant consules, ne quid res publica detrimenti capiat.
„Sie sollen die Konsulen sehen, damit nicht was der öffentliche Besitz des Abbruchs fängt."
So etwas könnte herauskommen, wenn jemand einen Satz zu übersetzen versucht, der noch nicht gelernt hat, mit einem Lexikon umzugehen. Damit dir so etwas nicht passiert, musst du wissen, wie ein Lexikon aufgebaut ist und wie du es verwenden kannst.

1) Aufbau eines lateinischen Lexikons

Unter welchem Wort findest du den Eintrag zu
- exit
- ferretur
- abest
- velim
- corporum
- homini
- quid
- assequitur

Die Reihenfolge der Stichwörter ist streng alphabetisch. Bei gleichem Beginn entscheidet der erste Buchstaben, der sich unterscheidet oder dazutritt; es steht also advenio vor adventus und victor vor victoria.
Die Verben sind in der 1. Person Singular Indikativ aufgeführt; zusätzlich wird in manchen Lexika der Infinitiv angegeben oder zu welcher Konjugation das Verb gehört. Meistens werden auch die Stammformen aufgeführt (eine Ausnahme sind die regelmäßigen Stammformen der a- und i-Konjugation – die werden nicht genannt).
Die Substantive findest du in einem Lexikon im Nominativ Singular, bei Pluralwörtern im Nominativ Plural. Außerdem werden der Genitiv Singular und das Genus genannt, denn damit kannst du jede Form erkennen. Beim Nachschlagen musst du also immer erst zu dem gesuchten Substantiv den Nominativ Singular bilden.
Adjektive und Pronomina findest du im Nominativ Singular Maskulinum.
Gleichlautende Wörter, die aber nichts miteinander zu tun haben, werden durch hochgestellte Ziffern voneinander unterschieden:

1. Welche Bedeutungen von ne waren dir schon bekannt?

nē[1] *Versicherungspartikel …*
nē[2] *Verneinungspartikel …*
-ne[3] *enklitische Fragepartikel …*
ne-[4] *unbetonte Wortnegation …*

2) Aufbau eines Lexikonartikels

Was bedeuten die folgenden Abkürzungen:
- alcis
- dav.
- Frages.
- mlt.
- Präp.
- subj.
- übtr.

Wenn du ein lateinisches Lexikon aufschlägst, findest du bei jedem Wort zunächst wichtige Angaben, z. B. ob es sich um ein Adverb, eine Präposition, eine Konjunktion handelt; bei den Verben stehen die Infinitive und Stammformen, bei Substantiven der Genitiv Singular und das Genus, bei Adjektiven die Endungen für Femininum und Neutrum. Oft stehen diese Hinweise in Form einer Abkürzung. Deshalb solltest du, immer wenn du unsicher bist, beim Abkürzungsverzeichnis und bei den Erklärungen von Zeichen und Schriftarten nachschlagen: Sie geben dir wichtige Hinweise zum Verständnis eines Lexikonartikels.
Nach diesen „Grundangaben" folgen die eigentlichen Bedeutungsangaben. Du wirst sehen, dass für die meisten Wörter nicht nur eine oder zwei Bedeutungen angegeben werden, wie du sie bisher gelernt hast, sondern manchmal ganz viele, die in Gruppen zusammengefasst sind. Die Angaben zu dem Verb

facio füllen zwei ganze Spalten! Die Bedeutung eines Wortes an einer bestimmten Stelle ist abhängig vom Zusammenhang. Daher musst du in jedem Fall überprüfen, welche Bedeutung an der Stelle passt.

3) So findest du die richtige Bedeutung

Zurück zum Satz: Videant consules, ne quid res publica detrimenti capiat. Du hast sicher gemerkt, dass die Konsuln das Subjekt zu videant sind und der Konjunktiv jussive Bedeutung hat, aber was bedeutet videre hier? Der erste Eintrag unter **I.** gibt mit dem Hinweis „abs." an, dass die Angabe nur gilt, wenn das Verb absolut gebraucht ist, also ohne ein Objekt: „Die Konsuln sollen sehen können, also nicht blind sein", ist aber kaum gemeint. Also musst du unter **II.** schauen: „trans." (transitiv) heißt, dass hier Bedeutungen von videre mit einem Objekt aufgeführt werden, der nachfolgende ne-Satz kann ja auch ein Objektsatz sein.
Um nun heraus zu bekommen, wie videre in diesem Satz am besten übersetzt wird, musst du dir die einzelnen Angaben genauer anschauen; auch solltest du dir dabei schon einige Gedanken über den Inhalt des ne-Satzes machen: Da geht es offensichtlich um die res publica und um detrimenti – damit dir nichts Wichtiges entgeht, schlägst du nach: detrimentum – Schaden.
Bei der Prüfung der einzelnen Angaben von videre wirst du feststellen, dass viele nicht geeignet sind, weil sie z. B. nur dann zutreffen, wenn videre mit mit Aci oder mit indirektem Fragesatz steht. Unter der Nr. 11 wirst du aber feststellen, dass videre auch durch einen ne-Satz erweitert werden kann; und siehe da: Wie bei den anderen Bedeutungsangaben findest du hier unter den Beispielen genau den Satz: videant consules, ne quid res publica detrimenti capiat; videre heißt also in diesem Fall „auf etwas achten, sich um etwas kümmern, sorgen für": „Die Konsuln sollen darauf achten, dass nicht …"
Jetzt ist nur noch die Frage, was es mit dem quid auf sich hat und wovon der Genitiv detrimenti abhängt, doch das bekommst du auch alleine heraus. Überlege aber immer, ob eine Bedeutung, die dir das Lexikon liefert, mit den Formen und der Bedeutung der anderen Wörter des Satzes zusammenpasst.

• **videō,** vidēre, vīdī, vīsum **I.** *abs.* 1 sehen, sehen können, Sehkraft haben; **sensus videndi; acriter ~** scharfe Augen haben; **quam longe videmus?** wie weit reicht unser Blick?
2 *(Verg.)* die Augen offen haben, wach sein;
II. *trans.* 1 sehen, wahrnehmen, erblicken, erkennen [**hostem; alqd in somnis;** *(m. dopp. Akk.)* **puerum formosum**]; *(m. A. C. I.)* **suos fugere et concīdi videbat;** *(m. Akk. u. Part.)* **te perturbatum video; supplicem vidit in ara sedentem** sah sitzen; **videres** man hätte sehen können; **nulli videndus** allen unsichtbar;
2 wiedersehen [**patriam**];
3 mit eigenen Augen sehen, erleben; **clarissimas victorias aetas nostra vidit; Cinnam memini, vidi Sullam; atque hoc quidem ~ licet** ist eine Erfahrung, die jeder selbst machen kann; **hoc tantum mali vidi** erfahren; **casus abies visura marinos** = bestimmt, das Meer zu befahren;
4 besuchen, aufsuchen [**vicinum; has domos; hominem**];
5 ansehen, betrachten; **mulieres visum processerant** um den Kampf mit anzusehen; **alqm ~ non posse** jmd. nicht ansehen können = nicht ausstehen können; **nascentem placido lumine ~***;*
6 gleichgültig mit ansehen, gleichgültig zusehen *(alqd; meist m. A. C. I.)* [**nefas**]; **vos civem in vincula duci videbitis;**
7 *(vorkl.)* jmd. als Vorbild ansehen, jmdm. vertrauen; **me vide** vertraue auf mich;
8 begreifen, verstehen, einsehen, merken *(alqd, m. A. C. I. od. indir. Frages.)* [**plus in re publica** einen tieferen politischen Blick haben];
9 *(poet.)* wahrnehmen, hören *(m. Akk. od. A. C. I.);* **mugire videbis terram** *(Verg.);*
10 *(geistig)* betrachten, überlegen, erwägen, bedenken *(Akk. od. indir. Frages.)* [**aliud consilium**]; **haec videnda sunt** muss erwogen werden; **videas, quid agas; quae causa fuerit, video; nunc ea videamus, quae contra ab his disputari solent;** *oft steht Fut. 2 (um die Entscheidung hinauszuzögern od. um sie einem anderen zu überlassen):* **alio loco de oratorum animo et iniuriis videro** *(= Fut. 2);* **sitne malum dolere necne, Stoici viderint; ipse viderit** er mag selbst zusehen; *ebenso:* **tu videris, vos videritis, ipsi viderint***;*
11 auf etw. achten, sich um etw. kümmern, zusehen, sorgen für *(m. Akk., ut, ne, ne non, auch m. bl. Konj.);* **viderit ista deus; videant consules, ne quid res publica detrimenti capiat; viderint ista officia viri boni; negotia mea videbis;** *– als mildere Bejahung u. Verneinung:* vide, videamus, videant ne, vide ne non, videndum est ut; **vide, ne nulla sit divinatio** vielleicht gibt es keine; **vide, ne non sit proprium nomen omnium** schwerlich ist; **videndum est, ut honeste vos esse possitis** so werdet ihr wohl nicht mit Ehren dort bleiben können;
12 etw. besorgen [**alqd potionis; alci prandium**];
13 etw. im Auge haben, beabsichtigen, nach etw. streben [**magnam gloriam; aliud** andere Absichten haben; **imperia immodica; commodum publicum**];
/ umgangssprachlich: vidēn *(Plaut.; Verg.) = vidēsne?*

Eintrag zu videre aus dem PONS Wörterbuch Schule und Studium Latein

L Probleme der Provinzverwaltung

C. Plinius Traiano imperatori

Quinto decimo Kalendas Octobres[1], domine, provinciam Bithyniam intravi, quam mihi administrandam tradidisti. Eam provinciam in eo obsequio[2], in ea adversus te fide inveni, quam tu mereris.

Spero me tuam magnitudinem precibus meis non minuturum, domine: descendas oportet ad meas curas, praesertim cum ius mihi dederis referendi ad te omnia, de quibus dubito.

Nuper per quasdam regiones provinciae vehiculo[3] vectus sum cogniturus, quo in statu essent, quaesiturusque, quibus rebus ad administrandas civitates potissimum opus esset. In plerisque civitatibus, maxime Nicomediae et Nicaeae, quidam, qui vel in opus vel in ludum damnati erant, nunc publicorum servorum[4] officio funguntur. Quin etiam vidi damnatos ut publicos servos[4] annua[5] accipientes. Quod ego cum animadvertissem, diu multumque consideravi, quid facere deberem. Nam et reddere poenae eos post longum tempus nimis severum arbitrabar, et in publicis officiis retinere damnatos non satis honestum putabam. Quia nescio, quid fieri debeat, nihil faciam, donec te consuluero.

Quaeres fortasse, quemadmodum evenerit, ut poenae, in quas damnati erant, remitterentur. Et ego e magistratibus id ipsum quaesivi: pudebat eos, quia nulla de damnatis decreta reperiri poterant, quibus illi liberati probarentur. Erant tamen, qui dicerent eos iussu proconsulis[6] dimissos.

Aliam rem, domine, attingam liceat: A Nicomedensibus impetraveram, ut mihi potestatem facerent visendi cuncta opera monumentaque publica. Aquam in urbem Nicomedenses per septem vel octo milia passuum perducturi ingentem pecuniam consumpserunt. Id opus non modo intermissum, sed etiam omissum meis oculis vidi.

Ipse perveni ad fontem purissimum, ex quo aqua perduci posse videtur. Id opere arcuato[7] fiat necesse est, ut initio a Nicomedensibus temptatum erat. Eo modo provideri poterit, ne tantum ad plana[8] civitatis aqua perveniat. Itaque opus denuo[9] exstruendum[10] censeo; nam plurimi arcus destructi[11] sunt, manent adhuc paucissimi; quos ad praesens tempus Nicomedensibus tuendos conservandosque tradidi. Possunt et erigi quidam arcus lapide quadrato[12], qui facile ex superiore opere detrahitur.

Superest, ut mittas aliquem aquilegem[13] vel architectum[14], ne rursus eveniat, quod accidit. Ego illud unum confirmo et usum operis et pulchritudinem[15] saeculo tuo fore dignissimam.

Vale!

[1] quīntō decimō Kalendās Octōbrēs: am 17. September
[2] obsequium: Gehorsam
[3] vehiculum: Wagen
[4] servī pūblicī: städtische Angestellte
[5] annuum: Gehalt
[6] prōcōnsul: Statthalter
[7] opus arcuātum: Aquädukt
[8] plānum: Ebene
[9] dēnuō: wieder
[10] exstruere: errichten
[11] dēstruere: zerstören
[12] lapis quadrātus: Quaderstein
[13] aquilex: Wasserexperte
[14] architectus: Baumeister
[15] pulchritūdō: Schönheit

Aquädukt von Segovia, Spanien, errichtet unter Kaiser Trajan Ende des 1. Jahrhunderts n. Chr.

Verstehen & Vertiefen

1. Gliedere den Text nach Themen sowie einleitenden, verbindenden und abschließenden Passagen.
2. Wie begründet Plinius, dass für die Wasserleitung in Nikomedia ein Aquädukt notwendig ist?
3. Erarbeite am Text, welches Verhältnis Plinius zu Kaiser Trajan gehabt hat.

Römische Ingenieurkunst

Das römische Straßennetz, das in der Kaiserzeit etwa 80 000 bis 100 000 km umfasste, war zunächst aus militärischen Gründen errichtet worden, um den raschen Transport der Truppen zu den Krisenherden des Reiches zu ermöglichen. Doch die Straßen erleichterten auch die Verwaltung des Imperiums und den Handel mit Waren, wenn auch Massengüter in der Regel auf dem Wasserweg befördert wurden.
Der Bau der sorgfältig geplanten Straßen war enorm aufwendig. Auf dem mehrschichtigen Unterbau wurden Steinplatten verlegt. Vor schwierigem Gelände schreckten die römischen Ingenieure nicht zurück: Flüsse und Täler wurden mit kühnen Brückenkonstruktionen überwunden, Hügel abgetragen und unebenes Gelände planiert. Für den Fernverkehr über die Alpen baute man Passstraßen über den Gotthard und den Brenner aus.
Zahlreiche römische Straßen waren so vorzüglich geplant, technisch zuverlässig gebaut und sorgfältig instandgehalten, dass sie bis weit in die Neuzeit hinein als Verkehrswege benutzt wurden. Und manche moderne Überlandstraße ruht auch heute noch auf dem Fundament römischer Straßen.
Beim Straßenbau wurden zahlreiche freie und unfreie Arbeiter gleichzeitig eingesetzt – Arbeitskraft war billig. Dennoch verschlang die Konstruktion einer Reichsstraße, einer via publica, Unsummen. In der Republik erbauten reiche Aristokraten die Straßen oder zumindest Teilstücke. Dadurch dass die Straße nach ihnen benannt wurde, erwarben sie sich und ihrer Familie bleibenden Ruhm. Seit Augustus war der Bau der viae publicae Aufgabe der Kaiser. Er sorgte dafür, dass dieser wichtige Bereich der öffentlichen Verwaltung fortan kaiserlicher Aufsicht unterstand und nicht weiter von ehrgeizigen Senatoren zur Selbstdarstellung genutzt werden konnte. Die Kaiser stellten am Straßenrand Meilensteine (miliaria, Sg. miliarium) auf, die Entfernungsangaben zu Städten oder Knotenpunkten von überregionalen Straßen aufwiesen. Die Meilensteine erwähnen immer den Kaiser als obersten Bauherrn, der die Straße hatte neu errichten oder ausbessern lassen. So dienten sie den Kaisern als Mittel, dem Volk ihre Bedeutung vor Augen zu führen.
Der Straßenzustand wurde in den Provinzen von den Statthaltern kontrolliert; der Unterhalt war oft Sache von Städten oder Anliegern. Von den Reichsstraßen zweigten zahlreiche kleinere Straßen und Wege ab, die städtische Wohltäter oder römische Beamte errichten ließen. Das engmaschige Straßennetz stellte nicht nur einen wichtigen Wirtschaftsfaktor für die Gebiete dar, die es verband, sondern förderte auch die Anerkennung der römischen Herrschaft durch die lokale Bevölkerung.

Teilstück der Via Appia in Latium

Verstehen & Vertiefen

1. Die Bedeutung der römischen Ingenieurkunst für uns erkennst du auch daran, dass viele Wörter aus diesem Bereich Lehnwörter aus dem Lateinischen sind. Welche deutschen Wörter kommen von murus, fenestra, tegula, cella, strata, calx, vallum, porta?
2. Inwiefern erleichterten die Straßen die Verwaltung des Imperiums?

Über den Bau von Wasserleitungen schreibt der römische Ingenieur und Architekt Vitruv in seinem Werk *De architectura:*
„Von Wasserleitungen gibt es drei Arten: gemauerte Kanäle, Bleileitungen oder Tonröhren. Kanäle müssen so stabil wie möglich gebaut werden; ihr Boden muss ein Gefälle von mindestens ¼ Fuß, höchstens ½ Fuß auf 100 Fuß aufweisen. Ein Steingewölbe als Überdachung ist notwendig, damit die Sonne das Wasser möglichst wenig erwärmt.
Dort, wo die Leitung auf die Stadtmauer trifft, ist ein Wasserkastell zu errichten mit drei Auffangbecken; aus diesen wird das Wasser über Rohre in drei Speicherbecken geleitet. Diese müssen so angelegt sein, dass das Wasser aus den beiden seitlichen Becken in das mittlere [tiefer liegende] geleitet werden kann. Aus diesem mittleren Becken führen Leitungen zu öffentlichen Wasserentnahmestellen und Springbrunnen, damit die Versorgung der Bevölkerung sichergestellt ist. Aus einem der seitlichen Becken werden die öffentlichen Bäder gespeist; dadurch, dass sie auf voller Länge eigene Leitungen haben, ist gewährleistet, dass sie niemandem Wasser wegnehmen. Aus dem dritten Becken führen Leitungen in Privathäuser; diejenigen, die einen privaten Wasseranschluss besitzen, zahlen eine jährliche Wassergebühr und tragen auf diese Weise dazu bei, die öffentliche Wasserversorgung zu finanzieren. Das sind also die Gründe für die von mir geforderte Dreiteilung.
Wenn es zwischen der Wasserquelle und der Stadt Berge gibt, ist es nötig, Stollen anzulegen, die ebenfalls das o.g. Gefälle aufweisen müssen. Besteht der Untergrund aus Tuff oder Fels, kann der Kanal aus dem gewachsenen Material herausgehauen werden; bei erdigen oder sandigen Untergründen muss der Stollen ausgemauert und mit Steinplatten überdeckt werden. Im Abstand von 120 Fuß sind Revisionsschächte anzulegen."

Verstehen & Vertiefen

3. Wessen Versorgung mit Wasser sollte auf jeden Fall gewährleistet sein? Wie wurde das bewerkstelligt?

Kopie eines Meilensteins vom Kastell Germanicum (heute Kösching), aufgestellt in Walting/Pfünz im Altmühltal; Abzeichnung der Inschrift:

IMP·CAESAR·
L·SEPTIMIVS·SEVERVS·PIVS·
PERTINAX·AVG·ARAB·
ADIAB·PARTHICVS·MAXIMVS·
PONTIF·MAX·TRIB·POT·VIIII·
IMP·XII·COS·II·P·P·PROCOS·ET·
IMP·CAESAR·MARCVS·AVREL·
ANTONINVS·PIVS·AVG·TRIB·
POT·IIII·PROCOS·

VIAS·ET·PONT·REST·
AB·AVG·M·P·LXII
A·LEG·M·P·XXXIIII·

G1 Partizip Futur Aktiv

1.1 Bilde die Genitive der Partizipien in allen Genera.

Verwendungsweisen von Partizipien:
- prädikativ (→ 17 G 3)
- substantiviert (→ 25 G 3)
- attributiv (→ 25 G 4)

PFA:
nachzeitig – aktiv

1.2 Wann verwendest du „werden", wann „sollen", um die Nachzeitigkeit auszudrücken?
valēre iubēre: verabschieden
1.3 Bestimme die Verwendungsweisen der Partizipien in den Sätzen a bis d.
vehiculum: Wagen

Du kennst im Lateinischen schon das Partizip Perfekt Passiv (PPP; laudatus, -a, -um; secutus, -a, -um) und das Partizip Präsens Aktiv (PPA; laudans, sequens). Außerdem gibt es noch das **Partizip Futur Aktiv** (PFA): laudaturus, -a, -um; secuturus, -a, -um.
Die Formen des PFA sind dir schon vom Infinitiv Futur Aktiv bekannt, der aus dem PFA mit esse besteht: z. B. laudaturum esse, secuturos esse (→ 18 G 2).

Wie die anderen Partizipien kann das PFA substantiviert, attributiv oder prädikativ verwendet werden. Das PFA ist dabei
- **immer nachzeitig** (es heißt daher auch „Partizip der Nachzeitigkeit"),
- **immer aktiv.**

Im Deutschen kannst du die Nachzeitigkeit ausdrücken
- durch „werden" oder „sollen":
  a) Traianus imperator: „C. Plinius Bithyniae provinciae praefuturus a me amicus fidelissimus habetur."
  b) Plinius provinciae praefuturus ab imperatore amicus fidelissimus habebatur.
- durch „im Begriff sein" oder „kurz davor stehen":
  c) Multi amici Plinium in provinciam profecturum valere iusserunt.
- durch „um ... zu"; dabei drückt das PFA ein finales gedankliches Verhältnis aus:
  d) Novam provinciam visurus C. Plinius per omnes provinciae regiones vehiculo vectus est.

G2 Accusativus cum participio

Objekt:
(Subst./Pronomen im Akk.)
(Infinitiv)
(Aci)
(Begehrsatz)
(indirekter Fragesatz)
(Acp)

2.1 Findest du eine Möglichkeit, auch in der deutschen Übersetzung die Unmittelbarkeit der Wahrnehmung zum Ausdruck zu bringen?

Du hast gelernt, dass auch ein Vorgang oder eine Handlung die Objektstelle füllen kann. Nach einem Verb der Wahrnehmung wie „sehen" oder „hören" wird ein solcher Vorgang durch einen Aci ausgedrückt (→ 7 G 1).
Wenn aber betont werden soll, dass jemand einen Vorgang ganz unmittelbar und eindrucksvoll miterlebt, dann kann statt des Infinitivs auch das Partizip Präsens Aktiv stehen. Entsprechend heißt diese Konstruktion **Accusativus cum participio** (Acp). Einen Acp kannst du genauso wie einen Aci übersetzen.
a) Nicomediae damnatos officia publica implentes vidi.
b) Postea eos a magistratibus pecuniam accipientes conspexi.

G3 nd-Formen in finaler Verwendung

Nach Verben des Übergebens und Überlassens kann ein Akkusativ-Objekt durch eine nd-Form in KNG-Kongruenz erweitert sein:

a) Do tibi libros. — Ich gebe dir Bücher.
b) Do tibi libros legendos. — Ich gebe dir die Bücher zum Lesen.

Die nd-Form gibt dabei an, zu welchem Zweck das Objekt übergeben oder überlassen wird. Die nd-Form ist also final verwendet.

c) Imperator Traianus provinciam Bithyniam C. Plinio administrandam tradidit.
d) Traianus Plinio multas res decernendas permisit.

Manchmal nützt dir für die Übersetzung die dir schon bekannte Formel von der „x-ung des y“ (→ 33 G 1):

e) Plinius aquam novam aedificandam curavit.
f) Plinius gloriam Traiani augendam suscepit.

aqua: Wasserleitung

G4 Gliedsätze ohne Subjunktion

Nach Verben, die einen Wunsch, eine Forderung oder einen Befehl bezeichnen, kann, wie du weißt (→ 22 G 1), als Objekt ein Begehrssatz mit ut stehen:

a) Traianus: „Postulo, ut provinciam bene administres.“

Das ut kann nach solchen Verben aber auch wegfallen:

b) Traianus: „Postulo provinciam bene administres.“
c) „Nolim damnati in officia publica adhibeantur.“
d) „Te oro tuearis conservesque opera, quae adhuc manent!“

Auch nach unpersönlichen Ausdrücken wie licet, oportet, necesse est kann ein Satz mit bloßem Konjunktiv (ohne ut) stehen:

e) Plinius: „Novam provinciam cognoscam oportet.“
f) „Damnati poenas solvant necesse est.“
g) „Cuncta opera publica visam mihi licebit.“

Nachdenken über Sprache

Bitte, bitte

Vergleiche:
a) Te oro, ut hoc facias.
b) Ich bitte dich, dass du dies tust/dies zu tun.
c) Hoc oro facias.
d) Tu dies bitte.

Ü1 PFA?

Welche Form ist ein PFA?

questurus, durus, deletura, fracturi, vastaturum, aurum, natura, futuri, ituri, collecturas, mansuros, muros, tecturo, tauro, curas, territurae, laturae

Ü2 PFA!

Vervollständige die Ausdrücke mit einem passenden Objekt und/oder Adverbiale und übersetze sie dann.

Beispiel:
dedituri → urbem dedituri → um die Stadt auszuliefern

direpturi, rupturus, vecturi, cultura, aversuri, mixturi, detracturi, oblaturae, retenturi, vincturus, incensuri, proditurus, sublaturae, coniecturi, erepturi, fusuri

Ü3 Woher?

Von welchen Infinitiven sind die folgenden nd-Formen abgeleitet?

a) adiuvandum – audiendum – audendum
b) parandum – pariendum – parendum
c) apparendum – aperiendum – appetendum
d) monendum – manendum – muniendum
e) considendum – consistendum – constituendum

Ü4 Wie?

Bilde die nd-Formen von folgenden Verben:

a) Gen. Sg. f. rogare, dare, levare
b) Nom. Sg. n. gaudere, manere, tueri
c) Abl. Sg. n. sentire, vincire, dormire
d) Gen. Sg. n. canere, ridere, reverti
e) Akk. Pl. f. rapere, excipere, cognoscere

Ü5 Am Rhein

Suche jeweils das passende Verb heraus und bringe es in die richtige nd-Form.

a) Augustus Germanico tres legiones (declarare/adipisci/regere) tradiderat.
b) Germanicus filio parvo, quem secum in castris habere solebat, caligas[1] parvas (numerare/versari/gerere) donavit.
c) Ad seditionem coercendam Germanicus quibusdam militibus epistulam fictam (vereri/legere/augere) dedit.
d) Tandem Germanicus Treveris uxorem (tueri/complere/discere) commisit.

[1] caliga: Soldatenstiefel

Ü6 Herzlichen Glückwunsch

Plinius gratuliert Trajan zum Geburtstag. – Suche den passenden Infinitiv heraus.

C. Plinius Traiano imperatori
a) Spero te, domine, hunc diem natalem[1] cum bonis amicis (acturum esse/egisse).
b) Mihi est persuasum te iam multos dies felicissimos (visurum/vidisse).
c) Spero tibi plurimos alios dies natales[1] (fore/fuisse).
d) Pro certo scio te maximam gloriam (adepturum esse/adeptum esse).

Traianus Plinio
e) Gavisus sum te, mi Secunde, mihi litteras (missurum esse/mittere/misisse).
f) Speras diem natalem[1] mihi felicissimum (futurum/esse/fuisse).
g) Id monstrat me rem publicam adhuc bene (administraturum esse/administrare/administravisse).
h) Gratias tibi ago te mihi tam fideliter (serviturum esse/servire/servivisse).

[1] diēs nātālis: Geburtstag

Ü7 Plinius und der Kaiser

Wie musst du das Wort cum in den folgenden Sätzen jeweils übersetzen?

a) Tum, cum C. Plinius Secundus proconsul[1] Bithyniae fuit, plurimae litterae inde Romam missae sunt.
b) Cum consilio carebat, litteras Romam ad Traianum imperatorem mittere solebat.
c) Quas magna cum diligentia composuit.
d) Cum Plinio proconsuli[1] omnes fere res decernere licuisset, tamen semper Traianum imperatorem consulere maluit.
e) Traianus, cum litteras acceperat, responsum breve magna cum celeritate ad Plinium misit.

[1] prōcōnsul: Statthalter

Ü8 Konnektoren

Hier findest du eine Sammlung möglicher Satzverbindungen. Ordne sie so, dass die mit gleicher oder ähnlicher Bedeutung zusammen stehen.

Ü9 Der Gruß der Gladiatoren

Ave Caesar, morituri te salutant.

Ü10 Feuerwehr für Nicomedia?

Aus gegebenem Anlass stellt Plinius einen Antrag an den Kaiser.

C. Plinius Traiano imperatori
Cum per diversam[1] partem provinciae iter facerem, Nicomediae maximum incendium multas privatorum domos et duo publica opera delevit. Est autem incendium latius[2] sparsum[3], primum vi venti, deinde, quia homines nihil egerunt, ut flammae coercerentur. Praeterea nullum aderat instrumentum ad incendia exstinguenda. Haec quidem, ut iam praecepi, parabuntur; tu, domine, considera, an instituendum putes collegium[4] fabrorum[5] dumtaxat[6] hominum CL. Ego videam, ne quis nisi faber[5] recipiatur neve[7] iure concesso in aliud utantur; nec erit difficile custodire tam paucos.
Vale.

[1] diversus: abgelegen – [2] lātus: weit – [3] spargere: verbreiten – [4] collēgium: Truppe – [5] faber: Handwerker – [6] dumtaxat: höchstens – [7] nēve: und nicht

Die Antwort Trajans

Ordne die Sätze in der richtigen Reihenfolge. Achtung: Zwei passen nicht hinein!

a) Egal, was für einen Namen sie bekommen, sie werden praktisch immer zu Räuberbanden.
b) Das ist eine gute Gelegenheit, arbeitsscheue Tagediebe sinnvoll zu beschäftigen.
c) Trajan grüßt Plinius
d) Aber ich weiß, dass die Städte dieser Gegend von derartigen Truppen geradezu heimgesucht worden sind.
e) Du hattest die Idee, in Nikomedia eine Feuerwehrtruppe aufzustellen.
f) Das müssen die Grundstückseigentümer benutzen und gegebenenfalls Schaulustige zur Brandbekämpfung hinzuziehen.
g) Leb wohl.
h) Deine Idee, eine Feuerwehr zu gründen, ist ganz ausgezeichnet.
i) Viel besser ist es, ausreichend Material zur Brandbekämpfung zur Verfügung zu stellen.

Die Grundlage des europäischen Rechts

Kaiser Justinian gibt um das Jahr 530 seinen drei besten Juristen den Auftrag, ein Lehrbuch über das römische Rechtswesen zu verfassen. Sie schreiben ein so grundlegendes Werk, dass Justinian es 533 zum Gesetz erhebt. Noch heute muss jeder Jurastudent diese so genannten *Institutionen* des *Corpus iuris civilis* lesen. Nicht nur die deutschen Gesetze, sondern das Recht vieler Staaten fußt auf den dort definierten Begriffen.

IN NOMINE DOMINI NOSTRI IESU CHRISTI
IMPERATOR CAESAR FLAVIUS IUSTINIANUS ALAMANNICUS GOTHICUS
FRANCICUS GERMANICUS ANTICUS ALANICUS VANDALICUS AFRICANUS
PIUS FELIX INCLITUS[1] VICTOR AC TRIUMPHATOR SEMPER AUGUSTUS[2]
CUPIDAE LEGUM IUVENTUTI

Imperatoris auctoritatem non solum armis ornatam, sed etiam legibus oportet esse armatam, ut utroque tempore – et bellorum et pacis – res publica recte regi possit. Summa itaque ope et acri studio leges et decreta nostra accipite! Quisquis vestrum eruditum se ostenderit, animum studio iuris intendere poterit. Optimus quisque nostram rem publicam magnificam legibus sanis temperabit.

LIBER PRIMUS INCIPIT
Iustitia est constans et perpetua voluntas suum cuique ius tribuendi.
Iuris doctrina[3] docet divinas atque humanas res cognoscere et, quid sit iustum iniustumve, intellegere. **Iuris praecepta** sunt haec: honeste vivere, alterum non laedere, suum cuique tribuere.

[1] inclitus: ruhmreich
[2] augustus: erhaben
[3] doctrīna: Wissenschaft

Mosaik aus der Kirche San Vitale in Ravenna, 1. Hälfte des 6. Jahrhunderts

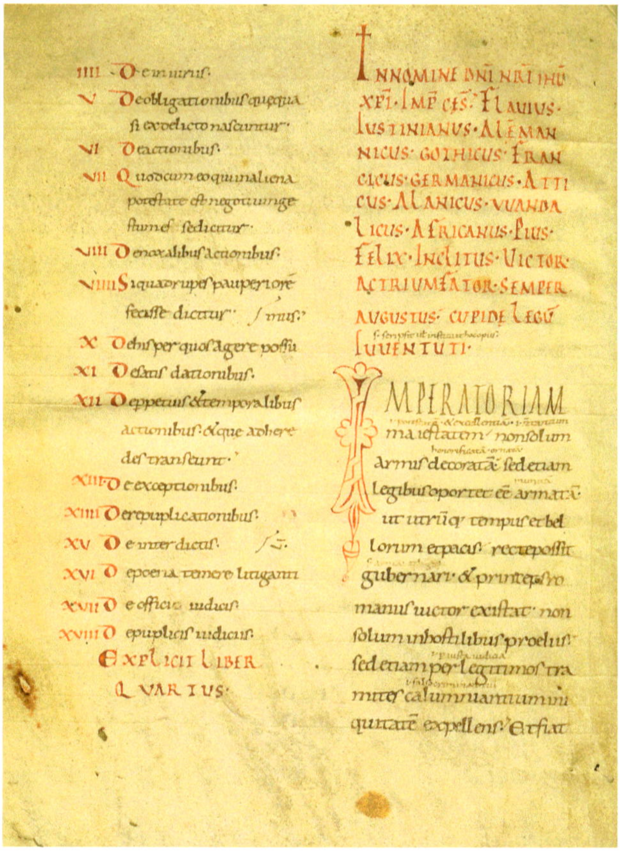

Anfangsseite aus den *Institutionen* Justinians, Handschrift des 9. Jahrhunderts; Staatsbibliothek Bamberg

Verstehen & Vertiefen

1. Wozu braucht der Staat nach Aussage Justinians Recht und Gesetze?
2. Was erwartet der Kaiser von den Jurastudenten und den angehenden Juristen?
3. Zeichne ein Schema der Bereiche, in die das Recht eingeteilt wird.
4. Beschreibe die Kleidung der Personen auf dem Mosaik und die Gegenstände, die sie in den Händen halten.

Huius studii duae sunt disciplinae, publica et privata. **Publicum ius** est, quod ad statum rei Romanae attingit, **privatum**, quod ad cuiusque hominis condicionem pertinet. Ius autem privatum ex tribus partibus compositum est: constat[4] enim ex praeceptis naturae aut gentium aut civitatum.

Ius naturale[5] appellamus, quod natura omnia animalia, quaecumque sunt, docuit. Nam ius istud non humani generis proprium est, sed omnium animalium, quae in caelo, quae in terra, quae in mari sunt.

Ius autem civile a iure gentium ita dividitur: Omnes populi, qui legibus et moribus florent, partim suo proprio utuntur, partim communi omnium hominum iure coniunguntur. Nam quod quisque populus ipse sibi constituit, vocatur **ius civile**, id est ius proprium ipsius civitatis. Quod vero naturalis[5] ratio inter omnes homines constituit, omnes populi in omne tempus custodiunt. Id vocatur **ius gentium**, quasi ius societatis, qua omnes gentes coniunctae sunt.

Naturalia[5] quidem iura, quae apud omnes gentes semper servantur, divina quadam providentia[6] constituta sunt et firma manebunt in omnia saecula. E contrario ea, quaecumque sibi quaeque civitas constituit, non raro mutari solent vel consensu[7] populi vel alia postea lege lata.

[4] cōnstāre *(hier)*: bestehen aus

[5] nātūrālis: natürlich, Natur-

[6] prōvidentia: Vorsehung

[7] cōnsēnsus, -ūs *m.*: übereinstimmender Wunsch

Zwölftafelgesetz und Corpus iuris civilis

Der wichtigste Gesetzestext der römischen Republik ist das Zwölftafelgesetz (lex duodecim tabularum) aus der Mitte des 5. Jahrhunderts v. Chr. Es heißt so, weil es auf zwölf Tafeln geschrieben war, die auf dem Forum standen. Dies erzeugte Rechtssicherheit: Wortlaut und Inhalt der geltenden Gesetze waren so jedem zugänglich. In den darauf folgenden Jahrhunderten der römischen Republik wurde das römische Recht von den Magistraten und Fachjuristen weiterentwickelt. Von besonderer Bedeutung waren die Edikte, in denen die römischen Prätoren erklärten, wie sie in ihrer Amtszeit das Recht ausüben und welche Klagemöglichkeiten sie zulassen wollten.

In der Kaiserzeit hatten die Erlasse und Verfügungen der Kaiser Gesetzeskraft. Zugleich erreichte die römische Rechtswissenschaft ihre höchste Blüte. Die Juristen strebten allerdings kein in sich geschlossenes Rechtssystem an, sondern untersuchten und kommentierten einzelne Fallentscheidungen („Präzedenzfälle"). Sie entwickelten Begriffe und Grundsätze, die noch heute den meisten europäischen Rechtsordnungen zugrunde liegen, so auch dem Bürgerlichen Gesetzbuch (BGB) in Deutschland.

Das große, zwischen 529 und 534 n. Chr. entstandene Gesetzgebungswerk des Kaisers Justinian, das später corpus iuris civilis genannt wurde, sammelte und ordnete alle noch geltenden Kaisergesetze ab der Zeit Hadrians. Zu diesem codex Iustinianus traten die Veröffentlichung wichtiger Auszüge aus den Schriften römischer Juristen (digesta oder pandectae) und ein Elementarbuch für das Rechtsstudium (institutiones). Das im corpus iuris civilis schriftlich fixierte römische Recht diente als Grundlage für europäische Gesetzbücher wie den Code Napoléon, das französische Zivilgesetzbuch von 1804, oder auch das Bürgerliche Gesetzbuch, das 1900 in Deutschland in Kraft trat.

Im BGB sind z. B. Teile des Vertrags- und Schuldrechts sowie die Unterscheidung zwischen Eigentum und Besitz römischen Ursprungs. Auch wichtige allgemeine Bestimmungen kommen aus dem römischen Recht: „Treu und Glauben" (bona fides), die „guten Sitten" (boni mores) und die „Arglist" (dolus). Im Nachbarrecht werden der „Überhang" von Zweigen, der „Überfall" von Früchten, die Einsturzgefahr von Gebäuden und die Feststellung von Grundstücksgrenzen nach römischem Vorbild geregelt.

In Ländern, deren Rechtssprechung auf Fallentscheidungen beruht, kommt es noch heute vor, dass einzelne Richter auf Grundsätze des römischen Rechtes zurückgreifen. So stritten sich 1987 vor einem englischen Gericht zwei Parteien, weil im Laderaum eines Öltankers ihre Ladungen vermischt worden waren. Alte Entscheidungen in vergleichbaren Fällen sahen vor, dass der Verursacher der Vermischung das Recht auf seinen Teil verliere und die gesamte Ladung der anderen Seite zufalle. Doch der Richter in England folgte nicht diesen Präzedenzfällen, sondern teilte das Öl zwischen den beiden Parteien nach ihren jeweiligen Anteilen am Ganzen auf. Er berief sich auf die institutiones, wo es heißt: „Wenn Stoffe zweier Eigentümer mit deren Willen vermischt worden sind, so gehört die ganze Sache, die aus der Vermischung entsteht, beiden gemeinschaftlich, zum Beispiel wenn sie ihre Weine vermischt oder Klumpen von Gold oder Silber zusammengeschmolzen haben. Aber auch wenn es unterschiedliche Stoffe sind und deswegen eine neuartige Sache entstanden ist, zum Beispiel aus Wein und Honig Honigwein oder aus Gold und Silber eine Legierung, so gilt dasselbe. Denn auch in diesem Fall gehört die neue Sache unzweifelhaft beiden. Wenn schließlich durch Zufall und nicht mit Willen der Eigentümer unterschiedliche oder gleichartige Stoffe vermischt worden sind, gilt das Gleiche."

Verstehen & Vertiefen

1. Forsche nach: Was ist der Unterschied zwischen Eigentum und Besitz? Was versteht man unter „Treu und Glauben", was unter den „guten Sitten"?
2. Bewerte das Vorgehen des englischen Richters und den Text aus den Institutionen, auf den er sein Urteil stützte. Gibt es Fälle, in denen diese Entscheidung ungerecht wäre?

G1 Relativsätze als Objekt

Du kennst Relativsätze schon in attributiver Verwendung und als Subjekt (→ 15 G 1, 30 G 4).
Ein Relativsatz kann aber auch die Satzgliedstelle Objekt füllen. Vergleiche:

a) Nemo (leges) neglegere debet.
b) Nemo, (quae leges imperant), neglegere debet.

Für die Übersetzung setzt du vor den Relativsatz am besten noch ein vorausweisendes Pronomen:

Niemand darf das, was die Gesetze befehlen, außer Acht lassen.

c) Imperator Iustinianus, qui leges composuerunt, maxime laudavit.
d) De quibus locutus es, probo.

Objekt:
(Subst./Pronomen im Akk.)
(Infinitiv)
(Aci/Acp)
(Begehrsatz)
(indirekter Fragesatz)
(Relativsatz)

1.1 Untersuche die Relativsätze im Lektionstext 37: Welche sind Attribut, welche Subjekt, welche Objekt?

G2 Verallgemeinernde Relativsätze

Relativsätze können nicht nur eine genauere Bestimmung und Eingrenzung geben, sondern auch verallgemeinern:

Wer auch immer das gesagt hat, hat Recht.

Solche Relativsätze werden im Lateinischen durch die verallgemeinernden Relativpronomina quisquis oder quicumque eingeleitet.

- Neben quisquis gibt es noch die Formen quidquid/quicquid (Nom. Sg. n.) und quoquo (Abl. Sg.).
- Die Formen von quicumque bestehen aus dem Relativpronomen qui, quae, quod, an das die Endung -cumque angehängt wird.

Beide verallgemeinernden Relativpronomina kannst du mit „wer auch immer", „jeder, der" oder „alle, die" übersetzen.

a) Quisquis facinus commisit, poenas solvere debet.
b) Iussu Iustiniani viri doctissimi, quaecumque umquam iudiciorum facta erant, collegerunt.
c) Omnes leges hominum, quaecumque sunt, a lege Domini superantur.
d) Quoquo modo res se habet, legibus parendum est.

2.1 Bestimme die Satzgliedfunktion der verallgemeinernden Relativsätze.

G3 Indefinitpronomen: quisque

Das Indefinitpronomen quisque bedeutet „jeder". Dekliniert wird nur der erste Bestandteil (quis-), der zweite (-que) bleibt unverändert.
Das Pronomen quisque macht eine allgemeine Aussage über eine Gruppe, betrachtet dabei aber jeden einzelnen.

a) Iustitia suum cuique tribuit bedeutet, dass alle von der Gerechtigkeit ihren Anteil erhalten, jeder seinen eigenen.

Für quisque in Kombination mit einem Superlativ ist eine spezielle Übersetzung nötig. So bedeutet fortissimus quisque „gerade die Tapfersten", „alle Tapferen".

b) Cicero: „Trahimur omnes honore et optimus quisque maxime gloria ducitur."

3.1 Bilde zu quisque die anderen Kasus im Singular.

Ü1 Formenübung

Welche Form ist von quisque – und was bedeuten die anderen?

cuiusque, atque, quinque, quemque, quisque, plerique, uterque, relinque, neque, ubique, denique, quodque, itaque, cuique, quaque, aeque, quaeque

Ü2 Der Marktschreier

a) Merces vendo omnis generis!
b) Quicquid cupitis, vobis praebeo!
c) Oculi unius cuiusque delectantur!
d) Delectatur et sacculus[1]: Quod quisque pretium facit[2], id solvet!
e) Ad unam quamque rem dabo alteram gratis[3]!
f) Pro se suosque quisque res optimas eligat!
g) Qui nihil emerit, sibi ipsi nocebit!

[1] sacculus: Geldbeutel – [2] pretium facere: bieten – [3] grātīs: umsonst

Ü3 In einem Wort

Manchmal kommt die deutsche Sprache mit weniger Wörtern aus als die lateinische. Probiere es aus.

a) ii, qui adsunt
b) ii, qui audiunt
c) ii, qui vicerunt
d) qui Epicurum sequuntur
e) qui in re publica versantur
f) quae in mari vivunt
g) quae importantur
h) de quo agitur
i) quae suscepimus

Ü4 Wortschatz

Lege eine Tabelle an mit den Spalten RECHT und UNRECHT und ordne darunter passende lateinische Begriffe.

Ü5 Aus den XII Tafeln

TABVLA I
Si quis te accusaverit, ad iudicium ibis.

TABVLA III
Rebus iudicatis XXX dies iusti erunt ad res reddendas aut poenas solvendas. Nisi autem res redditae aut poenae solutae erunt, is, qui accusatus est, in ius vocetur. Nisi iudicatus poenas solverit, is, qui accusavit, eum, qui accusatus est, vinctum secum ducet.

TABVLA IV
Si pater filium ter vendiderit, filius a patre liber sit.

ter: dreimal

TABVLA VIII
Si quis manu os libero fregerit, CCC assium, si servo, CL assium poenam solvet.
Si quis iniuriam fecerit, XXV assium poenae erunt.
Patronus, si clienti fraudem fecerit, sacer erit.

os, ossis *n.*: Knochen – as: der As *(Währungseinheit)* – cliēns: Klient – fraus: Betrug

TABVLA X
Hominem mortuum in urbe ne sepelias neve uras.

sepelīre: bestatten – ūrere: verbrennen

Ü6 Und oder oder?

Ordne die folgenden Wörter danach, ob sie etwas verbinden oder unterscheiden.

-ve, aut, et, alii ... alii, partim, uterque, omnes, et ... et, -que, aut ... aut, vel, neque ... neque, non modo ... sed etiam, sive ... sive, alter ... alter

Ü7 Sachbeschädigung

In diesem Rechtsstreit geht es um eine sehr spezielle Form der Sachbeschädigung. – Bestimme die Funktionen der grün markierten Dative.

a) Viro cuidam fuit equa[1] praegnans[2].
b) Cui agrum certum ad pascendum[3] tribuit; illa autem in agro alieno pascebatur[3].
c) Inde expulsa est; quod ei tanto terrori fuit, ut eiceret[4].
d) Pomponius, vir iuris civilis doctissimus, de hac re iudicavit: „Profecto cuique licet animalia aliena ab agro suo expellere.
e) Sed animal alienum non aliter illi agendum est atque suum.
f) Animal ei ita agendum est, ne quid damni capiat.
g) Ergo domino damnum restituendum est."

[1]equa: Stute – [2]praegnāns: trächtig – [3]pāscī: weiden – [4]ēicere: eine Fehlgeburt haben

Ü8 Memorabilia

Suum cuique.
Suus cuique mos.
Faber[1] est quisque fortunae suae.
Sua quisque fata debet aequo animo pati.
Sua quisque incommoda[2] optime novit.

[1]faber: Handwerker – [2]incommodum: Nachteil

Ü9 Spruchweisheiten

Übersetze die folgenden Sprüche und entscheide jeweils, ob der Relativsatz Subjekt oder Objekt ist.

a) Male facere qui vult, numquam causam non invenit.
b) Ab alio exspectes, alteri quod feceris.
c) Cui plus licet, quam par est, plus vult, quam licet.
d) Fraus[1] est accipere, quod non possis reddere.
e) Multos timere debet, quem multi timent.
f) Minimum eripit fortuna, cui minimum dedit.
g) Male vivunt, qui se semper victuros putant.
h) Qui se ipse laudat, cito derisorem[2] invenit.

[1]fraus: Betrug – [2]dērīsor: Spötter

Nachdenken über Sprache

Singular und Plural

Du hast schon oft festgestellt, dass sich der deutsche vom lateinischen Sprachgebrauch unterscheidet. Das gilt in einigen Fällen auch für die Verwendung von Singular und Plural:

multa (Pl.)	–	viel (Sg.)
uterque (Sg.)	–	beide (Pl.)
optimus quisque (Sg.)	–	gerade die besten (Pl.)

a) Troiani paene omnia amiserant.
b) Fortissimus quisque in pugna mortuus erat.
c) Aeneas filiusque ea, quae relicta erant, in Italiam portaverunt.
d) Uterque in gente Romana condenda magnam virtutem praestitit.

+ Vergleiche jeweils die Numeri im Lateinischen und in deiner Übersetzung. Was stellst du fest?

Freiheit und Gleichheit

Allgemeine, geheime, freie Wahlen, kein König oder Diktator, dem man zu dienen hat und dessen Willkür man ausgeliefert ist, grundsätzliche Gleichheit der Chancen im Leben und persönliche Freiheit – an all das sind wir gewöhnt, als wäre es anders nicht denkbar. Doch bis vor etwa 300 Jahren waren die Lebensverhältnisse durchaus nicht so.

1693

paradīsus: Paradies
societās: Gesellschaftsordnung
aequālis: gleich
genius: Art
multiplex: vielfältig
inaequālitās: Ungleichheit
cōnsistere *(hier)*: Bestand haben
īnferior, -ius: niedriger

Postquam homo peccavit, expulsus est e paradiso. Variae hominum societates institutae sunt. Neque in tam varia hominum societate omnes possunt esse aequales, quod non patitur genius multiplex hominum; natura enim hos imperare, parere illos iussit. Sic humana societas regitur inaequalitate; nihil enim consistere potest sine ordine, ubi autem ordo, ibi superius et inferius, minus et maius.

Gerhard Hagemann, *De omnigena hominis nobilitate*
(Über die Vielfalt menschlichen Adels)

1. Beschreibe mit deinen eigenen Worten die wesentlichen Züge dieser Gesellschaftsordnung.
2. Stelle entsprechend Deiner Beschreibung die wichtigsten lateinischen Begriffe zusammen.

Zu einem radikalen Bruch mit dieser politischen Ordnung kam es erst durch die amerikanische Revolution.

4. Juli 1776

We hold these truths to be self-evident, that all men are created equal, that they are endowed by their Creator with certain inalienable Rights, that among these are Life, Liberty and the pursuit of Happiness.

Wir betrachten es als ohne weiteres einleuchtende Wahrheiten, dass alle Menschen gleich geschaffen sind, dass sie von ihrem Schöpfer mit bestimmten unveräußerlichen Rechten ausgestattet sind, zu denen Leben, Freiheit und das Streben nach Glück gehören.

Erster Satz der amerikanischen Unabhängigkeitserklärung

Die 13 nordamerikanischen Kolonien mussten Steuern an Großbritannien zahlen, ohne jedoch im Parlament vertreten zu sein. Daher kämpften sie um ihre Unabhängigkeit. Einer der Vorkämpfer der amerikanischen Unabhängigkeit war George Washington. Um diesem ein Denkmal zu setzen, schrieb Francis Glass, ein amerikanischer Historiker und Liebhaber der klassischen Antike, eine lateinische Biographie.

1842

Washingtonius Virginiensis a coloniarum foederatarum Congressu ad Americani exercitus summum imperium nemine contradicente electus est. Praeterea a Congressu decretum est maxime esse providendum, ne quid detrimenti caperet libertas Americana. Omnes, qui Congressui intererant, se in libertate Americana sustinenda Washingtonium omnibus viribus adiuturos polliciti sunt. Nam credebant nulli populo a Deo ius esse datum fines aliorum invadendi imperiumque in alios interminatum exercendi; immo iterum iterumque dicebant omne imperium ad generis humani salutem provehendam felicitatemque augendam a Deo institutum esse. Britannis autem crimini dabant eos legibus iniustissimis datis multisque iam copiis in colonias inductis Americanos pepulisse ad necessitatem se suamque libertatem armis defendendi.

Et coloniae inter se concordia mira consentiebant. Amor patriae ordines cunctos omnisque aetatis homines incitavit; praeiudicia etiam religiosa insigni patriae studio superabantur. Nec hoc studium libertatis communis tuendae viros magis quam feminas tenebat. Conventu enim feminarum habito pecuniae maior summa ad conscribendam novam legionem coacta est. Una ex feminis delecta est, quae vexillo pulcherrimo legionem donaret. Illa orationem vehementem apud legionem habuit sicque apud praefectos militesque locuta esse dicitur: „Nolite deserere Columbi terrae dominarum vexillum, nisi mulieres Americanas nomina inter milites dare cupiatis!“

colōnia: Kolonie *(gemeint sind die 13 Gründungsstaaten der USA, die bis dahin britische Kolonien waren)*
foederātus: verbündet
contrādīcere: widersprechen
Congressus: Kongress *(Abgeordnetenversammlung der 13 Gründungsstaaten)*
dētrīmentum: Schaden
Americānus: amerikanisch, Amerikaner
sustinēre *(hier)*: erhalten
interminātus: unbegrenzt
prōvehere: fördern
fēlīcitās: Glück
indūcere: (hin)einführen
praeiūdicium religiōsum: religiöses Vorurteil
conventus: Versammlung
summa: Summe
cōnscrībere: ausheben
vēxillum: Fahne
dēserere: im Stich lassen
nōmina inter mīlitēs dare: sich zum Kriegsdienst melden

3. Vergleiche den ersten Abschnitt dieses Berichts mit der Einleitung der amerikanischen Unabhängigkeitserklärung und suche Übereinstimmendes heraus.
4. Auf welchen Gebieten bewirkt die Unabhängigkeitsbewegung *concordia*?
5. Die Rednerin will den Mut der Soldaten anfeuern. Mit welchem Mittel versucht sie das zu erreichen?

George Washington, Gemälde von John Trumbull, 1780; New York, Metropolitan Museum of Art

Eine Bildungsreform

Baugulf, Abt des Bonifatiusklosters zu Fulda, hat Neuigkeiten für die Mönche.

Baugulf:

Accepi epistulam regiam. Karolus imperator noster scribit cor suum sollicitatum esse magna cura. Se timere de eruditione fidelium. Se laudare quidem, quod monasteria[1] totam vitam secundum sanctam religionem disponant; sibi autem persuasum esse eum, qui amore Domini Nostri impulsus recte vivere velit, etiam pure loqui oportere. Adiungit sibi a nonnullis monasteriis[1] saepius epistulas varias delatas esse. Quibus in epistulis sensum quidem rectum, sed sermonem incultum[2] se invenisse. Se cognovisse auctores male eruditos et litterarum ignaros, quia discere neglexerint, non sine vitio explicare posse, quid velint. Et quoniam minor sit illorum scribendi prudentia, se timere, ne forte non abundent sapientia intellegendi scripturas[3] sacras.

Unus ex monachis[4]:

Scimus omnes eruditionem Karolo cordi esse!

Baugulf:

Certe. Nec patrio tantum sermone contentus est, etiam aliis linguis discendis operam dedit. Notum est eum privatim linguam Latinam ita didicisse, ut aeque illa ac patria lingua loqui soleat; eum orationem optimam habentem aliquando audivi. Graecam vero melius intellegere quam loqui potest. Artes quidem summo studio colit, earumque magistris pro meritis praemia haud exigua reddidit.

Alius monachus[4]:

Cognovi Alcuinum, magistrum Karoli. Ille mihi nuper narravit imperatorem et scribere temptavisse. Eum tabulas collocavisse in cubiculo[5], ut cottidie, cum vacuum tempus esset, consuesceret litteras scribere. Sed Karolum doluisse rem parum succedere, quam sero instituisset.

[1] monastērium: Kloster

[2] incultus: ungepflegt

[3] scrīptūra: Schrift

[4] monachus: Mönch

[5] cubiculum: Schlafzimmer

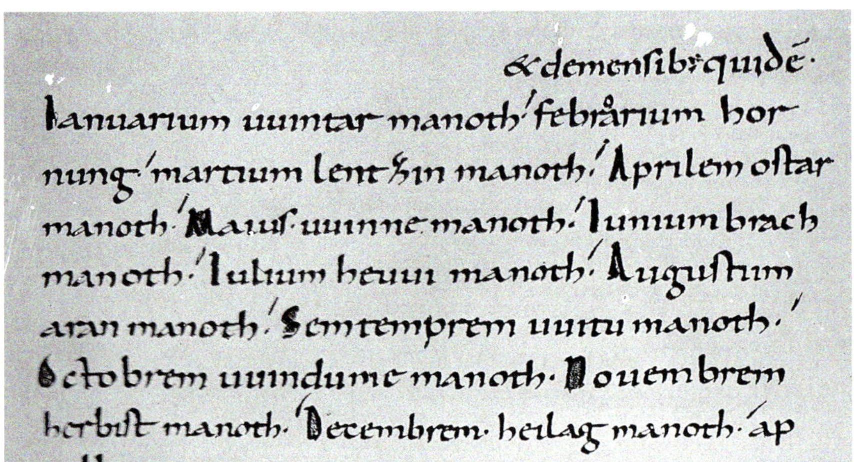

Ausschnitt aus einer Handschrift von Einhards *Vita Karoli Magni*; Wien, Staatsbibliothek

Suos autem liberos eum ita instituendos curavisse, ut et filii et filiae iis artibus, quae sibi ipsi carae essent, erudirentur.

Baugulf:

Redeamus ad epistulam imperatoris! Scripsit, ut omnes, qui donante Domino discere possent, pro suo cuiusque ingenio litteris artibusque erudirentur! Sed quomodo hoc fieri posset? Se non ignorare intra muros monasteriorum[1] multos viros fideles et eruditos vivere. Quem litteras et artes melius docere posse? Dubium non esse, quin maxime idonei essent ad id officium.

Karolus optat, ut omnes litterarum cupidi eruditionis causa in monasteria[1] admittantur. Ii autem, qui ad illos docendos eligantur, simul possideant in se voluntatem facultatemque discendi ac desiderium alios instruendi.

Nunc nobis curandum erit, ut omnia diligentissime spatio quam brevissimo agantur.

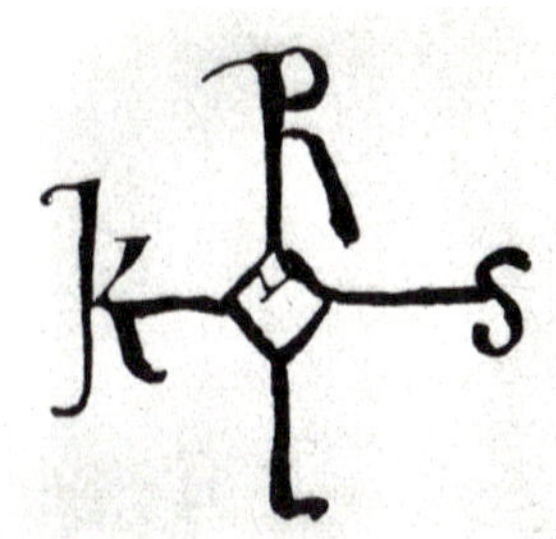

Bronzestatuette, um 870, Höhe 24 cm; Paris, Musée du Louvre

Verstehen & Vertiefen

1. Welche Bedeutung haben Bildung und Lernen für Karl den Großen? Belege deine Antworten am Text.
2. Welche Bedeutung hat die Beherrschung der lateinischen Sprache für Karl?
3. Entziffere das abgebildete Monogramm.

War Karl der Große wirklich groß?

„Karl war kräftig und stark, dabei von hoher Gestalt, die aber das rechte Maß nicht überstieg", so berichtet Einhard, der Biograph Karls des Großen. Heute schätzt man, dass Karl etwa 1,90 m groß war. Schon zu Lebzeiten wurde ihm der Beiname „Magnus" gegeben – aber nicht wegen seiner Körpergröße.

742 geboren, erbte Karl das Frankenreich von seinem Vater Pippin. Dessen Nachfolge trat er im Jahr 768 an. Von Anfang an strebte er danach, das Reich nicht nur zu festigen, sondern auch zügig auszudehnen. Dazu setzte er Diplomatie und Heiratspolitik ein. Außerdem führte er zahlreiche Kriege, besonders gegen die Völker, deren Gebiete an das Frankenreich grenzten. Besonders lang und grausam waren die Kriege gegen die Sachsen, die zwischen Rhein und Elbe ansässig waren (772–804). Durch diese systematischen Eroberungen wurde Karl immer mächtiger; sein Reich erstreckte sich über fast ganz Mitteleuropa.

Auf dem Höhepunkt seiner Macht wurde Kaiser Karl am Weihnachtsfest des Jahres 800 durch Papst Leo III. in Rom zum Kaiser gekrönt, zum imperator Romanum gubernans imperium. Damit war er nach über 300 Jahren der erste Kaiser seit dem Zusammenbruch des weströmischen Reiches 476 und sah sich als Nachfolger der römischen Caesaren. Der Grundstein zum „Heiligen römischen Reich deutscher Nation", das bis 1806 bestehen sollte, war gelegt.

Karl empfand sich als von Gott berufenen Hüter von Glauben und Kirche und sah seine Herrschaft als Gottesstaat. Daher übertrug er der Kirche wichtige Aufgaben der Reichsverwaltung. Er gründete zum Beispiel auf sächsischem Gebiet zahlreiche Bistümer (Bremen, Verden, Minden, Münster, Paderborn, Osnabrück). Sie wurden mit üppigen Schenkungen ausgestattet, damit sie ihre Aufgaben wahrnehmen konnten, zu denen selbstverständlich auch die Christianisierung der bisher „heidnischen" Sachsen gehörte.

Eine Hauptstadt gab es in Karls großem Reich nicht, sondern mehrere über das Reichsgebiet verteilte Residenzen, die so genannten Pfalzen. Der Kaiser reiste umher, um seine Herrschaft persönlich auszuüben und dort präsent zu sein, wo es die politische Notwendigkeit erforderte. Die wichtigste Residenz des Kaisers war seine Pfalz in Aachen, wo er sich in den letzten Jahren seines Lebens überwiegend aufhielt. Im Jahre 814 starb er dort und wurde in der Kapelle seiner Pfalz beigesetzt. Anders als etwa die Kaiserstädte Rom, Ravenna oder Byzanz war Aachen keine gewachsene, prächtige Hauptstadt. Mit dem Bau seiner Pfalz wollte Karl ein neues Machtzentrum schaffen und deutlich machen, dass er sich als legitimen Nachfolger der römischen Kaiser sah.

Aachener Münster, Pfalzkapelle Karls des Großen, 788–805

Die Aachener Pfalzkapelle, wichtigster Repräsentationsbau innerhalb der Pfalz, verkörpert Karls Machtanspruch auf vielerlei Weise. Der achteckige Zentralbau war mit seiner Höhe von 32 m lange der höchste Kuppelbau nördlich der Alpen. Er ist nach dem Vorbild der Kirche San Vitale in Ravenna aus dem 6. Jahrhundert gestaltet – ein deutliches Zeichen für Karls Traditionsbewusstsein. Der Rückgriff auf antike Bauformen genügte Karl aber nicht, er wollte darüber hinaus greifbare Spuren der Antike in seiner Kapelle vorzeigen. Daher ließ er originale antike Bauteile, so genannte Spolien, aus Italien über die Alpen herbeischaffen: Aus Rom und Ravenna stammen z. B. die Säulen im prächtigen Umgang der Aachener Kapelle. Karls Idee des Gottesstaates wird durch ausgeprägte Zahlensymbolik in der Kapelle aufgegriffen. Sie ist achteckig, und acht ist die Zahl der göttlichen Vollkommenheit. Ihr Umfang misst 144, also 12 x 12 Fuß; dieses Maß hat auch das in der Bibel beschriebene Himmlische Jerusalem, die Stadt Gottes.

Die Idee der Wiederbelebung des römischen Reiches, die *renovatio imperii Romani*, hatte aber nicht nur politische Bedeutung. Karl der Große glaubte, dass nur richtig und gottgefällig handeln kann, wer gute Kenntnis der Bibel und ihrer Auslegung hat. Deshalb setzte er sich zum Ziel, zukünftigen Priestern und Bischöfen eine möglichst gute Ausbildung zukommen zu lassen, damit diese ihr Wissen wiederum an das Volk weitergeben konnten. Er berief aus ganz Europa Gelehrte an seinen Hof, die seine Bildungsreform ins Werk setzen sollten. Alkuin, der von den britischen Inseln stammte, sorgte dafür, dass die Aachener Palastschule zum Vorbild für die Dom- und Klosterschulen wurde, die auf Anordnung Karls im ganzen Reich entstanden. Dadurch öffneten sich viele Klöster der Wissenschaft und der Bildung. Nicht nur christliche, sondern auch antike weltliche Texte wurden dort studiert und an die Schüler vermittelt.

Buchdeckel mit Elfenbeinschnitzerei, Oberitalien, 1. Hälfte des 9. Jahrhunderts; Trient, Museo Castello del Buonconsiglio

Nicht zuletzt aber wurden die Texte in den Klöstern auch abgeschrieben, um sie für den eigenen Gebrauch zu vervielfältigen und für die Nachwelt zu erhalten. Neue, fehlerfreie Abschriften vor allem der Bibel und anderer christlicher Texte herzustellen, war ein wichtiges persönliches Anliegen Karls; daher ließ er eine neue, besonders gut lesbare Schrift verbreiten, die so genannte karolingische Minuskel. Ihre Buchstaben sind noch heute Grundlage der Druckschriften. Wichtige Bücher wurden besonders prunkvoll gestaltet: Die Verzierung der Texte und die kostbare Ausstattung der Bucheinbände führten in karolingischer Zeit zu einer Hochblüte von Buchmalerei, Goldschmiedekunst und Elfenbeinschnitzerei.

Verstehen & Vertiefen

1. Welche Rolle spielte die Kirche für Karl den Großen?
2. Schon zu Lebzeiten wurde Karl als *pater Europae* bezeichnet. Erkläre, warum.
3. In einem populären französischen Chanson heißt es:

Qui a eu cette idée folle	a eu: hat gehabt	cette: diese	folle: verrückt
Un jour d'inventer l'école?	un jour: eines Tages		
C'est ce sacré Charlemagne!	ce: dieser	sacré: verflixt	

Was ist der Inhalt dieser drei Zeilen? Wo ist davon im Lektionstext die Rede?

G1 Indirekte Rede

Du hast schon gesehen, wie im Lateinischen abhängige Aussagen, Aufforderungen und Fragen ausgedrückt werden:

a) Aliquando Karolus ludum quendam visit et a discipulis postulavit, ut opera, quae scripsissent, sibi monstrarent. b) Imperator opera puerorum pauperum plena humanitatis esse dixit. c) Sed pueros nobili genere natos interrogavit, cur epistulae et carmina eorum tanta fatuitate abundarent.	• abhängige Aufforderung (→ 22 G 1) • abhängige Aussage (→ 7 G 1–3) • abhängige Frage (→ 30 G 2)

fatuitās: Albernheit

Es ist auch möglich, die Rede eines anderen wiederzugeben, ohne jeden einzelnen Satz mit Ausdrücken wie „er sagte“, „er fragte“ einzuleiten. Eine solche geschlossene Wiedergabe der Äußerungen eines anderen nennt man **indirekte Rede** (Oratio obliqua). Für die Übersetzung ins Deutsche gilt:

	Latein	*Deutsch*
abhängige Aussagen	Aci	Konjunktiv I
abhängige Aufforderungen	Konjunktiv (ohne ut, verneint ne)	„sollen“
abhängige Fragen	Konjunktiv	Konjunktiv I
abhängige rhetorische Fragen	Aci	Konjunktiv I
Gliedsätze	Konjunktiv	Konjunktiv I

Vergleiche:

Traditum est Karolum pueros nobiles his verbis reprehendisse: Eos tantum luxuriae, ludo, rebus inanibus studuisse. Quod se aegerrime ferre. Quid esset, cur illi studia litterarum tam turpiter neglegerent? Certo scirent neminem umquam illo modo aliquid boni adepturum.	Es ist überliefert, dass Karl die adligen Jungen mit folgenden Worten kritisiert habe: Sie hätten sich nur um Luxus, Spiel und unnütze Dinge bemüht. Und darüber ärgere er sich sehr. Was sei der Grund dafür, dass sie ihre Studien so schmählich vernachlässigten? Sie sollten zweifelsfrei wissen, dass niemals jemand auf diese Weise etwas Gutes erreichen werde.

1.1 Verwandle die indirekte Rede Karls in die direkte, wörtliche Rede – auf Deutsch (wenn du magst, auch auf Latein).

inānis: unnütz

1.2 Warum ist auch der folgende Satz in der indirekten Rede ein Aci?
Addidit Karolus: Num illos divitiis sapientiam emere posse?

Beachten musst du bei der Übersetzung einer indirekten Rede auch den Gebrauch der Pronomina:

- Auf den Sprecher der Rede, das übergeordnete Subjekt, wird mit Reflexivpronomina Bezug genommen (se, suus).
- Andere Personen werden mit is, ea, id oder ille bezeichnet.

Nachdenken über Sprache

Indirekte Rede im Deutschen

„In den Verhandlungen sei auch über die Bildungspolitik gesprochen worden. Man habe gewisse Übereinstimmungen festgestellt, müsse aber noch über die Einzelheiten verhandeln. Die Verhandlungsführer erklärten, sie gäben sich große Mühe, hätten aber mit den engen Vorgaben der jeweiligen Gegenseite zu kämpfen. Niemand solle glauben, dass man sich schnell einigen werde."

Um wie hier in einer Nachrichtensendung Äußerungen eines anderen wiederzugeben, gibt es im Deutschen den Konjunktiv I: „es sei gesprochen worden", „man habe festgestellt".

Manche Formen des Konjunktivs I gleichen aber denen des Indikativs und sind deshalb nicht eindeutig. Deshalb werden sie häufig durch den Konjunktiv II ersetzt: „sie gäben sich große Mühe", „sie hätten zu kämpfen".

Diese Regeln des Deutschen musst du auch bei der Übersetzung einer lateinischen Oratio obliqua anwenden.

Discipulus ad parentes rettulit:

„Karolus pueros pauperes his verbis laudavit: Se iis multas gratias agere, quoniam mandatum suum semper effecissent et utilitatem[1] eorum secuti essent. Eos maximis honoribus dignos esse. Itaque se iis episcopia[2] et monasteria[3] magnifica daturum, eos semper honorabiles[4] fore in oculis suis."

[1] ūtilitās: Nutzen – [2] episcopium: Bischofsamt – [3] monastērium: Kloster – [4] honōrābilis: angesehen

G2 Kasus bei Adjektiven

Adjektive können eine Erweiterung in einem bestimmten Kasus zu sich nehmen. Im Deutschen werden solche Erweiterungen meist mit einer Präposition angeschlossen. Zum Beispiel:

mit Genitiv	*mit Dativ*	*mit Ablativ*
peritus: erfahren in	utilis: nützlich für	praeditus: begabt mit
cupidus: begierig auf	aptus: geeignet für	contentus: zufrieden mit
memor: sich erinnernd an	necessarius: verwandt mit	vacuus: frei von

a) Discipuli sapientiae ignari a Karolo reprehensi sunt.
b) Eorum enim opera hominibus doctis digna non erant.

In ähnlicher Weise kann von einem PPA ein Genitiv abhängen:

c) Quidam pueri tardi et laboris fugientes esse videbantur.
d) Karolus: „Cur non amantes studiorum estis?"

Ü1 Wortfeld

Stellt alle Wörter aus dem Bereich Schule/Lernen zusammen, die ihr kennt. Ordnet sie in einer Mind Map nach Sachgruppen. Wer findet die meisten Wörter?

Ü2 Ein Antwortschreiben

Abt Baugulf aus Fulda hat Karl dem Großen einen Brief geschrieben:

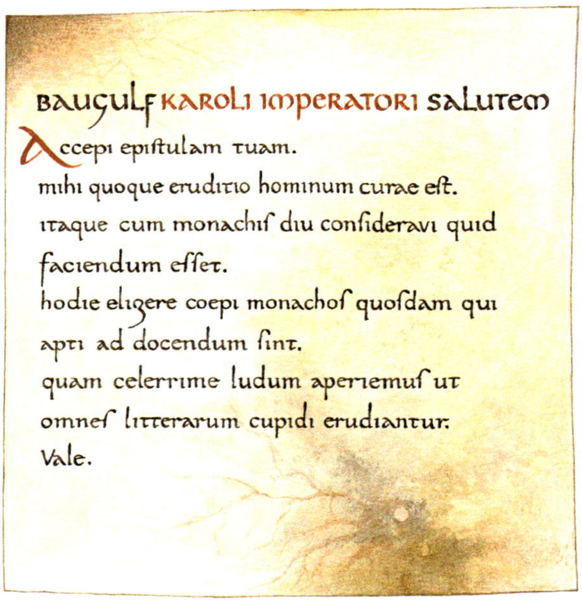
BAUGULF KAROLI IMPERATORI SALUTEM
Accepi epiſtulam tuam.
mihi quoque eruditio hominum curae eſt.
itaque cum monachiſ diu conſideravi quid faciendum eſſet.
hodie eligere coepi monachoſ quoſdam qui apti ad docendum ſint.
quam celerrime ludum aperiemuſ ut omneſ litterarum cupidi erudiantur.
Vale.

Karls Minister Alkuin berichtet dem Kaiser vom Inhalt des Schreibens:

Baugulf tibi salutem dicit.
Scribit se epistulam tuam accepisse.
Sibi quoque eruditionem hominum curae esse.
Itaque se cum monachis[1] diu consideravisse, quid faciendum esset.
Illo die se eligere coepisse monachos[1] quosdam, qui apti ad docendum essent.
Se monachosque[1] suos mox quam celerrime ludum aperturos esse, ut omnes litterarum cupidi erudirentur.
Optat, ut valeas.

[1] monachus: Mönch

Ü3 Ich und die anderen

Welches Pronomen ist das richtige?

a) Patiens et fortis (eum/se) ipsum felicem facit.
b) Quam miser est, qui ignoscere[1] (ei/sibi) non potest!
c) Scias (eum/se) multis virtutibus abundare, qui alienas amat.
d) Non est hominis maior stultitia[2] quam putare (eum/se) amari ab his, quos ipse non diligat.

[1] īgnōscere: verzeihen – [2] stultitia: Dummheit

Ü4 Was Caesar sagte

Viele Aussprüche Caesars sind uns von den Geschichtsschreibern nur in der indirekten Rede überliefert. – Beachte bei der Übersetzung den korrekten Gebrauch des deutschen Konjunktivs.

a) Auf dem Weg nach Spanien sah er eine Statue Alexanders und stellte seufzend fest
… nihil ad illud tempus a se memorabile[1] actum esse in aetate, qua Alexander orbem terrarum subegisset[2].
b) Als Caesar riesige Schulden gemacht hatte, um seine Wahl zum Pontifex maximus sicherzustellen, sagte er beim Verlassen des Hauses am Morgen der Wahl
… se domum non rediturum nisi pontificem.
c) Was die Politik anging, hörte man oft von ihm
… nihil rem publicam esse: appellationem[3] sine corpore ac specie.
d) Vor seiner Ermordung hatte er keine Angst, denn er war überzeugt davon
… rem publicam, si quid sibi evenisset, neque quietam fore et civilia bella gravissima suscepturam.

[1] memorābilis: denkwürdig – [2] subigere: unterwerfen – [3] appellātiō: Begriff

+ Forme auf Latein die indirekte Rede in die direkte um.

Wortbildung

Verben aus Substantiven

laborare kommt von labor.
Von welchen Substantiven sind die folgenden Verben abgeleitet und was bedeuten sie?

donare – curare – florere – quiescere – vinculare – vulnerare – numerare – morari – gloriari – finire – praedari – fabulari

Ü6 Wer lädt wen ein?

Übersetze und achte darauf, wer mit den jeweiligen Pronomina gemeint ist.

a) Lucius cum Marco locutus est.
b) Dixit se laetum esse, quod Marcum invenisset.
c) Diu enim se eum non vidisse.
d) Se eum in circum invitare.
e) Interrogavit, an secum veniret.
f) Marcus dixit se libenter venturum.

Ü5 Neulich im Kloster

Ein Küchenjunge hat das Gespräch im Bonifatiuskloster belauscht und berichtet davon. – Welche seiner Aussagen stimmen?

a) Baugulf uni ex monachis[1] dixit se litteras accepisse.
b) Baugulf uni ex monachis[1] dixit eum litteras accepisse.
c) Unus ex monachis[1] addidit se Karolum regem orationem optimam habentem audivisse.
d) Unus ex monachis[1] negavit Karolum regem umquam orationem habiturum esse.
e) Alius ex monachis[1] scivit Karolum linguam Latinam optime et dicere et scribere.
f) Alius ex monachis[1] scivit Karolum linguam Latinam optime dicere, scribere autem nondum posse.

[1] monachus: Mönch

Original-Latein

Dichtung des Mittelalters

Was den Menschen ausmacht

Nobilitas hominis mens est, deitatis[1] imago.
Nobilitas hominis virtutum clara propago[2].
Nobilitas hominis mentem frenare[3] furentem[4].
Nobilitas hominis humilem[5] relevare[6] iacentem.

[1] deitās: Gottheit – [2] propāgō: Kind – [3] frēnāre: zügeln – [4] furēns: wütend – [5] humilis: niedrig – [6] relevāre: aufheben

Liebeslied

Veni, veni, venias,
ne me mori facias!
hyria hyrie
nazaza trillirivos[1]!

Pulchra tibi facies,
oculorum acies[2],
capillorum[3] series[4],
o quam clara species.

Rosa[5] rubicundior[6],
lilio[7] candidior[8],
omnibus formosior[9],
semper in te glorior[10]!

[1] hyria hyrie nazaza trillirivos: hurra, juchhu, trallala – [2] aciēs *(hier):* Glanz – [3] capillus: Haar – [4] seriēs: Zopf – [5] rosa: Rose – [6] rubicundus: rot – [7] līlium: Lilie – [8] candidus: weiß – [9] fōrmōsus: schön – [10] glōriārī in: stolz sein auf

Die Pflichten der Studenten

Am 9. Oktober 1477 wurden an der Universität Tübingen die folgenden Statuten erlassen:

Hortandi sunt studentes primo ad mores, ut se honeste gerant in colloquio et cultu. Et magistros, cum sint superiores, vereantur iisque oboediant; controversias inanes vitent. Cum aliis pacem habeant neque quemquam laedant. Semper puros integrosque se praebeant, ut ex hoc crescat et eorum laus et universitatis[1] fama.
Item studentes, qui vesperi laboribus studii vacant otioque fruuntur, ne errent in viis neve bibant in tabernis[2], sed in bursis[3] tempus traducant silentium tenentes.
Item non licet cuiquam studentium – neque in domo neque in viis, neque nocte neque die – ludos ullos inhonestos[4] ludere, qui cives seu mores offendant. Si quis hoc praeceptum contempserit, iussu Rectoris[5] poenam subeat.
Vetamus ullum membrum universitatis[1] negotia habere. Imprimis illis non licet vinum in bursa[3] minoris emere, quod pluris vendant in civitate.
Nemo studentium hortum domumve, cuius dominus aditum negaverit, tamen ingrediatur, praesertim animo offendendi, sub poena medii[6] floreni[7] universitati[1] solvendi.
Item observari volumus, ut membra universitatis[1] vestibus honestis et satis longis se ostendant in viis et scholis. Quisquis hoc praeceptum neglexerit, de eo poena quartae partis floreni[7] totiens, quotiens peccaverit, exigatur.
Quicumque noctu ex bursa[3] per fenestras[8] aut similia loca excesserit vel vi portas ruperit, e bursa[3] removeatur, si ter[9] fecerit.
Item studentes, qui et propriam salutem et decus honoremque universitatis[1] magni aestimant, se a mulieribus malae famae abstineant. Si quis autem tales mulieres in bursam[3] induxerit, solvat primum facinoris convictus[10] quartam partem floreni[7], iterum medium[6] florenum[7], tertium

[1] ūniversitās: Universität
[2] taberna: Kneipe
[3] bursa: (Studenten-)Wohnheim
[4] inhonestus: unanständig
[5] Rēctor: Rektor
[6] medius *(hier)*: halb
[7] flōrēnus: Gulden
[8] fenestra: Fenster
[9] ter: drei Mal
[10] convincere: überführen

Verstehen & Vertiefen

1. Stelle in einer Tabelle die in den Universitätsstatuten genannten Vergehen und Strafen zusammen.
2. Auf welche Lebensbereiche beziehen sich die Statuten der Universität?
3. Welche Vorschriften gelten nur für die Studenten, welche für alle Universitätsangehörigen?
4. Nehmt zu den einzelnen Geboten und Verboten Stellung.

totum florenum[7] universitati[1] tradat; nisi destiterit, e bursa[3] removeatur. Ceterum si quis talem mulierem, quae parvi putetur, in aliquo loco obscuro conveniens observatus erit, etiam gravius castigetur[11].

Studentes, qui neque causam neque necessitatem exeundi habent, post signum campanae[12] vulgo „die Wachtglock“ nominatae ne in viis ambulent. Et si causam veram habeant, cum aperto lumine et per loca honesta eant; aliter rei fiant vitiique accusentur; convicti[10] unum florenum[7] solvant.

Item studentes impediantur, ne cum armis in viis aut luce aut tenebris incedant[13]. Si quis huius iniuriae convictus sit[10], unum florenum[7] solvat et arma amittat.

Item si studentes quidam murum huius civitatis ascendere[14] conentur, iis minime ignoscendum est: ex universitate[1] removeantur.

[11] castīgāre: bestrafen

[12] campāna: Glocke

[13] incēdere: gehen

[14] ascendere: hinaufklettern

Kolorierter Holzschnitt aus Nicolò Ferettis Werk *De elegantia linguae Latinae*, 1495

Was ist eine Universität?

Galileo Galilei war es mit 16, Goethe auch, Philipp Melanchthon gar mit 12: Student. Waren sie alle Überflieger? Gut möglich, aber vom 12. bis ins 18. Jahrhundert hinein war es durchaus üblich, in so jungen Jahren schon die Universität zu besuchen.
Man brauchte keine Vorkenntnisse nachzuweisen, um als Student aufgenommen zu werden. Dennoch wollte sich wohl kaum jemand dort einschreiben, der nicht wenigstens lesen und schreiben konnte – selbstverständlich auf Latein, der Unterrichtssprache an allen europäischen Universitäten. Studenten und Professoren mussten Latein nicht nur mühelos verstehen, sondern auch fließend sprechen und schreiben können, da es bis ins 18. Jahrhundert hinein die internationale Wissenschaftssprache war. Dies ermöglichte es den Gelehrten, sich über Grenzen hinweg ohne Verständigungsschwierigkeiten auszutauschen. Die lateinische Sprache verband sie zu einem großen wissenschaftlichen Netzwerk.
Die ersten Universitäten entstanden im 12. Jahrhundert aus Zusammenschlüssen von Kloster- und Domschulen und waren kirchliche Einrichtungen. Das gesamte Bildungswesen stand nur Männern offen und diente vor allem dazu, Geistliche (clerici) hervorzubringen, die fähig waren, hohe Ämter in Kirche und Staat zu bekleiden. Studenten wie Lehrer gehörten daher zum Stand der Kleriker. Die Professoren durften sich nur in langem Mantel mit Kapuze in

Universitäten in Europa um 1500

der Öffentlichkeit zeigen; von den Professoren der Theologie wurde überdies verlangt, dass sie unverheiratet blieben. Es gab viele Gottesdienste im Leben der Universität, so zu Beginn und zum Abschluss des Semesters, an kirchlichen Feiertagen und an den Gedenktagen bestimmter Heiliger.

Im Mittelalter erhielt man an der Universität zunächst eine allgemeine Ausbildung in den artes liberales (siehe Informationstext 28) an der so genannten Artistenfakultät. Wer sie nach etwa drei bis vier Jahren erfolgreich abgeschlossen hatte, durfte ein „richtiges" Fach studieren. Die Auswahl an Studienfächern war aber erheblich kleiner als heute: An allen Universitäten gab es neben den artes liberales genau drei Fächer, nämlich Theologie, Jura und Medizin. Ein Studium in Jura oder Medizin dauerte etwa drei bis fünf Jahre, in der Theologie bis zu fünfzehn Jahre.

Ähnlich wie heute, brauchten die Studenten Geld für Lebenshaltung (Wohnung, Essen) und Studium (Vorlesungsgebühren, Bücher, Schreibmaterial). Die meisten wurden wohl von ihren Eltern oder wohlhabenden Verwandten unterhalten, nur wenige konnten eines der raren Stipendien erhalten, die von der Kirche, von Regenten oder von reichen Gönnern gewährt wurden. Einige Studenten verdienten als Schreiber, Lehrer, Diener oder mit anderen Tätigkeiten Geld, um ihr Studium bezahlen zu können. Wer finanziell schlechter gestellt war, musste in der Regel weniger oder gar keine Gebühren für Einschreibung, Vorlesungen und Prüfungen entrichten, durfte aber in den Vorlesungen nur in den hinteren Reihen Platz nehmen.

Die Universitäten sahen es nicht gerne, wenn die Studenten, zumal die jüngeren der Artistenfakultät, privat in den Universitätsstädten unterkamen. Es war erwünscht, teilweise sogar verpflichtend, in einer bursa oder einem collegium, einer Art Studentenwohnheim, zu wohnen. Dort lebten die Studenten mit ihren Lehrern unter einem Dach zusammen, aßen gemeinsam mit ihnen, und auch die offiziellen Lehrveranstaltungen fanden in der bursa statt. Ihre Bewohner hießen bursarii, wovon sich das deutsche Wort *Bursche* ableitet, das bis ins 19. Jahrhundert ein Synonym für Student war.

Um ihre Sprachbeherrschung kontinuierlich zu verbessern, mussten die Studenten nicht nur mit ihren Lehrern, sondern auch untereinander Latein sprechen; der Gebrauch der Muttersprache war bei Strafe verboten. An vielen Universitäten und Studentenhäusern gab es einen Aufpasser, den lupus (Wolf), der darauf achtete, dass alle Latein sprachen. Die Strafen bei Missachtung dieser Pflicht wurden in den Statuten der Universitäten geregelt und waren unterschiedlich: In Tübingen etwa schrieb der lupus muttersprachliche Unterhaltungen zwischen Studenten mit, damit sie sonntags bei Tisch verlesen werden konnten. Die zwei, die die meisten deutschen Wörter gesprochen hatten, waren die asini (Esel) und mussten zur Strafe während der folgenden Woche bei Tisch bedienen und aus der Bibel oder aus theologischen Schriften vorlesen.

Die Universitäten hatten ihre eigenen Gesetze und ihre eigene Gerichtsbarkeit. Wer gegen die Statuten der Universität verstieß, musste meist mit einer Geldstrafe rechnen, die der Universitätskasse zufloss. Seltener waren Körperstrafen, der Ausschluss aus der Universität (consilium abeundi) oder die vorübergehende Unterbringung in universitätseigenen Gefängnissen, den Karzern. Sie waren in Deutschland noch bis 1914 in Gebrauch, danach wurde die Karzerhaft verboten.

Wer als Student neu in die Universität aufgenommen werden wollte, musste einen Eid leisten und eine Studiengebühr entrichten. Dann wurden die Neulinge, die beani (von frz. bec jaune: Gelbschnabel), von ihren Mitstudenten in einer scherzhaft-rohen Zeremonie in die Gemeinschaft der Studenten aufgenommen. Ihnen wurden spitzfindige Fragen gestellt, um ihnen ihre Unwissenheit vor Augen zu führen, meist wurden sie dabei mehr oder weniger grob verspottet oder es wurden ihnen Mutproben abverlangt. Diese nicht unumstrittene Prozedur nannte man depositio, weil der Neuling durch sie alles Ungebildete und Ungehobelte *ablegen* sollte. In Frankreich hat sich diese Tradition bis heute erhalten.

Verstehen & Vertiefen

1. Wie war der übliche Bildungsgang eines Studenten im Mittelalter?
2. Informiere dich, welche Fächer man heute an einer Universität in deiner Nähe studieren kann.
3. Welches sind die Vorteile einer internationalen Bildungssprache? Welche Sprache erfüllt heute diese Funktion?

G1 Indefinitpronomina: Zusammenfassung

Du hast eine ganze Reihe von Pronomina kennengelernt, die etwas bezeichnen, ohne eine genauere Bestimmung darüber abzugeben, und die deshalb Indefinitpronomina heißen. Weil Indefinitpronomina häufig vorkommen, musst du sie dir gut einprägen:

Merkhilfen

quisque:
Suum cuique. –
Jedem das Seine.

quidam:
In quidam steckt jemand.

aliquis:
Nach si, nisi, ne und num fallen alle ali- um.

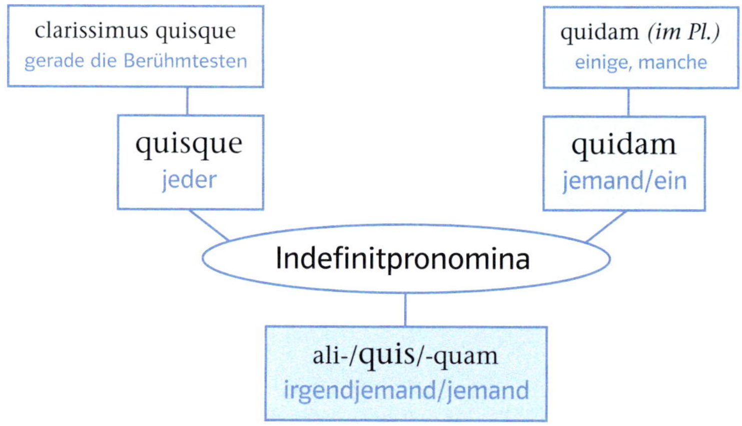

Diese drei lateinischen Indefinitpronomina unterscheiden sich folgendermaßen:

- aliquis/quis bezeichnet jemanden, den es gibt, über den aber nichts Näheres bekannt ist.
- quidam bezeichnet jemanden, von dem man vielleicht schon etwas weiß, über den man aber nichts Genaueres sagen will, weil es darauf nicht ankommt.
- quisque vereinzelt, d.h. es spricht über eine Gruppe, in der über jeden Einzelnen etwas ausgesagt wird.

G2 Konjunktiv im Relativsatz

In Relativsätzen steht normalerweise der Indikativ. Er stellt die im Relativsatz gemachte Aussage als Tatsache hin.
Es gibt jedoch auch Relativsätze im Konjunktiv. Der Konjunktiv zeigt dann ein bestimmtes gedankliches Verhältnis des Relativsatzes zum übergeordneten Satz an, z.B. eine Begründung, eine Folge, einen Gegengrund oder eine Absicht.

2.1 Diese gedanklichen Verhältnisse werden auch in adverbialen Gliedsätzen im Konjunktiv ausgedrückt; in welchen?

a) Karolus, qui imperium auxisset, magnus habebatur.
Kaiser Karl galt als groß, **weil** er das Reich vergrößert hat: Der Relativsatz gibt also den **Grund** für seine große Bedeutung an. Der Konjunktiv hat hier eine **kausale Funktion**. Bei der Übersetzung kannst du den Gliedsatz mit „weil" beginnen oder im übergeordneten Satz ein „deshalb" einschieben.

2.2 Welchen Modus wählst du im Deutschen für die Übersetzung der konjunktivischen Relativsätze?

b) Multae et magnae victoriae a Karolo partae sunt, quae hostes ab imperio prohiberent.

Hier bezeichnet der Konjunktiv eine Folge, die sich aus den von Karl dem Großen errungenen Siegen ergab: Die Siege waren so groß, dass sie die Feinde vom Reich fernhielten. Die **konsekutive Funktion** des Konjunktivs in Relativsätzen ist dir schon in Verbindung mit bestimmten Ausdrücken im übergeordneten Satz begegnet, z.B. bei allgemeinen Ausdrücken des Vorhandenseins (→35 G 2) oder nach is oder talis (→35 G 3).

c) In monasteriis nonnulli monachi reperti sunt, qui neque legere neque scribere possent.

monastērium: Kloster
monachus: Mönch

Konsekutive Funktion hat ein Konjunktiv im Relativsatz auch nach Adjektiven, die eine Eignung oder eine Ähnlichkeit ausdrücken:

d) Karolus autem multos in monasteriis viros aptos putabat, qui litteras docerent.

Auch einen **Gegengrund** kann der Konjunktiv im Relativsatz anzeigen; er hat dann **konzessive Funktion.**

e) Karolus, qui linguam Latinam non modo intellegeret, sed ea etiam optime loqueretur, tamen scribere sero coepit.

Konjunktivische Relativsätze:
- kausal
- konsekutiv
- konzessiv
- final

Die **finale Funktion** des Konjunktivs in Relativsätzen drückt aus, dass der Inhalt des Relativsatzes die **Absicht** des Subjektes des übergeordneten Satzes ist:

f) Karolus multos monachos in omnes partes imperii misit, qui nova monasteria conderent.

Karls Absicht war, dass die von ihm ausgesandten Mönche neue Klöster gründen sollten. Einen finalen Relativsatz übersetzt du am besten mit „sollen" oder mit „damit".

G3 Genitivus pretii, criminis

1) Ein Genitiv bei aestimare – „schätzen" gibt das Ausmaß des Wertes oder der Wertschätzung an:

parvi aestimare	–	gering schätzen
pluris aestimare	–	höher schätzen

Einen solchen **Genitivus pretii** gibt es auch bei anderen Verben, die „schätzen" bedeuten können, z.B. putare, ducere, facere; im Passiv haberi, fieri, „geschätzt werden".

pretium: Wert

a) Karolus imperator litteras plurimi putabat.
b) Auctoritas Karoli in omnibus regionibus magni habebatur.

2) Bei Verben, die Anklagen, Bestrafen oder Verurteilen bezeichnen, steht ein Genitiv, der den Grund für eine Anklage, Bestrafung oder Verurteilung angibt, der **Genitivus criminis**. Beispiele:

caedis accusare	–	wegen Mordes anklagen
iniuriarum damnare	–	wegen Körperverletzung verurteilen

Ü1 Genitiv?

Welche Form kann kein Genitiv sein?

digitus, sedis, fortis, res adversae, rei, liberi, libri, utili, celerius, exercitus, templis, tristis, timoris, terrae, tenebrae, vestris, vestis, virtutis, equitatus, equus, domus, discipulus, manus, facinus, insidiae, irae

+ Bestimme KNG der Formen, die kein Genitiv sind.

Ü2 Angeklagt

Vervollständige den Satz sinnvoll, indem du passende Substantive aus der Liste auswählst und sie in den richtigen Kasus setzt.

Reus accusatur ________ .

crimen – condicio – auctoritas – iniuria – flagitium – facinus – facultas – adventus – avaritia – dolor – colloquium – donum – scelus

Ü3 Formenübung

Bilde zu den Substantiven die passende Form der angegebenen Indefinitpronomina.

quidam: hominem – mulieris – militibus – civium – tempus
aliqui: femina – membrorum – imperatoris – aedificiis – principium
ullus: horam – laude – telis – suspicio – ludorum

Ü4 Ist da jemand?

Übersetze folgende Satzpaare. Wodurch unterscheiden sie sich?

a) Venitne aliquis? – Venitne aliqui servus?
b) Aliquis loquitur. – Aliqua mulier loquitur.
c) Video aliquid. – Video aliquod templum.
d) Nego quemquam Herculem vicisse. – Nego ullum hominem Herculem vicisse.
e) Sine auxilio cuiusquam bene vivere difficile est. – Sine auxilio ullius hominis bene vivere difficile est.
f) Quidam veniunt. – Quidam amici veniunt.
g) Audio quendam. – Audio quendam amicum.

Ü5 Lexikon-Übung

Um Wörter nachschlagen zu können, musst du sie auf ihre Grundform zurückführen: bei Nomina auf den Nom. Sg., bei Verben auf die 1. Sg. Präs. Wenn du die Wörter nicht kennst, musst du vielleicht ein wenig herumprobieren. Dabei ist der Vergleich mit anderen Wörtern sinnvoll, die ähnlich gebildet werden.

Beispiel:

$$\frac{\text{stercora}}{\text{tempora}} = \frac{\text{?}}{\text{tempus}}$$

Suche die Grundformen zu folgenden Wörtern; die Wörter in den Klammern helfen dir dabei.

a) fallacium (audacium)
b) maerorem (senatorem)
c) inspexit (conspexit)
d) existimationis (nationis)
e) oneraverunt (vitaverunt)
f) aspectu (casu)
g) infante (adulescente)
h) aemulati sunt (morati sunt)
i) quievit (crevit)
j) perstiterant (restiterant)

Ü6 Eifersucht

Silvana: Me non iam amas! Agrippinam pluris aestimas quam me!
Spurius: Minime! Te amo! Te magni duco! Tu pulcherrima es omnium puellarum! Te plurimi puto!
Silvana: Mentiris! Parvi me ducis! Agrippina tibi pluris est quam ego!
Spurius: Noli certare! Te amo, Silvana mea!

Ü7 Relativ unverschämt!

In Tübingen beschwert sich die Nachbarin einer bursa. – Achte auf die Relativsätze und ihre Sinnrichtung.

a) Iucundum non est prope hanc bursam habitare, quae multas fenestras[1] habet!
b) Non dormire possum propter[2] studentes, qui noctu magna voce clament!
c) Cur isti iuvenes, qui studere debeant, tantum vinum bibunt?
d) Nonne iuvenes huc missi sunt, qui studiis se dent?
e) Sunt etiam multi studentes, qui filiam meam per fenestras[1] bursae observent!
f) Ubi sunt magistri severissimi, qui audiantur?

[1]fenestra: Fenster – [2]propter: wegen

Ü8 Studenten!

Frau Ursula hat ihre Schwester in Tübingen besucht und ist über die Zustände in der Stadt einigermaßen schockiert. – Suche das richtige Verb heraus.

a) Iam saepe audiveram studentes otium (perturbare/confirmare/perferre).
b) Nunc ipsa vidi, quid illo in oppido (tueatur/obstet/fiat).
c) Quis non novit studentes esse iuvenes, iuvenes autem (suadere/queri/ludere) velle?
d) Ibi media nocte excitata sum, quia homines (clamantes/augentes/ignorantes) audivi.
e) Cum per luminaria[1] spectarem, nonnullos iuvenes currum per viam (sustinentes/trahentes/flectentes) conspexi.
f) Observavi etiam eos de curro aliquid in viam et in domos (levare/iacere/ardere).
g) Mane portas viasque stercore[2] (vastatas/completas/assecutas) inveni.

[1]lūminar: Fensterladen – [2]stercus: Mist

Ü9 Memorabilia

Über weise und andere Leute:

Sunt pueri pueri, pueri puerilia[1] tractant[2].
Sapiens omnia sua secum portat.
Avaro[3] omnia desunt, inopi[4] pauca, sapienti nihil.

[1]puerīlis: kindisch – [2]tractāre: treiben – [3]avārus: gierig – [4]inops: arm

Original-Latein

Studentenlied

Aus dem 18. Jahrhundert stammt dieses Studentenlied:

|: Gaudeamus igitur,
iuvenes dum sumus; :|
post iucundam iuventutem,
post molestam[1] senectutem[2]
|: nos habebit humus[3]!:|

|: Vita nostra brevis est,
brevi finietur, :|
venit mors velociter[4],
rapit nos atrociter,
|: nemini parcetur, :|

|: Vivat academia[5],
vivant professores, :|
vivat membrum quodlibet[6],
vivant membra quaelibet[6],
|: semper sint in flore! :|

|: Vivant omnes virgines,
faciles, formosae[7], :|
vivant et mulieres,
tenerae[8], amabiles[9]
|: bonae, laboriosae[10]! :|

[1]molestus: lästig – [2]senectūs: Alter – [3]humus: Erde – [4]vēlōx: schnell – [5]acadēmia: Universität – [6]quīlibet: jeder beliebige – [7]fōrmōsus: hübsch – [8]tener: jung – [9]amābilis: liebenswert – [10]labōriōsus: fleißig

- Warum sollen wir uns freuen?

Referate halten

Die verschiedenen Bedeutungen von cum in einem Kurzvortrag einleuchtend zusammenfassen, das Ende der römischen Republik strukturiert darstellen, die eigene Begeisterung für die Schönheit römischen Schmucks an die Zuhörer weitergeben – um das zu können, muss man kein Naturtalent sein. Wenn du die folgenden Hinweise beachtest und gelegentlich anwendest, kannst du deine Fähigkeiten als Redner systematisch auf- und ausbauen. Dabei kannst du vom Wissen aus der Antike profitieren – Cicero, der brillante Redner, hat es zusammengefasst:

- Grenze das Thema ein.
- Sammle nicht zu viele Informationen.

inventio – die Suche

Wenn du vor einem kleinen oder großen Publikum etwas sagen möchtest oder musst, solltest du dir zunächst genau überlegen, worüber du sprechen wirst. Ein Vortrag mit dem Titel „Die Kunst der Antike" lässt sich in fünf Minuten Unterrichtszeit nicht halten, das Thema ist viel zu allgemein. Grenze das Thema (in Absprache mit deinem Lehrer) ein, etwa: „Kurzbiographie Ciceros" oder „Die Laokoon-Gruppe".

Steht das Thema fest, geht es an die Suche nach Informationen. Vielleicht gibt dir deine Lehrerin Buchtipps oder stellt dir sogar Lektüre zur Verfügung. Ansonsten helfen Schul- oder Stadtbibliothek weiter oder auch das Internet. Woher auch immer das Material kommt, denk daran: Nicht zu viel sammeln, sondern besser die Zeit zum gründlichen Lesen und Herausschreiben nutzen! Nur wenn bestimmte Fragen offen gebliebenen sind, solltest du noch einmal gezielt nach weiteren Auskünften suchen.

Marmorplastik, vermutlich um 50 v. Chr., Höhe 1,84 m; Rom, Musei Vaticani

dispositio – die Gliederung

Nun kannst du die Ergebnisse deiner Informationssammlung ordnen, z. B. so:

Beschreibung	Mythos	Interpretation
– Personen – Gesichtszüge – Körperhaltungen – Perspektiven, Linien – Entstehungszeit	verschiedene Versionen der Laokoon-Sage: a) L. als Warner vor den Griechen (Vergil) oder b) L. als ungehorsamer Priester	– extremer körperlicher und seelischer Schmerz – Kopf des Vaters als Zentrum der Gruppe → Vater ist Verursacher der Situation, ist wichtigste Figur – junger Sohn schaut verzweifelt auf Vater, hofft auf Rettung durch ihn – noch Hoffnung für älteren Sohn? – L. als tragischer Held: Betrachter soll Mitleid empfinden

Daraus wird dann schnell ein interessanter und übersichtlicher Vortrag. Klare Überschriften helfen dir, den Stoff sinnvoll in Abschnitte einzuteilen und diese logisch aufeinander aufzubauen.

- Erstelle eine Gliederung.
- Denk dir eine Einleitung und einen Schluss aus.

Damit die Zuhörer dir gut folgen können, schickst du die Gliederung am besten gleich voraus. Zum Beispiel: „Zunächst werde ich die Laokoon-Gruppe beschreiben, dann den Mythos schildern, der ihr zugrunde liegt, und schließlich verschiedene Interpretationsmöglichkeiten erläutern."

In einer kleinen Einleitung gewinnst du die Aufmerksamkeit deiner Mitschüler, indem du mit einer lustigen Beobachtung, einem verblüffenden Detail oder einer Frage beginnst: „Auf den ersten Blick war ich überrascht: ein Mann und

zwei Kinder, die sich in einem dicken Seil verheddert haben – das soll die berühmteste Statue der Antike sein? Bei genauerem Hinsehen aber ..." – und dann kannst du deine Ausführungen anschließen.
Am Schluss solltest du das Wichtigste noch einmal sehr kurz in Stichworten zusammenfassen oder sagen, was dich persönlich an deinem Thema am meisten interessiert hat. Elegant ist es, auf die Einleitung noch einmal zurückzukommen: „Nun wundert es mich nicht mehr, dass seit der Antike viele Menschen von dieser Skulptur ergriffen sind und sie für ein einzigartiges Meisterwerk halten."

elocutio – das Ausformulieren

Bei einem gesprochenen Text ist es wichtig, ihn hörerfreundlich zu gestalten. Dabei sind sehr lange, verschachtelte Sätze für einen Vortrag ungeeignet, andererseits ist ein allzu eintöniger Satzbau oft langweilig – hier ist der Mittelweg der Richtige. Allzu viele Fachausdrücke, die du dir beim Lesen der Informationstexte angeeignet hast, solltest du vermeiden. Achte auf eine gepflegte und ordentliche Sprache, die weder hochgestochen noch allzu umgangssprachlich ist, dann können sich deine Mitschüler am besten auf das konzentrieren, was du zu sagen hast.

- Bilde keine allzu langen Sätze.
- Bemühe dich um gutes Deutsch.

memoria – das Auswendiglernen

Eine Rede abzulesen, wäre für Cicero undenkbar gewesen, heute aber ist es nicht mehr verpönt, sein Manuskript mit ans Rednerpult zu nehmen, um während des Sprechens hineinzusehen.
Wenn du problemlos frei formulieren kannst, reichen dir Notizblätter, auf denen in der richtigen Reihenfolge die wichtigsten Stichpunkte stehen, die du ausführen möchtest. Wer mehr Sicherheit braucht, formuliert die Sätze zu Hause in Ruhe schriftlich aus. Danach wird in jedem Satz das Schlüsselwort farbig markiert, damit man während des Vortrages schnell den Kern des Satzes erfassen und sich wenigstens ab und zu vom Manuskript lösen kann.
Egal, wie ausführlich die schriftlichen Gedächtnisstützen sind: Ein Vortrag will geübt sein, am besten mehrmals. Vielleicht finden sich Familienmitglieder oder Freunde als Probezuhörer, die dir auch noch Tipps zur Verbesserung geben können. Notfalls tut's auch der Teddybär oder das Quietsche-Entchen als Publikum.

- Mach dir die Notizen, die du brauchst.
- Halte das Referat schon einmal vor anderen zur Probe.

actio – das Vortragen

Es gibt einige Grundregeln, die deinen Mitschülern die Aufmerksamkeit erleichtern: Nicht ausschließlich ins Manuskript sehen, sondern Blickkontakt zu den Hörern herstellen; die Sätze nicht von vorne bis hinten ablesen, sondern einige Passagen frei formulieren; laut, langsam und mit variierter Tonlage sprechen. Darüber hinaus können Folien oder Tafelanschriebe mit einem Schema oder einer Skizze deinen Zuhörern das Verständnis erleichtern. Cicero kannte natürlich keinen Kopierer, aber du könntest deinen Mitschülern ein Blatt mit den wichtigsten Punkten deiner Ausführungen austeilen.

- Sprich langsam und mach Pausen.

Eine Frau auf dem Papstthron

Lebensbeschreibungen großer Männer gibt es schon genug, dachte der bedeutende italienische Humanist und Dichter Giovanni Boccaccio. Er stellte daher 104 Biographien berühmter, aber auch berüchtigter Frauen zusammen, die den Frauen und Männern seiner Zeit leuchtende oder abschreckende Beispiele sein sollten. Eine von ihnen ist Johanna.

Kolorierter Holzschnitt aus Hartmann Schedels Weltchronik von 1493

Iohanna femina fuit, se virum esse simulavit. Cum propter maximam audaciam memoria digna non esset, tamen toti orbi notissima facta et etiam nunc nota est.

Non multa novimus de adulescentia eius. Quod proprium fuerit nomen, satis requisitum non est. Nonnulli sunt, qui dicant patriam illius fuisse Mogontiacum. Constat teneram virginem a iuvene artibus studente dilectam esse. Pater filiam, cum eam vidisset amantem habere, vetuit eum convenire. Iohanna autem tanto erga iuvenem affectu incensa fuisse videtur, ut posito pudore domum patriam clam desereret. Dicitur in vestibus adulescentis cum amante in Angliam transisse seque Gilibertum nominavisse. Illic ab omnibus clericus[1] existimabatur et amori litterisque studebat.

[1] clēricus: Geistlicher

Iuvene mortuo Iohanna, cum cognosceret se ingenio valere trahereturque dulci scientia, se feminam esse fateri noluit. Immo vestibus clerici[1] retentis tam diligenter in litteris versabatur, ut famam viri docti nancisceretur.

Tum, cum iam aetate progressa est, ex Anglia Romam se transtulisse traditur. Iohanna, quam ibi quoque ab omnibus virum putatam esse constat, artes docebat insignesque discipulos habebat. Singulari gravitate et pietate omnes superare iudicabatur. Ideo post mortem papae[2] Leonis communi consilio papa[2] electus est nominatusque Iohannes.

Quae femina non verita est sacra omnia facere, quod nulli mulieri a christiana[3] religione concessum esse notum est. Sane pater caelestis praetermittendum non putavit, quin[4] a femina tam insignis locus obtineretur tamque mala fraude populus suus deciperetur. Quam ob rem suadente diabolo[5] actum est, ut femina, quae adhuc modicam vitam vixisse putabatur, libidine caperetur. Nec illa, quae veritatem diu occultare noverat, libidinem continere potuit. Ita accidit, ut papa[2] conciperet[6].

O scelus maximum, o patientia[7] Dei! Quid tandem? Feminam, quam oculos hominum diu fefellisse scimus, ingenium ad turpissimum facinus occultandum defecisse videtur. Pompam[8] enim modo ducebat, cum repente prope Colosseum gradum sustinuit: publice filium genuit. Ita patuit, qua fraude tam diu ceteros homines praeter amantem suum decepisset. Statim ex urbe fugata cum filio tenero misera egressa esse traditur.

Etiam nunc summi sacerdotes oderunt eum locum, ubi Iohanna filium genuit: Cum pompam[8] cum plebe agunt, illum turpissimum locum medio in itinere pompae[8] positum vitant, de via decedunt, iter perficiunt.

[2] pāpa: Papst

[3] chrīstiānus: christlich

[4] quīn *(hier)*: dass

[5] diabolus: Teufel

[6] concipere: schwanger werden

[7] patientia: Geduld

[8] pompa: Prozession

Verstehen & Vertiefen

1. In der Erzählung von dem weiblichen Papst wechseln maskuline und feminine Formen. Wann wird welches Genus verwendet?
2. Überlege, warum Johanna sich als Mann ausgegeben hat.

Aufbruch in die Neuzeit

„Ich möchte Wunderdinge vollbringen!“, soll Leonardo da Vinci als junger Mann gesagt haben, und damit ist das Lebensgefühl des 15. Jahrhunderts auf den Punkt gebracht. Es war eine Zeit des Umbruchs und des Aufbruchs: Künstler und Wissenschaftler entwickelten eine erstaunlich große Zahl von Neuerungen in ihren Gebieten. Der Architekt Leon Battista Alberti zum Beispiel entwarf die Lehre von der Perspektive, die großen Einfluss auf die Malerei nehmen sollte. Leonardo da Vinci schuf nicht nur seine Meisterwerke in der Malerei, sondern erdachte auch Kriegsmaschinen und Fluggeräte. Architektur und Literatur, Künste und Wissenschaften blühten. Auch die Entdecker eröffneten neue Horizonte: Der Portugiese Vasco da Gama umschiffte Afrika auf seinem Weg nach Indien, und Christopher Kolumbus erreichte als erster Europäer Amerika.

Die neuen kulturellen Bestrebungen nahmen in den bedeutenden Stadtstaaten Italiens wie Florenz und Venedig ihren Anfang und wurden durch reiche Kaufleute, Fürsten und Kleriker finanziert und gefördert. Langsam breiteten sich die Errungenschaften von dort an die Herrscherhöfe Europas aus. In Deutschland setzte sich die neue Geisteshaltung erst um 1500 durch.

Aber was war das Neue? Das Neue war etwas Altes, die Antike. Sie erlebte eine Renaissance („Wiedergeburt“), wie diese Zeit später bezeichnet wurde. Man begeisterte sich für antike Bauwerke, Denkmäler und Statuen und begann, die Ruinen der Antike zu schützen, anstatt sie als Steinbruch für Neubauten zu benutzen. Nicht nur wurde die lateinische Literatur mit anderen Augen gelesen, auch die Werke der griechischen Dichter und Philosophen beeinflussten jetzt mit ihren Formen und Inhalten das Denken. Es war modern, sich für griechisch-römische Geschichte und Mythologie zu interessieren, und viele Maler und Bildhauer ließen sich durch sie zu Motiven für ihre Werke anregen.

Dichter und Gelehrte suchten, oft im Auftrag reicher, meist italienischer Sammler, in ganz Europa in den Klosterbibliotheken nach Handschriften bedeutender antiker Autoren. Sie fanden Briefe und Reden Ciceros, Komödien des Plautus, Werke von Tacitus, Livius, Quintilian und vielen weiteren. Die entdeckten Kodizes wurden zunächst wiederum abgeschrieben, um sie möglichst vielen Interessenten zugänglich zu machen.

Bald aber half eine bahnbrechende Erfindung, die Schriften zu vervielfältigen und zu verbreiten: der Buchdruck, der um 1450 in Deutschland von Johannes Gutenberg erfunden wurde. Nicht überall stieß die neue Technik auf Begeisterung. Die Besitzer erlesener Privatbibliotheken schätzten ihre prächtigen Handschriften weitaus höher als die gedruckten Werke und störten sich daran, dass nun viel mehr Menschen Zugang zu den von ihnen gehüteten Texten bekommen würden. Die Gelehrten befürchteten eine minderwertige Qualität der gedruckten Texte und damit einen Verfall oder eine Verfälschung des durch diese vermittelten Wissens. Trotz dieser Bedenken verbreitete sich der Buchdruck sehr schnell

Francesco di Giorgio Martini, Idealstadt, Öl auf Holz, um 1470; Urbino, Galleria Nazionale delle Marche

in ganz Europa und revolutionierte die Verfügbarkeit von Wissen und den Zugang zu Kultur.

Gleichzeitig mit der Rückbesinnung auf die antiken lateinischen und griechischen Werke begannen die Gelehrten und Dichter, diese in die Volkssprachen zu übersetzen. Das Italienische, Französische, Deutsche ihrer Zeit waren in erster Linie Gebrauchs- und Umgangssprachen des Alltags. Durch die Übersetzung inhaltlich und sprachlich anspruchsvoller Werke sollten die Volkssprachen bereichert und vervollkommnet werden, so dass auch sie neben dem Lateinischen zu Literatur- und Wissenschaftssprachen tauglich wurden. Unter den Intellektuellen der damaligen Zeit entbrannte eine vor allem im 16. Jahrhundert heftig geführte Diskussion darüber, ob die Volkssprachen jemals die Perfektion des Lateinischen erlangen könnten.

Aus ihren enormen kulturellen Leistungen schöpften Künstler und Wissenschaftler ein neues Selbstbewusstsein. Sie spürten, dass nicht nur Gott als Schöpfer tätig sein konnte, wie es im Mittelalter bislang gesehen wurde, sondern dass auch die Menschen etwas Neues hervorbringen konnten. Dabei waren sie nicht so vermessen, sich selbst oder den Menschen an sich für vollkommen zu halten, im Gegenteil: Sie sahen den Menschen als Individuum, das wunderbare Stärken, aber auch abgründige Schwächen haben kann.

Aus Sicht der Renaissance muss sich der Mensch erst zum Menschen machen, sein menschliches Wesen, seine humanitas entdecken. Diese schwierige Aufgabe kann er durch die Lektüre literarischer Texte meistern, aus denen er Bildung für Geist und Seele empfängt. Das Ideal der so genannten Humanisten, die Bildung und Büchern zentrale Bedeutung beimaßen, ist der *uomo universale*, der universell gebildete Mensch, der sich in Literatur und Wissenschaften gut auskennt, künstlerisch und musikalisch begabt ist und darüber hinaus auch noch angenehme Umgangsformen hat.

Verstehen & Vertiefen

1. „Buchdruck, Schießpulver und Kompass haben Art und Beschaffenheit der Dinge auf der Erde verändert", so schreibt 1620 der englische Philosoph und Staatsmann Francis Bacon. Nimm zu seiner These Stellung.
2. Welche der Erfindungen und Entdeckungen des 15. Jahrhunderts beeinflussen unser Leben noch heute?
3. Findest du das Ideal des *uomo universale* erstrebenswert?

In seinem Werk *De architectura* schreibt der römische Architekt und Schriftsteller Vitruv:
„Wenn ein Mensch aufrecht mit ausgebreiteten Armen und Beinen steht und man die Spitze eines Zirkels bei seinem Nabel ansetzt, berührt die daraus resultierende Kreislinie die Füße und die Fingerspitzen.
Aber der Körper bildet nicht nur einen Kreis, sondern auch ein Quadrat. Denn die Körpergröße von den Füßen bis zum Scheitel entspricht der Spannweite der ausgestreckten Arme; gleiche Breite und Höhe sind aber die Definition des Quadrats."

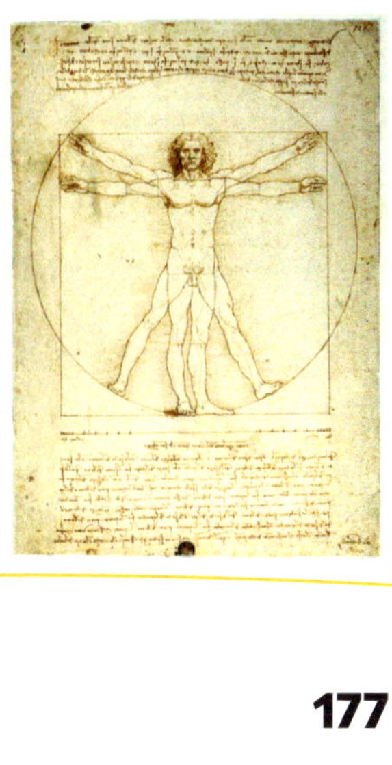

Leonardo da Vinci, Handzeichnung, um 1490; Venedig, Galleria dell'Accademia

Übersetzung eines Nci:
- „es wird geglaubt, dass"
- „man sagt, dass"
- „sollen"

1.1 Vergleiche Satz a und b: Welche Wörter haben sich vom Akk. in den Nom. „verwandelt"?

1.2 Prüfe die Numerus-Kongruenz in Satz d: Was stellst du fest? Vergleiche mit deiner Übersetzung.
pompa: Prozession

G1 Nominativus cum infinitivo (Nci)

Du weißt, dass Aussagen, die von einem „Kopf-Verb" abhängen, durch einen Aci ausgedrückt werden:
a) Nonnulli putant Iohannem VII. feminam fuisse.

Das Kopf-Verb kann aber auch im Passiv stehen; die abhängige Aussage wird dann durch einen **Nominativus cum infinitivo** (Nci) ausgedrückt. Für die Übersetzung verwendest du unpersönliche Ausdrücke wie „es wird geglaubt, dass", „man glaubt, dass" oder eine Umschreibung mit „sollen".
b) Iohannes VII. femina fuisse putatur.

Einen Nci findest du vor allem bei Verben des Sagens, Glaubens, Berichtens und Überlieferns. Häufig wird auch videri in der Bedeutung „scheinen" mit einem Nci verwendet.
c) Iohanna magno ingenio fuisse videtur.
d) Plerique eam virum existimavisse feruntur.
e) Iohanna, cum pompam duceret, filium genuisse dicitur.

Nachdenken über Sprache

Nci – is said to be

Eine dem lateinischen Nci vergleichbare Ausdrucksweise gibt es auch im Englischen.
a) The story about pope John is supposed to have taken place in the ninth century A. D.
b) Joan was thought to be a man.
c) She is said to have died in misery.

G2 Verschränkte Relativsätze

Einen Satz, der einen Relativsatz enthält, kannst du dir als Kombination zweier ursprünglich eigenständiger Sätze vorstellen:
a) Iohanna femina fuit.
b) Multi Iohannam virum putabant.
c) Multi Iohannam, quae femina fuit, virum putabant.

Die Aussage des Satzes a kann natürlich auch als Aci auftreten:
d) Iohannam feminam fuisse scimus.

Auch ein solcher Satz kann als Relativsatz in einen anderen eingebaut werden:
e) Multi Iohannam, quam feminam fuisse scimus, virum putabant.

Diese Verschränkung von Relativsatz und Aci lässt sich im Deutschen nicht nachmachen. Einen solchen verschränkten Relativsatzes kannst du auf drei Weisen übersetzen:

1. „die, **wie wir wissen**, eine Frau war"
2. „die **nach unserem Wissen** eine Frau war"
3. „**von der** wir wissen, **dass sie** eine Frau war"

f) Iohanna cum quodam iuvene, quem illam singulari amore amavisse legimus, in Angliam fugit.
g) Patriam, quo numquam se redituram sperabat, reliquit.
h) Postea Iohanna, quam summo ingenio fuisse constat, Romae papa electus est.

pāpa: Papst

G3 cum-Sätze: Zusammenfassung

Du hast viele verschiedene Arten von cum-Sätzen kennengelernt. Bei der Übersetzung hilft es dir, wenn du zuerst den Modus im cum-Satz bestimmst: Indikativ oder Konjunktiv? Das ermöglicht dir eine Eingrenzung der verschiedenen Möglichkeiten. Die genaue Übersetzung ergibt sich aber nur aus dem Zusammenhang.

cum mit Indikativ:

• cum temporale (→ 32 G 5)	→	„als"	oft Hinweise wie tum, eo die im HS
• cum iterativum (→ 28 G 5)	→	„jedesmal wenn"	steht meist vor dem HS
• cum inversivum (→ 13 G 5) (cum subito)	→	„als plötzlich"	steht meist nach dem HS; oft im HS Imperf., im GS Perf.

cum mit Konjunktiv (→ 24 G 5):

• cum historicum	→	„als, nachdem, während"	
• cum causale	→	„weil"	
• cum concessivum	→	„obwohl"	im HS meist tamen

3.1 Bestimme die Funktion der cum-Sätze im Lektionstext 40.

3.2 Erkläre: Beim cum historicum kann man am Tempus im Gliedsatz erkennen, welche Übersetzung in Frage kommt.

Ü1 Es heißt ...

Übersetze den Nci in den folgenden Sätzen auf verschiedene Arten.

a) Cicero orator[1] optimus et consul egregius fuisse traditur.
b) Nonnumquam[2] autem superbus esse dicebatur.
c) Cicero rem publicam liberam amavisse putatur.
d) Plurimi Romani eum laudavisse feruntur.
e) Etiam Caesar, qui paene omnibus in rebus ab eo dissentiebat, amicitiam eius petivisse videtur.

[1] ōrātor: Redner – [2] nōnnumquam: manchmal

Ü2 Der faule Student

Ein wohlhabender Vater hat seinen Sohn zum Studium in die Stadt geschickt. Bei einem Besuch sieht er, wie wenig Ernst der Sohn auf das Studium verwandt hat, und ist erzürnt. – Setze das passende Relativpronomen aus der Auswahl ein.

a) Libros, ____ utiles esse scio, apud te non invenio!
b) Argentum, ____ nuper tibi missum esse memini, non iam possides!
c) Amici, ____ tecum vinum bibere vidi, mali sunt!
d) Magister, ____ discipulum te esse scripsisti, abhinc[1] iam tres annos mortuus est!
e) Mater, ____ te valde amare scis, maestissima erit!

[1] abhinc: seit

quos – quam – quod – cuius – quos

Ü3 Wortfeld

Stelle alle dir bekannten Wörter für Mädchen/Frau und Junge/Mann zusammen.

Ü4 Frauen in Rom und Athen

a) Apud Romanos matrem familiae primum locum aedium tenuisse scimus.
b) Cum marito vel etiam solam eam ad convivia[1] invitatam esse saepe legimus.
c) Mulier Graeca autem tantum in interiore[2] parte aedium versata esse traditur.
d) Quo nemo accedebat nisi propinquus.
e) Pericles, ille imperator Atheniensium, optimam feminam esse censuit, de cuius virtutibus quam minimus sermo apud alienos haberetur.

[1] convīvium: Gastmahl – [2] interior: der innere

Ü5 Wer war's?

Ordne die Namen den Ereignissen zu.

a) Ille ingentem numerum iudiciorum a viris doctis in paucos libros comprehendi iussit.
b) Terram matrem omnium esse iudicavit.
c) Ille olim elephantos trans Alpes montes traduxisse dicitur.
d) Ille templum quoddam praeclarum per errorem[1] incendio delevisse existimatur.
e) Ille omnibus hominibus locum ad discendum aptum dedisse dicitur.
f) Illo imperatore Plinium proconsulem[2] Bithyniae factum esse legimus.
g) Mores Romanorum illi cordi fuisse putantur.
h) Rubiconem flumen ab illo transitum esse legimus.

[1] error: Irrtum – [2] prōcōnsul: Statthalter

Augustus, Brutus, Caesar, Hannibal, Justinian, Karl der Große, Titus, Trajan

+ Ordne die Geschehnisse in zeitlicher Reihenfolge.

Spielereien

Seit vielen Jahrhunderten wird Latein gelehrt und gelernt; da konnte es nicht ausbleiben, dass findige Köpfe sich allerlei Späße damit ausdachten. Meistens werden sie mündlich weitergegeben; hier findest du einige gedruckt.

Pronomina & Stammformen

Hic, haec, hoc,
der Lehrer hat ´nen Stock.
Is, ea, id,
was macht er denn damit?
Sum, fui, esse,
er haut dir auf die Fresse.
Qui, quae, quod –
ogottogottogott!

Römisch gerechnet

Die Hälfte von zwölf ist sieben.

Wenn man von vier eins wegnimmt, bleiben fünf übrig.

Makkaroni

Makkaroni-Gedichte nennt man solche, bei denen lateinische und deutsche Wörter gemischt werden.

Er starb post Christum natum,
ich weiß nicht mehr das Datum.

+ Vielleicht findest du in einem Buch mit Weihnachtsliedern das Lied „In dulci iubilo".

Gute Unterhaltung!

Die richtige Betonung bekommt dieser Vers, wenn du die fett gedruckten Vokale betonst.

Qu**a**ndo c**o**nveni**u**nt
Marg**a**r**e**ta, Sib**y**lla, Cam**i**lla,
s**e**rmon**e**s faci**u**nt
et ab h**o**c et ab h**a**c et ab **i**lla.

Palindrom

Ein Palindrom kannst du vorwärts und rückwärts lesen, und es bleibt immer gleich.
Hier ist eines von eifrigen Lateinschülern:
ROMA AMOR

Und eines von den Nachtfaltern:
IN GIRUM[1] IMUS NOCTE ET CONSUMIMUR IGNI.

[1] gīrus: *Kreis (Lichtkreis der Lampe)*

Der Gruß an den Großvater

Ave, ave!

Anagramme

Ein Anagramm entsteht durch Vertauschung der Buchstaben. Die schönsten sind die, deren verschiedene Wörter einen inneren Zusammenhang haben.

Schnelle Hilfe: AUDIVI – ADIUVI
Die Einladung: MANES – MENSA
Der Eingebildete: SENATOR – SE ORNAT

Ganz schlimmes Latein

Übersetze jedes Wort einzeln und hänge sie dann aneinander. Die Rechtschreibung spielt diesmal ausnahmsweise keine Rolle.

UNUS IGNIS QUIS VIR MULTUM AB AUDERE.

Und da war noch …

die Scherbe eines Tontopfes, die bei Ausgrabungen gefunden wurde; sie trug die folgende Inschrift:
SITVS VILATE INISSET ABERNET

Lektion 21

	Latein	Deutsch
	cōnsulere, cōnsulō, cōnsuluī, cōnsultum	*um Rat fragen, beraten; beschließen; sorgen für*
	accipere, accipiō, accēpī, acceptum	*annehmen, bekommen, empfangen*
3	**solēre**	gewohnt sein, gewöhnlich etw. tun
	Parēre soleō.	Gewöhnlich gehorche ich.
	an?	oder?; oder etwa?
	Labōrem an lūdam?	Soll ich arbeiten oder spielen?
	An dubitās?	Oder zweifelst du etwa?
	pūblicus, -a, -um	öffentlich
	rēs pūblica	Staat
6	**crūdēlis, -is, -e**	grausam
	damnāre	verurteilen
	capitis damnāre	zum Tode verurteilen
	iūs, iūr-is *n.*	Recht
9	**expellere, expellō, expulī, expulsum**	vertreiben, verbannen
	dūrus, -a, -um	hart
	igitur *Adv.*	also
12	**iniūstus, -a, -um**	ungerecht
	tyrannus	Gewaltherrscher
	līber, lībera, līberum	frei
15	**lībertās, lībertāt-is** *f.*	Freiheit
	iūstitia	Gerechtigkeit
	uterque, utraque, utrumque	jeder (von zweien); beide
	Uterque mē spectat.	Beide schauen mich an.
18	**nōbilitās, nōbilitāt-is** *f.*	Adel
	vexāre	quälen
	audēre	wagen
21	**commūnis, -is, -e**	gemeinsam, allgemein, üblich
	vīta commūnis	Alltag
	sīgnificāre	bezeichnen, bedeuten
	quasi *Adv./Subj.*	gleichsam; wie wenn, als ob
24	**lābī, lābor, lāpsus sum**	gleiten; fallen
	arbitrārī, arbitror, arbitrātus sum	glauben, meinen, halten für
	vērus, -a, -um	wahr, wirklich
	Adv. **vērē/vērō**	
27	**suspicārī, suspicor, suspicātus sum**	vermuten, einen Verdacht haben
	comitia, -ōrum *n. (nur Pl.)*	Volksversammlung
	cōnsul, cōnsul-is *m.*	Konsul
30	**creāre**	erschaffen; wählen
	collēga *m.*	Kollege
	administrāre	verwalten, leiten
33	**senātus, -ūs** *m.*	Senat
	ratiō, ratiōn-is *f.*	Grund, Vernunft; Art und Weise
	ratiōnem reddere	Rechenschaft ablegen
	aliā ratiōne	auf andere Weise
	postrēmō *Adv.*	schließlich
36	**lēx, lēg-is** *f.*	Gesetz; Bedingung
	lēgēs pācis dīcere	die Bedingungen des Friedens vorschreiben
	oboedīre	gehorchen
	exitus, -ūs *m.*	Ausgang; Ende, Ergebnis
39	**proficīscī, proficīscor, profectus sum**	aufbrechen; reisen, marschieren

D legal, Dur, labil, rational, Tyrannosaurus rex, Jura, liberal, suspekt, Kreatur, System-Administrator

E justice, to expel, exit, cruel, very, damned!, liberty, reason, common, to suspect, creature

F cruel, la justice, la raison, commun, vrai, le consul, la république, la liberté, la loi

Lektion 22

audācia	Mut; Frechheit
mīrārī, mīror, mīrātus sum	sich wundern; bewundern
3 *dēcernere, dēcernō, dēcrēvī, dēcrētum*	*entscheiden, beschließen*
crēdere, crēdō, crēdidī, crēditum	*glauben; anvertrauen*
inopia	Mangel, Not
6 **imperāre** *m. Dat.*	befehlen; beherrschen
castra, -ōrum *n. (nur Pl.)*	Lager
castra movēre	aufbrechen
castra mūnīre	ein Lager anlegen
trāicere, trāiciō, trāiēcī, trāiectum	hinüberbringen; überqueren
Flūmen trāiciunt.	Sie überqueren den Fluss.
Exercitum trāns flūmen trāicit.	Er lässt das Heer den Fluss überqueren.
9 **pellere, pellō, pepulī, pulsum**	stoßen, schlagen; vertreiben
cōnspectus, -ūs *m.*	Anblick; Blickfeld
in cōnspectū	in Sichtweite
priusquam	bevor
12 **aciēs, -ēī** *f.*	Schärfe; Schlachtordnung; Schlacht
ēdūcere, ēdūcō, ēdūxī, ēductum	herausführen
cōntiō, cōntiōn-is *f.*	Versammlung
15 **praesidium**	Schutz; Wachposten
praesidiō esse	schützen
apud *m. Akk.*	bei
rērī, reor, ratus sum	meinen
18 **ūsus, -ūs** *m.*	Gebrauch; Nutzen; Übung
ūsuī esse	nützlich sein
spectāculum	Schauspiel; Anblick
statuere, statuō, statuī, statūtum	aufstellen; festsetzen, beschließen
21 **pēs, ped-is** *m.*	Fuß
pōnere, pōnō, posuī, positum	setzen, stellen, legen
permittere, permittō, permīsī, permissum	erlauben, überlassen
24 **pollicērī, polliceor, pollicitus sum**	versprechen
optāre	wünschen
optātus, -a, -um	erwünscht, ersehnt
postulāre	fordern
27 **vinculum**	Band, Fessel
vincula *(Pl.)*	Gefängnis
necessitās, necessitāt-is *f.*	Notwendigkeit; Notlage
circumdare, circumdō, circumdedī, circumdatum	herumlegen; umgeben
Armīs sē circumdedit.	Er legte die Waffen um.
Hortus mūrō circumdatus est.	Der Garten ist von einer Mauer umgeben.
30 **tergum**	Rücken
ā tergō	im Rücken
claudere, claudō, clausī, clausum	schließen; einschließen
opera	Arbeit, Mühe
operam dare	sich bemühen
33 **cavēre, caveō, cāvī, cautum** *m. Akk.*	sich hüten
Cāve canem!	Hüte dich vor dem Hund!
Cāve, ne cadās!	Pass auf, dass du nicht hinfällst!
perīre, pereō, periī, –	umkommen, zugrunde gehen

D Statuten, Position, Option, Postulat, Klausur, Präsidium, Puls
E useful, permission, to perish, to close, to pose, caution
F le miracle, le spectacle, la nécessité, l'opérateur, le pied

Lektion 23

	lūdus	Spiel; Schule
	Mē lūdōs facis.	Du nimmst mich auf den Arm.
	quia *Subj.*	weil
3	**vīvus, -a, -um**	lebend, lebendig
	vīva vōx	mündliche Rede
	flūmen vīvum	fließendes Gewässer
	unda	Welle; Gewässer
	quam	
	beim Positiv	*wie*
	beim Komparativ	als
6	**peccāre**	einen Fehler machen
	tālis, -is, -e	so; ein solcher
	quālis, -is, -e	wie (beschaffen), was für ein
9	**ante** *Adv.*	vorher
	opportūnus, -a, -um	günstig, passend
	rēs opportūna	günstige Gelegenheit
	familiāris, -is, -e	zur Familie gehörig; befreundet; vertraut; *als Subst.:* Freund, Vertrauter
12	**umquam** *Adv.*	jemals
	neque umquam	und/aber niemals
	emere, emō, ēmī, emptum	*kaufen*
	mercātor, mercātōr-is *m.*	Kaufmann, Händler
15	**dīvitiae, -ārum** *f. (nur Pl.)*	Reichtum
	inquam	*ich sage/sagte*
	impius, -a, -um	gottlos; frevelhaft
18	**facinus, facinor-is** *n.*	Handlung, Tat; Untat, Verbrechen
	admonēre, admoneō, admonuī, admonitum	ermahnen; erinnern
	pār	gleich; angemessen
	Gen. **par-is**	
21	**comperīre, comperiō, comperī, compertum**	erfahren
	scelus, sceler-is *n.*	Verbrechen
	accidere, accidō, accidī, –	*sich ereignen, geschehen*
24	**hospes, hospit-is** *m.*	Gast; Gastgeber
	vendere, vendō, vendidī, venditum	*verkaufen*
	sententia	Meinung; Spruch
27	**mortuus, -a, -um**	tot; *als Subst.:* Toter, Leichnam
	scīlicet *Adv.*	selbstverständlich, natürlich
	morī, morior, mortuus sum	sterben
30	**sepulcrum**	Grab; Grabmal
	egēre, egeō, eguī, – *m. Abl.*	brauchen, nötig haben
	Pecūniā egeō.	Ich habe kein Geld.
	dēcipere, dēcipiō, dēcēpī, dēceptum	*betrügen*
33	**aurum**	Gold
	adimere, adimō, adēmī, ademptum	wegnehmen
	haud	nicht

D Sentenz, Opportunist, Paar, familiär, Qualität, paritätisch, Hospital, Hospiz, Sepulkralkunst
E vivid, opportunity, host, to admonish, sentence, revival, hospitality
F le péché, vif, l'or, impie, l'hôte, mourir, l'onde, pair/impair

Lektion 24

	morārī, moror, morātus sum	sich aufhalten; zögern
	exīre, exeō, exiī, exitum	herausgehen, weggehen
3	**exsilium**	Verbannung
	cōgere, cōgō, coēgī, coāctum	versammeln; zwingen
	barbarus, -a, -um	ausländisch, wild; *als Subst.:* Barbar, Barbarin
6	**ūllus, -a, -um**	irgendein, ein; irgendwer
	Gen. **ūllīus**, *Dat.* **ūllī**	
	sine ūllā spē	ohne jede Hoffnung
	clēmentia	Milde, Sanftmut
	dīligere, dīligō, dīlēxī, dīlēctum	*schätzen, lieben*
9	*favēre, faveō, fāvī, fautum*	*unterstützen, begünstigen*
	vehemēns *Gen.* **vehement-is**	heftig, energisch
	dolor, dolōr-is *m.*	Schmerz
12	**potius** *Adv.*	eher, lieber
	sapiēns *Gen.* **sapient-is**	weise, klug, vernünftig
	īnsidiae, -ārum *f. (nur Pl.)*	Hinterhalt, Falle, Anschlag
15	**cum** *Subj. m. Konj.*	als; weil; obwohl
	damnum	Schaden
	herba	Gras, Pflanze
18	**adhibēre**	hinwenden; anwenden; hinzuziehen
	vim adhibēre	Gewalt anwenden
	marītus	Ehemann
	odium	Hass
21	**praestāre, praestō, praestitī, –**	übertreffen; leisten; zeigen
	sē fortem praestāre	sich tapfer zeigen
	praestat	es ist besser
	patī, patior, passus sum	leiden, ertragen, zulassen
	nocēre	Unheil anrichten, schaden
24	**sapientia**	Weisheit, Klugheit, Verstand
	onus, oner-is *n.*	Last
	plērīque, plēraeque, plēraque	die meisten
27	**iungere, iungō, iūnxī, iūnctum**	verbinden, anschließen
	pācem iungere	Frieden schließen
	invidia	Neid
	invidia meī/tuī	Neid auf mich/dich
	placidus, -a, -um	ruhig, friedlich
30	**subicere, subiciō, subiēcī, subiectum**	darunter legen; unterwerfen
	ac (≈ atque)	*und*
	quam	
	beim Positiv	*wie*
	beim Komparativ	*als*
	beim Superlativ	möglichst
33	**celer, -is, -e**	schnell
	parcere, parcō, pepercī, – *m. Dat.*	sparen; verschonen
	Labōrī parce!	Spar dir die Mühe!
	efficere, efficiō, effēcī, effectum	bewirken, herstellen, durchführen
36	**pōscere, pōscō, popōscī, –**	fordern, verlangen
	diūtius *Adv.*	länger
	aliter *Adv.*	anders; sonst
39	**certus, -a, -um**	sicher, festgesetzt
	Adv. **certē/certō**	
	vir certus	ein bestimmter Mann

D Moratorium, Exil, vehement, Patient, Konjunktion, Homo sapiens, Herbarium
E exit, passion, acceleration, effect, certain, junction, placid, married
F clément, innocent, le mari, l'effet, aux fines herbes

Lektion 25

aeger, aegra, aegrum	krank
aeger animō	betrübt
decem *(unveränderlich)*	zehn
3 **continuus, -a, -um**	zusammenhängend, ununterbrochen
dī (≈deī)	*die Götter*
māximē *Adv.*	am meisten, besonders
6 **fatērī, fateor, fassus sum**	bekennen, eingestehen
omnīnō *Adv.*	insgesamt, völlig, überhaupt
dīvīnus, -a, -um	göttlich
9 **praeditus, -a, -um** *m. Abl.*	ausgestattet mit, begabt mit
summō ingeniō praeditus	hochbegabt
audāx	frech, kühn
Gen. **audāc-is**	
Adv. **audācter**	
iste, ista, istud	dieser, diese, dieses (da)
12 *reprehendere, reprehendō, reprehendī, reprehēnsum*	*tadeln*
īmmō *Adv.*	im Gegenteil; sogar
āiō, ais, ait; –, –, āiunt	ich sage/sagte
15 **mentīrī, mentior, mentītus sum**	lügen
cōnscius, -a, -um *m. Gen.*	bewusst, mitwissend; *als Subst.:* Mitwisser, Zeuge
cōnscius cōnsiliōrum	in die Pläne eingeweiht
aggredī, aggredior, aggressus sum	angreifen; herangehen
18 **obicere, obiciō, obiēcī, obiectum**	vorwerfen; entgegenwerfen
adīre, adeō, adiī, aditum *m. Akk.*	herantreten; bitten
frequēns	zahlreich, häufig
Gen. **frequent-is**	
21 *concurrere, concurrō, concurrī, concursum*	*zusammenlaufen, zusammenstoßen*
illūstris, -is, -e	berühmt, ausgezeichnet
cīvīlis, -is, -e	bürgerlich, öffentlich
bellum cīvīle	Bürgerkrieg
24 **versārī, versor, versātus sum**	sich aufhalten; sich mit etw. beschäftigen
in artibus versārī	sich mit den Künsten beschäftigen
disserere, disserō, disseruī, dissertum	sprechen, darlegen
iūstus, -a, -um	gerecht
27 **ōrātiō, ōrātiōn-is** *f.*	Rede
dissentīre, dissentiō, dissēnsī, dissēnsum	anderer Meinung sein, nicht übereinstimmen
Dissentiō ā tē.	Ich bin anderer Meinung als du.
cēnsēre, cēnseō, cēnsuī, cēnsum	meinen, einschätzen; beschließen
30 **probus, -a, -um**	anständig, gut
sentīre, sentiō, sēnsī, sēnsum	fühlen, wahrnehmen, meinen
utrum ... an ...	... oder ...?
33 **opīniō, opīniōn-is** *f.*	Meinung; guter Ruf
honestus, -a, -um	ehrenhaft, angesehen; tugendhaft
mēns, ment-is *f.*	Geist, Verstand; Gedanke
Gen. Pl. **-ium**	
mihi in mentem venit	mir fällt ein
36 **adeō** *Adv.*	so sehr
nescīre, nesciō, nescīvī, –	nicht wissen

D mental, Konkurs, Dissertation, Frequenz, Konkurrent, versiert, Zivilrecht, Dissenz, Illustrierte
E divine, opinion, conscious, frequent, just, mind, continuous, aggressive
F le concours, juste, mentir, l'opinion, la civilisation, illustre

Lektion 26

	epistula	Brief
	īnstāre, īnstō, īnstitī, – *m. Dat.*	bedrängen, bevorstehen
3	**voluptās, voluptāt-is** *f.*	Vergnügen, Lust
	legere, legō, lēgī, lēctum	*lesen*
	brevis, -is, -e brevī (tempore)	kurz bald
6	**actiō, actiōn-is** *f.*	Handlung; Gerichtsverhandlung
	voluntās, voluntāt-is *f.*	Wille, Absicht
	modo Adv. modo ... modo	*nur;* gerade bald … bald
9	**cōnsentīre, cōnsentiō, cōnsēnsī, cōnsēnsum**	übereinstimmen; zustimmen
	ūtī, ūtor, ūsus sum *m. Abl.*	benutzen, gebrauchen
	cūrāre *m. Akk.*	sorgen für; pflegen
12	**aliquis, aliquid/ quis, quid** aliquid bonī	(irgend-)jemand; (irgend-) etwas etwas Gutes
	invidēre, invideō, invīdī, invīsum *m. Dat.* Fortūnae tuae invideō.	beneiden, Böses wollen Ich gönne dir dein Glück nicht.
	philosophus	Philosoph
15	**quisquam, quicquam** neque quisquam	(irgend-)jemand; (irgend-) etwas und/aber niemand
	cōnstāns *Gen.* **cōnstant-is**	beständig
	philosophia	Philosophie
18	**dēdere, dēdō, dēdidī, dēditum**	ausliefern, übergeben
	genus, gener-is *n.*	Abstammung, Geschlecht, Art
	ēvenīre, ēveniō, ēvēnī, ēventum Bene ēvenit.	herauskommen; sich ereignen Es geht gut aus.
21	**aetās, aetāt-is** *f.*	Lebensalter, Zeitalter
	impedīmentum impedīmenta *(Pl.)*	Hindernis Gepäck
	studēre, studeō, studuī, – *m. Dat.*	sich bemühen um; sich geistig betätigen
24	**dēsistere, dēsistō, dēstitī, –**	aufhören
	cupiditās, cupiditāt-is *f.*	Begierde, Leidenschaft
	aequus, -a, -um aequō animō	eben, gleich, gerecht gleichmütig
27	**mōs, mōr-is** *m.* mōrēs *(Pl.)*	Sitte, Brauch Sitten; Charakter
	magis *Adv.*	mehr, eher
	aptus, -a, -um	passend, geeignet
30	**ēligere, ēligō, ēlēgī, ēlēctum**	auswählen
	sōlum *Adv.* nōn sōlum ..., sed etiam ...	allein, nur nicht nur …, sondern auch …
	item *Adv.*	ebenso
33	**corrumpere, corrumpō, corrūpī, corruptum**	verderben, bestechen
	necessārius, -a, -um *Adv.* **necessāriō** necessāria *n. (Pl.)*	notwendig; verwandt, befreundet Lebensmittel
	tertius, -a, -um	der, die, das dritte
36	**ōrdō, ōrdin-is** *m.* ōrdine	Reihe, Ordnung; Stand der Reihe nach
	aliquī, aliqua, aliquod/ quī, qua, quod	(irgend-)ein; *Pl.:* (irgend-) welche, einige
	negōtium	Beschäftigung; Aufgabe
39	*vīvere, vīvō, vīxī, –*	*leben*

D Korruption, konstant, Kur, aktiv, Epistel, Moral, Ordinalzahl, Adapter, Konsens

E volunteer, election, philosophy, apt, to study, negotiation, brief, event

F brève, l'ordinateur, nécessaire

Lektion 27

	Latein	Deutsch
	quīdam, quaedam, quoddam/quiddam	jemand, ein; *Pl.:* einige
	fingere, fingō, fīnxī, fictum	gestalten, formen; sich ausdenken
3	**trānquillus, -a, -um**	ruhig
	nātūra	Natur, Beschaffenheit, Wesen
	dē nātūrā deōrum	über das Wesen der Götter
	docēre, doceō, docuī, doctum	lehren, unterrichten
6	**īdem, eadem, idem**	derselbe
	īdem atque	derselbe wie
	eadem quae	dasselbe wie
	occurrere, occurrō, occurrī, occursum	begegnen, entgegentreten
	dēclārāre	verkünden, deutlich machen
9	**praecipere, praecipiō, praecēpī, praeceptum**	vorschreiben, lehren
	Tibi quiētem praecipiō.	Ich verordne dir Ruhe.
	aeternus, -a, -um	ewig
	comprehendere, comprehendō, comprehendī, comprehēnsum	begreifen, ergreifen, festnehmen
12	**īnsīgnis, -is, -e**	ausgezeichnet
	carmen, carmin-is *n.*	Lied, Gedicht, Gebet
	adiuvāre, adiuvō, adiūvī, adiūtum	*unterstützen, helfen*
15	**perdere, perdō, perdidī, perditum**	verlieren, zugrunde richten
	mōtus, -ūs *m.*	Bewegung
	morbus	Krankheit
18	**paupertās, paupertāt-is** *f.*	Armut, einfache Lebensweise
	adversus, -a, -um	entgegenstehend, feindlich
	rēs adversae *(Pl.)*	Unglück
	rēgnāre	herrschen, beherrschen; König sein
21	**cōgnōscere, cōgnōscō, cōgnōvī, cōgnitum**	kennen lernen, erkennen, erfahren
	iūcundus, -a, -um	angenehm
	similis, -is, -e *m. Gen./Dat.*	ähnlich
24	**fruī, fruor, fruitus sum** *m. Abl.*	genießen
	falsus, -a, -um	falsch
	Adv. **falsō**	
	prīncipium	Anfang, Ursprung
27	*regere, regō, rēxī, rēctum*	*lenken; beherrschen*
	lūna	Mond
	sīdus, sīder-is *n.*	Stern, Sternbild
30	**cōnsequī, cōnsequor, cōnsecūtus sum**	erreichen, nachfolgen
	imitārī, imitor, imitātus sum	nachahmen
	commemorāre	in Erinnerung bringen; erwähnen
33	**prūdentia**	Klugheit
	vel	oder
	vel ... vel ...	entweder ... oder ...
	colere, colō, coluī, cultum	pflegen, verehren
	agrōs colere	die Felder bewirtschaften
36	**secundum** *m. Akk.*	nach; entlang; gemäß
	secundum flūmen	den Fluss entlang
	secundum lēgem	im Einklang mit dem Gesetz
	mortālis, -is, -e	sterblich; *als Subst.:* Mensch
	immortālis, -is, -e	unsterblich, unvergänglich
	immortālēs, -ium *(Pl.)*	die Götter

D Assimilation, konsequent, Prinzip, Rektor, Mortalität, fiktiv, Dozent, Faksimile, Imitation, Kultur, Identität
E comprehension, poverty, to occur, prudence, to identify, doctor, to declare, eternity, to reign, science fiction
F éternel, connaître, faux, naturellement, perdu, la lune, comprendre, la déclaration (des droits de l'homme)

Lektion 28

	mulier, mulier-is *f.*	Frau
	paucī, -ae, -a *(nur Pl.)*	wenige
3	**dīves** *Gen.* **dīvit-is**	reich
	nāscī, nāscor, nātus sum decem annōs nātus nātus/nāta	geboren werden; entstehen zehn Jahre alt Sohn/Tochter
	praeesse, praesum, praefuī, – *m. Dat.*	leiten, verwalten
6	**vetus** *Gen.* **veter-is**	alt
	nōtus, -a, -um	bekannt
	discere, discō, didicī, –	lernen, erfahren
9	**... causā** *m. Gen.* discendī causā	wegen um zu lernen
	paulō *Adv.* paulō post	wenig, ein wenig wenig später
	reditus, -ūs *m.*	Rückkehr
12	**difficilis, -is, -e** *Adv.* **difficulter**	schwierig
	orbis, orb-is *m.* *Gen. Pl.* **-ium** orbis terrārum	Kreis Erdkreis
	incertus, -a, -um	unsicher
15	**cum** *Subj. m. Ind.*	wenn; immer wenn
	complūrēs, -ēs, -a *(nur Pl.)* *Gen. Pl.* **-ium**	mehrere
	scrībere, scrībō, scrīpsī, scrīptum	*schreiben*
18	**cursus, -ūs** *m.* cursus vītae cursus honōrum	Lauf Lebenslauf Ämterlaufbahn
	libenter *Adv.*	gern
	praefectus	Befehlshaber, Präfekt
21	**inimīcus, -a, -um**	feindlich; *als Subst.:* Feind
	auctōritās, auctōritāt-is *f.*	Einfluss, Ansehen
	potēns *Gen.* **potent-is**	mächtig, stark
24	**decet** Līberōs multa discere decet.	es gehört sich Kinder müssen viel lernen.
	precārī, precor, precātus sum	beten, bitten; wünschen
	nōvisse, nōvī, nōtum	wissen, kennen
27	**ēripere, ēripiō, ēripuī, ēreptum**	entreißen, herausreißen
	trahere, trahō, trāxī, tractum	*ziehen, schleppen*
	membrum	Körperteil, Glied
30	**rumpere, rumpō, rūpī, ruptum**	zerbrechen, zerreißen
	caedere, caedō, cecīdī, caesum	*fällen, töten*
	fēmina	Frau
33	**tamquam**	*als Adv.:* wie; *als Subj.:* als ob
	pauper *Gen.* **pauper-is**	arm
	admīrārī, admīror, admīrātus sum	bewundern; staunen
36	**maestus, -a, -um**	traurig

D Veteran, Disziplin, dezent, Potentat, abrupt
E native speaker, incertain, course, prefect, admire, member, authority
F difficile, orbe, prier, pauvre, la nativité

Lektion 29

	novem *(unveränderlich)*	neun
	cōnficere, cōnficiō, cōnfēcī, cōnfectum	herstellen, beenden
3	**comparāre**	vorbereiten, beschaffen
	legiō, legiōn-is *f.*	Legion
	obstāre, obstō, obstitī, –	entgegenstehen, hinderlich sein
6	**potentia**	Macht
	dignitās, dignitāt-is *f.*	Würde, Ansehen
	amīcitia	Freundschaft
9	**adipīscī, adipīscor, adeptus sum**	erlangen
	stīpendium	Sold
	augēre, augeō, auxī, auctum	vermehren, vergrößern
12	**circā** *m. Akk.*	um … herum
	omnēs circā eum	alle seine Anhänger
	circā eandem hōram	etwa zur selben Stunde
	dōnāre	schenken, beschenken
	servōs lībertāte dōnāre	den Sklaven die Freiheit schenken
	studium	Eifer, Beschäftigung
15	**prōvincia**	Provinz
	concēdere, concēdō, concessī, concessum	nachgeben, zugestehen
	dīmittere, dīmittō, dīmīsī, dīmissum	aufgeben, entlassen
18	**ultimus, -a, -um**	der letzte, der äußerste
	ops, op-is *f.*	Macht; Hilfe
	opēs *(Pl.)*	Streitkräfte; Mittel, Vermögen
	summā ope	mit aller Macht
	cōnārī, cōnor, cōnātus sum	versuchen
21	*incipere, incipiō, coepī, inceptum*	*anfangen*
	poēta *m.*	Dichter
	… grātiā *m. Gen.*	wegen
	exemplī grātiā	zum Beispiel
	videndī grātiā	um zu schauen
24	**violāre**	verletzen
	templa violāre	Tempel entweihen
	pietās, pietāt-is *f.*	Pflichtgefühl, Frömmigkeit
	praemittere, praemittō, praemīsī, praemissum	vorausschicken
27	**clam** *Adv.*	heimlich
	cohors, cohort-is *f.* *Gen. Pl.* **-ium**	Gefolge, Kohorte
	interesse, intersum, interfui, – *m. Dat.*	dazwischen sein, teilnehmen
	Flūmen interest.	Dazwischen liegt ein Fluss.
	Cōnsiliō interfuit.	Er hat an der Beratung teilgenommen.
	Nihil interest.	Es macht keinen Unterschied.
30	**suspīciō, suspīciōn-is** *f.*	Verdacht
	noctū *Adv.*	bei Nacht
	currus, -ūs *m.*	Wagen
33	**ingredī, ingredior, ingressus sum**	hineingehen, betreten
	paulum	ein wenig
	rīpa	Ufer
36	*stāre, stō, stetī, –*	*stehen*
	pergere, pergō, perrēxī, perrēctum	*weitergehen, weitermachen*
	iacere, iaciō, iēcī, iactum	werfen

D Pietät, Konfekt, Interesse, ultimativ, Konzession, Potenz, Auktion
E suspicion, poet, to violate, premise, e.g.
F donner, l'amitié, sévère, la dignité, l'obstacle

Lektion 30

	cōnscrībere, cōnscrībō, cōnscrīpsī, cōnscrīptum	aufschreiben, verfassen
	patrēs cōnscrīptī	Senatoren
	sērō *Adv.*	spät, zu spät
3	**turpis, -is, -e**	hässlich, schändlich
	fortūnae *(Pl.)*	Besitz, Vermögen
	praeter *m. Akk.*	außer
6	**libīdō, libīdin-is** *f.*	Begierde, Genusssucht
	crūdēlitās, crūdēlitāt-is *f.*	Grausamkeit
	compōnere, compōnō, composuī, compositum	zusammenstellen; ordnen
9	**ūtilis, -is, -e**	nützlich, brauchbar
	ferōx *Gen.* **ferōc-is**	wild
	ferre, ferō, tulī, lātum	tragen; ertragen; berichten
	lēgem ferre	ein Gesetz beschließen
	aegrē ferre	ärgerlich sein
	in hostēs ferrī	sich auf die Feinde stürzen
12	*utrum ... an ... ?*	*... oder ... ?*
	..., utrum ... an ...	..., ob ... oder ...
	servīre, serviō, servīvī, servītum	dienen
	quārē	wodurch, warum; daher
15	**servitūs, servitūt-is** *f.*	Sklaverei
	praeferre, praeferō, praetulī, praelātum	vorziehen; vorantragen
	perferre, perferō, pertulī, perlātum	durchführen; ertragen; berichten
18	**nimius, -a, -um**	zu groß, zu viel
	īgnōrāre	nicht wissen, nicht kennen
	nōn īgnōrō	ich weiß genau
	perspicere, perspiciō, perspēxī, perspectum	durchschauen; erkennen
21	**īnferre, īnferō, intulī, illātum**	hineintragen
	Bellum hostibus īntulit.	Er griff die Feinde an.
	acerbus, -a, -um	scharf, bitter
	numerāre	zählen
	inter hostēs numerāre	zu den Feinden zählen
24	**etiamsī**	auch wenn
	āvertere, āvertō, āvertī, āversum	abwenden, abwehren
	āvertuntur	sie wenden sich ab
	adulēscēns, adulēscent-is *m.* *Gen. Pl.* **-ium**	jung; *als Subst.:* junger Mann
27	**furor, furōr-is** *m.*	Wut, Raserei
	ārdēre, ārdeō, ārsī, –	brennen
	sponte	„aus eigenem Antrieb“
	meā (tuā, suā) sponte	freiwillig
30	*arcessere, arcessō, arcessīvī, arcessītum*	*holen*
	prīvātus, -a, -um *Adv.* **prīvātim**	privat, persönlich
	ideō *Adv.*	daher
33	**offerre, offerō, obtulī, oblātum**	anbieten
	offerrī	begegnen
	per m. Akk.	*durch*
	per Iovem!	bei Jupiter!
	differre, differō, distulī, dīlātum	aufschieben; sich unterscheiden
36	**referre, referō, rettulī, relātum**	zurückbringen; berichten
	sē referre	sich zurückziehen
	grātiam referre	danken

D Referat, Perspektive, Aversion, ignorant, Präteritum, spontan, Komponist
E to offer, to prefer, private, to serve, cruelty, to ignore
F composer, privé, servir, utile, préférer, féroce, ignorer, la fureur, ardent

Lektion 31

	antequam *Subj.*	bevor
	concordia	Eintracht, Harmonie
3	**adicere, adiciō, adiēcī, adiectum**	hinzufügen
	ob *m. Akk.*	vor; wegen
	ob oculōs versārī	vor den Augen stehen
	quam ob rem	weswegen, deswegen
	revocāre	zurückrufen
6	**tollere, tollō, sustulī, sublātum**	hochheben, aufheben; beseitigen
	sēditiō, sēditiōn-is *f.*	Aufstand
	mālle, mālō, māluī, –	lieber wollen
9	**suscipere, suscipiō, suscēpī, susceptum**	übernehmen, unternehmen
	causam suscipere	einen Prozess übernehmen
	labōrem suscipere	Mühe auf sich nehmen
	exter, extera, exterum	auswärtig
	nātiō, nātiōn-is *f.*	Volk, Volksstamm
12	**cōnservāre**	bewahren
	ordinem cōnservāre	die Reihenfolge beibehalten
	fīnīre, fīniō, fīnīvī, fīnītum	beenden
	lūxuria	Genusssucht, Luxus
15	**nōlle, nōlō, nōluī, –**	nicht wollen
	committere, committō, commīsī, commissum	veranstalten, begehen; anvertrauen
	lūdōs committere	Zirkusspiele veranstalten
	facinus committere	eine Untat begehen
	nōn committō, ut	ich erlaube nicht, dass
	flāgitium	Schande, Untat
18	*ā, ab m. Abl.*	*von, von … her,* seit
	nōbilis, -is, -e	berühmt, vornehm
	appetere, appetō, appetīvī, appetītum	haben wollen, erstreben; angreifen
	Diēs appetit.	Der Tag bricht an.
21	**licentia**	Willkür, Zügellosigkeit
	praetereā *Adv.*	außerdem
	crīmen, crīmin-is *n.*	Beschuldigung; Schuld, Verbrechen
	Hoc tibi crīminī dō.	Das werfe ich dir vor.
24	**rogāre**	fragen, bitten
	oblīvīscī, oblīvīscor, oblītus sum *m. Gen.*	vergessen
	Tuī oblītus sum.	Ich habe dich vergessen.
	equidem	(ich) meinerseits, (ich) allerdings
27	**meminisse, meminī, –** *m. Gen.*	sich erinnern, gedenken
	Meminit meī.	Sie denkt an mich.
	recēns *Gen.* **recent-is**	frisch, neu
	opprimere, opprimō, oppressī, oppressum	unterdrücken, überfallen
	timōre oppressus	vor Angst
30	**redūcere, redūcō, redūxī, reductum**	zurückführen, zurückziehen
	eques, equit-is *m.*	Reiter, Ritter
	coniūnx, coniug-is *m./f.*	Gatte, Gattin
33	**implēre, impleō, implēvī, implētum**	anfüllen, ausfüllen
	ferus, -a, -um	wild
	verērī, vereor, veritus sum	fürchten, sich scheuen; achten
	vereor, nē …	ich fürchte, dass …
	Vereor vērum dīcere.	Ich scheue mich, die Wahrheit zu sagen.
	deōs verērī	die Götter achten
36	**cōnfirmāre**	stärken, bekräftigen, versichern

D Luxus, Nation, Konfirmation, kriminell, Kommission, Adjektiv, Konserve
E recently, license, oblivion, appetite, to confirm, noble, to reduce, nation, crime, to finish
F le crime, commettre, la réduction, confirmer, finir, la place de la Concord, la révocation, bon appétit!

Lektion 32

	complēre, compleō, complēvī, complētum	ausfüllen, erfüllen
	contingere, contingō, contigī, contactum contingit	berühren; zuteil werden es gelingt
3	**fierī, fīō, factus sum**	geschehen, gemacht werden
	iussū *Adv.*	auf Befehl
	cōnfīdere, cōnfīdō, cōnfīsus sum	*vertrauen*
6	**ulcīscī, ulcīscor, ultus sum**	rächen, strafen
	industria	Fleiß
	vindicāre	in Anspruch nehmen; bestrafen
9	**accūsāre**	anklagen
	amplus, -a, -um amplius	geräumig; bedeutend mehr
	agitāre	betreiben; erwägen
12	**patrius, -a, -um**	väterlich
	audēre, audeō, ausus sum	*wagen*
	supplicium supplicium sūmere	Todesstrafe die Todesstrafe vollziehen
15	**cōnferre, cōnferō, contulī, collātum** Domum sē contulit.	zusammenbringen; vergleichen; beitragen Sie begab sich nach Hause.
	adventus, -ūs *m.*	Ankunft
	revertī, revertor, revertī, reversum	zurückkehren
18	*gaudēre, gaudeō, gāvīsus sum*	*sich freuen*
	cum Subj. m. Konj. *cum Subj. m. Ind.* tum, cum	*als; weil; obwohl* *als, als plötzlich; immer wenn* damals, als
	pendēre, pendeō, pependī, –	*hängen, herabhängen*
21	**discēdere, discēdō, discessī, discessum**	auseinander gehen; weggehen
	subsidium	Hilfe
	frūctus, -ūs *m.*	Frucht; Nutzen
24	**ōrnāmentum**	Schmuck
	absēns *Gen.* **absent-is** mātre absente	abwesend in Abwesenheit der Mutter
	dēfendere, dēfendō, dēfendī, dēfēnsum	*abwehren, verteidigen*
27	**assequī, assequor, assecūtus sum**	erreichen
	beneficium	Wohltat
	iūdicium	Urteil, Gericht
30	**invītus, -a, -um**	gegen den Willen
	praesēns *Gen.* **praesent-is**	anwesend
	supplex *Gen.* **supplic-is**	demütig bittend
33	**tractāre**	herumzerren; behandeln
	excipere, excipiō, excēpī, exceptum	aufnehmen; eine Ausnahme machen
	querī, queror, questus sum	klagen, sich beschweren
36	**nōscere, nōscō, nōvī, nōtum**	kennen lernen, erkennen
	quiētus, -a, -um	ruhig
	suādēre, suādeō, suāsī, suāsum *m. Dat.*	überreden, raten
39	*solēre, soleō, solitus sum*	*gewohnt sein, gewöhnlich etwas tun*
	laedere, laedō, laesī, laesum	verletzen, beleidigen
	tuērī, tueor, tutātus sum	anschauen; beschützen
42	**levis, -is, -e**	leicht

D Kontakt, Konferenz, Advent, Querulant, Läsion, Tutor, subsidiär, Traktat, Präsens, Benefizspiel
E ornament, absent, present, benefit, quiet, except
F complet, l'industrie, accuser, ample, agiter, oser

Lektion 33

	Germānicus, -a, -um	germanisch
	nūper *Adv.*	neulich, vor kurzem
3	**dēdūcere, dēdūcō, dēdūxī, dēductum**	hinführen, wegführen
	mīlitāris, -is, -e	militärisch
	rēs mīlitāris	Kriegswesen
	oppidum	Stadt
6	**mīlitia**	Kriegsdienst
	domī mīlitiaeque	in Krieg und Frieden
	sustinēre, sustineō, sustinuī, –	aushalten
	miseria	Unglück, Elend
9	**asper, aspera, asperum**	rau; streng
	iuvenis, iuven-is *m.*	junger Mann; *als Adj.:* jung
	situs, -a, um	liegend, gelegen
	templum in monte situm	der Tempel auf dem Berg
12	**īrātus, -a, -um**	zornig
	vulnerāre	verwunden, verletzen
	vallum	Wall
15	**amnis, amn-is** *m. Gen. Pl.* **-ium**	Fluss, Strom
	Gallicus, -a, -um	gallisch
	occupāre	besetzen, einnehmen
	occupātus in *m. Abl.*	beschäftigt mit
18	**mūnītiō, mūnītiō-nis** *f.*	Bau, Befestigung
	undique *Adv.*	von allen Seiten; überall
	nimis/nimium *Adv.*	zu sehr; überaus
21	**levāre**	heben; erleichtern
	cūrīs levāre	von Sorgen befreien
	angustus, -a, -um	eng, knapp
	coercēre, coerceō, coercuī, coercitum	zusammenhalten, zügeln
	sēditiōnem coercēre	einen Aufstand unterdrücken
24	**dīvus, -a, -um**	göttlich, vergöttlicht
	prōmittere, prōmittō, prōmīsī, prōmissum	versprechen
	tunc *Adv.*	dann, damals
27	**potīrī, potior, potītus sum** *m. Gen./Abl.*	erlangen
	urbe potīrī	die Stadt einnehmen
	rērum potīrī	die Macht ergreifen
	prīnceps, prīncip-is *m.*	der Erste, Anführer, Kaiser
	prōdere, prōdō, prōdidī, prōditum	überliefern; verraten
30	**tribūnus**	Tribun
	tribūnus mīlitum	Militärtribun, Oberst
	lēgātus	Unterfeldherr; Gesandter
	prōgredī, prōgredior, prōgressus sum	vorrücken, weitergehen
33	**pudor, pudōr-is** *m.*	Scham; Anstand
	flectere, flectō, flexī, flexum	beugen; lenken; umstimmen
	viam flectere	abbiegen
	flēre, fleō, flēvī, flētum	weinen; beklagen

D Angina, Miliz, Prinz, Flexion, Legat, Munition, Deduktion, progressiv, flechten
E present progressive, military, to promise, young, to sustain, to occupy, German, irate
F promettre, jeune, la pudeur, âpre, lever, la misère, gaulois, soutenir

Lektion 34

dēligere, dēligō, dēlēgī, dēlēctum	auswählen
plērumque *Adv.*	meistens, sehr oft
3 **miscēre, misceō, miscuī, mixtum**	mischen
dolōrem gaudiō miscēre	Schmerz mit Freude mischen
sīve	oder; oder wenn
sīve ... sīve ...	sei es … sei es …
antīquus, -a, -um	alt
6 **moenia, moen-ium** *n.* *(nur Pl.)*	Stadtmauer
accendere, accendō, accendī, accēnsum	anzünden
prōdesse, prōsum, prōfuī, –	nützlich sein, nützen
9 **ventus**	Wind
crēber, crēbra, crēbrum *Adv.* **crēbrō**	zahlreich, häufig
fīnitimus, -a, -um	benachbart; verwandt
12 **cōnstantia**	Beständigkeit, Konsequenz
adversus *m. Akk.*	gegen, gegenüber
nītī, nītor, nīsus sum	sich anstrengen; sich stützen
ad glōriam nītī	nach Ruhm streben
15 **caedēs, caed-is** *f.* *Gen. Pl.* **-ium**	Mord, Blutbad
proelium	Schlacht
proelium committere	eine Schlacht beginnen
anceps *Gen.* **ancipit-is**	zweischneidig; unentschieden
sententia anceps	ein doppeldeutiger Spruch
18 **cōpia**	Menge, Vorrat
cōpiae *(Pl.)*	Truppen
contentiō, contentiōn-is *f.*	Anstrengung, Wettkampf
ūniversus, -a, -um	ganz, gesamt
ūniversī	alle zusammen
21 **cōnsuetūdō, cōnsuetūdin-is** *f.*	Gewohnheit
glōria	Ruhm, Ehre
memor *m. Gen.* *Gen.* **memor-is**	in Erinnerung an
Memorēs tuī erant.	Sie erinnerten sich an dich.
24 **addere, addō, addidī, additum**	hinzufügen
prōcēdere, prōcēdō, prōcessī, prōcessum	vorwärtsgehen, vorrücken
bene prōcēdere	gelingen
ferrum	Eisen; Waffe
27 **repentīnus, -a, -um**	plötzlich, unvermutet
propinquus, -a, -um	nahe, benachbart; verwandt
incolumis, -is, -e	unbeschädigt, unverletzt
30 **retinēre, retineō, retinuī, retentum**	zurückhalten, festhalten
dīripere, dīripiō, dīripuī, dīreptum	zerstören, plündern
auferre, auferō, abstulī, ablātum	wegtragen, entfernen

D addieren, Prozess, Ablativ, Antiquität, renitent, Glanz und Gloria
E to mix, constant, copy, universe, glory, procedure, to add
F antique, l'univers, la gloire, procéder, le fer, retenir

Lektion 35

	initium	Anfang
	aestās, aestāt-is *f.*	Sommer
3	**classis, class-is** *f.* *Gen. Pl.* **-ium**	Flotte
	interim *Adv.*	inzwischen
	lēgātiō, lēgātiōn-is *f.*	Gesandtschaft
6	**foedus, foeder-is** *n.*	Bündnis, Vertrag
	super *m. Abl.* *m. Akk.* super centum hominēs	oben auf, über oben, über mehr als hundert Leute
	iuventūs, iuventūt-is *f.*	Jugend
9	**senex, sen-is** *m.*	alter Mann; *als Adj.*: alt
	quotiēns	wie oft; so oft
	flūctus, -ūs *m.*	Flut, Strömung
12	**ferē** *Adv.* ferē centum hominēs ut ferē fit	fast, ungefähr, meistens etwa hundert Leute wie es normalerweise geschieht
	superbia	Stolz, Hochmut
	impellere, impellō, impulī, impulsum īrā impulsus	antreiben, veranlassen aus Zorn
15	**vāstāre**	verwüsten
	avāritia	Habgier, Geiz
	explōrāre	erkunden
18	**hūc** *Adv.* hūc accēdit, ut	hierher dazu kommt noch, dass
	dīversus, -a, -um	entgegengesetzt; verschieden
	vincīre, vinciō, vīnxī, vīnctum	fesseln
21	**terrēre, terreō, terruī, territum**	(jemanden) erschrecken
	argentum	Silber; Geld
	tegere, tegō, tēxī, tēctum	bedecken; schützen
24	**equitātus, -ūs** *m.*	Reiterei
	fundere, fundō, fūdī, fūsum lacrimās fundere	gießen; vertreiben Tränen vergießen
	vērum *Adv.*	aber
27	**collis, coll-is** *m.* *Gen. Pl.* **-ium**	Hügel
	campus	Feld; Ebene; freier Platz
	circumvenīre, circumveniō, circumvēnī, circumventum	umringen, umzingeln
30	**vertere, vertō, vertī, versum** terga vertere	drehen, wenden fliehen
	grandis, -is, -e	groß, bedeutend; alt
	ultrō *Adv.*	freiwillig; noch dazu
33	**praeceps** *Gen.* **praecipit-is**	kopfüber, überstürzt; steil

D Version, impulsiv, Camping, Delegation, Initiale, Klasse, senil, Quotient, Fusion, Fluktuation, Interimspräsident, Senior

E Federal Republic of Germany, impulse, camp, Internet Explorer

F la colline, divers, l'avarice, le grand seigneur, l'été, l'argent, les Champs Élysées, fondre, la fondue, explorer, initial, précipiter

Lektion 36

	merēre, mereō, meruī, meritum *oder* **mērērī, mereor, meritus sum**	verdienen, erwerben
	bene merērī dē rē pūblica	sich um den Staat verdient machen
	māgnitūdō, māgnitūdin-is *f.*	Größe
3	**precēs, prec-um** *f. (nur Pl.)*	Bitten; Gebet
	minuere, minuō, minuī, minūtum	*vermindern, verringern*
	praesertim *Adv.*	besonders
6	**vehere, vehō, vēxī, vectum**	führen, fahren
	currū vehī	im Wagen fahren
	equō vehī	reiten
	status, -ūs *m.*	Stand, Zustand
	potissimum *Adv.*	vor allem
9	**quīn etiam**	ja sogar
	cōnsīderāre	nachdenken, betrachten
	sevērus, -a, -um	ernst, streng
12	**dōnec** *Subj.*	bis
	quemadmodum	wie
	remittere, remittō, remīsī, remissum	zurückschicken; loslassen
	poenam remittere	die Strafe erlassen
15	**pudet mē**	ich schäme mich
	Pudet mē furōris.	Ich schäme mich über meinen Wutausbruch.
	dēcrētum	Entscheidung, Beschluss
	attingere, attingō, attigī, attāctum	berühren; erwähnen
18	**impetrāre**	durchsetzen
	potestās, potestāt-is *f.*	Macht; Möglichkeit
	vīsere, vīsō, vīsī, vīsum	ansehen, besuchen
21	**monumentum**	Denkmal, Bauwerk
	septem *(unveränderlich)*	sieben
	octō *(unveränderlich)*	acht
24	**passus, -ūs** *m.*	Schritt; *als Längenmaß:* 1,50 m
	mīlle passūs	1000 Schritt = 1 Meile
	duō mīlia passuum	2 Meilen
	perdūcere, perdūcō, perdūxī, perductum	hinführen, leiten
	cōnsūmere, cōnsūmō, cōnsūmpsī, cōnsūmptum	verbrauchen
27	**intermittere, intermittō, intermīsī, intermissum**	unterbrechen
	tribus diēbus intermissīs	nach Ablauf von drei Tagen
	omittere, omittō, omīsī, omissum	aufgeben; unerwähnt lassen
	fōns, font-is *m.* *Gen. Pl.* **-ium**	Quelle
30	**pūrus, -a, -um**	rein, klar
	temptāre	versuchen; angreifen
	ērigere, ērigō, ērēxī, ērēctum	aufrichten, errichten
33	**lapis, lapid-is** *m.*	Stein
	superus, -a, -um	oben befindlich
	Komp. **superior**	der obere, der frühere
	Superl. **suprēmus**	der oberste, der früheste
	dētrahere, dētrahō, dētrāxī, dētractum	wegnehmen, abziehen
36	**superesse, supersum, superfuī, –**	überleben; übrig sein
	saeculum	Zeitalter; Jahrhundert
	dignus, -a, -um	würdig, angemessen
	laude dignus	lobenswert

D Vehikel, Dekret, passabel, konsumieren, lapidar, Visite, Meriten, Oktave, Staat, Fontäne
E state, to consider, vision, monument, temptation, pure
F mériter, l'état, considérer, remettre, atteindre, le pas, omettre, pur, tenter, le siècle

Lektion 37

	armāre	bewaffnen
	quisquis, quidquid	jeder, der; wer auch immer
	quōquō modō	auf jede Art und Weise
	quicquid accidit	alles, was geschieht
3	**ērudīre, ērudiō, ērudīvī, ērudītum**	unterrichten
	ērudītus, -a, -um	gebildet
	intendere, intendō, intendī, intentum	spannen; richten; beabsichtigen
	animum intendere *m. Dat.*	seine Aufmerksamkeit auf etw. richten
	quisque, quidque	jeder
	als Adj.: **quisque, quaeque, quodque**	
	Gen. **cuiusque**	
	optimus quisque	gerade die Besten, die Allerbesten, alle Guten
	tertiō quōque annō	alle zwei Jahre
6	**māgnificus, -a, -um**	großartig
	sānus, -a, -um	gesund; vernünftig
	temperāre *m. Dat.*	maßvoll gebrauchen, zurückhalten
	m. Akk.	ordnen, lenken
	sibi temperāre	sich beherrschen
	ab iniūriā temperāre	keine Gewalt anwenden
9	**perpetuus, -a, -um**	ununterbrochen, beständig, ewig
	Adv. **perpetuō**	
	tribuere, tribuō, tribuī, tribūtum	zuteilen
	-ve	oder
	nēve	und nicht, oder nicht
12	**condiciō, condiciōn-is** *f.*	Bedingung; Lage; Vereinbarung
	eā condiciōne, ut	unter der Bedingung, dass
	pertinēre, pertineō, pertinuī, –	sich erstrecken, sich beziehen
	Quō pertinet?	Was hat es für einen Zweck?
	quīcumque, quaecumque, quodcumque	wer auch immer; jeder, der
15	**proprius, -a, -um**	eigen, eigentümlich
	flōrēre, flōreō, flōruī, –	blühen
	auctōritāte flōrēre	viel Einfluss haben
	partim *(unveränderlich)*	zum Teil
	partim ... partim	teils ... teils
18	**coniungere, coniungō, coniūnxī, coniūnctum**	verbinden, vereinigen
	societās, societāt-is *f.*	Gemeinschaft; Bündnis
	contrārius, -a, -um	gegenüber liegend; entgegengesetzt
	ē contrāriō	im Gegenteil, dagegen
21	**rārus, -a, -um**	selten
	Adv. **rārō**	

D Intendant, Rarität, Kontrast, Konjunktion, Tribut, Konditionalsatz, Perpetuum Mobile, Temperament

E sane, perpetual, rare, intention, magnificent, to florish, society, to intend, temperature, contrary

F contraire, sain, rare, la condition, magnifique, fleurir, la société, tempérer, érudit, entendre, le nom propre

Lektion 38

	rēgius, -a, -um	königlich; des Königs
	domus rēgia	Königspalast
	cor, cord-is *n.*	Herz
	Gen. Pl. **-ium**	
	mihi cordī est	mir liegt am Herzen
3	**ērudītiō, ērudītiōn-is** *f.*	Bildung
	fidēlis, -is, -e	*treu, zuverlässig;* gläubig
	quod Subj.	*weil;* dass
6	**religiō, religiōn-is** *f.*	Religion; Gottesverehrung
	dispōnere, dispōnō, dispōsuī, dispōsitum	einrichten, ordnen
	adiungere, adiungō, adiūnxī, adiūnctum	anfügen
	hostī sē adiungere	sich dem Feind anschließen
9	**dēferre, dēferō, dētulī, dēlātum**	übertragen, mitteilen
	sēnsus, -ūs *m.*	Gefühl, Sinn
	rectus, -a, -um	richtig, gerade
12	**īgnārus, -a, -um**	unwissend; unbekannt
	īgnārus sum *m. Gen.*	ich habe keine Ahnung von
	regiō īgnāra	eine unbekannte Gegend
	quoniam *Subj.*	weil, da ja
	forte *Adv.*	zufällig; vielleicht
15	**abundāre** *m. Abl.*	reichlich vorhanden sein; im Überfluss haben
	Flūmen aquā abundat.	Der Fluss führt genug Wasser.
	Cōpiīs abundat.	Er hat viele Vorräte.
	contentus, -a, -um	zufrieden
	sorte contentus	mit seinem Schicksal zufrieden
	aliquandō *Adv.*	irgendwann, einmal
18	**meritum**	Verdienst, Wohltat
	meritō *Adv.*	zu Recht; mit gutem Grund
	praemium	Belohnung
	exiguus, -a, -um	wenig, klein, knapp
21	*reddere, reddō, reddidī, redditum*	*zurückgeben; machen zu*
	cottīdiē *Adv.*	täglich
	vacuus, -a, -um	leer, frei
	metū vacuus	frei von Furcht
24	**cōnsuēscere, cōnsuēscō, cōnsuēvī, cōnsuētum**	sich gewöhnen
	rēgnāre cōnsuēvī	ich bin gewohnt zu herrschen
	parum *Adv.*	zu wenig
	succēdere, succēdō, successī, successum	nachfolgen; gelingen
27	**cārus, -a, -um**	lieb, teuer
	prō m. Abl.	*vor, für, anstatt;* im Verhältnis zu
	intrā *m. Akk.*	innerhalb
30	**dubius, -a, -um**	zweifelhaft
	dubium nōn est, quīn	es besteht kein Zweifel, dass
	admittere, admittō, admīsī, admissum	zulassen
	simul *Adv.*	zugleich
33	**possidēre, possideō, possēdī, possessum**	besitzen
	dēsīderium	Wunsch
	dīligēns	sorgfältig, gewissenhaft
	Gen. **dīligent-is**	
	dīligēns officiī	pflichtbewusst
36	**spatium**	Zeitraum, Zwischenraum

D disponieren, Prämie, Vakuum, Possessivpronomen, dubios, simultan

E religion, sense, right, content, success, to care, doubt, to admit, space, possession, merit

F cordial, le sens, content, Pour le Mérite, succéder, posséder, diligent, l'espace, cher ami

Lektion 39

cultus, -ūs *m.*	Pflege, Verehrung; Bildung, Lebensweise
contrōversia	Streit
3 **inānis, -is, -e**	leer; grundlos, nutzlos
vītāre	meiden, vermeiden
integer, integra, integrum	unverletzt; vollständig; unbescholten
6 **laus, laud-is** *f.*	Lob, Ruhm
fāma	Gerücht; Ruf
fāma bona	guter Ruf
fāma est	man erzählt
vesper, vesper-is/ vesperī *m.*	Abend
vesperī/vespere	abends
9 **ōtium**	freie Zeit; Ruhe; Frieden
bibere, bibō, bibī, –	trinken
trādūcere, trādūcō, trādūxī, trāductum	hinüberführen
tempus trādūcere	Zeit verbringen
12 **silentium**	Schweigen, Stille
seu (≈sīve)	*oder; oder wenn*
seu … seu	*sei es dass … oder dass*
offendere, offendō, offendī, offēnsum	verletzen, beleidigen
15 **contemnere, contemnō, contempsī, contemptum**	nicht beachten, gering schätzen
mortem contemnere	den Tod für unbedeutend halten
subīre, subeō, subiī, subitum	herangehen; auf sich nehmen
vetāre, vetō, vetuī, vetitum	verbieten
18 **imprīmīs** *Adv.*	besonders, vor allem
vīnum	Wein
quartus, -a, -um	der vierte
21 **totiēns** *(unveränderlich)*	so oft
exigere, exigō, exēgī, exāctum	hinaustreiben; vollenden; fordern
rēgibus exāctīs	nach Vertreibung der Könige
Aestās exācta erat.	Der Sommer war zu Ende.
noctem sine cūrā exigere	die Nacht ohne Sorgen verbringen
excēdere, excēdō, excessī, excessum	hinausgehen, weggehen
24 **decus, decor-is** *n.*	Ehre, Würde, Schmuck
aestimāre	einschätzen, beurteilen
māgnī aestimāre	hoch schätzen
abstinēre, abstineō, abstinuī, abstentum	fern halten; „sich enthalten"
cibō abstinēre	fasten
27 **indūcere, indūcō, indūxī, inductum**	hineinführen; verleiten
furōre inductus	aus Wut
cēterum *Adv.*	übrigens, im Übrigen
obscūrus, -a, -um	dunkel; unklar
30 **vulgus, vulgī** *n.*	Volk, die große Masse
vulgō *Adv.*	normalerweise
reus	Angeklagter
impedīre, impediō, impedīvī, impedītum	hindern, verhindern
Tē impediō, nē abeās.	Ich hindere dich wegzugehen.
33 **lūx, lūc-is** *f.*	Licht
ante lūcem	vor Tagesanbruch
tenebrae, -ārum *f. (nur Pl.)*	Nacht, Finsternis
īgnōscere, īgnōscō, īgnōvī, īgnōtum	verzeihen

D exakt, dekorieren, Integrität, Kontroverse, vulgär, Vesper, Veto, abstinent, Kult, Induktion, obskur

E obscure, to induce, to abstain, fame, to contemn, wine, to estimate, to esteem, entire, to exceed, silence, controversy

F boir, le quart, s'abstenir, estimer, les ténèbres, entier, induir, le décor, exiger, le vin, subir, le silence

Lektion 40

	simulāre	darstellen, vortäuschen
	propter *m. Akk.*	wegen
3	adulēscentia	Jugend
	requīrere, requīrō, requīsīvī, requīsītum	erforschen; aufsuchen; verlangen
	tener, tenera, tenerum	zart, jugendlich
6	ergā *m. Akk.*	in Hinsicht auf; gegenüber
	affectus, -ūs *m.*	Stimmung; Leidenschaft
	dēserere, dēserō, dēseruī, dēsertum	verlassen; im Stich lassen
9	trānsīre, trānseō, trānsiī, trānsitum	hinübergehen; vorbeigehen
	illīc *Adv.*	dort
	exīstimāre Eum amīcum exīstimāvī.	meinen, glauben, halten für Ich hielt ihn für einen Freund.
12	dulcis, -is, -e	süß, angenehm
	scientia	Wissen, Wissenschaft
	nancīscī, nancīscor, nāctus sum	bekommen; antreffen
15	trānsferre, trānsferō, trānstulī, trānslātum	hinüberbringen; übertragen
	singulāris, -is, -e	einzeln; einzigartig
	gravitās, gravitāt-is *f.*	Gewicht; Ernst, Würde
18	sānē *Adv.* sānē bene	in der Tat, durchaus ganz toll
	caelestis, -is, -e caelestēs, -ium *(Pl.)*	himmlisch die Götter
	praetermittere, praetermittō, praetermīsī, praetermissum vitia praetermittere	vorbeigehen lassen; übergehen Fehler ungestraft lassen
21	obtinēre, obtineō, obtinuī, obtentum prīncipem locum obtinēre	im Besitz haben; festhalten der Vornehmste sein
	fraus, fraud-is *f.*	Betrug
	modicus, -a, -um	mäßig, bescheiden
24	vēritās, vēritāt-is *f.*	Wahrheit
	continēre, contineō, continuī, contentum sē continēre	festhalten, umfassen, enthalten sich beherrschen
	dēficere, dēficiō, dēfēcī, dēfectum sōl dēficiēns Mē dēficiunt vīrēs. ā populō Rōmānō dēficere	fehlen, schwinden Sonnenfinsternis Mir schwinden die Kräfte. dem römischen Volk untreu werden
27	repēns *Gen.* repent-is *Adv.* repente	plötzlich
	gradus, -ūs *m.*	Schritt, Stufe
	gignere, gignō, genuī, genitum	hervorbringen; zeugen, gebären
30	fugāre	verjagen, in die Flucht schlagen
	ēgredī, ēgredior, ēgressus sum	hinausgehen
	sacerdōs, sacerdōt-is *m./f.*	Priester, Priesterin
33	ōdisse, ōdī, –	hassen
	plēbs, plēb-is *f.*	Volk, Menge
	dēcēdere, dēcēdō, dēcessī, dēcessum dē vītā dēcēdere	weggehen, ausweichen sterben

D Simulation, Affekt, Transfer, Singular, Kontinent, Defizit, Defekt, Grad
E to request, desert, science, translation, gravity, verity, grade
F tendre, le désert, doux, la science, singulier, obtenir, la vérité, contenir, la génération

Verben

Aktiv

		a-Konj.	e-Konj.	i-Konj.	gem. Konj.	kons. Konj.
Indikativ Präsens	*1. Pers. Sg.*	spectō	moneō	audiō	capiō	agō
	2. Pers. Sg.	spectās	monēs	audīs	capis	agis
	3. Pers. Sg.	spectat	monet	audit	capit	agit
	1. Pers. Pl.	spectāmus	monēmus	audīmus	capimus	agimus
	2. Pers. Pl.	spectātis	monētis	audītis	capitis	agitis
	3. Pers. Pl.	spectant	monent	audiunt	capiunt	agunt
Konjunktiv Präsens	*1. Pers. Sg.*	spectem	moneam	audiam	capiam	agam
	2. Pers. Sg.	spectēs	moneās	audiās	capiās	agās
	3. Pers. Sg.	spectet	moneat	audiat	capiat	agat
	1. Pers. Pl.	spectēmus	moneāmus	audiāmus	capiāmus	agāmus
	2. Pers. Pl.	spectētis	moneātis	audiātis	capiātis	agātis
	3. Pers. Pl.	spectent	moneant	audiant	capiant	agant
Indikativ Imperfekt	*1. Pers. Sg.*	spectābam	monēbam	audiēbam	capiēbam	agēbam
	2. Pers. Sg.	spectābās	monēbās	audiēbās	capiēbās	agēbās
	3. Pers. Sg.	spectābat	monēbat	audiēbat	capiēbat	agēbat
	1. Pers. Pl.	spectābāmus	monēbāmus	audiēbāmus	capiēbāmus	agēbāmus
	2. Pers. Pl.	spectābātis	monēbātis	audiēbātis	capiēbātis	agēbātis
	3. Pers. Pl.	spectābant	monēbant	audiēbant	capiēbant	agēbant
Konjunktiv Imperfekt	*1. Pers. Sg.*	spectārem	monērem	audīrem	caperem	agerem
	2. Pers. Sg.	spectārēs	monērēs	audīrēs	caperēs	agerēs
	3. Pers. Sg.	spectāret	monēret	audīret	caperet	ageret
	1. Pers. Pl.	spectārēmus	monērēmus	audīrēmus	caperēmus	agerēmus
	2. Pers. Pl.	spectārētis	monērētis	audīrētis	caperētis	agerētis
	3. Pers. Pl.	spectārent	monērent	audīrent	caperent	agerent
Futur I	*1. Pers. Sg.*	spectābō	monēbō	audiam	capiam	agam
	2. Pers. Sg.	spectābis	monēbis	audiēs	capiēs	agēs
	3. Pers. Sg.	spectābit	monēbit	audiet	capiet	aget
	1. Pers. Pl.	spectābimus	monēbimus	audiēmus	capiēmus	agēmus
	2. Pers. Pl.	spectābitis	monēbitis	audiētis	capiētis	agētis
	3. Pers. Pl.	spectābunt	monēbunt	audient	capient	agent
Imperativ	*Sg.*	spectā	monē	audī	cape	age
	Pl.	spectāte	monēte	audīte	capite	agite
Inf. Präsens		spectāre	monēre	audīre	capere	agere
Inf. Futur		spectātūrum esse	monitūrum esse	audītūrum esse	captūrum esse	āctūrum esse

Passiv

		a-Konj.	e-Konj.	i-Konj.	gem. Konj.	kons. Konj.
Indikativ Präsens	*1. Pers. Sg.*	spector	moneor	audior	capior	agor
	2. Pers. Sg.	spectāris	monēris	audīris	caperis	ageris
	3. Pers. Sg.	spectātur	monētur	audītur	capitur	agitur
	1. Pers. Pl.	spectāmur	monēmur	audīmur	capimur	agimur
	2. Pers. Pl.	spectāminī	monēminī	audīminī	capiminī	agiminī
	3. Pers. Pl.	spectantur	monentur	audiuntur	capiuntur	aguntur
Konjunktiv Präsens	*1. Pers. Sg.*	specter	monear	audiar	capiar	agar
	2. Pers. Sg.	spectēris	moneāris	audiāris	capiāris	agāris
	3. Pers. Sg.	spectētur	moneātur	audiātur	capiātur	agātur
	1. Pers. Pl.	spectēmur	moneāmur	audiāmur	capiāmur	agāmur
	2. Pers. Pl.	spectēminī	moneāminī	audiāminī	capiāminī	agāminī
	3. Pers. Pl.	spectentur	moneantur	audiantur	capiantur	agantur
Indikativ Imperfekt	*1. Pers. Sg.*	spectābar	monēbar	audiēbar	capiēbar	agēbar
	2. Pers. Sg.	spectābāris	monēbāris	audiēbāris	capiēbāris	agēbāris
	3. Pers. Sg.	spectābātur	monēbātur	audiēbātur	capiēbātur	agēbātur
	1. Pers. Pl.	spectābāmur	monēbāmur	audiēbāmur	capiēbāmur	agēbāmur
	2. Pers. Pl.	spectābāminī	monēbāminī	audiēbāminī	capiēbāminī	agēbāminī
	3. Pers. Pl.	spectābantur	monēbantur	audiēbantur	capiēbantur	agēbantur
Konjunktiv Imperfekt	*1. Pers. Sg.*	spectārer	monērer	audīrer	caperer	agerer
	2. Pers. Sg.	spectārēris	monērēris	audīrēris	caperēris	agerēris
	3. Pers. Sg.	spectārētur	monērētur	audīrētur	caperētur	agerētur
	1. Pers. Pl.	spectārēmur	monērēmur	audīrēmur	caperēmur	agerēmur
	2. Pers. Pl.	spectārēminī	monērēminī	audīrēminī	caperēminī	agerēminī
	3. Pers. Pl.	spectārentur	monērentur	audīrentur	caperentur	agerentur
Futur I	*1. Pers. Sg.*	spectābor	monēbor	audiar	capiar	agar
	2. Pers. Sg.	spectāberis	monēberis	audiēris	capiēris	agēris
	3. Pers. Sg.	spectābitur	monēbitur	audiētur	capiētur	agētur
	1. Pers. Pl.	spectābimur	monēbimur	audiēmur	capiēmur	agēmur
	2. Pers. Pl.	spectābiminī	monēbiminī	audiēminī	capiēminī	agēminī
	3. Pers. Pl.	spectābuntur	monēbuntur	audientur	capientur	agentur
Inf. Präsens		spectārī	monērī	audīrī	capī	agī
Inf. Futur		spectātum īrī	monitum īrī	audītum īrī	captum īrī	āctum īrī

Nominalformen

		a-Konj.	e-Konj.	i-Konj.	gem. Konj.	kons. Konj.
PPA	*Nom.*	spectāns	monēns	audiēns	capiēns	agēns
	Gen.	spectantis	monentis	audientis	capientis	agentis
PPP		spectātus, -a, -um	monitus, -a, -um	audītus, -a, -um	captus, -a, -um	āctus, -a, -um
PFA		spectātūrus, -a, -um	monitūrus, -a, -um	audītūrus, -a, -um	captūrus, -a, -um	āctūrus, -a, um
nd-Form		spectandus, -a, -um	monendus, -a, -um	audiendus, -a, -um	capiendus, -a, -um	agendus, -a, -um

Aktiv

		a-Konj.	e-Konj.	i-Konj.	gem. Konj.	kons. Konj.
Indikativ Perfekt	*1. Pers. Sg.*	spectāvī	monuī	audīvī	cēpī	ēgī
	2. Pers. Sg.	spectāvistī	monuistī	audīvistī	cēpistī	ēgistī
	3. Pers. Sg.	spectāvit	monuit	audīvit	cēpit	ēgit
	1. Pers. Pl.	spectāvimus	monuimus	audīvimus	cēpimus	ēgimus
	2. Pers. Pl.	spectāvistis	monuistis	audīvistis	cēpistis	ēgistis
	3. Pers. Pl.	spectāvērunt	monuērunt	audīvērunt	cēpērunt	ēgērunt
Konjunktiv Perfekt	*1. Pers. Sg.*	spectāverim	monuerim	audīverim	cēperim	ēgerim
	2. Pers. Sg.	spectāveris	monueris	audīveris	cēperis	ēgeris
	3. Pers. Sg.	spectāverit	monuerit	audīverit	cēperit	ēgerit
	1. Pers. Pl.	spectāverimus	monuerimus	audīverimus	cēperimus	ēgerimus
	2. Pers. Pl.	spectāveritis	monueritis	audīveritis	cēperitis	ēgeritis
	3. Pers. Pl.	spectāverint	monuerint	audīverint	cēperint	ēgerint
Indikativ Plusquamperfekt	*1. Pers. Sg.*	spectāveram	monueram	audīveram	cēperam	ēgeram
	2. Pers. Sg.	spectāverās	monuerās	audīverās	cēperās	ēgerās
	3. Pers. Sg.	spectāverat	monuerat	audīverat	cēperat	ēgerat
	1. Pers. Pl.	spectāverāmus	monuerāmus	audīverāmus	cēperāmus	ēgerāmus
	2. Pers. Pl.	spectāverātis	monuerātis	audīverātis	cēperātis	ēgerātis
	3. Pers. Pl.	spectāverant	monuerant	audīverant	cēperant	ēgerant
Konjunktiv Plusquamperfekt	*1. Pers. Sg.*	spectāvissem	monuissem	audīvissem	cēpissem	ēgissem
	2. Pers. Sg.	spectāvissēs	monuissēs	audīvissēs	cēpissēs	ēgissēs
	3. Pers. Sg.	spectāvisset	monuisset	audīvisset	cēpisset	ēgisset
	1. Pers. Pl.	spectāvissēmus	monuissēmus	audīvissēmus	cēpissēmus	ēgissēmus
	2. Pers. Pl.	spectāvissētis	monuissētis	audīvissētis	cēpissētis	ēgissētis
	3. Pers. Pl.	spectāvissent	monuissent	audīvissent	cēpissent	ēgissent
Futur II	*1. Pers. Sg.*	spectāverō	monuerō	audīverō	cēperō	ēgerō
	2. Pers. Sg.	spectāveris	monueris	audīveris	cēperis	ēgeris
	3. Pers. Sg.	spectāverit	monuerit	audīverit	cēperit	ēgerit
	1. Pers. Pl.	spectāverimus	monuerimus	audīverimus	cēperimus	ēgerimus
	2. Pers. Pl.	spectāveritis	monueritis	audīveritis	cēperitis	ēgeritis
	3. Pers. Pl.	spectāverint	monuerint	audīverint	cēperint	ēgerint
Inf. Perfekt		spectāvisse	monuisse	audīvisse	cēpisse	ēgisse

Passiv

		a-Konj.	e-Konj.	i-Konj.	gem. Konj.	kons. Konj.
Indikativ Perfekt	*1. Pers. Sg.*	spectātus sum	monitus sum	audītus sum	captus sum	āctus sum
	2. Pers. Sg.	spectātus es	monitus es	audītus es	captus es	āctus es
	3. Pers. Sg.	spectātus est	monitus est	audītus est	captus est	āctus est
	1. Pers. Pl.	spectātī sumus	monitī sumus	audītī sumus	captī sumus	āctī sumus
	2. Pers. Pl.	spectātī estis	monitī estis	audītī estis	captī estis	āctī estis
	3. Pers. Pl.	spectātī sunt	monitī sunt	audītī sunt	captī sunt	āctī sunt
Konjunktiv Perfekt	*1. Pers. Sg.*	spectātus sim	monitus sim	audītus sim	captus sim	āctus sim
	2. Pers. Sg.	spectātus sīs	monitus sīs	audītus sīs	captus sīs	āctus sit
	3. Pers. Sg.	spectātus sit	monitus sit	audītus sit	captus sit	āctus sit
	1. Pers. Pl.	spectātī sīmus	monitī sīmus	audītī sīmus	captī sīmus	āctī sīmus
	2. Pers. Pl.	spectātī sītis	monitī sītis	audītī sītis	captī sītis	āctī sītis
	3. Pers. Pl.	spectātī sint	monitī sint	audītī sint	captī sint	āctī sint
Indikativ Plusquamperfekt	*1. Pers. Sg.*	spectātus eram	monitus eram	audītus eram	captus eram	āctus eram
	2. Pers. Sg.	spectātus erās	monitus erās	audītus erās	captus erās	āctus erās
	3. Pers. Sg.	spectātus erat	monitus erat	audītus erat	captus erat	āctus erat
	1. Pers. Pl.	spectātī erāmus	monitī erāmus	audītī erāmus	captī erāmus	āctī erāmus
	2. Pers. Pl.	spectātī erātis	monitī erātis	audītī erātis	captī erātis	āctī erātis
	3. Pers. Pl.	spectātī erant	monitī erant	audītī erant	captī erant	āctī erant
Konjunktiv Plusquamperfekt	*1. Pers. Sg.*	spectātus essem	monitus essem	audītus essem	captus essem	āctus essem
	2. Pers. Sg.	spectātus essēs	monitus essēs	audītus essēs	captus essēs	āctus essēs
	3. Pers. Sg.	spectātus esset	monitus esset	audītus esset	captus esset	āctus esset
	1. Pers. Pl.	spectātī essēmus	monitī essēmus	audītī essēmus	captī essēmus	āctī essēmus
	2. Pers. Pl.	spectātī essētis	monitī essētis	audītī essētis	captī essētis	āctī essētis
	3. Pers. Pl.	spectātī essent	monitī essent	audītī essent	captī essent	āctī essent
Futur II	*1. Pers. Sg.*	spectātus ēro	monitus ēro	audītus ēro	captus ēro	āctus ēro
	2. Pers. Sg.	spectātus eris	monitus eris	audītus eris	captus eris	āctus eris
	3. Pers. Sg.	spectātus erit	monitus erit	audītus erit	captus erit	āctus erit
	1. Pers. Pl.	spectātī erimus	monitī erimus	audītī erimus	captī erimus	āctī erimus
	2. Pers. Pl.	spectātī eritis	monitī eritis	audītī eritis	captī eritis	āctī eritis
	3. Pers. Pl.	spectātī erunt	monitī erunt	audītī erunt	captī erunt	āctī erunt
Inf. Perfekt		spectātum esse	monitum esse	audītum esse	captum esse	āctum esse

Deponentien

		a-Konj.	e-Konj.	i-Konj.	gem. Konj.	kons. Konj.
Indikativ Präsens	*1. Pers. Sg.*	hortor	fateor	mentior	patior	loquor
	2. Pers. Sg.	hortāris	fatēris	mentīris	pateris	loqueris
	3. Pers. Sg.	hortātur	fatētur	mentītur	patitur	loquitur
	1. Pers. Pl.	hortāmur	fatēmur	mentīmur	patimur	loquimur
	2. Pers. Pl.	hortāminī	fatēminī	mentīminī	patiminī	loquiminī
	3. Pers. Pl.	hortantur	fatentur	mentiuntur	patiuntur	loquuntur
Konjunktiv Präsens	*1. Pers. Sg.*	horter	fatear	mentiar	patiar	loquar
	2. Pers. Sg.	hortēris	fateāris	mentiāris	patiāris	loquāris
	3. Pers. Sg.	hortētur	fateātur	mentiātur	patiātur	loquātur
	1. Pers. Pl.	hortēmur	fateāmur	mentiāmur	patiāmur	loquāmur
	2. Pers. Pl.	hortēminī	fateāminī	mentiāminī	patiāminī	loquāminī
	3. Pers. Pl.	hortentur	fateantur	mentiantur	patiantur	loquantur
Indikativ Imperfekt	*1. Pers. Sg.*	hortābar	fatēbar	mentiēbar	patiēbar	loquēbar
	2. Pers. Sg.	hortābāris	fatēbāris	mentiēbāris	patiēbāris	loquēbāris
	3. Pers. Sg.	hortābātur	fatēbātur	mentiēbātur	patiēbātur	loquēbātur
	1. Pers. Pl.	hortābāmur	fatēbāmur	mentiēbāmur	patiēbāmur	loquēbāmur
	2. Pers. Pl.	hortābāminī	fatēbāminī	mentiēbāminī	patiēbāminī	loquēbāminī
	3. Pers. Pl.	hortābantur	fatēbantur	mentiēbantur	patiēbantur	loquēbantur
Konjunktiv Imperfekt	*1. Pers. Sg.*	hortārer	fatērer	mentīrer	paterer	loquerer
	2. Pers. Sg.	hortārēris	fatērēris	mentīrēris	paterēris	loquerēris
	3. Pers. Sg.	hortārētur	fatērētur	mentīrētur	paterētur	loquerētur
	1. Pers. Pl.	hortārēmur	fatērēmur	mentīrēmur	paterēmur	loquerēmur
	2. Pers. Pl.	hortārēminī	fatērēminī	mentīrēminī	paterēminī	loquerēminī
	3. Pers. Pl.	hortārentur	fatērentur	mentīrentur	paterentur	loquerentur
Futur I	*1. Pers. Sg.*	hortābor	fatēbor	mentiar	patiar	loquar
	2. Pers. Sg.	hortāberis	fatēberis	mentiēris	patiēris	loquēris
	3. Pers. Sg.	hortābitur	fatēbitur	mentiētur	patiētur	loquētur
	1. Pers. Pl.	hortābimur	fatēbimur	mentiēmur	patiēmur	loquēmur
	2. Pers. Pl.	hortābiminī	fatēbiminī	mentiēminī	patiēminī	loquēminī
	3. Pers. Pl.	hortābuntur	fatēbuntur	mentientur	patientur	loquentur
Imperativ	*Sg.*	hortāre	fatēre	mentīre	patere	loquere
	Pl.	hortāminī	fatēminī	mentīminī	patiminī	loquiminī
Inf. Präsens		hortārī	fatērī	mentīrī	patī	loquī
Inf. Futur		hortātūrum esse	fassūrum esse	mentītūrum esse	passūrum esse	locūtūrum esse

		a-Konj.	e-Konj.	i-Konj.	gem. Konj.	kons. Konj.
Indikativ Perfekt	*1. Pers. Sg.*	hortātus sum	fassus sum	mentītus sum	passus sum	locūtus sum
	2. Pers. Sg.	hortātus es	fassus es	mentītus es	passus es	locūtus es
	3. Pers. Sg.	hortātus est	fassus est	mentītus est	passus est	locūtus est
	1. Pers. Pl.	hortātī sumus	fassī sumus	mentītī sumus	passī sumus	locūtī sumus
	2. Pers. Pl.	hortātī estis	fassī estis	mentītī estis	passī estis	locūtī estis
	3. Pers. Pl.	hortātī sunt	fassī sunt	mentītī sunt	passī sunt	locūtī sunt
Konjunktiv Perfekt	*1. Pers. Sg.*	hortātus sim	fassus sim	mentītus sim	passus sim	locūtus sim
	2. Pers. Sg.	hortātus sīs	fassus sīs	mentītus sīs	passus sīs	locūtus sīs
	3. Pers. Sg.	hortātus sit	fassus sit	mentītus sit	passus sit	locūtus sit
	1. Pers. Pl.	hortātī sīmus	fassī sīmus	mentītī sīmus	passī sīmus	locūtī sīmus
	2. Pers. Pl.	hortātī sītis	fassī sītis	mentītī sītis	passī sītis	locūtī sītis
	3. Pers. Pl.	hortātī sint	fassī sint	mentītī sint	passī sint	locūtī sint
Indikativ Plusquamperfekt	*1. Pers. Sg.*	hortātus eram	fassus eram	mentītus eram	passus eram	locūtus eram
	2. Pers. Sg.	hortātus erās	fassus erās	mentītus erās	passus erās	locūtus erās
	3. Pers. Sg.	hortātus erat	fassus erat	mentītus erat	passus erat	locūtus erat
	1. Pers. Pl.	hortātī erāmus	fassī erāmus	mentītī erāmus	passī erāmus	locūtī erāmus
	2. Pers. Pl.	hortātī erātis	fassī erātis	mentītī erātis	passī erātis	locūtī erātis
	3. Pers. Pl.	hortātī erant	fassī erant	mentītī erant	passī erant	locūtī erant
Konjunktiv Plusquamperfekt	*1. Pers. Sg.*	hortātus essem	fassus essem	mentītus essem	passus essem	locūtus essem
	2. Pers. Sg.	hortātus essēs	fassus essēs	mentītus essēs	passus essēs	locūtus essēs
	3. Pers. Sg.	hortātus esset	fassus esset	mentītus esset	passus esset	locūtus esset
	1. Pers. Pl.	hortātī essēmus	fassī essēmus	mentītī essēmus	passī essēmus	locūtī essēmus
	2. Pers. Pl.	hortātī essētis	fassī essētis	mentītī essētis	passī essētis	locūtī essētis
	3. Pers. Pl.	hortātī essent	fassī essent	mentītī essent	passī essent	locūtī essent
Futur II	*1. Pers. Sg.*	hortātus erō	fassus erō	mentītus erō	passus erō	locūtus erō
	2. Pers. Sg.	hortātus eris	fassus eris	mentītus eris	passus eris	locūtus eris
	3. Pers. Sg.	hortātus erit	fassus erit	mentītus erit	passus erit	locūtus erit
	1. Pers. Pl.	hortātī erimus	fassī erimus	mentītī erimus	passī erimus	locūtī erimus
	2. Pers. Pl.	hortātī eritis	fassī eritis	mentītī eritis	passī eritis	locūtī eritis
	3. Pers. Pl.	hortātī erunt	fassī erunt	mentītī erunt	passī erunt	locūtī erunt
Inf. Perfekt		hortātum esse	fassum esse	mentītum esse	passum esse	locūtum esse

Nominalformen

		a-Konj.	e-Konj.	i-Konj.	gem. Konj.	kons. Konj.
PPA	*Nom.*	hortāns	fatēns	mentiēns	patiēns	loquēns
	Gen.	hortantis	fatentis	mentientis	patientis	loquentis
PPP		hortātus, -a, -um	fassus, -a, -um	mentītus, -a, -um	passus, -a, -um	locūtus, -a, -um
PFA		hortātūrus, -a, -um	fassūrus, -a, -um	mentītūrus, -a, -um	passūrus, -a, -um	locūtūrus, -a, -um
nd-Form	*Gen.*	hortandī	fatendī	mentiendī	patiendī	loquendī

Konjugation unregelmäßiger Verben

		esse	posse	prōdesse	fierī
Indikativ Präsens	*1. Pers. Sg.*	sum	possum	prōsum	fīō
	2. Pers. Sg.	es	potes	prōdes	fīs
	3. Pers. Sg.	est	potest	prōdest	fit
	1. Pers. Pl.	sumus	possumus	prōsumus	fīmus
	2. Pers. Pl.	estis	potestis	prōdestis	fītis
	3. Pers. Pl.	sunt	possunt	prōsunt	fīunt
Konjunktiv Präsens	*1. Pers. Sg.*	sim	possim	prōsim	fīam
	2. Pers. Sg.	sīs	possīs	prōsīs	fīās
	3. Pers. Sg.	sit	possit	prōsit	fīat
	1. Pers. Pl.	sīmus	possīmus	prōsīmus	fīāmus
	2. Pers. Pl.	sītis	possītis	prōsītis	fīātis
	3. Pers. Pl.	sint	possint	prōsint	fīant
Indikativ Imperfekt	*1. Pers. Sg.*	eram	poteram	prōderam	fīēbam
	2. Pers. Sg.	erās	poterās	prōderās	fīēbās
	3. Pers. Sg.	erat	poterat	prōderat	fīēbat
	1. Pers. Pl.	erāmus	poterāmus	prōderāmus	fīēbāmus
	2. Pers. Pl.	erātis	poterātis	prōderātis	fīēbātis
	3. Pers. Pl.	erant	poterant	prōderant	fīēbant
Konjunktiv Imperfekt	*1. Pers. Sg.*	essem	possem	prōdessem	fierem
	2. Pers. Sg.	essēs	possēs	prōdessēs	fierēs
	3. Pers. Sg.	esset	posset	prōdesset	fieret
	1. Pers. Pl.	essēmus	possēmus	prōdessēmus	fierēmus
	2. Pers. Pl.	essētis	possētis	prōdessētis	fierētis
	3. Pers. Pl.	essent	possent	prōdessent	fierent
Futur I	*1. Pers. Sg.*	erō	poterō	prōderō	fīam
	2. Pers. Sg.	eris	poteris	prōderis	fīēs
	3. Pers. Sg.	erit	poterit	prōderit	fīet
	1. Pers. Pl.	erimus	poterimus	prōderimus	fīēmus
	2. Pers. Pl.	eritis	poteritis	prōderitis	fīētis
	3. Pers. Pl.	erunt	poterunt	prōderunt	fīent
Imperativ	*Sg.*	es	–	prōdes	–
	Pl.	este	–	prōdeste	–
Inf. Präsens		esse	posse	prōdesse	fierī
Inf. Futur		futūrum esse, fore	–	prōfutūrum esse	futūrum esse, fore, factum īrī

		esse	posse	prōdesse	fierī
Indikativ Perfekt	*1. Pers. Sg.*	fuī	potuī	prōfuī	factus sum
	2. Pers. Sg.	fuistī	potuistī	prōfuistī	factus es
	3. Pers. Sg.	fuit	potuit	prōfuit	factus est
	1. Pers. Pl.	fuimus	potuimus	prōfuimus	factī sumus
	2. Pers. Pl.	fuistis	potuistis	prōfuistis	factī estis
	3. Pers. Pl.	fuērunt	potuērunt	prōfuērunt	factī sunt
Konjunktiv Perfekt	*1. Pers. Sg.*	fuerim	potuerim	prōfuerim	factus sim
	2. Pers. Sg.	fueris	potueris	prōfueris	factus sīs
	3. Pers. Sg.	fuerit	potuerit	prōfuerit	factus sit
	1. Pers. Pl.	fuerimus	potuerimus	prōfuerimus	factī sīmus
	2. Pers. Pl.	fueritis	potueritis	prōfueritis	factī sītis
	3. Pers. Pl.	fuerint	potuerint	prōfuerint	factī sint
Indikativ Plusquamperfekt	*1. Pers. Sg.*	fueram	potueram	prōfueram	factus eram
	2. Pers. Sg.	fuerās	potuerās	prōfuerās	factus erās
	3. Pers. Sg.	fuerat	potuerat	prōfuerat	factus erat
	1. Pers. Pl.	fuerāmus	potuerāmus	prōfuerāmus	factī erāmus
	2. Pers. Pl.	fuerātis	potuerātis	prōfuerātis	factī erātis
	3. Pers. Pl.	fuerant	potuerant	prōfuerant	factī erant
Konjunktiv Plusquamperfekt	*1. Pers. Sg.*	fuissem	potuissem	prōfuissem	factus essem
	2. Pers. Sg.	fuissēs	potuissēs	prōfuissēs	factus essēs
	3. Pers. Sg.	fuisset	potuisset	prōfuisset	factus esset
	1. Pers. Pl.	fuissēmus	potuissēmus	prōfuissēmus	factī essēmus
	2. Pers. Pl.	fuissētis	potuissētis	prōfuissētis	factī essētis
	3. Pers. Pl.	fuissent	potuissent	prōfuissent	factī essent
Futur II	*1. Pers. Sg.*	fuerō	potuerō	prōfuerō	factus erō
	2. Pers. Sg.	fueris	potueris	prōfueris	factus eris
	3. Pers. Sg.	fuerit	potuerit	prōfuerit	factus erit
	1. Pers. Pl.	fuerimus	potuerimus	prōfuerimus	factī erimus
	2. Pers. Pl.	fueritis	potueritis	prōfueritis	factī eritis
	3. Pers. Pl.	fuerint	potuerint	prōfuerint	factī erunt
Inf. Perfekt		fuisse	potuisse	prōfuisse	factum esse

Nominalformen

		esse	posse	prōdesse	fierī
PPA		–	–	–	–
PPP		–	–	–	factus, -a, -um
PFA		futūrus, -a, -um	–	prōfutūrus, -a, -um	futūrus, -a, -um
nd-Form		–	–	–	faciendus, -a, -um

Konjugation unregelmäßiger Verben

		īre	velle	nōlle	mālle
Indikativ Präsens	*1. Pers. Sg.*	eō	volō	nōlō	mālō
	2. Pers. Sg.	īs	vīs	nōn vīs	māvīs
	3. Pers. Sg.	it	vult	nōn vult	māvult
	1. Pers. Pl.	īmus	volumus	nōlumus	mālumus
	2. Pers. Pl.	ītis	vultis	nōn vultis	māvultis
	3. Pers. Pl.	eunt	volunt	nōlunt	mālunt
Konjunktiv Präsens	*1. Pers. Sg.*	eam	velim	nōlim	mālim
	2. Pers. Sg.	eās	velīs	nōlīs	mālīs
	3. Pers. Sg.	eat	velit	nōlit	mālit
	1. Pers. Pl.	eāmus	velīmus	nōlīmus	mālīmus
	2. Pers. Pl.	eātis	velītis	nōlītis	mālītis
	3. Pers. Pl.	eant	velint	nōlint	mālint
Indikativ Imperfekt	*1. Pers. Sg.*	ībam	volēbam	nōlēbam	mālēbam
	2. Pers. Sg.	ībās	volēbās	nōlēbās	mālēbās
	3. Pers. Sg.	ībat	volēbat	nōlēbat	mālēbat
	1. Pers. Pl.	ībāmus	volēbāmus	nōlēbāmus	mālēbāmus
	2. Pers. Pl.	ībātis	volēbātis	nōlēbātis	mālēbātis
	3. Pers. Pl.	ībant	volēbant	nōlēbant	mālēbant
Konjunktiv Imperfekt	*1. Pers. Sg.*	īrem	vellem	nōllem	māllem
	2. Pers. Sg.	īrēs	vellēs	nōllēs	māllēs
	3. Pers. Sg.	īret	vellet	nōllet	māllet
	1. Pers. Pl.	īrēmus	vellēmus	nōllēmus	māllēmus
	2. Pers. Pl.	īrētis	vellētis	nōllētis	māllētis
	3. Pers. Pl.	īrent	vellent	nōllent	māllent
Futur I	*1. Pers. Sg.*	ībō	volam	nōlam	mālam
	2. Pers. Sg.	ībis	volēs	nōlēs	mālēs
	3. Pers. Sg.	ībit	volet	nōlet	mālet
	1. Pers. Pl.	ībimus	volēmus	nōlēmus	mālēmus
	2. Pers. Pl.	ībitis	volētis	nōlētis	mālētis
	3. Pers. Pl.	ībunt	volent	nōlent	mālent
Imperativ	*Sg.*	ī	–	nōlī	–
	Pl.	īte	–	nōlīte	–
Inf. Präsens		īre	velle	nōlle	mālle
Inf. Futur		itūrum esse	–	–	–

		īre	velle	nōlle	mālle
Indikativ Perfekt	*1. Pers. Sg.*	iī	voluī	nōluī	māluī
	2. Pers. Sg.	īstī	voluistī	nōluistī	māluistī
	3. Pers. Sg.	iit	voluit	nōluit	māluit
	1. Pers. Pl.	iimus	voluimus	nōluimus	māluimus
	2. Pers. Pl.	īstis	voluistis	nōluistis	māluistis
	3. Pers. Pl.	iērunt	voluērunt	nōluērunt	māluērunt
Konjunktiv Perfekt	*1. Pers. Sg.*	ierim	voluerim	nōluerim	māluerim
	2. Pers. Sg.	ieris	volueris	nōlueris	mālueris
	3. Pers. Sg.	ierit	voluerit	nōluerit	māluerit
	1. Pers. Pl.	ierimus	voluerimus	nōluerimus	māluerimus
	2. Pers. Pl.	ieritis	volueritis	nōlueritis	mālueritis
	3. Pers. Pl.	ierint	voluerint	nōluerint	māluerint
Indikativ Plusquamperfekt	*1. Pers. Sg.*	ieram	volueram	nōlueram	mālueram
	2. Pers. Sg.	ierās	voluerās	nōluerās	māluerās
	3. Pers. Sg.	ierat	voluerat	nōluerat	māluerat
	1. Pers. Pl.	ierāmus	voluerāmus	nōluerāmus	māluerāmus
	2. Pers. Pl.	ierātis	voluerātis	nōluerātis	māluerātis
	3. Pers. Pl.	ierant	voluerant	nōluerant	māluerant
Konjunktiv Plusquamperfekt	*1. Pers. Sg.*	īssem	voluissem	nōluissem	māluissem
	2. Pers. Sg.	īssēs	voluissēs	nōluissēs	māluissēs
	3. Pers. Sg.	īsset	voluisset	nōluisset	māluisset
	1. Pers. Pl.	īssēmus	voluissēmus	nōluissēmus	māluissēmus
	2. Pers. Pl.	īssētis	voluissētis	nōluissētis	māluissētis
	3. Pers. Pl.	īssent	voluissent	nōluissent	māluissent
Futur II	*1. Pers. Sg.*	ierō	voluerō	nōluerō	māluerō
	2. Pers. Sg.	ieris	volueris	nōlueris	mālueris
	3. Pers. Sg.	ierit	voluerit	nōluerit	māluerit
	1. Pers. Pl.	ierimus	voluerimus	nōluerimus	māluerimus
	2. Pers. Pl.	ieritis	volueritis	nōlueritis	mālueritis
	3. Pers. Pl.	ierint	voluerint	nōluerint	māluerint
Inf. Perfekt		īsse	voluisse	nōluisse	māluisse

Nominalformen

		īre	velle	nōlle	mālle
PPA	*Nom.*	iēns	volēns	nōlēns	–
	Gen.	euntis	volentis	nōlentis	–
PFA		itūrus, -a, -um	–	–	–
nd-Form	*Gen.*	eundī	–	–	–

		ferre	
		Aktiv	Passiv
Indikativ Präsens	*1. Pers. Sg.*	ferō	feror
	2. Pers. Sg.	fers	ferris
	3. Pers. Sg.	fert	fertur
	1. Pers. Pl.	ferimus	ferimur
	2. Pers. Pl.	fertis	feriminī
	3. Pers. Pl.	ferunt	feruntur
Konjunktiv Präsens	*1. Pers. Sg.*	feram	ferar
	2. Pers. Sg.	ferās	ferāris
	3. Pers. Sg.	ferat	ferātur
	1. Pers. Pl.	ferāmus	ferāmur
	2. Pers. Pl.	ferātis	ferāminī
	3. Pers. Pl.	ferant	ferantur
Indikativ Imperfekt	*1. Pers. Sg.*	ferēbam	ferēbar
	2. Pers. Sg.	ferēbās	ferēbāris
	3. Pers. Sg.	ferēbat	ferēbātur
	1. Pers. Pl.	ferēbāmus	ferēbāmur
	2. Pers. Pl.	ferēbātis	ferēbāminī
	3. Pers. Pl.	ferēbant	ferēbantur
Konjunktiv Imperfekt	*1. Pers. Sg.*	ferrem	ferrer
	2. Pers. Sg.	ferrēs	ferrēris
	3. Pers. Sg.	ferret	ferrētur
	1. Pers. Pl.	ferrēmus	ferrēmur
	2. Pers. Pl.	ferrētis	ferrēminī
	3. Pers. Pl.	ferrent	ferrentur
Futur I	*1. Pers. Sg.*	feram	ferar
	2. Pers. Sg.	ferēs	ferēris
	3. Pers. Sg.	feret	ferētur
	1. Pers. Pl.	ferēmus	ferēmur
	2. Pers. Pl.	ferētis	ferēminī
	3. Pers. Pl.	ferent	ferentur
Imperativ	*Sg.*	fer	–
	Pl.	ferte	–
Inf. Präsens		ferre	ferrī
Inf. Futur		lātūrum esse	lātum īrī

		ferre	
		Aktiv	Passiv
Indikativ Perfekt	*1. Pers. Sg.*	tulī	lātus sum
	2. Pers. Sg.	tulistī	lātus es
	3. Pers. Sg.	tulit	lātus est
	1. Pers. Pl.	tulimus	lātī sumus
	2. Pers. Pl.	tulistis	lātī estis
	3. Pers. Pl.	tulērunt	lātī sunt
Konjunktiv Perfekt	*1. Pers. Sg.*	tulerim	lātus sim
	2. Pers. Sg.	tuleris	lātus sīs
	3. Pers. Sg.	tulerit	lātus sit
	1. Pers. Pl.	tulerimus	lātī sīmus
	2. Pers. Pl.	tuleritis	lātī sītis
	3. Pers. Pl.	tulerint	lātī sint
Indikativ Plusquamperfekt	*1. Pers. Sg.*	tuleram	lātus eram
	2. Pers. Sg.	tulerās	lātus erās
	3. Pers. Sg.	tulerat	lātus erat
	1. Pers. Pl.	tulerāmus	lātī erāmus
	2. Pers. Pl.	tulerātis	lātī erātis
	3. Pers. Pl.	tulerant	lātī erant
Konjunktiv Plusquamperfekt	*1. Pers. Sg.*	tulissem	lātus essem
	2. Pers. Sg.	tulissēs	lātus essēs
	3. Pers. Sg.	tulisset	lātus esset
	1. Pers. Pl.	tulissēmus	lātī essēmus
	2. Pers. Pl.	tulissētis	lātī essētis
	3. Pers. Pl.	tulissent	lātī essent
Futur II	*1. Pers. Sg.*	tulerō	lātus erō
	2. Pers. Sg.	tuleris	lātus eris
	3. Pers. Sg.	tulerit	lātus erit
	1. Pers. Pl.	tulerimus	lātī erimus
	2. Pers. Pl.	tuleritis	lātī eritis
	3. Pers. Pl.	tulerint	lātī erunt
Inf. Perfekt		tulisse	lātum esse

Nominalformen

		ferre
PPA	*Nom.*	ferēns
	Gen.	ferentis
PPP		lātus, -a, -um
PFA		lātūrus, -a, -um
nd-Form		ferendus, -a, -um

Substantive

	a-Dekl.		o-Dekl.					
			m.				*n.*	
	Sg.	*Pl.*	*Sg.*	*Pl.*	*Sg.*	*Pl.*	*Sg.*	*Pl.*
Nom.	terra	terrae	amīcus	amīcī	puer	puerī	dōnum	dōna
Gen.	terrae	terrārum	amīcī	amīcōrum	puerī	puerōrum	dōnī	dōnōrum
Dat.	terrae	terrīs	amīcō	amīcīs	puerō	puerīs	dōnō	dōnīs
Akk.	terram	terrās	amīcum	amīcōs	puerum	puerōs	dōnum	dōna
Abl.	terrā	terrīs	amīcō	amīcīs	puerō	puerīs	dōnō	dōnīs

	3. Dekl.						i-Dekl.	
	Sg.	*Pl.*	*Sg.*	*Pl.*	*Sg.*	*Pl.*	*Sg.*	*Pl.*
Nom.	vōx	vōcēs	nōmen	nōmina	nāvis	nāvēs	mare	maria
Gen.	vōcis	vōcum	nōminis	nōminum	nāvis	nāvium	maris	marium
Dat.	vōcī	vōcibus	nōminī	nōminibus	nāvī	nāvibus	marī	maribus
Akk.	vōcem	vōcēs	nōmen	nōmina	nāvem	nāvēs	mare	maria
Abl.	vōce	vōcibus	nōmine	nōminibus	nāve	nāvibus	marī	maribus

	e-Dekl.		u-Dekl.			
			m.		*n.*	
	Sg.	*Pl.*	*Sg.*	*Pl.*	*Sg.*	*Pl.*
Nom.	rēs	rēs	magistrātus	magistrātūs	cornū	cornua
Gen.	reī	rērum	magistrātūs	magistrātuum	cornūs	cornuum
Dat.	reī	rēbus	magistrātuī	magistrātibus	cornuī	cornibus
Akk.	rem	rēs	magistrātum	magistrātūs	cornū	cornua
Abl.	rē	rēbus	magistrātū	magistrātibus	cornū	cornibus

Die Formen des Vokativs entsprechen den Formen des Nominativs; bei den Substantiven der o-Deklination auf -us gibt es im Singular eine eigene Vokativform (amīcus – amīce).

Adjektive

	a-/o-Dekl.					
	Sg.			*Pl.*		
Nom.	laetus	laeta	laetum	laetī	laetae	laeta
Gen.	laetī	laetae	laetī	laetōrum	laetārum	laetōrum
Dat.	laetō	laetae	laetō	laetīs	laetīs	laetīs
Akk.	laetum	laetam	laetum	laetōs	laetās	laeta
Abl.	laetō	laetā	laetō	laetīs	laetīs	laetīs

	a-/o-Dekl.					
	Sg.			*Pl.*		
Nom.	pulcher	pulchra	pulchrum	pulchrī	pulchrae	pulchra
Gen.	pulchrī	pulchrae	pulchrī	pulchrōrum	pulchrārum	pulchrōrum
Dat.	pulchrō	pulchrae	pulchrō	pulchrīs	pulchrīs	pulchrīs
Akk.	pulchrum	pulchram	pulchrum	pulchrōs	pulchrās	pulchra
Abl.	pulchrō	pulchrā	pulchrō	pulchrīs	pulchrīs	pulchrīs

Deklination und Steigerung von Adjektiven

	3. Dekl.: dreiendige i-Stämme					
	Sg.			*Pl.*		
Nom.	ācer	ācris	ācre	ācrēs	ācrēs	ācria
Gen.	ācris	ācris	ācris	ācrium	ācrium	ācrium
Dat.	ācrī	ācrī	ācrī	ācribus	ācribus	ācribus
Akk.	ācrem	ācrem	ācre	ācrēs	ācrēs	ācria
Abl.	ācrī	ācrī	ācrī	ācribus	ācribus	ācribus

	3. Dekl.: zweiendige i-Stämme					
	Sg.			*Pl.*		
Nom.	fortis	fortis	forte	fortēs	fortēs	fortia
Gen.	fortis	fortis	fortis	fortium	fortium	fortium
Dat.	fortī	fortī	fortī	fortibus	fortibus	fortibus
Akk.	fortem	fortem	forte	fortēs	fortēs	fortia
Abl.	fortī	fortī	fortī	fortibus	fortibus	fortibus

	3. Dekl.: einendige i-Stämme					
	Sg.			*Pl.*		
Nom.	fēlīx	fēlīx	fēlīx	fēlīcēs	fēlīcēs	fēlīcia
Gen.	fēlīcis	fēlīcis	fēlīcis	fēlīcium	fēlīcium	fēlīcium
Dat.	fēlīcī	fēlīcī	fēlīcī	fēlīcibus	fēlīcibus	fēlīcibus
Akk.	fēlīcem	fēlīcem	fēlīx	fēlīcēs	fēlīcēs	fēlīcia
Abl.	fēlīcī	fēlīcī	fēlīcī	fēlīcibus	fēlīcibus	fēlīcibus

		regelmäßige Steigerung						
		Sg.			*Pl.*			*Adverb*
Positiv	*Nom.*	laetus	laeta	laetum	laetī	laetae	laeta	laetē
Komparativ	*Nom.*	laetior	laetior	laetius	laetiōrēs	laetiōrēs	laetiōra	laetius
	Gen.	laetiōris	laetiōris	laetiōris	laetiōrum	laetiōrum	laetiōrum	
	Dat.	laetiōrī	laetiōrī	laetiōrī	laetiōribus	laetiōribus	laetiōribus	
	Akk.	laetiōrem	laetiōrem	laetius	laetiōrēs	laetiōrēs	laetiōra	
	Abl.	laetiōre	laetiōre	laetiōre	laetiōribus	laetiōribus	laetiōribus	
Superlativ	*Nom.*	laetissimus	laetissima	laetissimum	laetissimī	laetissimae	laetissima	laetissimē
	Gen.	laetissimī	laetissimae	laetissimī	laetissimōrum	laetissimārum	laetissimōrum	
	Dat.	laetissimō	laetissimae	laetissimō	laetissimīs	laetissimīs	laetissimīs	
	Akk.	laetissimum	laetissimam	laetissimum	laetissimōs	laetissimās	laetissima	
	Abl.	laetissimō	laetissimā	laetissimō	laetissimīs	laetissimīs	laetissimīs	

	unregelmäßige Steigerungen		
	Positiv	*Komparativ*	*Superlativ*
Adjektiv	bonus, -a, -um	melior, -or, -us	optimus, -a, -um
Adverb	bene	melius	optimē
Adjektiv	malus, -a, -um	peior, -or, -us	pessimus -a, -um
Adverb	male	peius	pessimē
Adjektiv	māgnus, -a, -um	māior, -or, -us	māximus -a, -um
Adverb	māgnē	māius	māximē

	unregelmäßige Steigerungen		
	Positiv	*Komparativ*	*Superlativ*
Adjektiv	parvus, -a, -um	mīnor, -or, -us	minimus, -a, -um
Adverb	–	mīnus	minimē
Adjektiv	multi, -ae, -a	plūrēs, -ēs, -a	plūrimī, -ae, -a
Adverb	multum	plūs	plūrimum

Pronomina

Personalpronomina

	1. Person		2. Person	
	Sg.	*Pl.*	*Sg.*	*Pl.*
Nom.	ego	nōs	tū	vōs
Gen.	meī	nostrī/nostrum	tuī	vestrī/vestrum
Dat.	mihi	nōbīs	tibi	vōbīs
Akk.	mē	nōs	tē	vōs
Abl.	ā mē/mēcum	ā nōbīs/nōbīscum	ā tē/tēcum	ā vōbīs/vōbīscum

	3. Person							
	nicht-reflexiv						*reflexiv*	
	Sg.			*Pl.*			*Sg.*	*Pl.*
	m.	*f.*	*n.*	*m.*	*f.*	*n.*	*m./f./n.*	*m./f./n.*
Nom.	–	–	–	–	–	–	–	–
Gen.	eius	eius	eius	eōrum	eārum	eōrum	suī	suī
Dat.	eī	eī	eī	iīs (eīs)	iīs (eīs)	iīs (eīs)	sibi	sibi
Akk.	eum	eam	id	eōs	eās	ea	sē	sē
Abl.	eō	eā	eō	iīs (eīs)	iīs (eīs)	iīs (eīs)	ā sē/sēcum	ā sē/sēcum

Possessivpronomina

	1. Person	*2. Person*	*3. Person*	
			nichtreflexiv	*reflexiv*
Sg.	meus, mea, meum	tuus, tua, tuum	eius, eius, eius	suus, sua, suum
Pl.	noster, nostra, nostrum	vester, vestra, vestrum	eōrum, eārum, eōrum	suus, sua, suum

Demonstrativpronomina

	Sg.			*Pl.*		
	m.	*f.*	*n.*	*m.*	*f.*	*n.*
Nom.	is	ea	id	iī (eī)	eae	ea
Gen.	eius	eius	eius	eōrum	eārum	eōrum
Dat.	eī	eī	eī	iīs (eīs)	iīs (eīs)	iīs (eīs)
Akk.	eum	eam	id	eōs	eās	ea
Abl.	eō	eā	eō	iīs (eīs)	iīs (eīs)	iīs (eīs)

	Sg.			*Pl.*		
	m.	*f.*	*n.*	*m.*	*f.*	*n.*
Nom.	hic	haec	hoc	hī	hae	haec
Gen.	huius	huius	huius	hōrum	hārum	hōrum
Dat.	huic	huic	huic	hīs	hīs	hīs
Akk.	hunc	hanc	hoc	hōs	hās	haec
Abl.	hōc	hāc	hōc	hīs	hīs	hīs

	Sg.			*Pl.*		
	m.	*f.*	*n.*	*m.*	*f.*	*n.*
Nom.	iste	ista	istud	istī	istae	ista
Gen.	istīus	istīus	istīus	istōrum	istārum	istōrum
Dat.	istī	istī	istī	istīs	istīs	istīs
Akk.	istum	istam	istud	istōs	istās	ista
Abl.	istō	istā	istō	istīs	istīs	istīs

	Sg.			*Pl.*		
	m.	*f.*	*n.*	*m.*	*f.*	*n.*
Nom.	ille	illa	illud	illī	illae	illa
Gen.	illīus	illīus	illīus	illōrum	illārum	illōrum
Dat.	illī	illī	illī	illīs	illīs	illīs
Akk.	illum	illam	illud	illōs	illās	illa
Abl.	illō	illā	illō	illīs	illīs	illīs

	Sg.			*Pl.*		
	m.	*f.*	*n.*	*m.*	*f.*	*n.*
Nom.	ipse	ipsa	ipsum	ipsī	ipsae	ipsa
Gen.	ipsīus	ipsīus	ipsīus	ipsōrum	ipsārum	ipsōrum
Dat.	ipsī	ipsī	ipsī	ipsīs	ipsīs	ipsīs
Akk.	ipsum	ipsam	ipsum	ipsōs	ipsās	ipsa
Abl.	ipsō	ipsā	ipsō	ipsīs	ipsīs	ipsīs

Indefinitpronomina

	substantivisch				*adjektivisch*					
	Sg.		*Pl.*		*Sg.*			*Pl.*		
	m./f.	*n.*	*m./f.*	*n.*	*m.*	*f.*	*n.*	*m.*	*f.*	*n.*
Nom.	(ali)quis	(ali)quid	(ali)quī	(ali)qua	(ali)quī	(ali)qua	(ali)quod	(ali)quī	(ali)quae	(ali)qua
Gen.	(ali)cuius	(ali)cuius	(ali)quōrum	(ali)quōrum	(ali)cuius	(ali)cuius	(ali)cuius	(ali)quōrum	(ali)quārum	(ali)quōrum
Dat.	(ali)cui	(ali)cui	(ali)quibus	(ali)quibus	(ali)cui	(ali)cui	(ali)cui	(ali)quibus	(ali)quibus	(ali)quibus
Akk.	(ali)quem	(ali)quid	(ali)quōs	(ali)qua	(ali)quem	(ali)quam	(ali)quod	(ali)quōs	(ali)quās	(ali)qua
Abl.	(ali)quō	(ali)quō	(ali)quibus	(ali)quibus	(ali)quō	(ali)quā	(ali)quō	(ali)quibus	(ali)quibus	(ali)quibus

	Sg.			*Pl.*		
	m.	*f.*	*n.*	*m.*	*f.*	*n.*
Nom.	quīdam	quaedam	quiddam	quīdam	quaedam	quaedam
Gen.	cuiusdam	cuiusdam	cuiusdam	quōrundam	quārundam	quōrundam
Dat.	cuidam	cuidam	cuidam	quibusdam	quibusdam	quibusdam
Akk.	quendam	quandam	quiddam	quōsdam	quāsdam	quaedam
Abl.	quōdam	quādam	quōdam	quibusdam	quibusdam	quibusdam

Der Nominativ/Akkusativ Sg. des Neutrum lautet in adjektivischer Verwendung quoddam.

Relativpronomen

	Sg.			Pl.		
	m.	f.	n.	m.	f.	n.
Nom.	quī	quae	quod	quī	quae	quae
Gen.	cuius	cuius	cuius	quōrum	quārum	quōrum
Dat.	cui	cui	cui	quibus	quibus	quibus
Akk.	quem	quam	quod	quōs	quās	quae
Abl.	quō	quā	quō	quibus	quibus	quibus

Interrogativpronomina

	substantivisch		adjektivisch					
			Sg.			Pl.		
	m./f.	n.	m.	f.	n.	m.	f.	n.
Nom.	quis	quid	quī	quae	quod	quī	quae	quae
Gen.	cuius	cuius	cuius	cuius	cuius	quōrum	quārum	quōrum
Dat.	cui	cui	cui	cui	cui	quibus	quibus	quibus
Akk.	quem	quid	quem	quam	quod	quōs	quās	quae
Abl.	quō	quō	quō	quā	quō	quibus	quibus	quibus

Pronominaladjektive

	Sg.			Pl.		
	m.	f.	n.	m.	f.	n.
Nom.	sōlus	sōla	sōlum	sōlī	sōlae	sōla
Gen.	sōlīus	sōlīus	sōlīus	sōlōrum	sōlārum	sōlōrum
Dat.	sōlī	sōlī	sōlī	sōlīs	sōlīs	sōlīs
Akk.	sōlum	sōlam	sōlum	sōlōs	sōlās	sōla
Abl.	sōlō	sōlā	sōlō	sōlīs	sōlīs	sōlīs

	Sg.			Pl.		
	m.	f.	n.	m.	f.	n.
Nom.	alius	alia	aliud	aliī	aliae	alia
Gen.	alterīus	alterīus	alterīus	aliōrum	aliārum	aliōrum
Dat.	aliī	aliī	aliī	aliīs	aliīs	aliīs
Akk.	alium	aliam	aliud	aliōs	aliās	alia
Abl.	aliō	aliā	aliō	aliīs	aliīs	aliīs

	m./f.	n.
Nom.	nēmō	nihil
Gen.	nūllīus	nūllīus reī
Dat.	nēminī	nūllī reī
Akk.	nēminem	nihil
Abl.	ā nūllō/nēmine	nūllā rē

Register zur Grammatik

Register zu „Nachdenken über Sprache“

Register zur Wortbildung

In diesem Verzeichnis findest du Informationen zu den historischen Namen und den Personen der antiken Mythen und Sagen. Mit einem ↗ wird auf Einträge mit ausführlicheren Erläuterungen verwiesen.

Abkürzungen römischer Vornamen:

A.	Aulus
App.	Appius
C.	Gāius
Cn.	Gnaeus
D.	Decimus
K.	Kaesō
L.	Lūcius
M.	Mārcus
M'.	Mānius
Mām.	Māmercus
N./Num.	Numerius
P.	Pūblius
Q.	Quīntus
Ser.	Servius
S.	Sextus
Sp.	Spurius
T.	Titus
Ti(b).	Tiberius

A

Acheron, Fluss, der der Sage nach die Grenze zur Unterwelt bildet.

Agricola, Cn. Iulius Agricola (40–93 n.Chr.), eroberte als römischer Feldherr Britannien bis zum Hochland nördlich des heutigen Glasgow. Er war Schwiegersohn des Historikers ↗Tacitus, der ihn in seiner Biografie *Agricola* darstellte.

Aietes, König von Kolchis, ließ in seinem Land das goldene Vlies, das Fell eines goldenen Widders, der sprechen und fliegen konnte, von einem Drachen bewachen, der niemals schlief. Eines Tages kam ↗Iason, um das Vlies zu holen; Aietes verlangte von ihm Prüfungen, die kein Mensch bestehen konnte; ↗Medea, die Tochter des Aietes, half Iason dabei.

Aison, Sohn des Kretheus, Herrscher über Iolkos in Thessalien, wurde von seinem jüngeren Bruder ↗Pelias aus dem Palast vertrieben und umgebracht. Sein Sohn ↗Iason lebte danach bei einer Bauernfamilie.

Alberti, Leon Battista (1404–1472), italienischer Humanist und vielseitiger Künstler; er schrieb lateinische und italienische Gedichte und Dramen, verfasste die erste Grammatik des Italienischen und erfand eine Methode zum Verschlüsseln von Texten. Er hatte zudem die antike Baukunst studiert; seine Bauentwürfe wurden wegweisend für die spätere Architektur.

Alexander der Große (356–323 v.Chr.), König von Makedonien; er eroberte ein Reich, das bis nach Asien reichte; viele von ihm gegründete Städte trugen seinen Namen.

Alkuin (730–804), angelsächsischer Theologe, seit 796 Abt des Klosters St. Martin in Tours; von ↗Karl dem Großen ins Frankenreich berufen; er vermittelte das aus der Antike kommende philosophisch-theologische Wissen.

Antonia maior (*39 v.Chr.), älteste Tochter des ↗Antonius, Nichte des ↗Augustus; verheiratet mit ↗Domitius Ahenobarbus; Mutter des ↗Domitius und Großmutter ↗Neros.

Antonia minor (*36 v.Chr.), jüngere Tochter des ↗Antonius, Nichte des ↗Augustus; verheiratet mit ↗Drusus; Mutter des ↗Germanicus und des späteren Kaisers Claudius.

Antoninus Pius (86–161 n.Chr.), römischer Kaiser 138–161 n.Chr. Er wurde von seinem kinderlosen Vorgänger ↗Hadrian 138 n.Chr. adoptiert und folgte ihm als Herrscher nach.

Antonius, Marcus Antonius (82–30 v.Chr.), römischer Feldherr, der im Bürgerkrieg auf der Seite ↗Caesars stand. Nach dessen Ermordung 44 v.Chr. kämpfte er gegen die Caesarmörder. Als Herrschaftsgebiet sicherte er sich den Osten des Römischen Reiches, wo er die ägyptische Königin ↗Kleopatra kennen lernte, die er 37 v.Chr. heiratete. In der Auseinandersetzung um die Macht im römischen Staat unterlag er dem späteren Kaiser ↗Augustus und beging 30 v.Chr. Selbstmord.

Apollon, Sohn des ↗Zeus und der Leto; Gott des Bogenschießens, des Ackerbaus, der Heilkunde, der Weissagung, der Künste und Wissenschaften; ein anderer Name ist Phoebus.

Archimedes (287–212 v. Chr.), stammte aus Syrakus. Nach einer Studienreise nach Alexandria befasste er sich mit abstrakter Mathematik, aber auch mit angewandter Mechanik, z. B. mit Flaschenzügen, Hebelwerken und Wasserpumpen sowie mit Belagerungsmaschinen.

Arruns, in der römischen Sage Sohn des ↗Tarquinius Superbus.

Athanasios (5. Jahrhundert n. Chr.), ehemaliger Schüler der ↗Hypatia.

Athene, Tochter des ↗Zeus, Schutzherrin der Stadt Athen; ihr Tempel dort ist der Parthenon. Sie ist die Göttin der Künste, der Wissenschaft und des Handwerks, aber auch des Krieges; dargestellt ist sie mit Helm und Schild sowie dem Brustpanzer, auf dem das Haupt der Gorgo Medusa zu sehen ist. Mit ihr wurde die römische Göttin ↗Minerva gleichgesetzt.

Augustus (63 v. Chr.–14 n. Chr.), ab 27 v. Chr. erster römischer Kaiser. Er hieß eigentlich C. Octavius. Als er nach dem Tode seines Vaters von ↗Caesar adoptiert worden war, nannte er sich C. Iulius Caesar Octavianus. Aus den Bürgerkriegswirren am Ende der Republik ging er als Sieger hervor. Nach der blutigen Beseitigung seiner politischen Gegner war er Alleinherrscher. Im Jahre 27 v. Chr. erhielt er vom Senat den Ehrentitel Augustus („der Erhabene"). Ziel seiner Politik war die Wiederherstellung des inneren Friedens und die Sicherung der Grenzen. Er förderte daneben bedeutende zeitgenössische Dichter wie ↗Vergil.

Aurelius ↗Mark Aurel.

B

Bacon, Sir Francis (1561–1626), englischer Philosoph und Staatsmann.

Bar-Kochba, Simon, auch Bar-Koseba (†135 n. Chr.), Anführer eines Aufstandes der Juden gegen die Römer in den Jahren 132–135, des letzten Versuchs der Juden, wieder einen eigenen Staat zu bilden. Er konnte vorübergehend große Teile des Landes befreien und erhielt darauf den Ehrentitel „Bar-Kochba" (Sternensohn).

Baugulf, Fürstabt des Klosters Fulda 779–802.

Bibulus, M. Calpurnius Bibulus (1. Jahrhundert v. Chr.), Amtskollege ↗Caesars als Aedil 65, Prätor 62 und Konsul 59. Das Verhältnis der beiden Männer war nie gut; als Caesar gegen den ausdrücklichen Willen des Bibulus seine Ackergesetze durchbrachte, verweigerte dieser die weitere Mitarbeit völlig, sodass Caesar praktisch allein Konsul war.

Boccaccio, Giovanni (1313–1375), italienischer Dichter und Humanist; er verfasste das *Decamerone*, italienische Liebeserzählungen in einem am Lateinischen gebildeten Stil.

Brutus
1) L. Iunius Brutus, in der römischen Sage Verwandter des ↗Tarquinius Superbus; er vertrieb den König und begründete so die römische Republik.
2) M. Iunius Brutus (85–42 v. Chr.), tat sich zunächst als Anhänger, dann als Gegner ↗Caesars hervor. An den Iden des März 44 v. Chr. war er das Haupt der Verschwörung gegen Caesar. 42 v. Chr. unterlag er in der Schlacht von Philippi in Griechenland den Caesarrächern ↗Antonius und Octavian, dem späteren Kaiser ↗Augustus. Daraufhin beging Brutus Selbstmord.

C

Caesar, C. Iulius Caesar (100–44 v. Chr.), der mächtigste römische Politiker und Feldherr am Ende der Republik; er unterwarf 58–50 v. Chr. Gallien und gliederte es ins Römische Reich ein. Seinen Beinamen Caesar trugen alle folgenden Herrscher als Titel; daraus entstand unser Wort „Kaiser".

Calgacus (1. Jahrhundert n. Chr.), Anführer einer Vereinigung von schottischen Heeren, die im Jahr 83 oder 84 am Mons Graupius gegen die Römer kämpfte. Über sein weiteres Schicksal ist nichts bekannt.

Caligula, Spitzname des römischen Kaisers C. Iulius Caesar Germanicus (12–41 n. Chr.), der ab 37 n. Chr. in Rom herrschte. „Caligula", das „Stiefelchen", hatten ihn die Soldaten genannt, weil er als Kind in römischen Heerlagern aufgewachsen und von seinen Eltern als Soldat kostümiert worden war. Seine Herrschaft, die durch Rücksichtslosigkeit und Grausamkeit gekennzeichnet war, dauerte nur vier Jahre: 41 n. Chr. fiel er einer Verschwörung zum Opfer.

Calpurnia (*ca. 77 v. Chr.), Tochter eines römischen Senators, seit 59 v. Chr. die vierte Ehefrau ↗Caesars; hatte in der Nacht zum 15. März 44 einen Albtraum, konnte aber ihren Mann nicht vom Besuch der Senatssitzung abhalten. Nach seinem Tod übergab sie alle Papiere Caesars an M. ↗Antonius.

Calpurnius, L. Calpurnius Piso (1. Jahrhundert n. Chr.), Konsul des Jahres 67.

Catilina, L. Sergius Catilina (108–62 v. Chr.), scheiterte mehrmals bei seiner Bewerbung um das höchste römische Amt, das Konsulat. Deshalb plante er 63 v. Chr., durch einen Putsch an die Macht zu gelangen. Seine Umsturzpläne wurden allerdings vom damaligen Konsul ↗Cicero aufgedeckt. Catilina musste aus Rom flüchten, stellte ein Heer auf und fiel im Kampf.

Cato, M. Porcius Cato Censorius (234–149 v. Chr.), konservativer römischer Politiker. Er erkannte früh, dass Karthago ein wirtschaftlicher Konkurrent für Rom war, und bestand darauf, die Stadt vollständig zu vernichten; nahm am Feldzug ↗Scipios nach Afrika teil. Cato ist auch als Autor hervorgetreten; erhalten ist sein Buch *De agri cultura* über die Landwirtschaft.

Chairephon (5. Jahrhundert v. Chr.), Athener, Freund und Bewunderer des ↗Sokrates.

Cicero, M. Tullius Cicero (106–43 v. Chr.), römischer Politiker, Schriftsteller und Philosoph. Cicero kämpfte sein Leben lang für die römische Republik und gegen jede Form der Alleinherrschaft. Seine Sternstunde hatte er während seines Konsulates 63 v. Chr., als er die Verschwörung des ↗Catilina aufdeckte. Im Bürgerkrieg unterstützte er ↗Pompeius. Als er nach der Ermordung ↗Caesars, die er begrüßte, ↗Antonius scharf angriff, ließ dieser ihn ermorden.

Crassus, M. Licinius Crassus (115–53 v. Chr.), trug den Beinamen „Dives", der Reiche. Er war einer der einflussreichsten Geldgeber der späten römischen Republik und setzte sein Geld ein, um auch politischen Einfluss zu gewinnen. 70 und 55 war er Konsul. 60 schloss er sich mit ↗Pompeius und ↗Caesar zum ersten Triumvirat zusammen. 53 fiel er im Krieg gegen die Parther bei Carrhae (im nordöstlichen Mesopotamien).

D

Diana, römische Göttin; schützte ursprünglich als Fruchtbarkeitsgöttin die Geburt; sie wurde der griechischen Göttin Artemis gleichgesetzt.

Diodotos († 60 . Chr.), Philosoph der ↗Stoa und Lehrer ↗Ciceros.

Diogenes Laërtios (3. Jahrhundert n. Chr.), griechischer Schriftsteller; sein Hauptwerk ist eine Zusammenstellung des Wissens seiner Zeit über verschiedene Philosophen und ihre Schulen.

Dionysios
1) Dionysios I. (430–367 v. Chr.), ab 405 Tyrann von Syrakus; verteidigte die griechischen Staaten in Unteritalien und Sizilien gegen die Karthager und war ein gewalttätiger und grausamer Herrscher.
2) Dionysios II. (5./4. Jahrhundert v. Chr.), Sohn des Dionysios I., ab 367 sein Nachfolger; er war philosophisch interessiert, neigte aber zu Verschwendung und übermässigem Alkoholgenuss. Für ↗Platons Vorschläge zur Bildung eines idealen Staates war er aufgeschlossen; letztlich scheiterte das Projekt aber an der Unbeherrschtheit und Inkonsequenz des Dionysios.

Domitia, Tochter des ↗Domitius Ahenobarbus und der ↗Antonia maior.

Domitian, T. Flavius Domitianus (51–96 n. Chr.), römischer Kaiser ab 81; jüngerer Sohn des ↗Vespasian und Bruder des ↗Titus. Er gründete die Provinzen Germania inferior und Germania superior. Domitian beschnitt den Einfluss des Senats und weitete den Kaiserkult aus; seine Prachtbauten und Festspiele belasteten die Staatsfinanzen. Er wurde von Verschwörern ermordet, sein Andenken vom Senat geächtet.

Domitius, Cn. Domitius Ahenobarbus (Konsul 32 n.Chr.), Sohn des ↗Domitius Ahenobarbus; Bruder der ↗Domitia.

Domitius Ahenobarbus, L. Domitius Ahenobarbus, (1. Jahrhundert v.Chr.), verheiratet mit ↗Antonia maior; er führte erfolgreiche Feldzüge in Germanien bis zur Elbe und darüber hinaus.

Drusus, Nero Claudius Drusus (38–9 v.Chr.), Stiefsohn des ↗Augustus; er führte mehrere erfolgreiche Feldzüge in Germanien und erhielt deshalb nach seinem Tod den Beinamen Germanicus.

E

Epikur (341–270 v.Chr.), athenischer Philosoph, lebte in einer Schulgemeinschaft, die als „der Garten" bekannt war; Anhänger der Lehre von den Atomen, die auf den frühen Philosophen Demokrit zurückgeht. Sein Anliegen war es, die Menschen von der Furcht vor den Göttern zu befreien; er erklärte, die Götter kümmerten sich nicht um die Menschen, würden sie also auch nicht strafen. Er propagierte ein zurückgezogenes, ruhiges Leben ohne Beteiligung an der Politik.

Euripides (ca. 480–406 v.Chr.), einer der bedeutendsten griechischen Tragödiendichter. Seine Themen sind mythologische Geschichten, aber die Figuren sind psychologisch so geschickt gestaltet, dass sie wie Menschen seiner Zeit wirken.

Eurystheus, König von Mykene; Vetter des ↗Herakles, den Hera eher zur Welt kommen ließ, sodass Herakles ihm dienen und die zwölf Arbeiten verrichten musste.

Euthyphron (5. Jahrhundert v.Chr.), athenischer Wahrsager und Priester. Ein Dialog des ↗Platon trägt seinen Namen als Titel.

F

Fabius, Q. Fabius Maximus Cunctator († 203 v.Chr.), 217 v.Chr. zum Diktator ernannt; er kämpfte sehr wirkungsvoll gegen ↗Hannibal, indem er ihm immer wieder auswich und es nicht zum offenen Kampf kommen ließ (daher sein Beiname „Zögerer").

G

Galilei, Galileo (1564–1642), italienischer Mathematiker; er befürwortete das Weltbild des ↗Kopernikus und untermauerte diese Lehre mit seinen Himmelsbeobachtungen, die er mit Hilfe des von ihm ausgearbeiteten Fernrohrs gemacht hatte.

Germanicus, C. Iulius Caesar Germanicus (15 v.Chr.–19 n.Chr.), Sohn des ↗Drusus, Vater des ↗Caligula. Germanicus hatte ab 13 n.Chr. den Oberbefehl über die römischen Truppen in Germanien, besiegte 16 n.Chr. Arminius, wurde dann aber von ↗Tiberius zurückgerufen. Als er ein Jahr später starb, hieß es, er sei vergiftet worden.

Getty, Jean Paul (1892–1976), amerikanischer Industrieller; er gründete ein Forschungsinstitut für Kunst- und Geistesgeschichte und das Jean P. Getty Museum in Malibu, Kalifornien, das nach dem Vorbild der Villa dei Papiri in Herkulaneum gebaut ist.

Gorgias (ca. 485–380 v.Chr.), stammte aus Sizilien, kam als Rhetoriklehrer nach Athen. Seine hoch entwickelte Redekunst fand dort begeisterte Aufnahme. Seine oft spitzfindigen Argumentationen waren ↗Sokrates zuwider; von ↗Platon ist ein Dialog *Gorgias* überliefert, in dem Sokrates ihm vorwirft, er orientiere sich nur an der äußeren Form und suche nicht nach der Wahrheit.

H

Hadrian, Publius Aelius Hadrianus (76–138 n.Chr.), Adoptivsohn des Kaisers ↗Trajan, selbst römischer Kaiser seit 117 n.Chr. Er gab die Eroberungspolitik seines Vorgängers auf und sicherte die Grenzen des Reiches. Durch zahlreiche Reisen informierte sich Hadrian über die Probleme in den Provinzen. Er verbesserte die Verwaltung des Imperiums, entfaltete eine rege Bautätigkeit und förderte die griechische Kultur.

Hamilkar, Barkas (†229 v. Chr.), karthagischer Feldherr, Vater ↗ Hannibals. Während des 1. Punischen Krieges kämpfte er in Sizilien erfolglos gegen die Römer; später nahm er große Teile von Spanien ein.

Hannibal (247–183 v. Chr.), karthagischer Feldherr, der im 2. Punischen Krieg (218–201 v. Chr.) die Römer an den Rand der Niederlage brachte. 218 v. Chr. führte er ein Heer über die Alpen, und 216 v. Chr. schlug er die Römer vernichtend bei Cannae in Süditalien. Doch dann landete ↗ Scipio mit einem Heer in Nordafrika. Bei der Stadt Zama verlor Hannibal, der so viele Schlachten gewonnen hatte, 202 v. Chr. den Krieg. Hannibal kehrte nach Karthago zurück. Seit Mitte der 90er-Jahre des 2. Jahrhunderts v. Chr. befand er sich ständig auf der Flucht vor den Römern, einige Jahre bei Antiochos III. in Ephesos. Als 183 v. Chr. seine Auslieferung drohte, tötete er sich in Libyssa durch Gift.

Herakles, Sohn des ↗ Zeus und der Alkmene. Hera, die Gattin des Zeus, verfolgte ihn mit ihrem Zorn; ihretwegen musste er zwölf kaum lösbare Aufgaben verrichten. Er war ein äußerst beliebter Halbgott, galt als Inbegriff von Kraft und Mut und wurde vor allem von Männern häufig um Beistand gebeten.

Holberg, Ludvig (1684–1754), dänischer Schriftsteller. Sein satirischer Roman *Nicolai Klimii iter subterraneum* ist auf Latein geschrieben und wurde in zahlreiche Sprachen übersetzt.

Horaz, Q. Horatius Flaccus (65–8 v. Chr), lernte in Rom und Athen Philosophie, Literatur und Kunst kennen. Weil sein Freund Maecenas ihm ein Landgut schenkte, konnte er sich ganz der Dichtung widmen; neben witzigen Satiren, Oden und anderen Gedichten schrieb er auch das *Carmen saeculare*, in dem ↗ Augustus verherrlicht wird.

Hypatia (370–415 n. Chr.), Tochter des Astronomen und Mathematikers ↗ Theon; hielt als erste Frau in Alexandria philosophische Vorlesungen.

I

Iason, Sohn des Königs ↗ Aeson, wuchs auf einem Bauernhof auf, weil sein Vater von dessen Bruder ↗ Pelias ermordet worden war. Als junger Mann ging er auf Wanderschaft; während er einer alten Frau über einen Fluss half, verlor er einen Schuh, ging weiter und kam so zu Pelias. Dieser schickte ihn nach Kolchis, um das goldene Vlies zu holen. Dessen Besitzer, König ↗ Aietes, erlegte ihm scheinbar unmögliche Prüfungen auf; mit Hilfe der Königstochter ↗ Medea bestand er sie alle. Danach floh er mit Medea durch die Welt, bis er von König ↗ Kreon in Korinth aufgenommen wurde. Dort heiratete er Medea und hatte mit ihr drei Kinder; später verstieß er sie, um Glauke, die Tochter Kreons, zu heiraten; nachdem die zornige Medea seine Kinder und seine neue Braut umgebracht hatte, nahm er sich selbst das Leben.

Iolaos, Neffe und Kampfgefährte des ↗ Herakles.

Iulia
1) (um 76–54 v. Chr.), Tochter ↗ Caesars mit seiner ersten Frau Cornelia; seit 59 verheiratet mit ↗ Pompeius.
2) (39 v. Chr.–14 n. Chr.), einzige Tochter des ↗ Augustus; dreimal verheiratet, zuletzt mit ↗ Tiberius; sie wurde wegen ihres ungezügelten Lebensstils von ihrem Vater auf eine Insel verbannt.

J

Janus, römischer Gott der Ein- und Ausgänge sowie aller Neuanfänge. Weil an jedem Tor, an jedem Anfang eines Tages, Monats oder Jahres Gelegenheit zum Vor- und zum Rückwärtsblicken ist, hat er zwei Gesichter und kann in beide Richtungen schauen.

Johanna. Nach einer Erzählung aus dem 13. Jahrhundert soll die aus Mainz stammende Frau im 9. Jahrhundert zwischen Leo IV. und Benedikt III. als Johannes Anglicus den Papstthron innegehabt haben.

Justinian (482–565 n. Chr.), seit 527 n. Chr. Kaiser des oströmischen Reiches. Durch mehrere Feldzüge versuchte er, die Herrschaft über den westlichen Teil des Imperium Romanum wieder zu erlangen. Zwischen 529 und 534 veröffentlichte er eine große Gesetzessammlung *(Corpus iuris civilis)*. Die Herrschaft des christlichen Kaisers wurde durch verheerende Seuchen und Hungersnöte, Erdbeben und religiöse Konflikte überschattet.

K

Karl der Große (748–814), erhielt die Herrschaft über das Frankenreich von seinem Vater ↗ Pippin; wurde im Jahr 800 zum römischen Kaiser gekrönt. Karl der Große sah sich als Nachfolger der weströmischen Kaiser. Unter seiner Herrschaft erlebten Kunst, Literatur und Architektur eine Blüte, v.a. durch das Wirken des ↗ Alkuin.

Kleopatra (69–30 v.Chr.), herrschte seit 51 v.Chr. zusammen mit ihrem Bruder Ptolemaios XIII. über Ägypten. Nachdem sie durch Palastintrigen ihren Thron verloren hatte, setzte ↗ Caesar, dessen Geliebte sie war, sie 47 v.Chr. wieder in ihre alten Rechte ein. Mit Caesar hatte sie einen Sohn, Caesarion. Sie lebte 46–44 v.Chr. in Rom, kehrte aber nach Caesars Ermordung in ihre Heimat zurück. Dort errichtete sie eine Alleinherrschaft, mischte sich aber weiter in die römische Politik ein und unterstützte Marcus Antonius, den sie 37 v.Chr. heiratete. Nach dessen Niederlage 31 v.Chr. bei Actium gegen Octavian, den späteren Kaiser ↗ Augustus, beging sie Selbstmord.

Kolumbus, Cristoforo Colombo (1451–1506), Seefahrer; er glaubte den aus der Antike stammenden Berichten, man könne durch Fahrt nach Westen Indien erreichen; auf insgesamt vier Fahrten stieß er an verschiedene Stellen der Ostküste Südamerikas bzw. vorgelagerte Inseln. Er begründete das Zeitalter der Entdeckungen und damit die Neuzeit.

Kopernikus, Nikolaus (1473–1543); studierte in Krakau, Bologna, Padua und Ferrara Latein, Griechisch, Mathematik, Astronomie, Jura und Medizin. Seine Forschung galt den Planetenbewegungen; sie brachten ihn – zusammen mit antiken Überlieferungen – darauf, dass sich die Erde um die Sonne dreht und nicht umgekehrt. Dieses heliozentrische Weltbild wurde auch das kopernikanische Weltbild genannt.

Kreon, König von Korinth, nahm ↗ Iason auf, als er mit ↗ Medea aus Kolchis kam. Er gab seine Tochter Glauke (die auch Kreusa genannt wurde) Iason zur Frau, als dieser sich in sie verliebte. Aus Angst befahl er Medea, das Land zu verlassen, ließ ihr aber noch einen Tag, um ihre Angelegenheiten zu ordnen.

L

Lamachos (5. Jahrhundert v.Chr.), athenischer Stratege und Politiker.

Laokoon, trojanischer Priester des ↗ Apollon. Er riet den Trojanern ab, das hölzerne Pferd in die Stadt zu holen, wurde aber unmittelbar darauf zusammen mit seinen beiden Söhnen von Seeschlangen getötet; das nahmen die Trojaner zum Anlass, ihm nicht zu glauben.

Leo III. (Papst 795–816); krönte ↗ Karl den Großen zum Kaiser.

Leonardo da Vinci (1452–1519), italienischer Maler, Bildhauer, Architekt und Naturforscher; neben der Malerei beschäftigte er sich mit wissenschaftlichen Studien (Anatomie, Optik, Mechanik) und architektonischen Entwürfen.

Lepidus, M. Aemilius Lepidus (ca. 90–12 v.Chr.), Anhänger ↗ Caesars und mit ihm zusammen Konsul im Jahr 46. Nach dessen Ermordung war Lepidus Anhänger des ↗ Antonius; mit ihm und Octavian (↗ Augustus) bildete er das so genannte 2. Triumvirat.

Lucretia, in der römischen Sage eine adlige Römerin, die von Sextus, dem Sohn des ↗ Tarquinius Superbus, vergewaltigt wurde und sich daraufhin das Leben nahm. Dies soll der Anlass für die Vertreibung der römischen Könige gewesen sein.

M

Marcus Antonius ↗ Antonius

Mark Aurel, M. Aurelius Antoninus (121–180 n.Chr.), ab 161 römischer Kaiser; in seiner Regierungszeit brachen an den Grenzen des Reiches zahlreiche Aufstände aus. Er war philosophisch gebildet und Anhänger der ↗ Stoa.

Mars, ursprünglich Gott des Wetters und Ackerbaus, nach Jupiter die wichtigste römische Gottheit. Der Sage nach war Mars Vater von ↗ Romulus und Remus und damit Stammvater der Römer; mit dem griechischen Gott Ares gleichgesetzt.

Medea, Zauberin; Tochter des Königs ↗ Aietes von Kolchis. Als ↗ Iason kam, um das goldene Vlies zu holen, unterstützte sie ihn mit ihren Zauberkünsten. Später folgte sie ihm nach Korinth zu König ↗ Kreon. Als sich Iason in dessen Tochter Glauke verliebt hatte und sie heiraten wollte, tötete Medea die drei Kinder, die sie von Iason hatte, und schickte der jungen Braut ein verhextes Brautkleid, das zuerst sie und später den ganzen Palast in Brand setzte. Medea reiste schließlich zu ↗ Pelias und brachte ihn mit einem betrügerischen Zauber um.

Melanchthon, Philipp, eigentlich Philipp Schwarzerdt (1497–1560), Professor für alte Sprachen; er verfasste die erste wissenschaftliche Formulierung der Theologie der Reformation. Er wollte die Einheit des christlichen Abendlandes erhalten und lehnte daher Religionskämpfe ab.

Minerva, römische Göttin der Handwerker, Künstler, Ärzte und Lehrer; mit Jupiter und Juno bildete sie die „Kapitolinische Trias"; mit der griechischen Göttin ↗ Athene gleichgesetzt.

Mommsen, Theodor (1817–1903), Jurist und Historiker; Professor für Römisches Recht, für Alte Geschichte und zeitweise Mitglied des Land- und des Reichstags. Seine Hauptwerke sind die *Römische Geschichte* sowie die große Sammlung lateinischer Inschriften, das *Corpus Inscriptionum Latinarum* (CIL).

N

Neptun, römischer Gott, ursprünglich nur der Gott der Quellen und Flüsse, später durch Gleichsetzung mit dem griechischen Gott Poseidon auch Herr der Seen und Meere.

Nero, Claudius Drusus Germanicus Caesar (37–68 n.Chr.), römischer Kaiser ab 54; Sohn des Cn. ↗ Domitius Ahenobarbus und der Agrippina. Als junger Kaiser ließ er sich u.a. von ↗ Seneca beeinflussen, reformierte Finanzwesen und Rechtsprechung; später zwang er seinen Lehrer zum Selbstmord und ließ sich als Wagenlenker, Sänger und Schauspieler feiern. Als im Jahr 64 ein großer Brand in Rom ausbrach, beschuldigte er die Christen der Brandstiftung und setzte so eine Christenverfolgung in Gang.

O

Octavian, früherer Name des Kaisers ↗ Augustus.

Odyssee, griechisches Epos von der Heimkehr des Odysseus, verfasst von Homer.

Ogier Ghiselin de Busbecq (1522–1592), Humanist; er wurde von Kaiser Ferdinand I. als Botschafter nach Konstantinopel zu Sultan ↗ Süleiman geschickt. Von dort brachte er verschiedene Pflanzen mit und entdeckte das so genannte Monumentum Ancyranum, eine fast vollständige Ausgabe des Rechenschaftsberichts von Kaiser ↗ Augustus.

P

Paulus (um Christi Geburt–63 n.Chr.), wichtiger Apostel, der das Christentum v.a. in Kleinasien, Makedonien und Griechenland verbreitete. Er war mehrere Jahre in Rom gefangen und wurde schließlich hingerichtet. Die Briefe des Paulus an verschiedene Christengemeinden bilden einen Teil des Neuen Testaments; sie haben die Theologen bis in die Neuzeit stark beeinflusst.

Pelias, Sohn des Kretheus, vertrieb seinen älteren Bruder ↗ Aison von Königsthron und machte sich selbst zum König. Ein Orakel hatte ihm vorhergesagt, ein Mann mit nur einem Schuh werde ihm Verderben bringen. Eines Tages kam ↗ Iason, der Sohn seines Bruders, unerkannt an seinen Hof, und er trug tatsächlich nur einen Schuh. Pelias tötete ihn nicht sofort, sondern schickte ihn zu König ↗ Aietes von Kolchis, um von ihm das goldene Vlies zu holen. Pelias wurde schließlich von seinen eigenen Töchtern ermordet; sie wollten einen Zauber anwenden, den ihnen ↗ Medea gezeigt hatte, aber statt verjüngt zu werden, wie er hoffte, starb er daran.

Perseus, Sohn des ↗ Zeus und der Danae; er wurde von seinem Stiefvater Polydektes geschickt, das Haupt der Gorgo Medusa zu holen; er vollbrachte auf seinen Reisen viele Heldentaten, u.a. rettete er Andromeda.

Petrarca, Francesco (1304–1374), italienischer Humanist und Dichter. Er suchte in Klosterbibliotheken nach antiken Handschriften und schrieb selbst teils in italienischer, teils in lateinischer Sprache.

Philodem (ca. 110–40 v. Chr.), kam aus der römischen Provinz Syria nach Italien und gründete dort eine philosophische Schule; Anhänger ↗ Epikurs.

Pippin der Jüngere (714–768), Herrscher über das Frankenreich; nach der Entmachtung der Merowinger begann mit ihm die Herrschaft der Karolinger. Vor seinem Tod teilte er das Reich zwischen seinen Söhnen Karlmann und ↗ Karl, der später „der Große“ genannt wurde.

Platon (427–347 v. Chr.), stammte aus einer adligen Athener Familie; er war Schüler des Sokrates, entwickelte aber nach dessen Tod seine eigene Philosophie weiter. Zu seinen größten Leistungen gehört der Entwurf eines idealen Staates *(Politeia)*, den er in Sizilien bei ↗ Dionysios II. verwirklichen wollte, und die Entwicklung der Ideenlehre: Dabei trennt er die Dinge, die man sehen, hören oder fühlen kann, von der ihnen zugrundeliegenden Idee, die nur dem Intellekt zugänglich ist.

Plautus, T. Maccius Plautus (ca. 250–184 v. Chr); kam aus Umbrien nach Rom und fand Anschluss an eine Theatertruppe. Er soll 130 Komödien geschrieben haben, von denen 21 erhalten sind. Die griechischen Vorbilder hat er dabei sehr frei behandelt; seine urigen Charaktere und witzigen Dialoge sind für spätere Theaterdichter wie Molière, Kleist und Shakespeare zum Vorbild geworden.

Plinius der Jüngere, C. Plinius Caecilius Secundus (61–113 n. Chr.), römischer Beamter; er war 112 als kaiserlicher Statthalter in Bithynien. Er schrieb Briefe, sowohl an Kaiser ↗ Trajan als auch an seine Frau, Freunde und Verwandte, die er sammelte und als Buch herausgab. In zwei Briefen an ↗ Tacitus beschreibt er den Ausbruch des Vesuvs im Jahre 79 n. Chr. und dessen Auswirkungen.

Pompeius, Cn. Pompeius Magnus (106–48 v. Chr.), römischer Feldherr und Staatsmann; er vertrat häufig die Interessen des Senats, wurde aber wegen seiner militärischen Erfolge auch mit Misstrauen betrachtet. Trotzdem erhielt er im Jahr 52 diktatorische Vollmachten, um die Macht des Senats und der Aristokratie wiederherzustellen. Nach dem Einmarsch ↗ Caesars in Italien floh Pompeius nach Griechenland und erlitt bei Pharsalos seine entscheidende Niederlage gegen Caesars Truppen. Er floh nach Ägypten und wurde dort ermordet.

Pomponius, Sextus Pomponius (2. Jahrhundert n. Chr.), bedeutender Jurist; von ihm behandelte Fälle fanden Eingang in die Gesetzessammlung ↗ Justinians.

Ptolemäus (2. Jahrhundert n. Chr.), griechischer Mathematiker und Astronom in Alexandria; er vertrat die Ansicht, dass die Erde im Mittelpunkt des Universums ruhe und sich alle anderen Himmelskörper auf Kreisbahnen um sie herum bewegen. Obwohl es in der Antike auch schon die gegenteilige Meinung gegeben hatte, galt die Lehre des Ptolemäus, bis die Astronomen ↗ Kopernikus, Kepler und ↗ Galilei sie durch ihre Beobachtungen widerlegten.

Publilius Syrus (1. Jahrhundert v. Chr.), kam als Sklave aus Syrien nach Rom; er dichtete volkstümliche Theaterstücke, die Mimen, und trat auch selber auf. Erhalten sind von ihm nur „Sprüche“, die aus seinen Stücken gesammelt wurden.

Pythia, Titel der weissagenden Priesterin im Apollonheiligtum von Delphi.

Python, ein Drache, der bei Delphi eine Orakelstätte hütete; wurde von ↗ Apollon getötet.

Q

Quintilian, M. Fabius Quintilianus (1. Jahrhundert n. Chr.), berühmter Redner und Rhetoriklehrer; er schrieb außer Reden ein Lehrbuch der Rhetorik, die *Institutio oratoria*. Sein großes Vorbild war Cicero; er selber hatte großen Einfluss auf die humanistische Literatur.

R

Romulus, Sohn des Mars und der Rhea Silvia, Zwillingsbruder von Remus; er gründete auf dem Palatin die älteste Siedlung Roms. Als Remus höhnisch seine – sehr niedrige – Mauer übersprang, wurde er von Romulus erschlagen.

S

Scipio, P. Cornelius Scipio († 212 v. Chr.), römischer Politiker und Feldherr; Konsul 218 v. Chr., kämpfte erfolglos gegen die Karthager. Er wurde am Ticinus von ↗ Hannibal geschlagen.

Seneca, L. Annaeus Seneca (4 v. Chr.–65 n. Chr.), römischer Philosoph und Schriftsteller. Seneca war der Erzieher des jungen ↗ Nero, entzweite sich aber später mit ihm und wurde schließlich von ihm zum Selbstmord gezwungen. Erhalten sind von Senecas Schriften u. a. Briefe, in denen er die Philosophie der ↗ Stoa darstellt, und Tragödien, darunter eine über ↗ Medea.

Silen, einer der Satyrn aus dem Gefolge des Weingottes Bacchus (griech. Dionysos); er soll auch sein Lehrer gewesen sein. Silen wird häufig auch allein dargestellt, und zwar als glatzköpfiger, kugelrunder alter Mann mit stumpfer Nase, der stets einen Weinschlauch bei sich trägt und immer lustig und betrunken ist.

Sokrates (470–399 v. Chr.), griechischer Philosoph, lebte in Athen. Sokrates hat keine Schriften hinterlassen; wir sind auf Zeugnisse seiner Schüler Xenophon und ↗ Platon sowie anderer Zeitgenossen angewiesen. Seine Philosophie beschäftigte sich nicht mit Naturerscheinungen, sondern ausschließlich mit ethischen Fragen; rechtmäßiges Verhalten hielt er für lehr- und lernbar. Wenn jemand sich einbildete, etwas zu wissen, entlarvte er ihn durch hartnäckiges Fragen; damit machte er sich so unbeliebt, dass er unter dem Vorwand, er glaube nicht an die Götter der Stadt und er verderbe die Jugend, zum Tode verurteilt und hingerichtet wurde.

Stoa, eine griechisch-römische Philosophenschule, benannt nach dem Treffpunkt der Gründer, einer Säulenhalle in Athen; ihr Ideal ist die „stoische Ruhe", die Gelassenheit auch und gerade im Trubel der Politik ermöglicht. Die Stoiker glauben, dass die Welt von einem Gott geschaffen ist und gelenkt wird, dass alles seinen Grund hat und es keine Zufälle gibt. Berühmte römische Vertreter der Stoa sind ↗ Seneca und ↗ Mark Aurel.

Sueton, C. Suetonius Tranquillus (ca. 70–140 n. Chr.), römischer Schriftsteller; er schrieb Biographien über die ersten zwölf Kaiser und über andere bedeutende Männer; seine Art der Biographie hat viele Nachahmer gefunden, noch ↗ Petrarca hat sich an ihm orientiert.

Süleiman II., auch „der Prächtige" genannt (1494–1566), Sultan des osmanischen Reiches; er sorgte für die Neuorganisation der Gesetze und des Heeres und vergrößerte das Reich durch zahlreiche Eroberungen.

Sulla, L. Cornelius Sulla (138–78 v. Chr.), römischer Feldherr und Politiker. Im Osten des Römischen Reiches führte er von 88–85 v. Chr. Krieg gegen Mithradates VI. von Pontos. Dabei plünderte er Griechenland und die Provinz Kleinasien. Als erster römischer Politiker führte er sein Heer gegen die Stadt Rom (88 v. Chr.), um innenpolitischen Widerstand zu brechen. Seine Gegner schaltete er 82/81 v. Chr. durch Proskriptionen aus: Ihre Namen ließ er auf Tafeln veröffentlichen, sie wurden für vogelfrei erklärt, und ihr Vermögen wurde eingezogen. Seit 82 v. Chr. war Sulla Diktator. Er versuchte die Krise der römischen Republik zu überwinden, indem er die Herrschaft des Senats stärkte. 79 v. Chr. verzichtete er freiwillig auf die Diktatur und zog sich ins Privatleben zurück.

T

Tacitus, P. Cornelius Tacitus (ca. 55–ca. 120 n. Chr.), römischer Geschichtsschreiber, Redner und Politiker; er verfasste neben historischen Werken auch eine Abhandlung über Germanien.

Tarquinius Superbus, der letzte der römischen Könige; er erhielt seinen Beinamen wegen seiner Menschenverachtung und Brutalität. Mit seiner Vertreibung im Jahr 508 v. Chr. ging in Rom die Königsherrschaft zu Ende.

Terenz, P. Terentius Afer (185–ca. 160 v. Chr.), freigelassener Sklave; er schrieb sechs sehr erfolgreiche Komödien nach griechischen Vorbildern.

Theodosios (5. Jahrhundert n. Chr.), Grammatiker aus Alexandrien, ehemaliger Schüler der ↗ Hypatia.

Theon von Alexandria (4. Jahrhundert n. Chr.), Mathematiker und Astronom, Leiter der Bibliothek von Alexandria.

Tiberius, Tiberius Claudius Nero (40 v. Chr.–37 n. Chr.), ab 14 n. Chr. römischer Kaiser als Nachfolger des ↗Augustus; er war mit Iulia, der Tochter des Augustus, verheiratet.

Titus
1) in der römischen Sage Sohn des ↗Tarquinius Superbus.
2) T. Flavius Sabinus Vespasianus (39–81 n. Chr.), Sohn des ↗Vespasian, ab 79 römischer Kaiser; er schlug 70 n. Chr. einen Aufstand in Judäa nieder und zerstörte den Tempel in Jerusalem, wofür ihm ein Ehrenbogen auf dem Forum Romanum errichtet wurde. Unter seiner Regierung wurde das Amphitheatrum Flavium fertig gestellt.

Trajan, M. Ulpius Traianus (53–117 n. Chr.), römischer Kaiser ab 98; er stammte aus Südspanien, machte in Rom eine glänzende militärische und politische Karriere und wurde von Kaiser Nerva adoptiert. Nach dessen Tod war er der erste Nichtrömer, der Kaiser wurde. Trajan war ein ausgezeichneter Feldherr und gewann viele Provinzen; unter seiner Herrschaft hatte das Römische Reich die größte Ausdehnung. Anders als seine Vorgänger hielt er den Senat in Ehren; dafür bekam er den Titel „Optimus princeps“.

V

Vasco da Gama (1469–1524), portugiesischer Seefahrer; er fand 1498 im Auftrag des portugiesischen Königs den Seeweg nach Indien; brachte die indische Westküste unter portugiesische Oberhoheit und war selbst der Vizekönig.

Vergil, P. Vergilius Maro (70–19 v. Chr.), römischer Dichter, berühmt durch sein Epos *Aeneis*, in dem er die Flucht des Aeneas aus Troja und seine Ankunft in Italien darstellte.

Vespasian, T. Flavius Vespasianus (9–79 n. Chr.), römischer Kaiser ab 69; er erbaute mit dem Amphitheatrum Flavium das erste steinerne Amphitheater Roms.

Vesta, römische Göttin des Herdfeuers; in ihrem Tempel am Forum Romanum durfte das Feuer nie verlöschen, weil es als Garant für das Wohlergehen des Staates galt.

Vitruv, Vitruvius Pollio (1. Jahrhundert v. Chr.); er veröffentlichte in hohem Alter zehn Bücher *De architectura*, in denen er sein Wissen über den Bau von Häusern, Städten, Festungen, Tempeln, Theatern, Badeanlagen und Häfen darlegt. Er befasste sich auch mit Ingenieurwissenschaften, z. B. dem Bau von Uhren, Webstühlen, Blasebälgen und Orgeln. Wegen seines ausgeprägten Sinns für Ästhetik, Stil und Proportionen wurde er im 15. Jahrhundert richtungweisend für die Architekturtheorie.

W

Washington, George (1732–1799), amerikanischer Politiker; er spielte eine wichtige Rolle im Kampf der amerikanischen Kolonien um die Unabhängigkeit von England und wurde schließlich der erste Präsident der neu gegründeten USA.

Z

Zeus, griechischer Gott, der höchste Gott und Vater vieler anderer Götter und Halbgötter. Mit seinen Brüdern Poseidon und Hades teilt er sich die Weltherrschaft; als Herrscher des Himmels sendet er Regen, Blitz und Donner; mit ihm wurde der römische Gott Jupiter gleichgesetzt.

Im alphabetischen Vokabelverzeichnis findest du alle Lernvokabeln mit der Angabe, in welcher Lektion sie zuerst vorgekommen sind; bei Verben mit unregelmäßigen Stammformen wird zusätzlich angegeben, in welcher Lektion die Stammformen erstmals auftreten.
Eigennamen, die bei der Übersetzung nicht einfach ins Deutsche übernommen werden können, sind ohne Lektionsangaben ebenfalls angegeben.

A

ā, ab *m. Abl.*	von, von … her, seit 10
abesse, absum, āfuī, –	fehlen 18
abīre, abeō, abiī, abitum	weggehen 12
absēns	abwesend 32
abstinēre	fern halten; „sich enthalten" 39
abundāre *m. Abl.*	reichlich vorhanden sein; im Überfluss haben 38
ac (≈ atque)	und 24
accēdere, accēdō, accessī, accessum	herangehen, hingehen 4, *18*
accendere, accendō, accendī, accēnsum	anzünden 34
accidere, accidō, accidī, –	sich ereignen, geschehen 11, *23*
accipere, accipiō, accēpī, acceptum	annehmen, bekommen, empfangen 6, *21*
accūsāre	anklagen 32
ācer, ācris, ācre	scharf, energisch 16
acerbus, -a, -um	scharf, bitter 30
Acherōn, Acherontis *m.*	Acheron
aciēs, aciēī *f.*	Schärfe; Schlachtordnung; Schlacht 22
actiō, actiōnis *f.*	Handlung; Gerichtsverhandlung 26
ad *m. Akk.*	zu, nach; bei 3
addere, addō, addidī, additum	hinzufügen 34
addūcere, addūcō, addūxī, adductum	heranführen, veranlassen 6, *17*
adeō *Adv.*	so sehr 25
adesse, adsum, adfuī, –	da sein; helfen 3
adhibēre	hinwenden; anwenden; hinzuziehen 24
adhūc *Adv.*	noch, bis jetzt 16
adicere, adiciō, adiēcī, adiectum	hinzufügen 31
adimere, adimō, adēmī, ademptum	wegnehmen 23
adipīscī, adipīscor, adeptus sum	erlangen 29
adīre, adeō, adiī, aditum *m. Akk.*	herantreten; bitten 25
aditus, aditūs *m.*	Zugang 17
adiungere, adiungō, adiūnxī, adiūnctum	anfügen 38
adiuvāre, adiuvō, adiūvī, adiūtum	unterstützen, helfen 2, *27*
administrāre	verwalten, leiten 21
admīrārī, admīror, admīrātus sum	bewundern; staunen 28
admittere, admittō, admīsī, admissum	zulassen 38
admonēre, admoneō, admonuī, admonitum	ermahnen; erinnern 23
admovēre, admoveō, admōvī, admōtum	heranschaffen, in die Nähe bringen 14
adulēscēns, adulēscentis *m.*	jung; *als Subst.:* junger Mann 30
adulēscentia	Jugend 40
advenīre, adveniō, advēnī, adventum	ankommen 14
adventus, adventūs *m.*	Ankunft 32
adversārius, -a, -um	gegnerisch; *als Subst.:* Gegner 12
adversus *m. Akk.*	gegen, gegenüber 34
adversus, -a, -um	entgegenstehend, feindlich 27
aedēs, aedis *f.*	Tempel; *(Pl.)* Haus 20
aedificāre	bauen 15
aedificium	Gebäude 9
aeger, aegra, aegrum	krank 25
aegrōtus, -a, -um	krank 5
aequus, -a, -um	eben, gleich, gerecht 26
aestās, aestātis *f.*	Sommer 35
aestimāre	einschätzen, beurteilen 39
aetās, aetātis *f.*	Lebensalter, Zeitalter 26
aeternus, -a, -um	ewig 27
affectus, affectūs *m.*	Stimmung; Leidenschaft 40
afficere, afficiō, affēcī, affectum *m. Abl.*	„versehen mit" 12, *16*
ager, agrī *m.*	Acker, Feld; Gebiet 15
agere, agō, ēgī, āctum	tun, treiben, handeln 1, *16*
aggredī, aggredior, aggressus sum	angreifen; herangehen 25
agitāre	betreiben; erwägen 32
agmen, agminis *n.*	Zug, Heereszug 11
āiō, ais, ait; –, –, āiunt	ich sage/sagte 25
alere, alō, aluī, altum	ernähren 8, *19*
aliēnus, -a, -um	fremd 11
aliquandō *Adv.*	irgendwann, einmal 38
aliquī, aliqua, aliquod/quī, qua, quod	(irgend-)ein; *(Pl.)* (irgend-)welche, einige 26
aliquis, aliquid/quis, quid	(irgend-)jemand; (irgend-)etwas 26
aliter *Adv.*	anders; sonst 24
alius, alia, aliud	ein anderer 9
alter, altera, alterum	der eine/der andere (von zweien) 19
altus, -a, -um	hoch; tief 5
amāre	lieben 4
ambulāre	spazieren gehen 9
amīca	Freundin 4
amīcitia	Freundschaft 29
amīcus	Freund 6

āmittere, āmittō, āmīsī, āmissum	verlieren, aufgeben 7, *17*
amnis, amnis *m.*	Fluss, Strom 33
amor, amōris *m.*	Liebe 4
amplus, **-a**, **-um**	geräumig; bedeutend 32
an?	oder?; oder etwa? 21
anceps	zweischneidig; unentschieden 34
Anglia	England
Anglicus, **-a**, **-um**	englisch
angustus, **-a**, **-um**	eng, knapp 33
anima	Atem; Seele; Leben 15
animadvertere, animadvertō, animadvertī, animadversum	bemerken 14
animal, animālis *n.*	Tier; Lebewesen 16
animus	Geist, Herz, Seele, Mut 13
annus	Jahr 16
ante *Adv.*	vorher 23
ante *m. Akk.*	vor 10
antequam *Subj.*	bevor 31
antīquus, **-a**, **-um**	alt 34
aperīre, aperiō, aperuī, apertum	öffnen 6, *15*
apertus, **-a**, **-um**	offen, offenkundig 9
Apollō, Apollinis *m.*	Apollon
appārēre, appāreō, appāruī, –	erscheinen, sich zeigen 10
appellāre	ansprechen; nennen 19
appetere, appetō, appetīvī, appetītum	haben wollen, erstreben; angreifen 31
apportāre	herbeitragen, mitbringen 4
appropinquāre	sich nähern 8
aptus, **-a**, **-um**	passend, geeignet 26
apud *m. Akk.*	bei 22
aqua	Wasser 5
āra	Altar 6
arbitrārī, arbitror, arbitrātus sum	glauben, meinen, halten für 21
arbor, arboris *f.*	Baum 5
arcessere, arcessō, arcessīvī, arcessītum	holen 8, *30*
arcus, arcūs *m.*	Bogen 11
ārdēre, ārdeō, ārsī, –	brennen 30
arēna	Sand; Kampfplatz 7
argentum	Silber; Geld 35
arma, armōrum *n. Pl.*	Waffen 11
armāre	bewaffnen 37
arripere, arripiō, arripuī, arreptum	ergreifen, packen 13
ars, artis *f.*	Kunst, Geschicklichkeit 9
arx, arcis *f.*	Burg 17
asper, aspera, asperum	rau; streng 33
aspicere, aspiciō, aspēxī aspectum	anschauen 13
assequī, assequor, assecūtus sum	erreichen 32
at	aber; dagegen 12
Athēnae, Athēnārum *f. Pl.*	Athen
atque	und 19
ātrium	Atrium, Halle 6
atrōx	grässlich 18
attingere, attingō, attigī, attāctum	berühren; erwähnen 36
auctor, auctōris *m.*	Anführer; Verfasser 8
auctōritās, auctōritātis *f.*	Einfluss, Ansehen 28
audācia	Mut; Frechheit 22
audāx	frech, kühn 25
audēre, audeō, ausus sum	wagen 21, *32*
audīre, audiō, audīvī, audītum	hören 1
auferre, auferō, abstulī, ablātum	wegtragen, entfernen 34
augēre, augeō, auxī, auctum	vermehren, vergrößern 29
aurum	Gold 23
aut	oder 17
autem	aber; jedoch 3
auxilium	Hilfe 6
avāritia	Habgier, Geiz 35
āvertere, āvertō, āvertī, āversum	abwenden, abwehren 30
avis, avis *f.*	Vogel 5
avus	Großvater 19

B

barbarus, **-a**, **-um**	ausländisch, wild; *als Subst.:* Barbar, Barbarin 24
beātus, **-a**, **-um**	glücklich; reich 16
bellum	Krieg 18
bene *Adv.*	gut 3
beneficium	Wohltat 32
bestia	(wildes) Tier 13
bibere, bibō, bibī, –	trinken 39
bonus, **-a**, **-um**	gut 5
brevis, **-is**, **-e**	kurz 26
Britannus	Britannier

C

cadere, cadō, cecidī, –	fallen 5, *15*
caedere, caedō, cecīdī, caesum	fällen, töten 5, *28*
caedēs, caedis *f.*	Mord, Blutbad 34
caelestis, **-is**, **-e**	himmlisch 40
caelum	Himmel 5
Caesar, Caesaris *m.*	Caesar
calamitās, calamitātis *f.*	Schaden, Unglück 12
campus	Feld; Ebene; freier Platz 35
canere, canō, cecinī, –	singen, ertönen (lassen) 7, *18*
capere, capiō, cēpī, captum	fassen, nehmen, fangen 3, *14*

Capitōlium *n.*	Kapitol
Capreae, Capreārum *f. Pl.*	Capri
caput, capitis *n.*	Kopf; Hauptstadt 13
carēre, careō, caruī, – *m. Abl.*	entbehren, nicht haben 16
carmen, carminis *n.*	Lied, Gedicht, Gebet 27
Carthāginiēnsis, **-is**, **-e**	karthagisch; *als Subst.:* Karthager
cārus, **-a**, **-um**	lieb, teuer 38
castra, castrōrum *n. Pl.*	Lager 22
cāsus, cāsūs *m.*	Fall, Zufall 12
causa	Grund; Angelegenheit; Prozess 8
... **causā** *m. Gen.*	wegen 28
cavēre, caveō, cāvī, cautum *m. Akk.*	sich hüten 22
cēdere, cēdō, cessī, cessum	gehen; nachgeben 18
celebrāre	feiern, preisen 6
celer, **-is**, **-e**	schnell 24
celeritās, celeritātis *f.*	Schnelligkeit 10
cēnsēre, cēnseō, cēnsuī, cēnsum	meinen, einschätzen; beschließen 25
centum	hundert 18
cernere, cernō, crēvī, crētum	wahrnehmen, erkennen; entscheiden 18
certāmen, certāminis *n.*	Wettkampf 12
certāre	wetteifern, kämpfen 9
certē *Adv.*	sicherlich 14
certus, **-a**, **-um**	sicher, festgesetzt 24
cessāre	zögern; untätig sein 10
cēterī	die übrigen 3
cēterum *Adv.*	übrigens, im Übrigen 39
cibus	Speise, Essen 2
circā *m. Akk.*	um ... herum 29
circum *m. Akk.*	in der Umgebung von, um ... herum 17
circumdare, circumdō, circumdedī, circumdatum	herumlegen; umgeben 22
circumvenīre, circumveniō, circumvēnī, circumventum	umringen, umzingeln 35
circus	Rennbahn 12
citō *Adv.*	schnell 8
cīvīlis, **-is**, **-e**	bürgerlich, öffentlich 25
cīvis, cīvis *m.*	Bürger 14
cīvitās, cīvitātis *f.*	Staat, Gemeinde; Bürgerrecht 20
clam *Adv.*	heimlich 29
clāmāre	schreien 1
clāmor, clāmōris *m.*	Geschrei 2
clārus, **-a**, **-um**	hell; berühmt 7
classis, classis *f.*	Flotte 35
claudere, claudō, clausī, clausum	schließen; einschließen 22
clēmentia	Milde, Sanftmut 24
coercēre, coerceō, coercuī, coercitum	zusammenhalten, zügeln 33
cōgere, cōgō, coēgī, coāctum	versammeln; zwingen 24
cōgitāre	denken, nachdenken, beabsichtigen 13
cōgnōscere, cōgnōscō, cōgnōvī, cōgnitum	kennen lernen, erkennen, erfahren 27
cohors, cohortis *f.*	Gefolge, Kohorte 29
colere, colō, coluī, cultum	pflegen, verehren 27
collēga *m.*	Kollege 21
colligere, colligō, collēgī, collēctum	sammeln 4
collis, collis *m.*	Hügel 35
collocāre	aufstellen, an einen Ort bringen 6
colloquium	Gespräch, Unterredung 13
comes, comitis *m./f.*	Begleiter, Begleiterin 11
comitia, comitiōrum *n. Pl.*	Volksversammlung 21
commemorāre	in Erinnerung bringen; erwähnen 27
committere, committō, commīsī, commissum	veranstalten, begehen; anvertrauen 31
commovēre, commoveō, commōvī, commōtum	bewegen, veranlassen 17
commūnis, **-is**, **-e**	gemeinsam, allgemein, üblich 21
comparāre	vorbereiten, beschaffen 29
comperīre, comperiō, comperī, compertum	erfahren 23
complēre, compleō, complēvī, complētum	ausfüllen, erfüllen 32
complūrēs, **-ēs**, **-a**	mehrere 28
compōnere, compōnō, composuī, compositum	zusammenstellen; ordnen 30
comprehendere, comprehendō, comprehendī, comprehēnsum	begreifen, ergreifen, festnehmen 27
cōnārī, cōnor, cōnātus sum	versuchen 29
concēdere, concēdō, concessī, concessum	nachgeben, zugestehen 29
concordia	Eintracht, Harmonie 31
concurrere, concurrō concurrī, concursum	zusammenlaufen, zusammenstoßen 12, *25*
condere, condō, condidī, conditum	bergen, verwahren, gründen 5, *15*
condiciō, condiciōnis *f.*	Bedingung; Lage; Vereinbarung 37
cōnferre, cōnferō, contulī, collātum	zusammenbringen; vergleichen; beitragen 32
cōnficere, cōnficiō, cōnfēcī, cōnfectum	herstellen, beenden 29
cōnfīdere, cōnfīdō, cōnfīsus sum	vertrauen 8, *32*
cōnfirmāre	stärken, bekräftigen, versichern 31

conicere, coniciō, coniēcī, coniectum	werfen; vermuten 20
coniungere, coniungō, coniūnxī, coniūnctum	verbinden, vereinigen 37
coniūnx, coniugis *m./f.*	Gatte, Gattin 31
cōnscius, -a, -um *m. Gen.*	bewusst, mitwissend; *als Subst.:* Mitwisser, Zeuge 25
cōnscrībere, cōnscrībō, cōnscrīpsī, cōnscrīptum	aufschreiben, verfassen 30
cōnsentīre, cōnsentiō, cōnsēnsī, cōnsēnsum	übereinstimmen; zustimmen 26
cōnsequī, cōnsequor, cōnsecūtus sum	erreichen, nachfolgen 27
cōnservāre	bewahren 31
cōnsīderāre	nachdenken, betrachten 36
cōnsīdere, cōnsīdō, cōnsēdī, cōnsessum	sich hinsetzen 3, *17*
cōnsilium	Beratung, Plan, Entschluss 7
cōnsistere, cōnsistō, cōnstitī, –	stehen bleiben, anhalten; sich aufstellen 10, *17*
cōnspectus, cōnspectūs *m.*	Anblick; Blickfeld 22
cōnspicere, cōnspiciō, cōnspēxī, cōnspectum	erblicken 4, *15*
cōnstāns	beständig 26
cōnstantia	Beständigkeit, Konsequenz 34
cōnstat, cōnstitit *m. Aci*	es steht fest, dass 19
cōnstituere, cōnstituō, cōnstituī, constitūtum	aufstellen, festsetzen, beschließen 15
cōnsuēscere, cōnsuēscō, cōnsuēvī, cōnsuētum	sich gewöhnen 38
cōnsuetūdō, cōnsuetūdinis *f.*	Gewohnheit 34
cōnsul, cōnsulis *m.*	Konsul 21
cōnsulere, cōnsulō, cōnsuluī, cōnsultum	um Rat fragen, beraten; beschließen; sorgen für 8, *21*
cōnsūmere, cōnsūmō, cōnsūmpsī, cōnsūmptum	verbrauchen 36
contemnere, contemnō, contempsī, contemptum	nicht beachten, gering schätzen 39
contendere, contendō, contendī, contentum	sich anstrengen; eilen; behaupten 7, *19*
contentiō, contentiōnis *f.*	Anstrengung, Wettkampf 34
contentus, -a, -um	zufrieden 38
continēre, contineō, continuī, contentum	festhalten, umfassen, enthalten 40
contingere, contingō, contigī, contactum	berühren; zuteil werden 32
contingit, contigit	es gelingt 32
continuus, -a, -um	zusammenhängend, ununterbrochen 25
cōntiō, cōntiōnis *f.*	Versammlung 22
contrā *m. Akk./Adv.*	gegen; dagegen, gegenüber 17
contrārius, -a, -um	gegenüber liegend; entgegengesetzt 37
contrōversia	Streit 39
convenīre, conveniō, convēnī, conventum	zusammenkommen 17
convertere, convertō, convertī, conversum	umwenden, verändern 20
convīva *m.*	Gast 2
cōpia	Menge, Vorrat; *(Pl.)* Truppen 34
cor, cordis *n.*	Herz 38
cornū, cornūs *n.*	Horn; Heeresflügel 11
corōna	Kranz 11
corpus, corporis *n.*	Körper 5
corrumpere, corrumpō, corrūpī, corruptum	verderben, bestechen 26
cottīdiē *Adv.*	täglich 38
creāre	erschaffen; wählen 21
crēber, crēbra, crēbrum	zahlreich, häufig 34
crēdere, crēdō, crēdidī, crēditum	glauben; anvertrauen 10, *22*
crēscere, crēscō, crēvī, crētum	wachsen 7, *14*
crīmen, crīminis *n.*	Beschuldigung; Schuld, Verbrechen 31
crūdēlis, -is, -e	grausam 21
crūdēlitās, crūdēlitātis *f.*	Grausamkeit 30
culpa	Schuld 20
cultus, cultūs *m.*	Pflege, Verehrung; Bildung, Lebensweise 39
cum *m. Abl.*	mit 9
cum *Subj. m. Ind.*	als, als plötzlich; wenn, immer wenn 5, *28*, *32*
Subj. m. Konj.	als; weil; obwohl 24
Cūmae, Cūmārum *f. Pl.*	Cumae
cūnctī, -ae, -a	alle 2
cupere, cupiō, cupīvī, cupītum	wünschen 2
cupiditās, cupiditātis *f.*	Begierde, Leidenschaft 26
cupīdō, cupīdinis *f.*	Begierde 19
cupidus, -a, -um	begierig 12
cūr?	warum? 1
cūra	Sorge, Pflege 8
cūrāre *m. Akk.*	sorgen für; pflegen 26
currere, currō, cucurrī, cursum	laufen, rennen 2, *14*
currus, currūs *m.*	Wagen 29
cursus, cursūs *m.*	Lauf 28
cūstōdia	Aufsicht, Wache; Gefängnis 20
cūstōdīre, cūstōdiō, cūstōdīvī, cūstōdītum	bewachen 10
cūstōs, cūstōdis *m./f.*	Wächter, Wächterin; Hüter, Hüterin 6

D

damnāre	verurteilen 21
damnum	Schaden 24
dare, dō, dedī, datum	geben 6, *15*
dē *m. Abl.*	von ... weg, von ... herab; über 9
dea	Göttin 6

dēbēre	müssen; schulden 2
dēcēdere, dēcēdō, dēcessī, dēcessum	weggehen, ausweichen 40
decem	zehn 25
dēcernere, dēcernō dēcrēvī, dēcrētum	entscheiden, beschließen 12, *22*
decet	es gehört sich 28
dēcipere, dēcipiō, dēcēpī, dēceptum	betrügen 10, *23*
dēclārāre	verkünden, deutlich machen 27
dēcrētum	Entscheidung, Beschluss 36
decus, decoris *n.*	Ehre, Würde, Schmuck 39
dēdere, dēdō, dēdidī, dēditum	ausliefern, übergeben 26
dēdūcere, dēdūcō, dēdūxī, dēductum	hinführen, wegführen 33
dēesse, dēsum, dēfuī, –	fehlen 8
dēfendere, dēfendō, dēfēndī, dēfēnsum	abwehren, verteidigen 8, *32*
dēferre, dēferō, dētulī, dēlātum	übertragen, mitteilen 38
dēficere, dēficiō, dēfēcī, dēfectum	fehlen, schwinden 40
deinde *Adv.*	dann, darauf 11
dēlectāre	erfreuen 6
dēlēre, dēleō, dēlēvī, dēlētum	zerstören, vernichten 16
dēligere, dēligō, dēlēgī, dēlēctum	auswählen 34
Delphī, Delphōrum *m. Pl.*	Delphi
Delphicus, -a, -um	aus Delphi
dēmittere, dēmittō, dēmīsī, dēmissum	hinabschicken; sinken lassen 19
dēmōnstrāre	zeigen 20
dēmum *Adv.*	schließlich 13
dēnique *Adv.*	schließlich 18
dēns, dentis *m.*	Zahn 13
dēpōnere, dēpōnō deposuī, depositum	niederlegen, ablegen, in Verwahrung geben 9
dēscendere, dēscendō, dēscendī, –	herabsteigen 18
dēserere, dēserō, dēseruī, dēsertum	verlassen; im Stich lassen 40
dēsīderāre	vermissen; sich sehnen nach 16
dēsīderium	Wunsch 38
dēsistere, dēsistō, dēstitī, –	aufhören 26
dēspērāre	verzweifeln 20
dētrahere, dētrahō, dētrāxī, dētractum	wegnehmen, abziehen 36
deus	Gott 4
dexter, dext(e)ra, dext(e)rum	rechts 17
dī (≈ deī)	die Götter 25
dīcere, dīcō, dīxī, dictum	sagen, sprechen 3, *14*
diēs, diēī *m.*	Tag 5
differre, differō, distulī, dīlātum	aufschieben; sich unterscheiden 30
difficilis, -is, -e	schwierig 28
digitus	Finger 9
dignitās, dignitātis *f.*	Würde, Ansehen 29
dignus, -a, -um	würdig, angemessen 36
dīligēns	sorgfältig, gewissenhaft 38
dīligentia	Sorgfalt 10
dīligere, dīligō, dīlēxī, dīlēctum	schätzen, lieben 12, *24*
dīmittere, dīmittō, dīmīsī, dīmissum	aufgeben, entlassen 29
dīripere, dīripiō, dīripuī, dīreptum	zerstören, plündern 34
discēdere, discēdō, discessī, discessum	auseinander gehen; weggehen 32
discere, discō, didicī, –	lernen, erfahren 28
disciplīna	Lehre, Unterricht 20
discipulus	Schüler 3
dispōnere, dispōnō, dispōsuī, dispōsitum	einrichten, ordnen 38
disputāre	diskutieren, erörtern 9
dissentīre, dissentiō, dissēnsī, dissēnsum	anderer Meinung sein, nicht übereinstimmen 25
disserere, disserō, disseruī, dissertum	sprechen, darlegen 25
diū *Adv.*	lange 5
diūtius *Adv.*	länger 24
dīversus, -a, -um	entgegengesetzt; verschieden 35
dīves	reich 28
dīvidere, dīvidō, dīvīsī, divisum	teilen, trennen 14
dīvīnus, -a, -um	göttlich 25
dīvitiae, dīvitiārum *f. Pl.*	Reichtum 23
dīvus, -a, -um	göttlich, vergöttlicht 33
docēre, doceō, docuī, doctum	lehren, unterrichten 27
dolēre	traurig sein, Schmerz empfinden, bedauern 16
dolor, dolōris *m.*	Schmerz 24
dolus	List, Täuschung 13
domina	Herrin 6
dominus	Herr 5
domus, domūs *f.*	Haus 17
dōnāre	schenken, beschenken 29
dōnec *Subj.*	bis 36
dōnum	Geschenk 6
dormīre, dormiō, dormīvī, dormītum	schlafen 3
dubitāre	zweifeln, zögern 17
dubius, -a, -um	zweifelhaft 38
dūcere, dūcō, dūxī, ductum	führen; glauben, halten für 6, *15*
dulcis, -is, -e	süß, angenehm 40
dum *Subj.*	während; solange 5
duo	zwei 7
duodecim	zwölf 19
dūrus, -a, -um	hart 21
dux, ducis *m.*	Anführer 11

E

ē, ex *m. Abl.*	aus; seit 10
ecce!	sieh/seht mal!; da! 5
ēdere, ēdō, ēdidī, ēditum	hervorbringen; bekannt geben 15
ēdūcere, ēdūcō, ēdūxī, ēductum	herausführen 22
efficere, efficiō, effēcī, effectum	bewirken, herstellen, durchführen 24
effugere, effugiō, effūgī, –	entkommen 17
egēre, egeō, eguī, – *m. Abl.*	brauchen, nötig haben 23
ego	ich 3 G4, 9 G3
ēgredī, ēgredior, ēgressus sum	hinausgehen 40
ēgregius, -a, -um	ausgezeichnet 12
ēligere, ēligō, ēlēgī, ēlēctum	auswählen 26
emere, emō, ēmī, emptum	kaufen 9, *23*
... enim	denn, nämlich 10
eō *Adv.*	hierhin; dorthin 18
Epicūrēus, -a, -um	epikureisch
epistula	Brief 26
eques, equitis *m.*	Reiter, Ritter 31
equidem	(ich) meinerseits, (ich) allerdings 31
equitātus, equitātūs *m.*	Reiterei 35
equus	Pferd 5
ergā *m. Akk.*	in Hinsicht auf; gegenüber 40
ergō *Adv.*	also 8
ērigere, ērigō, ērēxī, ērēctum	aufrichten, errichten 36
ēripere, ēripiō, ēripuī, ēreptum	entreißen, herausreißen 28
errāre	umherirren; sich irren 13
ērudīre, ērudiō, ērudīvī, ērudītum	unterrichten 37
ērudītiō, ērudītiōnis *f.*	Bildung 38
esse, sum, fuī, –	sein 1, *13*
et	und; auch 1
et ... et ...	sowohl ... als auch ... 10
etiam	auch; sogar 3
etiamsī	auch wenn 30
Eurystheus, Eurystheī	Eurystheus
ēvenīre, ēveniō, ēvēnī, ēventum	herauskommen; sich ereignen 26
excēdere, excēdō, excessī, excessum	hinausgehen, weggehen 39
excipere, excipiō, excēpī, exceptum	aufnehmen; eine Ausnahme machen 32
excitāre	antreiben, erregen, aufwecken 20
exemplum	Beispiel 18
exercēre, exerceō, exercuī, exercitum	bewegen, üben 9
exercitus, exercitūs *m.*	Heer 11
exigere, exigō, exēgī, exāctum	hinaustreiben; vollenden; fordern 39
exiguus, -a, -um	wenig, klein, knapp 38
exīre, exeō, exiī, exitum	herausgehen, weggehen 24
exīstimāre	meinen, glauben, halten für 40
exitus, exitūs *m.*	Ausgang; Ende, Ergebnis 21
expellere, expellō, expulī, expulsum	vertreiben, verbannen 21
explicāre	erklären 4
explōrāre	erkunden 35
expōnere, expōnō, exposuī, expositum	aussetzen; darlegen 19
expūgnāre	erobern 17
exsilium	Verbannung 24
exspectāre	erwarten, warten 2
exstinguere, exstinguō, exstīnxī, exstīnctum	auslöschen 20
exter, extera, exterum	auswärtig 31

F

fābula	Geschichte 2
facere, faciō, fēcī, factum	machen, tun 5, *14*
faciēs, faciēī *f.*	Gestalt, Gesicht 6
facile *Adv.*	leicht, mühelos 19
facilis, -is, -e	leicht, einfach 16
facinus, facinoris *n.*	Handlung, Tat; Untat, Verbrechen 23
facultās, facultātis *f.*	Möglichkeit, Fähigkeit 13
fallere, fallō, fefellī, –	betrügen, enttäuschen 6, *19*
falsus, -a, -um	falsch 27
fāma	Gerücht; Ruf 39
familia	Hausgemeinschaft, Familie 6
familiāris, -is, -e	zur Familie gehörig; befreundet; vertraut; *als Subst.:* Freund, Vertrauter 23
fatērī, fateor, fassus sum	bekennen, eingestehen 25
fatīgāre	müde machen 17
fātum	Götterspruch; Schicksal 17
favēre, faveō, fāvī, fautum	unterstützen, begünstigen 8, *24*
fax, facis *f.*	Fackel 14
fēlīx	glücklich 16
fēmina	Frau 28
ferē *Adv.*	fast, ungefähr, meistens 35
ferōx	wild 30
ferre, ferō, tulī, lātum	tragen; ertragen; berichten 30
ferrum	Eisen; Waffe 34
ferus, -a, -um	wild 31
fidēlis, -is, -e	treu, zuverlässig; gläubig 16, *38*
fidēs, fideī *f.*	Treue, Vertrauen; Schutz 8
fierī, fīō, factus sum	geschehen, gemacht werden 32
fīlia	Tochter 1
fīlius	Sohn 1
fingere, fingō, fīnxī, fictum	gestalten, formen; sich ausdenken 27

fīnīre, fīniō, fīnīvī, fīnītum	beenden 31
fīnis, fīnis *m.*	Grenze, Ende; *(Pl.)* Gebiet 17
fīnitimus, -a, -um	benachbart; verwandt 34
firmus, -a, -um	stark, fest; zuverlässig 15
flāgitium	Schande, Untat 31
flamma	Flamme 15
flectere, flectō, flexī, flexum	beugen; lenken; umstimmen 33
flēre, fleō, flēvī, flētum	weinen; beklagen 33
flōrēre, flōreō, flōruī, –	blühen 37
flōs, flōris *m.*	Blume 4
flūctus, flūctūs *m.*	Flut, Strömung 35
flūmen, flūminis *n.*	Fluss 5
foedus, foederis *n.*	Bündnis, Vertrag 35
fōns, fontis *m.*	Quelle 36
fore	*Inf. Fut. von* esse 18 G2
forma	Aussehen, Gestalt, Schönheit 13
fortāsse *Adv.*	vielleicht 1
forte *Adv.*	zufällig; vielleicht 38
fortis, -is, -e	stark, tapfer 16
fortūna	Schicksal, Glück 12
fortūnae	Besitz, Vermögen 30
forum	Markt, Marktplatz 11
frangere, frangō, frēgī, frāctum	zerbrechen 10, *14*
frāter, frātris *m.*	Bruder 1
fraus, fraudis *f.*	Betrug 40
frequēns	zahlreich, häufig 25
frūctus, frūctūs *m.*	Frucht; Nutzen 32
fruī, fruor, fruitus sum *m. Abl.*	genießen 27
frūmentum	Getreide 5
frūstrā *Adv.*	vergeblich, umsonst 12
fuga	Flucht 17
fugāre	verjagen, in die Flucht schlagen 40
fugere, fugiō, fūgī, –	fliehen, flüchten 2, *14*
fundere, fundō, fūdī, fūsum	gießen; vertreiben 35
fungī, fungor, fūnctus sum *m. Abl*	ausüben 20
furor, furōris *m.*	Wut, Raserei 30
futūrus, -a, -um	zukünftig 15

G

Gallicus, -a, -um	gallisch 33
gaudēre, gaudeō, gāvīsus sum	sich freuen 4, *32*
gaudium	Freude 9
gēns, gentis *f.*	Stamm, Geschlecht, Familie 18
genus, generis *n.*	Abstammung, Geschlecht, Art 26
gerere, gerō, gessī, gestum	tragen, führen, ausführen 18
Germānia	Germanien
Germānicus, -a, -um	germanisch 33
gignere, gignō, genuī, genitum	hervorbringen; zeugen, gebären 40
gladiātor, gladiātōris *m.*	Gladiator 7
gladius	Schwert 13
glōria	Ruhm, Ehre 34
gradus, gradūs *m.*	Schritt, Stufe 40
Graecia	Griechenland
Graecus, -a, -um	griechisch *als Subst.:* Grieche 9
grandis, -is, -e	groß, bedeutend; alt 35
grātia	Ansehen, Beliebtheit; Dank 8
... **grātiā** *m. Gen.*	wegen 29
grātus, -a, -um	dankbar; beliebt 18
gravis, -is, -e	schwer, ernst 20
gravitās, gravitātis *f.*	Gewicht; Ernst, Würde 40

H

habēre, habeō, habuī, habitum	haben, halten 2
habitāre	wohnen; bewohnen 13
haud	nicht 23
herba	Gras, Pflanze 24
Herculēs, Herculis *m.*	Herakles
hīc *Adv.*	hier 1
hic, haec, hoc	dieser (hier); der hier 7
Hierosolyma, Hierosolymōrum *n. Pl.*	Jerusalem
hinc *Adv.*	von hier 10
hodiē *Adv.*	heute 2
homō, hominis *m.*	Mensch 5
honestus, -a, -um	ehrenhaft, angesehen; tugendhaft 25
honor, honōris *m.*	Ehre; Ehrenamt 8
hōra	Stunde, Zeit 10
hortārī, hortor, hortātus sum	ermahnen, auffordern 20
hortus	Garten 1
hospes, hospitis *m.*	Gast; Gastgeber 23
hostis, hostis *m.*	Feind 11
hūc *Adv.*	hierher 35
hūmānitās, hūmānitātis *f.*	Menschlichkeit, Freundlichkeit, Bildung 16
hūmānus, -a, -um	menschlich, freundlich, gebildet 16

I

iacēre	liegen 7
iacere, iaciō, iēcī, iactum	werfen 29
iactāre	werfen, schleudern 16
iam *Adv.*	schon; jetzt; bald 3
iānua	Tür 8

ibi *Adv.*	dort 4
īdem, eadem, idem	derselbe 27
ideō *Adv.*	daher 30
idōneus, -a, -um	geeignet 12
igitur *Adv.*	also 21
īgnārus, -a, -um	unwissend; unbekannt 38
īgnis, īgnis *m.*	Feuer 20
īgnōrāre	nicht wissen, nicht kennen 30
īgnōscere, īgnōscō, īgnōvī, īgnōtum	verzeihen 39
īgnōtus, -a, -um	unbekannt 18
ille, illa, illud	jener, (dort); der dort 7
illīc *Adv.*	dort 40
illūstris, -is, -e	berühmt, ausgezeichnet 25
imāgō, imāginis *f.*	Bild 6
imitārī, imitor, imitātus sum	nachahmen 27
imminēre	drohen, bevorstehen 15
immō *Adv.*	im Gegenteil; sogar 25
immortālis, -is, -e	unsterblich, unvergänglich 27
impedīmentum	Hindernis; *(Pl.)* Gepäck 26
impedīre, impediō, impedīvī, impedītum	hindern, verhindern 39
impellere, impellō, impulī, impulsum	antreiben, veranlassen 35
imperāre *m. Dat.*	befehlen; beherrschen 22
imperātor, imperātōris *m.*	Herrscher, Feldherr, Kaiser 7
imperium	Befehl; Herrschaft; Reich 19
impetrāre	durchsetzen 36
impetus, impetūs *m.*	Angriff, Schwung 15
impius, -a, -um	gottlos; frevelhaft 23
implēre, impleō, implēvī, implētum	anfüllen, ausfüllen 31
implōrāre	anflehen, erflehen 18
impōnere, impōnō, imposuī, impositum	darauflegen; auferlegen 14
importāre	importieren 10
imprīmīs *Adv.*	besonders, vor allem 39
improbus, -a, -um	schlecht, unanständig 19
in *m. Abl.*	in 9
m. Akk.	in … (hinein) 3
inānis, -is, -e	leer; grundlos, nutzlos 39
incendere, incendō, incendī, incēnsum	anzünden 14
incendium	Brand, Feuer 8
incertus, -a, -um	unsicher 28
incipere, incipiō, coepī, inceptum	anfangen 3, *29*
incitāre	antreiben, anfeuern, erregen 7
incola *m.*	Einwohner 14
incolumis, -is, -e	unbeschädigt, unverletzt 34
incrēdibilis, -is, -e	unglaublich 16
inde *Adv.*	von dort; dann; daher 13
indūcere, indūcō, indūxī, inductum	hineinführen; verleiten 39
industria	Fleiß 32
īnfēlīx	unglücklich 16
īnferre, īnferō, intulī, illātum	hineintragen 30
ingenium	Geist; Charakter; Begabung 9
ingēns	riesig 16
ingredī, ingredior, ingressus sum	hineingehen, betreten 29
inimīcus, -a, -um	feindlich; *als Subst.:* Feind 28
inīre, ineō, iniī, initum	hineingehen; anfangen 12
initium	Anfang 35
iniūria	Unrecht 16
iniūstus, -a, -um	ungerecht 21
inopia	Mangel, Not 22
inquam, inquit	ich sage/sagte 23
īnsidiae, īnsidiārum *f. Pl.*	Hinterhalt, Falle, Anschlag 24
īnsīgnis, -is, -e	ausgezeichnet 27
īnstāre, īnstō, īnstitī, – *m. Dat.*	bedrängen, bevorstehen 26
īnstituere, īnstituō, īnstituī, īnstitūtum	beginnen, einrichten, unterrichten 15
īnstruere, īnstruō, īnstrūxī, īnstrūctum	aufstellen; ausrüsten; unterrichten 19
īnstrūmentum	Instrument, Werkzeug 5
īnsula	Insel, Mietshaus 4
integer, integra, integrum	unverletzt; vollständig; unbescholten 39
intellegere, intellegō, intellēxī, intellēctum	verstehen, einsehen, bemerken 4, *15*
intendere, intendō, intendī, intentum	spannen; richten; beabsichtigen 37
inter *m. Akk.*	zwischen, unter; während 9
interesse, intersum, interfuī, – *m. Dat.*	dazwischen sein, teilnehmen 29
interficere, interficiō, interfēcī, interfectum	töten 14
interim *Adv.*	inzwischen 35
interīre, intereō, interiī, interitum	untergehen; umkommen 12
intermittere, intermittō, intermīsī, intermissum	unterbrechen 36
interrogāre	fragen 1
intrā *m. Akk.*	innerhalb 38
intrāre	betreten, eintreten 1
invādere, invādō, invāsī, invāsum	eindringen; überfallen 17
invenīre, inveniō, invēnī, inventum	finden; erfinden 1, *19*
invidēre, invideō, invīdī, invīsum *m. Dat.*	beneiden, Böses wollen 26
invidia	Neid 24
invītāre	einladen 16
invītus	gegen den Willen 32
Iolāus	Iolaos
ipse, ipsa, ipsum	„selbst" 18
īra	Zorn 15
īrātus, -a, -um	zornig 33
īre, eō, iī, itum	gehen 12, *18*

irrīdēre, irrīdeō, irrīsī, irrīsum	auslachen, verspotten 3, *19*
is, ea, id	dieser *als Demonstrativpronomen* 11 G3; *sonst Personalpronomen* 3 G4, 9 G3
iste, ista, istud	dieser (da) 25
ita	so 4
itaque	deshalb, daher 4
item *Adv.*	ebenso 26
iter, itineris *n.*	Marsch, Weg 17
iterum *Adv.*	wieder, noch einmal 1
iterum iterumque	immer wieder 13
iubēre, iubeō, iūssī, iussum	auffordern, befehlen 8, *14*
iūcundus, -a, -um	angenehm 27
Iūdaeus, -a, -um	jüdisch; *als Subst.:* Jude
iūdicāre	urteilen, entscheiden, beurteilen 7
iūdicium	Urteil, Gericht 32
Iūlius, -a, um	julisch
iungere, iungō, iūnxī, iūnctum	verbinden, anschließen 24
iūs, iūris *n.*	Recht 21
iussū *Adv.*	auf Befehl 32
iūstitia	Gerechtigkeit 21
iūstus, -a, -um	gerecht 25
iuvat	(es) macht Spaß 1
iuvenis, iuvenis *m.*	jung; *als Subst.:* junger Mann 33
iuventūs, iuventūtis *f.*	Jugend 35

L

lābī, lābor, lāpsus sum	gleiten; fallen 21
labor, labōris *m.*	Arbeit, Strapaze 3
labōrāre	arbeiten 2
Lacedaemonius, -a, -um	spartanisch; *als Subst.:* Spartaner
lacrima	Träne 17
laedere, laedō, laesī, laesum	verletzen, beleidigen 32
laetitia	Freude 19
laetus, -a, -um	fröhlich 4
lapis, lapidis *m.*	Stein 36
Latīnus, -a, -um	lateinisch 9
laudāre	loben 3
laus, laudis *f.*	Lob, Ruhm 39
lectus	Bett, Liege 2
lēgātiō, lēgātiōnis *f.*	Gesandtschaft 35
lēgātus	Unterfeldherr; Gesandter 33
legere, legō, lēgī, lēctum	lesen 3, *26*
legiō, legiōnis *f.*	Legion 29
levāre	heben; erleichtern 33
levis, -is, -e	leicht 32
lēx, lēgis *f.*	Gesetz; Bedingung 21
libenter *Adv.*	gern 28
līber, lībera, līberum	frei 21
liber, librī *m.*	Buch 3
līberāre	befreien 14
līberī *m. Pl.*	die Kinder 2
lībertās, lībertātis *f.*	Freiheit 21
libīdō, libīdinis *f.*	Begierde, Genusssucht 30
licentia	Willkür, Zügellosigkeit 31
licet, licuit	(es) ist erlaubt 1
līmen, līminis *n.*	Schwelle; Zimmer 18
lingua	Zunge; Sprache 13
littera	Buchstabe; *(Pl.)* Brief; Wissenschaften; Schriften 8
loca, locōrum *n. Pl.*	Orte; Gegend 19
locus	Ort, Platz, Stelle 9
longus, -a, -um	lang, weit 17
loquī, loquor, locūtus sum	sprechen, sagen 20
lūdere	spielen 1
lūdus	Spiel; Schule 23
lūmen, lūminis *n.*	Licht 6
lūna	Mond 27
lūx, lūcis *f.*	Licht 39
lūxuria	Genusssucht, Luxus 31

M

maestus, -a, -um	traurig 28
magis *Adv.*	mehr, eher 26
magister, magistrī *m.*	Lehrer 3
magistrātus, magistrātūs m.	Amt; Beamter 11
māgnificus, -a, -um	großartig 37
māgnitūdō, māgnitūdinis *f.*	Größe 36
māgnus, -a, -um	groß, mächtig, bedeutend 4
māiōrēs, māiōrum *m. Pl.*	die Vorfahren 11
mālle, mālō, māluī, –	lieber wollen 31
malum	Übel, Leid 5
malus, -a, -um	schlecht 5
mandāre	übergeben; auftragen 8
māne *Adv.*	früh, frühmorgens 13
manēre, maneō, mānsī, –	bleiben, warten; erwarten 10, *20*
manus, manūs *f.*	Hand; Schar 11
mare, maris *n.*	Meer 16
marītus	Ehemann 24
māter, mātris *f.*	Mutter 1
māximē *Adv.*	am meisten, besonders 25
māximus, -a, -um	der größte, bedeutendste; sehr groß, bedeutend 11
medius, -a, -um	der mittlere, mitten 11
Melita	Malta
membrum	Körperteil, Glied 28

meminisse, meminī, – *m. Gen.*	sich erinnern, gedenken 31
memor *m. Gen.*	in Erinnerung an 34
memoria	Erinnerung, Gedächtnis 11
mēns, mentis *f.*	Geist, Verstand; Gedanke 25
mentīrī, mentior, mentītus sum	lügen 25
mercātor, mercātōris m.	Kaufmann, Händler 23
merēre, mereō, meruī, meritum *oder* **merērī**, mereor, meritus sum	verdienen, erwerben 36
meritō *Adv.*	zu Recht; mit gutem Grund 38
meritum	Verdienst, Wohltat 38
merx, mercis *f.*	Ware 10
metuere, metuō, metuī, –	fürchten, sich fürchten 14
metus, metūs *m.*	Angst 17
meus, -a, -um	mein 6
mīles, mīlitis *m.*	Soldat 11
mīlitāris, -is, -e	militärisch 33
mīlitia	Kriegsdienst 33
mīlle, *Pl.* mīlia	tausend 15
minimē *Adv.*	keineswegs, überhaupt nicht
minuere, minuō, minuī, minūtum	vermindern, verringern 10, *36*
mīrārī, mīror, mīrātus sum	sich wundern; bewundern 22
mīrus, -a, -um	wunderbar, erstaunlich 13
miscēre, misceō, miscuī, mixtum	mischen 34
miser, misera, miserum	arm, unglücklich 4
miseria	Unglück, Elend 33
mittere, mittō, mīsī, missum	schicken; loslassen; werfen 7, *14*
modicus, -a, -um	mäßig, bescheiden 40
modo *Adv.*	nur, gerade 15, *26*
modo ... modo	bald ... bald 26
modus	Art und Weise; Maß 9
moenia, moenium *n. Pl.*	Stadtmauer 34
Mōgontiacum	Mainz
monēre	erinnern, ermahnen, warnen 3
mōns, montis *m.*	Berg 15
mōnstrāre	zeigen 3
mōnstrum	Ungeheuer; (göttliches) Zeichen 13
monumentum	Denkmal, Bauwerk 36
mora	Verzögerung, Aufenthalt 10
morārī, moror, morātus sum	sich aufhalten; zögern 24
morbus	Krankheit 27
morī, morior, mortuus sum	sterben 23
mors, mortis *f.*	Tod 15
mortālis, -is, -e	sterblich; *als Subst.:* Mensch 27
mortuus, -a, -um	tot; *als Subst.:* Toter, Leichnam 23
mōs, mōris *m.*	Sitte, Brauch; *(Pl.)* Sitten, Charakter 26
mōtus, mōtūs *m.*	Bewegung 27
movēre	bewegen 13
mox *Adv.*	bald 18
mulier, mulieris *f.*	Frau 28
multī, -ae, -a	viele 4
multitūdō, multitūdinis *f.*	Menge 14
multum	viel 12
mundus	Welt, Weltall 18
mūnīre, mūniō, mūnīvī, mūnītum	schützen, befestigen 17
mūnītiō, mūnītiōnis *f.*	Bau, Befestigung 33
mūnus, mūneris *n.*	Aufgabe, Amt; Geschenk; Festspiel 20
mūrus	Mauer 17
mūtāre	verändern, verwandeln; tauschen 16

N

nam	denn, nämlich 3
nancīscī, nancīscor, nāctus sum	bekommen; antreffen 40
nārrāre	erzählen 2
nāscī, nāscor, nātus sum	geboren werden; entstehen 28
nātiō, nātiōnis *f.*	Volk, Volksstamm 31
nātūra	Natur, Beschaffenheit, Wesen 27
nauta *m.*	Seemann 10
nāvigāre	segeln 13
nāvis, nāvis *f.*	Schiff 10
nē *im HS*	nicht 21 G1
nē *Subj.*	dass nicht 22 G1; damit nicht 24 G2
-ne	...? 4
nē ... quidem	nicht einmal ... 17
nec (≈ neque)	und nicht, auch nicht, aber nicht 18
necāre	töten 11
necessārius, -a, -um	notwendig; verwandt, befreundet 26
necesse est	es ist notwendig 12
necessitās, necessitātis *f.*	Notwendigkeit; Notlage 22
negāre	verneinen, leugnen; verweigern 9
neglegere, neglegō neglēxī, neglēctum	nicht beachten, vernachlässigen 13
negōtium	Beschäftigung; Aufgabe 26
nēmō, nēminis	niemand 2
neque	und nicht, auch nicht, aber nicht 4
neque ... neque	weder ... noch 9
nescīre, nesciō, nescīvī, –	nicht wissen 25
nēve	und nicht, oder nicht 37
nihil	nichts 1
nimis/nimium *Adv.*	zu sehr; überaus 33
nimius, -a, -um	zu groß, zu viel 30

nisī *Subj.*	wenn nicht, außer 5
nītī, nītor, nīsus sum	sich anstrengen; sich stützen 34
nōbilis, -is, -e	berühmt, vornehm 31
nōbilitās, nōbilitātis *f.*	Adel 21
nocēre	Unheil anrichten, schaden 24
noctū *Adv.*	bei Nacht 29
nōlī/nōlīte	*Verneinung des Imperativs* 3 G3
nōlle, nōlō, nōluī, –	nicht wollen 31
nōmen, nōminis *n.*	Name 6
nōmināre	nennen 10
nōn	nicht 1
nōn sōlum ..., sed etiam	nicht nur ..., sondern auch 26
nōndum *Adv.*	noch nicht 7
nōnne?	etwa nicht? 4
nōnnūllī, -ae, -a	einige, manche 9
nōs	wir/uns 3 G4, 9 G3
nōscere, nōscō, nōvī, nōtum	kennen lernen, erkennen 2
noster, nostra, nostrum	unser 6
nōtus, -a, -um	bekannt 28
novem	neun 29
nōvisse, nōvī, nōtum	wissen, kennen 28
novus, -a, -um	neu 10
nox, noctis *f.*	Nacht 11
nūllus, -a, -um	kein 9
num?	etwa? 4
numerāre	zählen 30
numerus	Zahl, Menge 17
numquam *Adv.*	niemals 8
nunc *Adv.*	nun, jetzt 1
nūntiāre	melden 19
nūntius	Bote; Nachricht 14
nūper *Adv.*	neulich, vor kurzem 33

O

ob *m. Akk.*	vor; wegen 31
obicere, obiciō, obiēcī, obiectum	vorwerfen; entgegenwerfen 25
oblīvīscī, oblīvīscor, oblītus sum *m. Gen.*	vergessen 31
oboedīre, oboediō, oboedīvī, oboedītum	gehorchen 21
obscūrus, -a, -um	dunkel; unklar 39
observāre	beobachten, beachten 12
obstāre, obstō, obstitī, –	entgegenstehen, hinderlich sein 29
obtinēre, obtineō, obtinuī, obtentum	im Besitz haben; festhalten 40
obviam *Adv.*	entgegen 18
occāsiō, occāsiōnis *f.*	Gelegenheit 12
occīdere, occīdō, occīdī, occīsum	erschlagen, töten 19
occultāre	verbergen 13
occultus, -a, -um	verborgen, heimlich 17
occupāre	besetzen, einnehmen 33
occurrere, occurrō, occurrī, occursum	begegnen, entgegentreten 27
octō	acht 36
oculus	Auge 13
ōdisse, ōdī, –	hassen 40
odium	Hass 24
offendere, offendō, offendī, offēnsum	verletzen, beleidigen 39
offerre, offerō, obtulī, oblātum	anbieten 30
officium	Pflicht 20
ōlim *Adv.*	einst 15
omittere, omittō, omīsī, omissum	aufgeben; unerwähnt lassen 36
omnīnō *Adv.*	insgesamt, völlig, überhaupt 25
omnis, -is, -e	jeder, ganz; alle 16
onus, oneris *n.*	Last 24
opera	Arbeit, Mühe 22
opīniō, opīniōnis *f.*	Meinung; guter Ruf 25
oportet, oportuit	es ist nötig 19
oppidum	Stadt 33
opportūnus, -a, -um	günstig, passend 23
opprimere, opprimō, oppressī, oppressum	unterdrücken, überfallen 31
oppūgnāre	angreifen 17
ops, opis *f.*	Macht; Hilfe; *(Pl.)* Streitkräfte; Mittel, Vermögen 29
optāre	wünschen 22
optimus, -a, -um	der beste, sehr gut 7
opus, operis *n.*	Arbeit, Werk 10
opus est *m. Abl.*	es ist nötig 16
ōra	Küste 13
ōrāculum	Orakel, Orakelspruch 15
ōrāre	bitten, erbitten; feierlich reden 6
ōrātiō, ōrātiōnis *f.*	Rede 25
orbis, orbis *m.*	Kreis 28
ōrdō, ōrdinis *m.*	Reihe, Ordnung; Stand 26
orīrī, orior, ortus sum	sich erheben, entstehen 20
ōrnāmentum	Schmuck 32
ōrnāre	schmücken 4
ōs, ōris *n.*	Mund; Gesicht 13
ostendere, ostendō, ostendī, ostentum	zeigen, erklären 19
ōtium	freie Zeit; Ruhe; Frieden 39

P

Padus	Po
paene *Adv.*	beinahe 20
Pannonicus, -a, -um	pannonisch
pār	gleich; angemessen 23
parāre	vorbereiten 2

parātus, -a, -um	bereit 7
parcere, parcō, pepercī, – *m. Dat.*	sparen; verschonen 24
parentēs, parentum *m. Pl.*	Eltern 2
pārēre	gehorchen 10
parere, pariō, peperī, partum	hervorbringen; erwerben 15
pars, partis *f.*	Teil; Seite; Richtung 14
partim	zum Teil 37
partim ... partim	teils ... teils 37
parum *Adv.*	zu wenig 38
parvus, -a, -um	klein 5
passus, passūs *m.*	Schritt; *als Längenmaß:* 1,50 m 36
pater, patris *m.*	Vater 2
patēre, pateō, patuī, –	offen stehen; sich erstrecken 18
patī, patior, passus sum	leiden, ertragen, zulassen 24
patria	Vaterland 16
patrius, -a, -um	väterlich 32
patrōnus	Patron; Anwalt 8
paucī, -ae, -a	wenige 28
paulō *Adv.*	wenig, ein wenig 28
paulum	ein wenig 29
pauper	arm 28
paupertās, paupertātis *f.*	Armut, einfache Lebensweise 27
pāx, pācis *f.*	Frieden 18
peccāre	einen Fehler machen 23
pecūnia	Geld 8
pellere, pellō, pepulī, pulsum	stoßen, schlagen; vertreiben 22
Penātēs, Penātium *m. Pl.*	Penaten
pendēre, pendeō, pependī, –	hängen, herabhängen 13, *32*
per *m. Akk.*	durch 7
per Iovem!	bei Jupiter! 30
perdere, perdō, perdidī, perditum	verlieren, zugrunde richten 27
perdūcere, perdūcō, perdūxī, perductum	hinführen, leiten 36
perferre, perferō, pertulī, perlātum	durchführen; ertragen; berichten 30
perficere, perficiō, perfēcī perfectum	vollenden; erreichen 14
pergere, pergō, perrēxī, perrēctum	weitergehen, weitermachen 4, *29*
perīculum	Gefahr, Risiko 12
perīre, pereō, periī, –	umkommen, zugrunde gehen 22
perītus, -a, -um	erfahren 12
permittere, permittō, permīsī, permissum	erlauben, überlassen 22
perniciēs, perniciēī *f.*	Untergang, Verderben 20
perpetuus, -a, -um	ununterbrochen, beständig, ewig 37
perspicere, perspiciō, perspēxī, perspectum	durchschauen; erkennen 30
persuādēre, persuādeō, persuāsī, persuāsum	überreden; überzeugen 16
perterrēre	heftig erschrecken 13
pertinēre	sich erstrecken, sich beziehen 37
perturbāre	in Verwirrung bringen 19
pervenīre, perveniō, pervēnī, perventum	hinkommen 19
pēs, pedis *m.*	Fuß 22
petere, petō, petīvī, petītum	(auf-)suchen; angreifen; bitten, verlangen 7, *18*
philosophia	Philosophie 26
philosophus	Philosoph 26
pietās, pietātis *f.*	Pflichtgefühl, Frömmigkeit 29
pius, -a, -um	pflichtbewusst, fromm 17
placēre	gefallen 9
placidus, -a, -um	ruhig, friedlich 24
plēbs, plēbis *f.*	Volk, Menge 40
plēnus, -a, -um *m. Gen.*	voll 6
plērīque, plēraeque, plēraque	die meisten 24
plērumque *Adv.*	meistens, sehr oft 34
plūs	mehr 12
poena	Strafe 20
Poenus, -a, -um	punisch; *als Subst.:* Punier
poēta *m.*	Dichter 29
pollicērī, polliceor, pollicitus sum	versprechen 22
pondus, ponderis *n.*	Gewicht 9
pōnere, pōnō, posuī, positum	setzen, stellen, legen 22
populus	Volk 11
porta	Tor, Tür 7
portāre	tragen, bringen 2
portus, portūs *m.*	Hafen 17
pōscere, pōscō, popōscī, –	fordern, verlangen 24
posse, possum, potuī, –	können 2
possidēre, possideō, possēdī, possessum	besitzen 38
post *Adv.*	später 19
post *m. Akk.*	nach, hinter 11
posteā *Adv.*	danach, später 3
posterus, -a, -um	folgend 19
postquam *Subj.*	nachdem 14
postrēmō *Adv.*	schließlich 21
postulāre	fordern 22
potēns	mächtig, stark 28
potentia	Macht 29
potestās, potestātis *f.*	Macht; Möglichkeit 36
potīrī, potior, potītus sum *m. Gen./Abl.*	erlangen 33
potissimum *Adv.*	vor allem 36
potius *Adv.*	eher, lieber 24
prae *m. Abl.*	vor 20
praebēre	geben, hinhalten, zeigen 11
praeceps	kopfüber, überstürzt; steil 35
praeceptum	Vorschrift 20

praecipere, praecipiō, praecēpī, praeceptum	vorschreiben, lehren 27
praeclārus, **-a**, **-um**	sehr hell; herrlich, berühmt 7
praeda	Beute 11
praeditus, **-a**, **-um** *m. Abl.*	ausgestattet mit, begabt mit 25
praeesse, praesum, praefuī, – *m. Dat.*	leiten, verwalten 28
praefectus	Befehlshaber, Präfekt 28
praeferre, praeferō, praetulī, praelātum	vorziehen; vorantragen 30
praemittere, praemittō, praemīsī, praemissum	vorausschicken 29
praemium	Belohnung 38
praesēns	anwesend 32
praesertim *Adv.*	besonders 36
praesidium	Schutz; Wachposten 22
praestāre, praestō, praestitī, –	übertreffen; leisten; zeigen 24
praeter *m. Akk.*	außer 30
praetereā *Adv.*	außerdem 31
praeterīre, praetereō, praeteriī, praeteritum	vorbeigehen, übergehen 12
praetermittere, praetermittō, praetermīsī, praetermissum	vorbeigehen lassen; übergehen 40
precārī, precor, precātus sum	beten, bitten; wünschen 28
precēs, precum *f. Pl.*	Bitten; Gebet 36
prīmō *Adv.*	zuerst 12
prīmum *Adv.*	zuerst; erstens 8
prīmus, **-a**, **-um**	der erste 8
prīnceps, prīncipis *m.*	der Erste, Anführer 33
prīncipium	Anfang, Ursprung 27
priusquam	bevor 22
prīvātus, **-a**, **-um**	privat, persönlich 30
prō m. Abl.	vor, für, anstatt; im Verhältnis zu 18, *38*
probāre	prüfen; für gut befinden; beweisen 10
probus, **-a**, **-um**	anständig, gut 25
prōcēdere, prōcēdō, prōcessī, prōcessum	vorwärtsgehen, vorrücken 34
prōdere, prōdō, prōdidī, prōditum	überliefern; verraten 33
prōdesse, prōsum, prōfuī, –	nützlich sein, nützen 34
proelium	Schlacht 34
profectō *Adv.*	in der Tat, sicherlich 9
proficīscī, proficīscor, profectus sum	aufbrechen; reisen, marschieren 21
prōgredī, prōgredior, prōgressus sum	vorrücken, weitergehen 33
prohibēre	abhalten, hindern 15
prōmittere, prōmittō, prōmīsī, prōmissum	versprechen 33
prope *Adv.*	in der Nähe; beinahe 14
properāre	eilen; sich beeilen 3
propinquus, **-a**, **-um**	nahe, benachbart; verwandt 34
proprius, **-a**, **-um**	eigen, eigentümlich 37
propter *m. Akk.*	wegen 40
prōvidēre, prōvideō, prōvīdī, prōvīsum	vorhersehen; sorgen für 18
prōvincia	Provinz 29
proximus, **-a**, **-um**	der nächste; der letzte 20
prūdēns	klug 16
prūdentia	Klugheit 27
pūblicus, **-a**, **-um**	öffentlich 21
pudet mē	ich schäme mich 36
pudor, pudōris *m.*	Scham; Anstand 33
puella	Mädchen 4
puer, puerī *m.*	Junge 3
pūgna	Kampf 7
pūgnāre	kämpfen 7
pulcher, **pulchra**, **pulchrum**	schön, hübsch 4
pūnīre, pūniō, pūnīvī, pūnītum	bestrafen 10
pūrus, **-a**, **-um**	rein, klar 36
putāre	glauben, meinen; halten für 7

Q

quā dē causā	weshalb 14
quaerere, quaerō, quaesīvī, quaesītum	suchen; fragen 9, *13*
quālis, **-is**, **-e**	wie (beschaffen), was für ein 23
quam *beim Positiv*	wie 4
beim Komparativ	als 23
beim Superlativ	möglichst 24
quam ob rem	weswegen, deswegen 31
quamquam	obwohl 5
quandō	wann 18
quantus, **-a**, **-um**	wie groß, wie viel 12
quārē	wodurch, warum; daher 30
quartus, **-a**, **-um**	der vierte 39
quasi *Adv./Subj.*	gleichsam; wie wenn, als ob 21
quattuor	vier 10
-que	und 5
quem	wen 2
quemadmodum	wie 36
querī, queror, questus sum	klagen, sich beschweren 32
quī, **quae**, **quod**	der *als Relativpronomen* 15 G1; dieser *als relativischer Anschluss* 20 G2; welcher *als adjektivisches Fragepronomen* 25 G2; irgend-(ein) *als adjektivisches Indefinitpronomen* 26 G3
quia *Subj.*	weil 23
quīcumque, **quaecumque**, **quodcumque**	wer auch immer; jeder, der 37
quid	was *als Fragepronomen* 1; (irgend-)etwas *als Indefinitpronomen* 26

quīdam, quaedam, quoddam/quiddam	jemand, ein; *(Pl.)* einige 27
quidem *Adv.*	zwar, jedenfalls 12
quiēs, quiētis *f.*	Ruhe, Erholung 18
quiētus, -a, -um	ruhig 32
quīn etiam	ja sogar 36
quīnque	fünf 5
quis	wer *als Fragepronomen* 1; (irgend-)jemand *als Indefinitpronomen* 26
quisquam, quicquam	(irgend-)jemand; (irgend-) etwas 26
quisque, quidque; *als Adj.:* **quisque, quaeque, quodque**	jeder 37
quisquis, quidquid	jeder, der; wer auch immer 37
quō	wohin 4
quod *Subj.*	weil; dass 5, *38*
quōmodo	wie, auf welche Weise 9
... quoque	auch ... 2
quoniam *Subj.*	weil, da ja 38
quot	wie viele 8
quotiēns	wie oft; so oft 35

R

rapere, rapiō, rapuī, raptum	rauben, reißen 2, *13*
rārus, -a, -um	selten 37
ratiō, ratiōnis *f.*	Grund, Vernunft; Art und Weise 21
recēns	frisch, neu 31
recipere, recipiō, recēpī receptum	annehmen, zurücknehmen 8, *15*
rēctē *Adv.*	richtig; geradeaus; zu Recht 10
rectus, -a, -um	richtig, gerade 38
reddere, reddō, reddidī, redditum	zurückgeben; machen zu 13, *38*
redīre, redeō, rediī, reditum	zurückkehren 16
reditus, reditūs *m.*	Rückkehr 28
redūcere, redūcō, redūxī, reductum	zurückführen, zurückziehen 31
referre, referō, rettulī, relātum	zurückbringen; berichten 30
regere, regō, rēxī, rēctum	lenken; beherrschen 12, *27*
regiō, regiōnis *f.*	Gegend, Richtung 14
rēgius, -a, -um	königlich; des Königs 38
rēgnāre	herrschen, beherrschen; König sein 27
rēgnum	Königsherrschaft, Herrschaft, Reich 19
religiō, religiōnis *f.*	Religion; Gottesverehrung 38
relinquere, relinquō, relīquī, relictum	zurücklassen, verlassen 10, *14*
reliquus, -a, -um	übrig 10
remittere, remittō, remīsī, remissum	zurückschicken; loslassen 36
removēre, removeō, remōvī, remōtum	entfernen, wegschaffen 10
repēns	plötzlich 40
repentīnus, -a, -um	plötzlich, unvermutet 34
reperīre, reperiō, repperī, repertum	finden, wiederfinden 9, *15*
repetere, repetō, repetīvī, repetītum	zurückverlangen; wiederholen 19
reprehendere, reprehendō, reprehendī, reprehēnsum	tadeln 1, *25*
requīrere, requīrō, requīsīvī, requīsītum	erforschen; aufsuchen; verlangen 40
rērī, reor, ratus sum	meinen 22
rēs adversae *f. Pl.*	Unglück 27
rēs mīlitāris *f.*	Kriegswesen 33
rēs pūblica *f.*	Staat 21
rēs, reī *f.*	Sache, Ding, Besitz 5
resistere, resistō, restitī, –	stehen bleiben; Widerstand leisten 17
respondēre, respondeō, respondī, respōnsum	antworten 1, *18*
respōnsum	Antwort 8
restituere, restituō, restituī, restitūtum	wiederherstellen 19
retinēre	zurückhalten, festhalten 34
reus	Angeklagter 39
revertī, revertor, revertī, reversum	zurückkehren 32
revocāre	zurückrufen 31
rēx, rēgis *m.*	König 13
Rhēnus *m.*	Rhein
rīdēre	lachen 2
rīpa	Ufer 29
rōbur, rōboris *n.*	Kraft, Stärke 15
rogāre	fragen, bitten 31
Rōmānus, -a, -um	römisch; *als Subst.:* Römer 11
ruere, ruō, ruī, rutum	eilen, stürmen, stürzen 15
rumpere, rumpō, rūpī, ruptum	zerbrechen, zerreißen 28
rūrsus *Adv.*	wieder, zurück 4

S

sacer, sacra, sacrum	heilig; verflucht 18
sacerdōs, sacerdōtis *m./f.*	Priester, Priesterin 40
sacrificium	Opfer 6
sacrum	Heiligtum, Opfer 18
saeculum	Zeitalter; Jahrhundert 36
saepe *Adv.*	oft 10
saevus, -a, -um	wild, wütend; schrecklich 15
salūs, salūtis *f.*	Glück, Rettung, Wohlergehen 6
salūtāre	grüßen, begrüßen 3
salvē/salvēte	sei/seid gegrüßt; guten Tag! 3

salvus, **-a**, **-um**	gesund, wohlbehalten 8
sanctus, **-a**, **-um**	heilig, rein 18
sānē *Adv.*	in der Tat, durchaus 40
sanguis, sanguinis *m.*	Blut 14
sānus, **-a**, **-um**	gesund; vernünftig 37
sapiēns	weise, klug, vernünftig 24
sapientia	Weisheit, Klugheit, Verstand 24
satis *Adv.*	genug, ausreichend 12
saxum	Fels, Stein 13
scelus, sceleris *n.*	Verbrechen 23
schola	Schule 3
scientia	Wissen, Wissenschaft 40
scīlicet *Adv.*	selbstverständlich, natürlich 23
scīre, sciō, scīvī, scītum	wissen 7, *13*
scrībere, scrībō, scrīpsī, scrīptum	schreiben 3, *28*
secundum *m. Akk.*	nach; entlang; gemäß 27
secundus, **-a**, **-um**	der zweite, folgende; günstig 6
sed	aber; sondern 1
sedēre, sedeō, sēdī, sessum	sitzen 1
sēdēs, sēdis *f.*	Sitzplatz; Wohnsitz 12
sēditiō, sēditiōnis *f.*	Aufstand 31
semper *Adv.*	immer 3
senātor, senātōris *m.*	Senator 2
senātus, senātūs *m.*	Senat 21
senex, senis *m.*	alt; *als Subst.:* alter Mann 35
sēnsus, sēnsūs *m.*	Gefühl, Sinn 38
sententia	Meinung; Spruch 23
sentīre, sentiō, sēnsī, sēnsum	fühlen, wahrnehmen, meinen 25
septem	sieben 36
sepulcrum	Grab; Grabmal 23
sequī, sequor, secūtus sum *m. Akk.*	folgen 20
sermō, sermōnis *m.*	Gespräch 2
sērō *Adv.*	spät, zu spät 30
serva	Sklavin 2
servāre	retten, bewahren 5
servīre, serviō, servīvī, servītum	dienen 30
servitūs, servitūtis *f.*	Sklaverei 30
servus	Sklave 2
seu (≈ sīve)	oder; oder wenn 39
seu ... seu	sei es dass ... oder dass 39
sevērus, **-a**, **-um**	ernst, streng 36
sex	sechs 19
sī *Subj.*	wenn, falls 5
Sibylla	Sibylle
sīc *Adv.*	so; folgendermaßen 19
sīdus, sīderis *n.*	Stern, Sternbild 27
sīgnificāre	bezeichnen, bedeuten 21
sīgnum	Zeichen; Feldzeichen 11
silentium	Schweigen, Stille 39
silva	Wald 5
similis, **-is**, **-e** *m. Gen./Dat.*	ähnlich 27
simul *Adv.*	zugleich 38
simulāre	darstellen, vortäuschen 40
sīn	wenn aber 20
sine *m. Abl.*	ohne 9
sinere, sinō, sīvī, situm	lassen, zulassen 7, *15*
singulāris, **-is**, **-e**	einzeln; einzigartig 40
singulī, **-ae**, **-a**	einzeln; je ein 14
situs, **-a**, **-um**	liegend, gelegen 20
sīve	oder; oder wenn 34
sīve ... sīve	sei es, dass ... oder dass 34
societās, societātis *f.*	Gemeinschaft; Bündnis 37
socius	Gefährte; Verbündeter 16
sōl, sōlis *m.*	Sonne 15
solēre, soleō, solitus sum	gewohnt sein, gewöhnlich etw. tun 21, *32*
sollicitāre	beunruhigen, erregen 13
sōlum *Adv.*	allein, nur 26
sōlus, **-a**, **-um**	allein 17
solvere, solvō, solvī, solūtum	lösen, zahlen 20
somnus	Schlaf 20
soror, sorōris *f.*	Schwester 3
sors, sortis *f.*	Los, Orakel, Schicksal 11
spatium	Zeitraum, Zwischenraum 38
speciēs, speciēī *f.*	Anblick, Aussehen 9
spectāculum	Schauspiel; Anblick 22
spectāre	betrachten, anschauen 4
spectātor, spectātōris *m.*	Zuschauer 7
spērāre	hoffen 6
spēs, speī *f.*	Hoffnung 6
spīritus, spīritūs *m.*	Hauch, Geist 14
sponte	„aus eigenem Antrieb" 30
stāre, stō, stetī, –	stehen 10, *29*
statim *Adv.*	sofort 1
statua	Statue 1
statuere, statuō, statuī, statūtum	aufstellen; festsetzen, beschließen 22
status, statūs *m.*	Stand, Zustand 36
stīpendium	Sold 29
Stōicus	Stoiker
studēre, studeō, studuī, – *m. Dat.*	sich bemühen um; sich geistig betätigen 26
studium	Eifer, Beschäftigung 29
stultus, **-a**, **-um**	dumm 4
suādēre, suādeō, suāsī, suāsum *m. Dat.*	überreden, raten 32
sub *m. Abl.*	unter; unten an 15
subicere, subiciō, subiēcī, subiectum	darunter legen; unterwerfen 24
subīre, subeō, subiī, subitum	herangehen; auf sich nehmen 39
subitō *Adv.*	plötzlich 2
subsidium	Hilfe 32
succēdere, succēdō, successī, successum	nachfolgen; gelingen 38
sūmere, sūmō, sūmpsī, sūmptum	nehmen, zu sich nehmen 2, *15*
summus, **-a**, **-um**	der höchste, oberste, letzte 11
super	*m. Abl.:* oben auf, über; *m. Akk.:* oben, über 35

superāre	überragen, besiegen, übertreffen 7
superbia	Stolz, Hochmut 35
superbus, -a, -um	stolz, hochmütig 11
superesse, supersum, superfuī, –	überleben; übrig sein 36
superior	der obere, der frühere 36
superus, -a, -um	oben befindlich 36
supplex	demütig bittend 32
supplicium	Todesstrafe 32
suprēmus	der oberste, der früheste 36
surgere, surgō, surrēxī, surrēctum	aufstehen, sich erheben 7, *15*
suscipere, suscipiō, suscēpī, susceptum	übernehmen, unternehmen 31
suspicārī, suspicor, suspicātus sum	vermuten, einen Verdacht haben 21
suspīciō, suspīciōnis *f.*	Verdacht 29
sustinēre, sustineō, sustinuī, –	aushalten 33
suus, -a, -um	sein; ihr 6
Syrācūsae, Syrācūsārum *f. Pl.*	Syrakus
Syrācūsānus, -a, -um	aus Syrakus

T

tabula	Tafel, Schreibtafel, Gemälde 3
tacēre	schweigen 1
tālis, -is, -e	so; ein solcher 23
tam *Adv.*	so 12
tamen	trotzdem 8
tamquam	*als Adv.:* wie; *als Subj.:* als ob 28
tandem *Adv.*	endlich, schließlich 3
tangere, tangō, tetigī, tāctum	berühren 4, *20*
tantum *Adv.*	nur 16
tantus, -a, -um	so groß; so viel 16
tardus, -a, -um	langsam 12
taurus	Stier 4
tēctum	Dach; Haus 17
tegere, tegō, tēxī, tēctum	bedecken; schützen 35
tēlum	Waffe, Geschoss 17
temperāre	*m. Dat.:* maßvoll gebrauchen, zurückhalten; *m. Akk.:* ordnen, lenken 37
templum	Tempel, heiliger Ort 11
temptāre	versuchen; angreifen 36
tempus, temporis *n.*	Zeit 10
tendere, tendō, tetendī, tentum	spannen, ausstrecken, sich anstrengen 15
tenebrae, tenebrārum *f. Pl.*	Nacht, Finsternis 39
tener, tenera, tenerum	zart, jugendlich 40
tenēre	haben, festhalten 11
tergum	Rücken 22
terra	Erde 5
terrēre, terreō, terruī, territum	(jemanden) erschrecken 35
terror, terrōris *m.*	Schrecken 15
tertius, -a, -um	der dritte 26
timēre	fürchten, Angst haben vor 3
timidus, -a, -um	ängstlich 4
timor, timōris *m.*	Angst 18
tolerāre	ertragen 15
tollere, tollō, sustulī, sublātum	hochheben, aufheben; beseitigen 31
tot	so viele 9
totiēns	so oft 39
tōtus, -a, -um	ganz, gesamt 9
tractāre	herumzerren; behandeln 32
trādere, trādō, trādidī, trāditum	übergeben, überliefern 8, *19*
trādūcere, trādūcō, trādūxī, trāductum	hinüberführen 39
trahere, trahō, trāxī, tractum	ziehen, schleppen 10, *28*
trāicere, trāiciō, trāiēcī, trāiectum	hinüberbringen; überqueren 22
trānquillus, -a, -um	ruhig 27
trāns *m. Akk.*	über (... hin), jenseits 5
trānsferre, trānsferō, trānstulī, trānslātum	hinüberbringen; übertragen 40
trānsīre, trānseō, trānsiī, trānsitum	hinübergehen; vorbeigehen 40
trēs, trēs, tria	drei 8
Trēverus	Treverer
tribuere, tribuō, tribuī, tribūtum	zuteilen 37
tribūnus	Tribun 33
trīstis, -is, -e	traurig 16
triumphus	Triumph, Triumphzug 11
tū	du 3 G4, 9 G3
tuērī, tueor, tutātus sum	anschauen; beschützen 32
tum *Adv.*	da, dann, damals 1
tumultus, tumultūs *m.*	Lärm, Aufruhr 20
tunc *Adv.*	dann, damals 33
turba	Lärm, Gewimmel, Menschenmenge 7
turpis, -is, -e	hässlich, schändlich 30
tūtus, -a, -um	sicher, geschützt 14
tuus, -a, -um	dein 6
tyrannus	Gewaltherrscher 21

U

ubi *Subj.*	sobald, gleich nachdem 14
ubi?	wo? 1
ubīque *Adv.*	überall 6
Ubius, -a, -um	ubisch; *als Subst.:* Ubier
ulcīscī, ulcīscor, ultus sum	rächen, strafen 32

ūllus, -a, -um	irgendein, ein; irgendwer 24
ultimus, -a, -um	der letzte, der äußerste 29
ultrō *Adv.*	freiwillig; noch dazu 35
umquam *Adv.*	jemals 23
ūnā *Adv.*	zusammen 17
unda	Welle; Gewässer 23
unde	woher 18
undique *Adv.*	von allen Seiten; überall 33
ūniversus, -a, -um	ganz, gesamt 34
ūnus, -a, -um	einer; ein einziger 8
urbs, urbis *f.*	Stadt 11
ūsus, ūsūs *m.*	Gebrauch; Nutzen; Übung 22
ut *Subj. m. Ind.*	wie 19
m. Konj.	dass 22 G3; damit, sodass 24 G2, G3
uterque, utraque, utrumque	jeder (von zweien); beide 21
ūtī, ūtor, ūsus sum *m. Abl.*	benutzen, gebrauchen 26
ūtilis, -is, -e	nützlich, brauchbar 30
utinam *m. Konj. Präs.*	hoffentlich 21 G1
m. Konj. Imperf./Plpf.	wenn doch 27 G5
utrum ... an ...	... oder ...? 25 ..., ob ... oder ... 30
uxor, uxōris *f.*	Frau, Ehefrau 2

V

vacāre *m. Abl.*	frei sein von 20
vacuus, -a, -um	leer, frei 38
valdē *Adv.*	sehr 4
valēre	gesund sein, stark sein; gelten 8
vallum	Wall 33
varius, -a, -um	verschieden, vielfältig; bunt 9
vāstāre	verwüsten 35
vātēs, vātis *m./f.*	Seher; Seherin 18
-ve	oder 37
vehemēns	heftig, energisch 24
vehere, vehō, vēxī, vectum	führen, fahren 36
vel	oder 27
velle, volō, voluī, –	wollen 16
vendere, vendō, vendidī, venditum	verkaufen 8, *23*
venēnum	Gift 14
venīre, veniō, vēnī, ventum	kommen 1, *14*
ventus	Wind 34
Venus, Veneris *f.*	Venus
verbum	Wort 6
verērī, vereor, veritus sum	fürchten, sich scheuen; achten 31
vēritās, vēritātis *f.*	Wahrheit 40
vērō	aber 15
versārī, versor, versātus sum	sich aufhalten; sich mit etw. beschäftigen 25
vertere, vertō, vertī, versum	drehen, wenden 35
vērum *Adv.*	aber 35
vērus, -a, -um	wahr, wirklich 21
vesper, vesperis/vesperī *m.*	Abend 39
vester, vestra, vestrum	euer 6
vestīgium	Spur 5
vestis, vestis *f.*	Kleidung, Gewand 20
vetāre, vetō, vetuī, vetitum	verbieten 39
vetus, *Gen.* veteris	alt 28
vexāre	quälen 21
via	Straße, Weg 10
victor, victōris *m.*	Sieger 7
victōria	Sieg 11
vidēre, videō, vīdī, vīsum	sehen 1, *14*
vidērī, videor, vīsus sum	scheinen
vīlla	Landhaus 4
vincere, vincō, vīcī, victum	siegen, besiegen 7, *17*
vincīre, vinciō, vīnxī, vīnctum	fesseln 35
vinculum	Band, Fessel 22
vindicāre	in Anspruch nehmen; bestrafen 32
vīnum	Wein 39
violāre	verletzen 29
vir, virī *m.*	Mann 11
virgō, virginis *f.*	Mädchen, junge Frau; Jungfrau 20
virtus, virtūtis *f.*	Tapferkeit, Tugend; Leistung 16
vīs, vīrēs *Pl.*	Kraft, Gewalt 16
vīsere, vīsō, vīsī, vīsum	ansehen, besuchen 36
vīta	Leben 6
vītāre	meiden, vermeiden 39
vitium	Fehler 20
vīvere, vīvō, vīxī, –	leben 7, *26*
vīvus, -a, -um	lebend, lebendig 23
vix *Adv.*	kaum 18
vocāre	rufen; nennen 1
volāre	fliegen 5
voluntās, voluntātis *f.*	Wille, Absicht 26
voluptās, voluptātis *f.*	Vergnügen, Lust 26
volvere, volvō, volvī, volūtum	wälzen, rollen 12, *18*
vōs	ihr/euch 3 G4, 9 G3
vōx, vōcis *f.*	Stimme; Wort 6
vulgō *Adv.*	normalerweise 39
vulgus, vulgī *n.*	Volk, die große Masse 39
vulnerāre	verwunden, verletzen 33
vulnus, vulneris *n.*	Wunde 12
vultus, vultūs *m.*	Gesicht, Gesichtsausdruck 11

Abkürzungsverzeichnis

Abl.	Ablativ
Abl. abs.	Ablativus absolutus
Aci	Accusativus cum infinitivo
Acp	Accusativus cum participio
Adj.	Adjektiv
Adv.	Adverb
Akk.	Akkusativ
Akt.	Aktiv
D	Deutsch
Dat.	Dativ
Dekl.	Deklination
E	Englisch
f.	feminin
F	Französisch
Fem.	Femininum
Fut.	Futur
Gen.	Genitiv
griech.	griechisch
GS	Gliedsatz
HS	Hauptsatz
Imp.	Imperativ
Imperf.	Imperfekt
Ind.	Indikativ
Inf.	Infinitiv
Komp.	Komparativ
KNG	Kasus-Numerus-Genus
Konj.	Konjunktiv
L	Latein
lat.	lateinisch
m.	maskulin
Mask.	Maskulinum
n.	neutrum
n. Chr.	nach Christus
Nci	Nominativus cum infinitivo
Neutr.	Neutrum
Nom.	Nominativ
NüS	Nachdenken über Sprache
Pass.	Passiv
Pc	Participium coniunctum
Perf.	Perfekt
Pers.	Person
PFA	Partizip Futur Aktiv
Pl.	Plural
Plpf.	Plusquamperfekt
PPA	Partizip Präsens Aktiv
PPP	Partizip Perfekt Passiv
Präp.	Präposition
Präs.	Präsens
S.	Seite
Sg.	Singular
Subj.	Subjunktion
Subst.	Substantiv
Superl.	Superlativ
usw.	und so weiter
v. Chr.	vor Christus
vgl.	vergleiche
Vok.	Vokativ
z. B.	zum Beispiel

Abbildungsverzeichnis

S. 8: World of Oilpainting GbR, Hamburg
S. 9: Dr. Angela Steinmeyer-Schareika, Gau-Algesheim
S. 16: Corbis, Düsseldorf
S. 18: AKG, Berlin
S. 19: AKG, Berlin
S. 27: Corbis (Ruggero Vanni), Düsseldorf
S. 29: Scala, Antella (Florenz)
S. 35: AKG, Berlin
S. 36: AKG, Berlin
S. 44: Bridgeman Art Library (Museo Archeologico Nazionale, Neapel), London
S. 45: BPK, Berlin
S. 46: AKG, Berlin
S. 52: AKG, Berlin
S. 54: Arbogast Schmitt, Marburg
S. 60: AKG, Berlin
S. 61 oben: Bayerische Staatsbibliothek, München
unten: AKG, Berlin
S. 62: AKG (Oliver Chudowski), Berlin
S. 63: AKG, Berlin
S. 64: Capeware, Tecnologie per la Cultura, Neapel
S. 70: AKG, Berlin
S. 78: Bayerische Staatsbibliothek, München
S. 80: AKG, Berlin
S. 81 oben: AKG, Berlin
unten: Landesmuseum, Mainz
S. 82 links: AKG, Berlin
rechts: Deutsches Archäologisches Institut (Koppermann), Rom
S. 88: Picture-Alliance (epa/PA/TV), Frankfurt am Main
S. 89: AKG, Berlin
S. 90: AKG, Berlin
S. 91: AKG, Berlin
S. 98: Interfoto (Alinari), München
S. 100: Scala, Antella (Florenz)
S. 101: Vatican Museums, Vatikanstadt
S. 105: AKG (Erich Lessing), Berlin
S. 106: Corbis (Archivo Iconografico), Düsseldorf
S. 108: Scala, Antella (Florenz)
S. 112: AKG, Berlin
S. 114: AKG, Berlin
S. 115: AKG, Berlin
S. 116: Corbis (Lenars), Düsseldorf
S. 122 links: Römisch-Germanisches Museum der Stadt Köln/Rheinisches Bildarchiv
rechts: Corbis, Düsseldorf
S. 123: Landesmuseum Mainz (Ursula Rudischer), Mainz
S. 125: AKG, Berlin
S. 126: Corbis, Düsseldorf
S. 127: Corbis (Reuters), Düsseldorf
S. 133: Corbis, Düsseldorf
S. 134: Bildarchiv Monheim GmbH (Florian Monheim), Meerbusch
S. 138: aus: PONS Wörterbuch für Schule und Latein, Ernst Klett Sprachen GmbH, Stuttgart, S. 580
S. 139: aus: PONS Wörterbuch für Schule und Latein, Ernst Klett Sprachen GmbH, Stuttgart, S. 981
S. 141: Corbis (RF), Düsseldorf
S. 142: Corbis, Düsseldorf
S. 143: Altmühltal Personenschifffahrt GmbH
S. 148: AKG, Berlin
S. 149: Staatsbibliothek, Bamberg
S. 155: The Metropolitan Museum of Art, Bequest of Charles Allen Munn, 1924 (24.109.88), Photograph (c) 1989 The Metropolitan Museum of Art, New York
S. 156: ÖNB, Wien
S. 157 oben: AKG, Berlin
unten: AKG (Erich Lessing), Berlin
S. 158: AKG (Hilbich), Berlin
S. 159: AKG, Berlin
S. 165: AKG, Berlin
S. 172: AKG, Berlin
S. 174: AKG, Berlin
S. 176: AKG, Berlin
S. 177: AKG, Berlin

Nicht in allen Fällen war es uns möglich, den Rechteinhaber der Abbildungen ausfindig zu machen. Berechtigte Ansprüche werden selbstverständlich im Rahmen der üblichen Vereinbarungen abgegolten.

GERMANIA
in römischer Zeit
Limes als Grenzwall
Limes als Grenzmauer
röm. Provinzgrenze
römische Heerstraße
vermutete Römerstraße
Handelsweg
Waldgebiet
Wald-Heide-Gebiet
Sumpf und Marsch
Legionslager
Kastell
stadtartige Siedlung
Col. Colonia
Vic. Vicus
Mare Suebicum
Mare Germanicum
FRISII
CHAUCI
LANGOBARDI
Albis
AMPSIVARII
ANGRIVARII
Visurgis
SEMNONE
CANNANEFATES
Flevum Lacus
Kalkriese, vermutlicher Ort der „Varusschlacht" 9 n. Chr.
TUBANTES
CHERUSCI
Traiectum
Fectio
Amisia
BATAVI
BRUCTERI
Rhenus
TENCTERI
Lupia
COL. ULPIA NOVIOMAGUS
Col. Ulpia Traiana
CASTRA VETERA
CUGERNI
GERMANIA INFERIOR
MARSI
HERMUNDURI
Asciburgium
Rura
SUGAMBRI
Gelduba
NOVAESIUM
UBII
Adrana
CHATTI
COL. CLAUDIA ARA AGRIPPINENSIUM
Divitia
Coriovallum
Atuatuca
Aquae Granni
BONNA
TUNGRI
Mosa
USIPETES
Rigomagus
Antunnacum
Lagona
Confluentes
Arduinna Silva
Budobrica
Taunus Mons
Nida
MARCOMANNI
Aquae Mattiacorum
MOGONTIACUM
Castellum Mattiacorum
Moenus
Vic. Beda
Sura
Celbis
Mosella
Bingium
TREVERI
VANGIONES
Vic. Altiaia
Col. Augusta Treverorum
Borbetomagus
Lopodunum
BELGICA
Crutisium
Saravus
Alta Ripa
Noviomagus
SUEBI NICRETES
Vic. Alisinensium
Virodunum
Divodurum
Vic. Aurelianus
NEMETES
MEDIOMATRICI
Iciniacum
Biriciana
Mediana
Alcmona
LEGIO/ CASTRA REGINA
Sorviodurum
Scarponna
Nicer
Vic. Murrensium
Losodica
Vetoniana
Abusina
Celeusum
Germanicum
Mosa
Brocomagus
Aquae
Opia
Parrodunum
Vallatum
Quintana
Matrona
Tullum
Pons Saravi
Grinario
Aquileia
Nassium
LEUCI
ARGENTORATE
Sumelocenna
Clarenna
Ad Lunam
Summuntorium
Isara
Castra
TRIBOCI
Alba Mons
Phoebiana
AUGUSTA VINDELICUM
Saxon
Mosella
GERMANIA SUPERIOR
Agri Decumates
Guntia
Danuvius
Phaeniana
Ambra
Arae Flaviae
Caelius Mons
Argentovaria
Vosegus Mons
Mons Brisiacus
Abnoba Mons
RAETIA
Virdo
Licca
Isonta
Andematunnum
Brigobane
Abodiacum
Bedaium
Pons Aeni
Iuvavum
LINGONES
Cambete
Tasgaetium
Cambodunum
Brigantinus Lacus
Vemania
Tenedo
VINDONISSA
Ad Fines
Constantia
NORIC
Segobodium
Dubis
Larga
Basilia
Aquae Helveticae
Vitudurum
Arbor Felix
Brigantium
Col. Augusta Raurica
RAURICI
Arar
Epamanduodurum
Turicum
Vesontio
SEQUANI
Salodurum
HELVETII
Rhenus
Clunia
Teriolis
0
50